# 온라인 실전테스트 영상 사용 설명서

## 1

### YBM북스 홈페이지 접속

ybmbooks.com 혹은 유튜브 검색창에서 도서명을 검색 후 온라인 테스트 목록을 클릭합니다.

## 2

### 실전테스트 시작하기

총 10회분의 영상 테스트 중에서 원하는 테스트 영상을 재생하면 시험을 시작할 수 있습니다.

## 3

### 개인용 녹음기 준비

테스트를 시작하기 전에 개인 휴대폰 녹음 기능 혹은 휴대용 녹음기가 있으면 준비합니다.

(실제 시험에서는 헤드셋과 마이크가 제공됨.)

## 4

### 테스트 후 녹음 확인

테스트가 다 끝난 후 녹음한 본인 음성을 확인합니다. 교재 수록된 모범답안 및 mp3 음성을 참고할 수 있습니다.

학습 자료 제공

www.ybmbooks.com

기출문제 독점제공

**TSC**® 중국어 말하기 시험
Test of Spoken Chinese

# TSC®
# 기출문제집

YBM 중국어연구소 저

YBM

## TSC® 기출문제집


저　　자　YBM 중국어연구소
발 행 인　허문호
발 행 처　YBM
편　　집　한채윤, 유세진
마 케 팅　고영노, 박천산, 박찬경, 김동진, 김윤하

초판인쇄　2020년 09월 25일
4 쇄발행　2023년 10월 10일

신고일자　1964년 3월 28일
신고번호　제 300-1964-3호
주　　소　서울특별시 종로구 종로 104
전　　화　(02)2000-0515(구입 문의) / (02)2000-0313 (내용 문의)
팩　　스　(02)2285-1523
홈페이지　www.ybmbooks.com

ISBN 978-89-17-23686-6(13720)

# YBM TSC 출제기관만의
# » 차별화 된 학습 솔루션 «

### 1 정기시험 기출문제 100%

시험에 나온 100% 실제 기출 문제로, 학습을 하면 실전 대비에 효과적이고, 이보다 더 좋은 실전 모의고사는 없습니다.

### 2 출제기관이 검증한 모범답변 및 고득점 비법

출제기관에서 검증한 모범답변으로 길이, 난이도, 내용 구성을 각 레벨에 맞게 제시하고, 고득점 비법의 노하우도 담았습니다.

### 3 실제 시험을 구현한 영상 테스트

실제 시험과 흡사한 환경에서 풀어보면서 실전 시험에 완벽 대비할 수 있습니다.

### 4 QR코드 모범답변 트레이닝 음원

원어민의 정확한 발음으로 모범답변을 한 문장씩 반복해서 연습하면, 통문장 말하기가 쉬워집니다.

# TSC® 시험 소개
Test of Spoken Chinese

## TSC란?

TSC Test Spoken Chinese는 국내 최초의 CBT 방식의 중국어 Speaking Test로, 중국어 학습자의 말하기 능력을 직접적으로 평가할 수 있는 실용적인 시험입니다.

## TSC의 장점

TSC는 인터뷰 형식을 도입하여 응시자의 중국어 말하기 능력을 측정하는 시험입니다. TSC 각 파트의 문제들은 응시자의 중국어 말하기 능력을 다각도로 측정할 수 있도록 다양한 형식과 내용으로 구성되어 있습니다. 또한 TSC는 전문적인 어학평가 교육을 이수한 원어민들이 객관적인 기준에 근거하여 개발 및 채점을 하는 중국어 말하기 능력 평가 시험입니다.

## 시험 진행 방식

국내 최초의 CBT Computer Based Test와 MBT Mobile Based Test 방식의 평가형태로, 컴퓨터가 설치된 자리에 앉아 마이크가 장착된 헤드셋을 끼고 진행됩니다. 응시자는 각자의 헤드셋을 통해 문제를 듣고 헤드셋 마이크를 통해 답변을 녹음하게 됩니다. 특히 MBT는 소형 Laptop컴퓨터를 통해 컴퓨터 시설이 없는 단체나 학교 등에서 시험을 치를 때 사용합니다.

## 시험 접수 방법

1. TSC 중국어 말하기시험은 반드시 인터넷 홈페이지 www.ybmtsc.co.kr를 통해 온라인 접수를 하셔야 하며 방문접수는 받지 않습니다.

2. 정기시험은 월 1회 이상 실시하고 있으므로, 인터넷 홈페이지 www.ybmtsc.co.kr를 참조하세요.
   ※특별시험은 단체의 필요에 의해 수시로 진행합니다.

3. 응시료는 72,600원 부가세10%포함 이며, 인터넷 접수 시 비용 결제는 신용카드 또는 실시간 계좌이체를 통해 가능합니다. 접수가 끝나면 수험표를 출력하여 시험 일자, 시간 등이 정확하게 입력 되었는지 확인하시기 바랍니다.

## 준비물(규정신분증 안내)

주민등록증, 운전면허증, 기간 만료 전의 여권, 공무원증, 장애인 복지카드 등 유효신분증 지참

※ 기타규정 신분증 및 주의사항은 홈페이지 안내 참고

## 시험 구성 및 시간

| 구분 | 구성 | 생각할 시간(초) | 답변 시간(초) | 문항 수 |
|---|---|---|---|---|
| 제1부분 | 自我介绍<br>자기소개 | 0 | 10 | 4 |
| 제2부분 | 看图回答<br>그림 보고 답하기 | 3 | 6 | 4 |
| 제3부분 | 快速回答<br>빠르게 답하기 | 2 | 15 | 5 |
| 제4부분 | 简短回答<br>간단하게 답하기 | 15 | 25 | 5 |
| 제5부분 | 拓展回答<br>논리적으로 답하기 | 30 | 50 | 4 |
| 제6부분 | 情景应对<br>상황에 맞게 답하기 | 30 | 40 | 3 |
| 제7부분 | 看图说话<br>그림 보고 이야기 만들기 | 30 | 90 | 1 |

※ TSC는 모두 7개의 파트, 총 26문항으로 구성되어 있으며, 평가시간은 총 50분오리엔테이션: 20분, 시험: 30분 정도 소요됩니다.

※ 오리엔테이션 시작 후에는 입실이 불가능하며, 오리엔테이션과 본시험 사이에는 휴식시간이 없습니다.

## 등급

TSC Test Spoken Chinese는 국내 최초의 CBT 방식의 중국어 Speaking Test로, 중국어 학습자의 말하기 능력을 직접적으로 평가할 수 있는 실용적인 시험입니다.

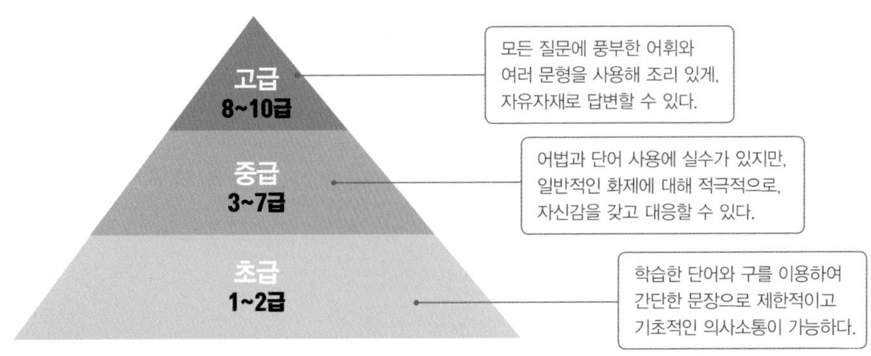


※ 홈페이지 참조 www.ybmtsc.co.kr

## 제 1 부분: 자기소개

간단한 자기소개 문제로, 수험자의 이름, 생년월일, 가족, 소속을 묻는다. 항상 같은 문제가 출제되므로 미리 답변을 준비해 두도록 하자. (4문항 / 준비 시간: 없음 / 답변 시간: 10초)

### 미리보기

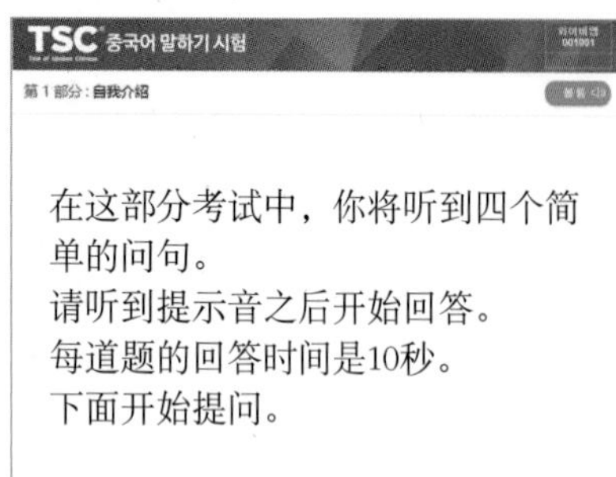


1 첫 화면에 1부분 유형의 지시문과 음성이 같이 나온다.

해석 이 부분에서는 4개의 간단한 질문을 듣게 됩니다. 제시음을 듣고 나서 대답하세요. 각 문제의 답변 시간은 10초입니다. 다음 질문을 시작하겠습니다.

2 두 번 째 화면에 문제 텍스트와 함께 음성이 나오고, 답변 준비 시간 없이 [回答] 라고 표시되며, 답변 시간 10초가 카운트된다. 답변 시간이 모두 끝나면 "现在结束。" 멘트가 나온다.

你叫什么名字?

해석 당신의 이름은 무엇입니까?

# 제 2 부분: 그림 보고 답하기

그림과 함께 장소, 동작, 비교, 사물의 위치, 나이와 같은 숫자 읽기, 도량형, 형용사와 동사의 간단한 활용 등을 묻는 문제가 출제된다.(4문항 / 준비 시간: 3초 / 답변 시간: 6초)

## 미리보기

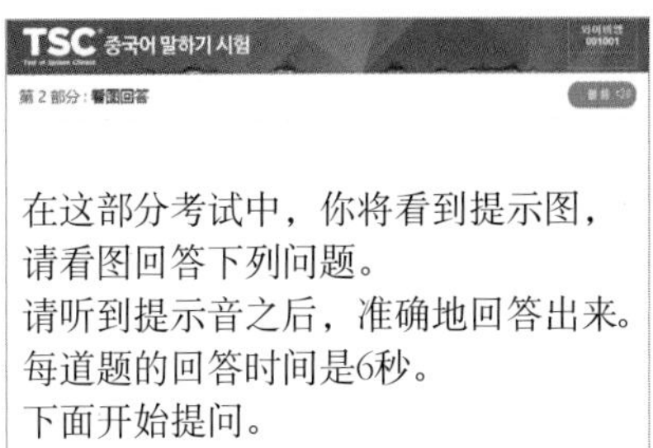


**1** 첫 화면에 2부분 유형의 지시문과 음성이 같이 나온다.

해석 이 부분에서는 제시된 그림을 보게 됩니다. 그림을 보고 다음 질문에 답변하세요. 제시음을 듣고 나서 정확하게 답변하세요. 각 문제의 답변 시간은 6초입니다. 다음 질문을 시작하겠습니다.

**2** 두 번 째 화면에 그림과 함께 문제가 음성으로 나오고, 하단에 [思考] 라는 표시와 함께 3초의 준비 시간이 주어진다. 준비 시간이 끝나면 '삐' 소리가 나온다.

今天天气怎么样?

해석 오늘 날씨가 어때요?

**3** 화면에 하단에 [回答] 라고 표시되며, 답변 시간 6초가 카운트된다. 답변 시간이 모두 끝나면 "现在结束." 멘트가 나온다.

现在结束。

해석 지금 끝났습니다.

# 제 3 부분: 빠르게 답하기

간단한 대화를 완성하는 유형이다. 일상생활에서 이루어지는 대화로 먼저 그림이 제시된다. 최대한 완전한 문장으로 대답하자. (5문항 / 준비 시간: 2초 / 답변 시간: 15초)

## 미리보기

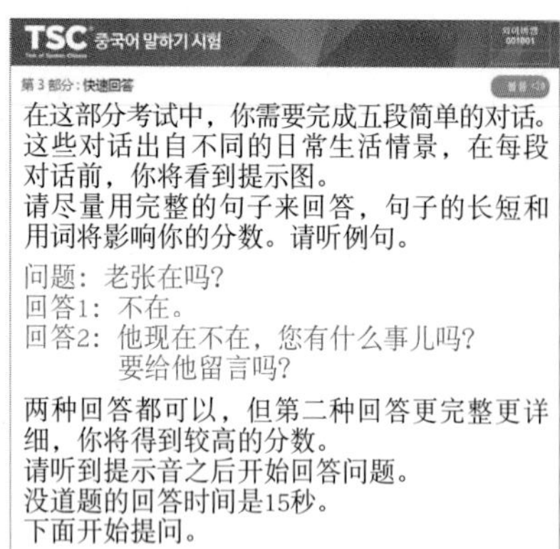


**1** 첫 화면에 3부분 유형의 지시문과 음성이 같이 나온다.

해석 이 부분에서는 다섯 단락의 간단한 대화를 완성해야 합니다. 이 대화들은 서로 다른 일상생활의 상황입니다. 각 단락의 대화 전 제시된 그림을 보고 최대한 완벽한 문장으로 답변하세요. 문장 길이와 사용된 단어는 점수에 영향을 미칩니다. 다음 예제를 들어보세요.

문제: 라오장 있나요?
답변1: 없습니다.
답변2: 그는 지금 없는데 무슨 일로 그러세요?
메모 남겨드릴까요?

두 가지 답변 모두 가능하나, 두 번째 답변이 더 완벽하고 자세해 비교적 높은 점수를 받을 수 있습니다. 제시음을 듣고 문제에 답변을 시작하세요. 각 문제의 답변 시간은 15초입니다. 다음 질문을 시작하겠습니다.

**2** 두 번째 화면에 그림과 함께 문제가 음성으로 나오고, 하단에 [思考] 라는 표시와 함께 2초의 준비 시간이 주어진다. 준비 시간이 끝나면 '삐' 소리가 나온다.

**3** 화면 하단에 [回答] 라고 표시되며, 답변 시간 15초가 카운트된다. 답변 시간이 모두 끝나면 "现在结束。" 멘트가 나온다.

现在结束。

해석 지금 끝났습니다.

## 제 4 부분: 간단하게 답하기

일상화제 관련 질문에 간단하게 대답하는 문제이며, 그림은 제시되지 않고 질문은 텍스트로 주어진다. (5문항 / 준비 시간: 15초 / 답변 시간: 25초)

### 미리보기

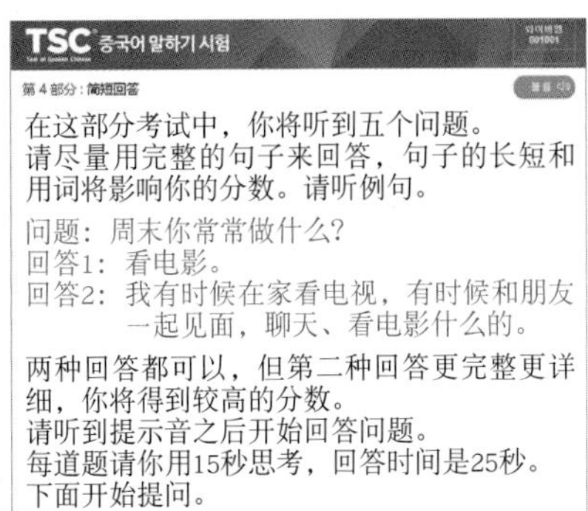


**1** 첫 화면에 4부분 유형의 지시문과 음성이 같이 나온다.

해석 이 부분에서는 5개의 문제를 듣게 됩니다. 최대한 완벽한 문장으로 답변하고, 문장 길이와 사용된 단어는 점수에 영향을 미칩니다. 다음 예제를 들어보세요.

문제: 주말에 당신은 무엇을 자주 하나요?
답변1: 영화를 봐요.
답변2: 저는 어떤 때는 TV를 보고, 어떤 때는 친구를 만나서 함께 수다를 떨고, 영화 등을 봐요.

두 가지 답변 모두 가능하나, 두 번째 답변이 더 완벽하고 자세해 비교적 높은 점수를 받을 수 있습니다. 제시음을 듣고 문제에 답변을 시작하세요. 각 문제의 준비 시간은 15초, 답변 시간은 25초입니다. 다음 질문을 시작하겠습니다.

**2** 두 번째 화면에 텍스트와 함께 음성이 나오고, 하단에 [思考] 라는 표시와 함께 15초의 준비 시간이 주어진다. 준비 시간이 끝나면 '삐' 소리가 나온다.

你为什么学习汉语?

해석 당신은 왜 중국어 공부를 합니까?

**3** 화면에 하단에 [回答] 라고 표시되며, 답변 시간 25초가 카운트된다. 답변 시간이 모두 끝나면 "现在结束。" 멘트가 나온다.

现在结束。

해석 지금 끝났습니다.

# 제 5 부분: 논리적으로 답하기

자신의 견해와 관점을 대답하는 문제이다. 최대한 완전한 문장으로 대답해야 하며, 질문이 화면에 제시된다.(4문항 / 준비 시간: 30초 / 답변 시간: 50초)

## 미리보기

**1** 첫 화면에 5부분 유형의 지시문과 음성이 같이 나온다.

해석 이 부분에서는 4개의 문제를 듣게 됩니다. 당신의 견해와 관점을 얘기하세요. 최대한 완벽한 문장으로 대답하고, 문장 길이와 사용된 단어는 점수에 영향을 미칩니다. 다음 예제를 들어보세요.

문제 당신은 다이어트에 대해서 어떻게 생각하나요?

답변1 저는 다이어트가 그다지 좋지 않다고 생각합니다.

답변2 저는 다이어트가 좋은 일이라고 생각합니다. 몸을 더 건강하게할 뿐만 아니라, 자신을 더 예쁘게 보일 수 있게 합니다. 다이어트는 적합한 방법을 주의해서 선택해야 하는데, 예를 들면 적합한 운동과 식단 조절을 통해서 다이어트 목표를 이룰 수 있습니다.

두 가지 답변 모두 가능하나, 두 번째 답변이 더 완벽하고 자세해 비교적 높은 점수를 받을 수 있습니다. 제시음을 듣고 문제에 답변을 시작하세요. 각 문제의 준비 시간은 30초이며, 답변 시간은 50초입니다. 다음 질문을 시작하겠습니다.

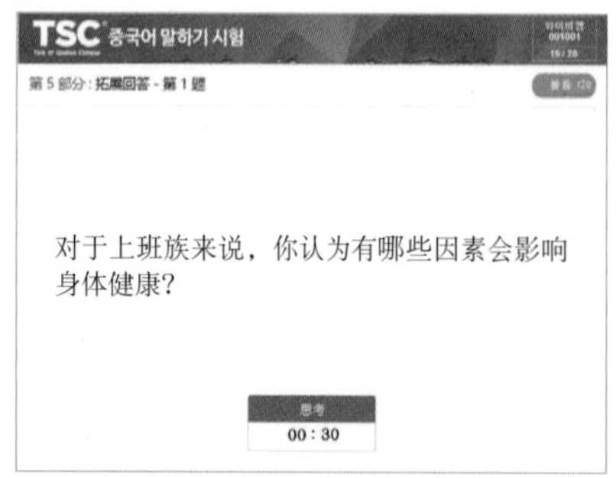


**2** 두 번째 화면에 텍스트와 함께 음성이 나오고, 하단에 [思考] 라는 표시와 함께 30초의 준비 시간이 주어진다. 준비 시간이 끝나면 '삐' 소리가 나온다.

对于上班族来说，你认为有哪些因素会影响身体健康？

해석 샐러리맨의 어떤 요인들이 신체 건강에 영향을 미친다고 생각하나요?

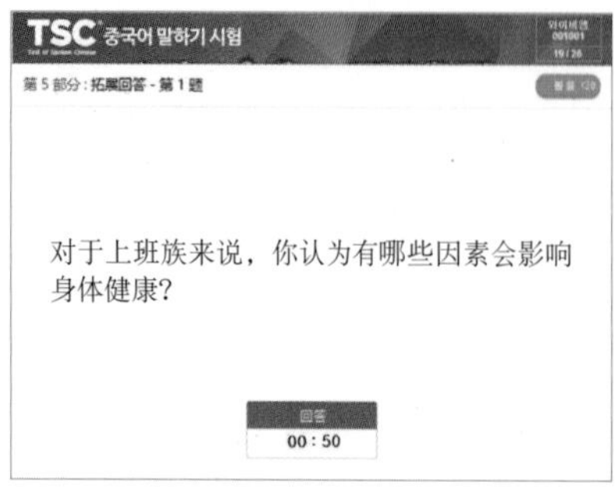


**3** 화면 하단에 [回答] 라고 표시되며, 답변 시간 50초가 카운트된다. 답변 시간이 모두 끝나면 "现在结束。" 멘트가 나온다.

现在结束。

해석 지금 끝났습니다.

# 제 6 부분: 상황에 맞게 답하기

6부분은 그림을 보고 상황에 맞게 대답하는 유형으로 제안, 권고, 추천, 위로, 약속을 정하고 변경하기, 발생한 문제에 대한 상황 설명 및 해결하기, 다양한 상황 문의 등 일상생활에서 자주 일어나는 일이 문제로 제시된다.(3문항 / 준비 시간: 30초 / 답변 시간: 40초)

## 미리보기

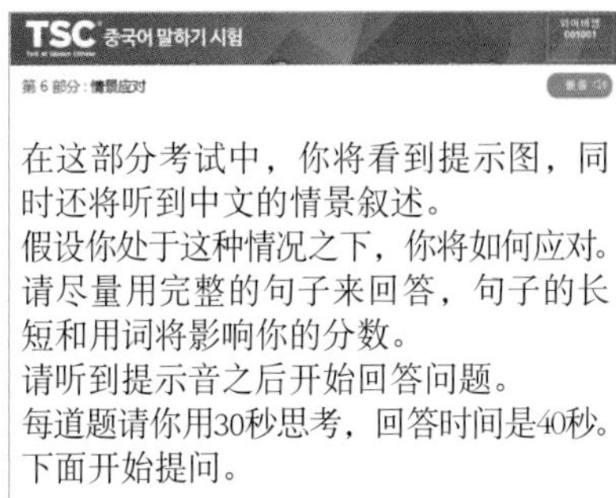


**1** 첫 화면에 6부분 유형의 지시문과 음성이 같이 나온다.

해석 이 부분에서는 제시되는 그림을 보게 되는데, 동시에 중국어로 상황에 대한 서술을 듣게 됩니다. 당신이 이런 상황에 처해있다는 가정 하에, 어떻게 대응할 것인지 최대한 완전한 문장으로 답변하세요. 문장 길이와 사용된 단어는 당신의 점수에 영향을 미칩니다. 제시음을 듣고 문제에 답변을 시작하세요. 각 문제의 준비 시간은 30초, 답변 시간은 40초입니다. 다음 질문을 시작하겠습니다.

**2** 두 번째 화면에 그림과 함께 문제가 음성으로 나오고, 하단에 [思考] 라는 표시와 함께 30초의 준비 시간이 주어진다. 준비 시간이 끝나면 '삐' 소리가 나온다.

你给中国公司的小王打电话，吃了闭门羹。请你给他用录音电话留言，确认一下传真收到了没有。

해석 당신은 중국회사의 샤오왕에게 전화를 걸었는데, 거절 당했습니다. 그에게 음성 메시지를 남겨 팩스를 받았는지 확인하세요.

**3** 화면에 하단에 [回答] 라고 표시되며, 답변 시간 40초가 카운트된다. 답변 시간이 모두 끝나면 "现在结束。" 멘트가 나온다.

现在结束。

해석 지금 끝났습니다.

# 제 7 부분: 그림 보고 이야기 만들기

연속된 그림을 보고 하나의 이야기를 만드는 문제이다. 그림을 보지 못한 사람이라도 상황을 이해할 수 있도록 자세하게 이야기해야 한다.(1문항 / 준비 시간: 30초 / 답변 시간: 90초)

## 미리보기

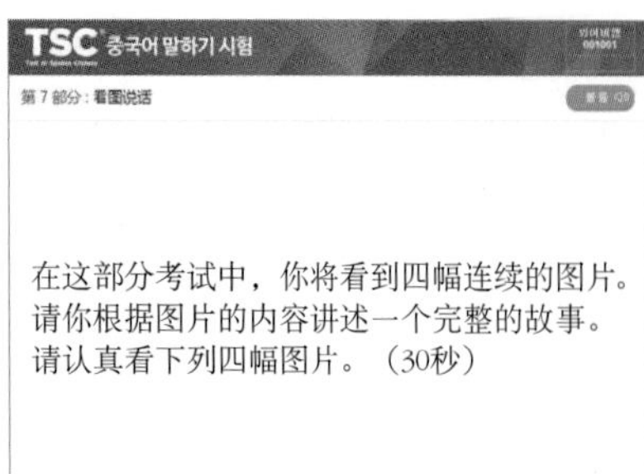


**1** 첫 화면에 7부분 유형의 지시문과 음성이 같이 나온다.

해석 이 부분에서는 4장의 연속된 그림을 보게 됩니다. 그림의 내용을 바탕으로 한 편의 완전한 이야기를 서술하세요. 다음 4장의 그림을 자세히 보세요. (30초)

**2** 두 번째 화면에 그림이 나오고, 하단에 [思考] 라는 표시와 함께 30초의 준비 시간이 주어진다. 준비 시간이 끝나면 '삐' 소리가 나온다.

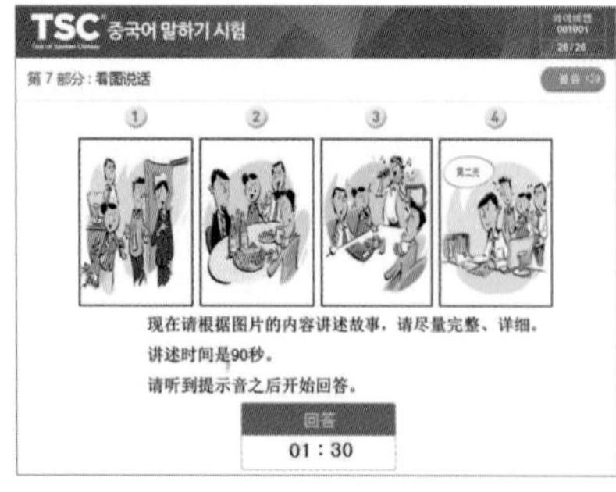


**3** 화면 하단에 [回答] 라고 표시되며, 답변 시간 90초가 카운트된다. 답변 시간이 모두 끝나면 "现在结束。" 멘트가 나온다.

해석 지금부터 그림의 내용을 바탕으로 최대한 완벽하고, 자세하게 이야기를 만드세요. 서술할 시간은 90초입니다. 제시음을 듣고 답변을 시작하세요.

现在结束。

해석 지금 끝났습니다.

» 고득점 «

# 말하기 비법 20

“ TSC 고득점 획득을 위해
꼭 알아두어야 할
말하기 비법! ”

말하기 비법 1

# 二과 两을 반드시 구분해서 말을 해라!

탁자 위에 2개의 사과가 있다.

桌子上有二个苹果。(X)

桌子上有两个苹果。(O)

### 핵심 콕콕

보통 숫자 2를 말 할 때는 二을 쓰지만, 수량을 나타낼 때는 二과 两을 구분해서 사용해요. 两本、两件、两个처럼 주로 양사를 동반하는 수량을 나타낼 때 两을 쓰고, 양사를 사용하지 않는 天、点、年 앞에도 两을 씁니다. 二은 단독으로 쓸 수 있지만, 两은 단독으로 쓸 수 없어요. 숫자가 두 자릿수 이상일 때 십의 자리와 백의 자리는 二과 两 모두 사용하고, 일의 자리와 십의 자리에는 반드시 二을 쓰지만, 천자리 이상일 때는 两을 씁니다.

- 22 : 二十二 èrshí'èr
- 222 : 二(两)百二十二 èr( liǎng )bǎi èrshí'èr
- 2222 : 两千二(两)百二十二 Liǎngqiān èr( liǎng )bǎi èrshí'èr
- 22222 : 两万两千二(两)百二十二 Liǎngwàn liǎngqiān èr( liǎng )bǎi èrshí'èr

### 말해 보기

| | |
|---|---|
| 나는 올해 20살이다. | 我今年二十岁。<br>Wǒ jīnnián èrshí suì. |
| 나는 책 2권이 있다. | 我有两本书。<br>Wǒ yǒu liǎng běn shū. |
| 나는 옷 2벌을 샀다. | 我买了两件衣服。<br>Wǒ mǎile liǎng jiàn yīfu. |
| 이 책은 2위안입니다. | 这本书两块钱。<br>Zhè běn shū liǎng kuài qián. |
| 그는 2층에 삽니다. | 他住在二楼。<br>Tā zhù zài èr lóu. |
| 커피 2잔 주세요. | 我要两杯咖啡。<br>Wǒ yào liǎng bēi kāfēi. |

말하기 비법 2

# '있다'라는 뜻의 有와 在가 헷갈릴 때

형(오빠)는 방에 있다.

哥哥**有**房间里。(X)

哥哥**在**房间里。(O)

## 핵심 콕콕

有와 在는 모두 '있다'라는 뜻으로 모두 존재를 나타내는데, 쓰임의 차이가 있어요. 有 뒤에는 내가 모르는 불특정한 대상이 오고, 在 앞에는 내가 알고 있는 특정한 대상이 옵니다. 이 밖에도 有는 소유의 의미인 '가지고 있다'라는 뜻도 있으니 참고하세요.

- 学校里有学生。 Xuéxiào lǐ yǒu xuésheng. 학교에 학생이(불특정 대상) 있다. [존재]
- 学生在学校里。 Xuésheng zài xuéxiào lǐ. 학생(특정 대상)이 학교에 있다. [존재]
- 我有妹妹。 Wǒ yǒu mèimei. 나는 여동생이 있다. [소유]

## 말해 보기

| | |
|---|---|
| 쇼파 위에 열쇠가 **있다.** | 沙发上有钥匙。<br>Shāfā shang yǒu yàoshi. |
| 나는 중국친구가 **있다.** | 我有中国朋友。<br>Wǒ yǒu Zhōngguó péngyou. |
| 그녀는 지갑이 **있다.** | 她有钱包。<br>Tā yǒu qiánbāo. |
| 그는 방 안에 **있다.** | 他在房间。<br>Tā zài fángjiān. |
| 나의 휴대폰은 탁자 위에 **있다.** | 我的手机在桌子上。<br>Wǒ de shǒujī zài zhuōzi shang. |
| 마트는 바로 병원 뒤에 **있다.** | 超市就在医院后边。<br>Chāoshì jiù zài yīyuàn hòubiān. |

말하기 비법 3

# '想바람'과 '要의지'를 구분해서 써라!

나는 회사에 가고 싶지 않다.(바람)

我不要去公司。(X)

我不想去公司。(O)

## 핵심 콕콕

想이 '~하고 싶다'의 뜻으로 바람이나 생각을 나타내는 조동사라면, 要는 '~하고 싶다'라는 소망의 표현도 있지만, 상황에 따라서는 '~하겠다'의 의미로 강한 의지를 나타내는 조동사입니다. 단, '~하고 싶지 않다' 부정의 의미를 나타낼 때는 '不要'가 아닌 '不想'을 써야 합니다.

- 我想去中国。 Wǒ xiǎng qù Zhōngguó. 나는 중국에 가고 싶다. [바람]
- 我要去中国。 Wǒ yào qù Zhōngguó. 나는 중국에 갈 갈거야. [의지]
- 我想送给他礼物。 Wǒ xiǎng sòng gěi tā lǐwù. 나는 그녀에게 선물을 주고 싶다. [바람]
- 我要送给他礼物。 Wǒ yào sòng gěi tā lǐwù. 나는 그녀에게 선물을 주려고 한다. [의지]

## 말해 보기

| | |
|---|---|
| 나는 중국어 공부를 **하고 싶다**. | 我想学习汉语。<br>Wǒ xiǎng xuéxí Hànyǔ. |
| 너는 중국 음식을 먹**고 싶니**? | 你想吃中国菜吗?<br>Nǐ xiǎng chī Zhōngguócài ma? |
| 나는 머리가 아파서 음식을 먹**고 싶지 않다**. | 我头疼不想吃东西。<br>Wǒ tóuténg bùxiǎng chī dōngxi. |
| 나는 지금 숙제를 **하려고 한다**. | 我现在要做作业。<br>Wǒ xiànzài yào zuò zuòyè. |
| 저희 햄버거 3개 **주세요**. | 我们要三个汉堡。<br>Wǒmen yào sān ge hànbǎo. |
| 우리는 저녁에 영화를 **보려고 한다**. | 我们晚上要看电影。<br>Wǒmen wǎnshang yào kàn diànyǐng. |

말하기 비법 4

# 一点儿을 쓸까? 有点儿을 쓸까?

이것이 저것보다 조금 큽니다.

**这个比那个有点儿大。(X)**

**这个比那个大一点儿。(O)**

## 핵심 콕콕

一点儿은 비교문에서 비교의 뜻으로 사용하지만, 有点儿은 비교할 때 사용하지 않아요. 一点儿은 수량사로 동사나 형용사 뒤에 쓰여서 보어의 역할을 하고 '조금 ~하다', '조금 ~해주세요'라는 뜻이 있습니다. 有点儿 동사 혹은 부사로 형용사 앞에 쓰여 부사어의 역할을 하고 '좀 ~하다'라는 뜻이죠. 一点儿은 객관적인 어감이지만, 有点儿은 '조금 비싸요', '조금 매워요' 등의 '좀 ~해서 맘에 들지 않는다'라는 부정적인 어감이 있습니다.

- 请快一点儿。 Qǐng kuài yìdiǎnr. 조금 빨리 해주세요.
- 这件衣服大一点儿。 Zhè jiàn yīfu dà yìdiǎnr. 이 옷은 조금 크다. [객관적 어감, 비교의 의미]
- 这件衣服有点儿大。 Zhè jiàn yīfu yǒudiǎnr dà. 이 옷은 조금 크다. [부정적인 어감]
- 他有点儿胖。 Tā yǒudiǎnr pàng. 그는 조금 뚱뚱하다. [부정적인 어감]

## 말해 보기

**조금** 천천히 말해주세요.

请说慢一点儿。
Qǐng shuō màn yìdiǎnr.

나는 그보다 **조금** 크다.

我比他高一点儿。
Wǒ bǐ tā gāo yìdiǎnr.

요즘 포도가 달아요. **좀** 사실래요?

最近葡萄很甜，要不要买一点儿?
Zuìjìn pútao hěn tián, yào bu yào mǎi yìdiǎnr?

나는 **조금** 걱정된다.

我有点儿担心。
Wǒ yǒudiǎnr dānxīn.

우리 집에서 버스정류장까지는 **조금** 멀다.

从我家到公共汽车站有点儿远。
Cóng wǒ jiā dào gōnggòngqìchēzhàn yǒudiǎnr yuǎn.

나는 어제부터 열이 나고 몸이 **좀** 불편해서, 병원에 가서 진찰을 받으려고 한다.

我从昨天开始发烧，身体有点不舒服，要去医院看病。
Wǒ cóng zuótiān kāishǐ fāshāo, shēntǐ yǒudiǎn bù shūfu, yào qù yīyuàn kànbìng.

말하기 비법 5

# 비교문에서는 非常을 쓰면 안 된다!

네가 그녀보다 훨씬 예쁘다.

你比她**非常**漂亮。(X)

你比她**更**漂亮。(O)

你比她漂亮**得多**。(O)

**핵심 콕콕**

比자문의 서술어 앞에는 很、非常、有点儿、比较 같은 정도부사를 쓸 수 없어요. 대신 서술어 앞에 还、更을 쓰거나 서술어 뒤에 一点儿、一些、得多、多了를 써서 정도의 표현을 나타낼 수 있어요. 4급 이상의 점수를 받으려면 이 정도는 틀리지 않게 답변해야 해요.

- 他的汉语比我好。Tā de Hànyǔ bǐ wǒ hǎo. 그는 중국어를 나보다 잘한다.
- 哥哥比我高一点儿。Gēge bǐ wǒ gāo yìdiǎnr. 형(오빠)은 나보다 조금 크다.
- 今天比昨天热一些。Jīntiān bǐ zuótiān rè yìxiē. 오늘은 어제보다 조금 덥다.
- 今年的牛肉比去年贵得多。올해 소고기는 작년보다 훨씬 비싸다.
  Jīnnián de niúròu bǐ qùnián guì de duō.
- 我的身体比以前好多了。Wǒ de shēntǐ bǐ yǐqián hǎo duō le. 내 몸은 이전보다 훨씬 좋아졌다.

**말해 보기**

| | |
|---|---|
| 내가 너**보다** 경험이 있다. | 我比你有经验。<br>Wǒ bǐ nǐ yǒu jīngyàn. |
| 여자아이가 남자아이**보다** 뛰는 게 **조금** 빠르다. | 女孩子跑得比男孩子快一些。<br>Nǚ háizi pǎo de bǐ nán háizi kuài yìxiē. |
| 카메라는 지갑**보다 조금** 비싸다. | 照相机比钱包贵一点儿。<br>Zhàoxiàngjī bǐ qiánbāo guì yìdiǎnr. |
| 중국의 인구는 한국**보다 훨씬** 많다. | 中国的人口比韩国多得多。<br>Zhōngguó de rénkǒu bǐ Hánguó duō de duō. |
| 비록 인터넷에서 파는 옷이 보통 실제 상점**보다 조금** 싸지만, 어떤 옷은 품질이 그다지 좋지 않다. | 虽然网上的衣服比一般实体店便宜一些，但是有的衣服质量不太好。<br>Suīrán wǎngshàng de yīfu bǐ yìbān shítǐdiàn piányi yìxiē, dànshì yǒu de yīfu zhìliàng bútài hǎo. |

말하기 비법 6

# 모두 같은 '~할 수 있다'가 아니다!

나는 중국어를 말할 수 있다.

**我(可以 / 能)说汉语。(X)**

**我会说汉语。(O)**

## 핵심 콕콕

| | |
|---|---|
| **可以** | 1 (여건, 조건이 되어) ~할 수 있다<br>• 你明天可以来接我吗? 너 내일 나를 데리러 올 수 있어?<br>Nǐ míngtiān kěyǐ lái jiē wǒ ma?<br>2 (허락, 허가로) ~해도 된다<br>• 在公共场所不可以抽烟。 공공장소에서는 담배를 피우면 안 된다.<br>Zài gōnggòng chǎngsuǒ bù kěyǐ chōuyān. |
| **能** | 1 (여건, 조건이 되어) ~할 수 있다<br>• 我没有眼镜的话，不能看字。 나는 안경이 없으면 글자를 볼 수 없다.<br>Wǒ méiyǒu yǎnjìng dehuà, bùnéng kàn zì.<br>2 (타고난 능력이 되거나, 일정한 수준이 되어) ~할 수 있다<br>• 我能吃辣的。 Wǒ néng chī là de. 나는 매운 거를 먹을 수 있다. |
| **会** | 1 (배워서) ~할 줄 알다<br>• 你会不会说英语? Nǐ huì bu huì shuō Yīngyǔ? 너는 영어를 말할 줄 알아, 몰라?<br>2 (추측이나 가능성에 대해) ~할 것이다<br>• 下午可能会下雨把雨伞带走吧。 오후에 비가 올 수 있으니 우산을 가져가.<br>Xiàwǔ kěnéng huì xiàyǔ bǎ yǔsǎn dài zǒu ba. |

## 말해 보기

주말에 책 좀 빌려**줄 수 있어**?

周末可以借给我书吗?
Zhōumò kěyǐ jiè gěi wǒ shū ma?

내일 나도 참석**할 수 있어**.

明天我也可以参加。
Míngtiān wǒ yě kěyǐ cānjiā.

그녀는 맥주 3병을 마**실 수 있다**.

她能喝三瓶啤酒。
Tā néng hē sān píng píjiǔ.

지금은 물건이 없고, 내일 오후에 구매 **할 수 있다**.

现在没货，明天下午你能买。
Xiànzài méi huò, míngtiān xiàwǔ nǐ néng mǎi.

나는 영어를 잘 말**할 수 있다**.

我很会说英语。
Wǒ hěn huì shuō Yīngyǔ.

명문 대학에 들어가기 위해 나는 열심히 공부를 **할 것이다**.

为了上名牌大学我会努力学习的。
Wèile shàng míngpái dàxué wǒ huì nǔlì xuéxí de.

말하기 비법 7

# 以为를 쓸까? 认为를 쓸까?

나는 그가 중국인인 줄 알았다.

我认为他是中国人呢。(X)

我以为他是中国人呢。(O)

## 핵심 콕콕

以为와 认为는 '생각하다'라는 뜻으로, 자신의 판단이나 생각을 표현할 때 사용합니다. 以为는 주관적인 생각이나 판단이 빗나갔을 때 사용하고, 认为는 객관적으로 사람이나 사물에 대해 분석해서 판단한 생각을 말할 때 사용해요. 따라서 认为는 '인정하다'라는 의미에 가깝습니다.

- 我以为她很漂亮。 Wǒ yǐwéi tā hěn piàoliang. 나는 그녀가 예쁜 줄 알았어. (그런데 안 예쁘다)
- 我认为她很漂亮。 Wǒ rènwéi tā hěn piàoliang. 나는 그녀가 예쁘다고 생각해. (예쁘다고 인정)
- 我以为他不会来了。 Wǒ yǐwéi tā búhuì lái le. 나는 그가 못 올 줄 알았어. (그런데 왔다)
- 我认为他是一个好上司。 나는 그가 좋은 상사라고 생각해. (좋은 상사라고 인정)
  Wǒ rènwéi tā shì yí ge hǎo shàngsi.

## 말해 보기

| | |
|---|---|
| 나는 그가 중국어 선생님**이라고 생각한다**. | 我认为他是汉语老师。<br>Wǒ rènwéi tā shì Hànyǔ lǎoshī. |
| 나는 이 일은 그의 잘못**이라고 생각한다**. | 我认为这件事是他的错。<br>Wǒ rènwéi zhè jiàn shì shì tā de cuò. |
| 나는 그가 이 일을 잘 할 수 있을 거**라고 생각한다**. | 我认为他能做好这个工作。<br>Wǒ rènwéi tā néng zuòhǎo zhège gōngzuò. |
| 나는 네가 집에 있는 **줄 알았다**. | 我以为你在家。<br>Wǒ yǐwéi nǐ zài jiā. |
| 너였구나. 나는 이 선배**인줄 알았다**. | 原来是你呀，我以为是李前辈呢。<br>Yuánlái shì nǐ ya, wǒ yǐwéi shì Lǐ qiánbèi ne. |
| 모두 이것이 진짜 꽃**이라고 생각했는데**, 사실은 종이로 만든 것이다. | 大家都以为这花是真的，其实是用纸做的。<br>Dàjiā dōu yǐwéi zhè huā shì zhēnde, qíshí shì yòng zhǐ zuò de. |

말하기 비법 8

# 的더! 得더! 地더! 수식의 대상으로 구별해라!

아이들은 아주 신나게 놀았다.

孩子们玩儿(**的** / **地**)很开心。(X)

孩子们玩儿得很开心。(O)

**핵심 콕콕**

| | |
|---|---|
| **的** | 的 + 명사<br>的는 명사 앞에 쓰여 명사를 수식합니다. '~의, ~한'으로 해석합니다.<br>• 我的手机 wǒ de shǒujī 나의 휴대폰<br>• 聪明的孩子 cōngmíng de háizi 똑똑한 아이 |
| **得** | 술어 + 得 + 보어<br>得는 보어 앞에 쓰여 술어를 수식합니다. '(정도가) ~하게 ~하다'로 해석합니다.<br>• 你说得对。 Nǐ shuō de duì. 당신 말이 맞다.<br>• 他跑得很快。 Tā pǎo de hěn kuài. 그는 달리는 게 빠르다.(빠르게 달린다) |
| **地** | 地 + 동사<br>地는 동사 앞에 쓰여 동사를 수식합니다. '~하게 ~하다'로 해석합니다.<br>• 她认真地学习。 Tā rènzhēn de xuéxí. 그녀는 열심히 공부한다.<br>• 妈妈高高兴兴地说。 Māma gāogāoxìngxīng de shuō. 엄마는 기쁘게 말한다. |

**말해 보기**

너**의** 일은 스스로 해결해.

你的事自己解决吧。
Nǐ de shì zìjǐ jiějué ba.

내 친구가 나한테 사 **준** 선물이다.

我朋友给我买的礼物。
Wǒ péngyou gěi wǒ mǎi de lǐwù.

그녀는 매우 아름답**게** 생겼다.

她长得非常漂亮。
Tā zhǎng de fēicháng piàoliang.

저는 요즘 지내는 **게** 좋아요.
(요즘 잘 지낸다.)

我最近过得不错。
Wǒ zuìjìn guò de búcuò.

우리는 행복하**게** 지내고 있다.

我们幸福地生活着。
Wǒmen xìngfú de shēnghuózhe.

그 아이는 조용**히** 자고 있다.

那个孩子安静地睡着。
Nàge háizi ānjìng de shuìzhe.

말하기 비법 9

# 한정어 的를 쓸까? 강조의 的를 쓸까?

그는 비싼 차를 샀다.

他买了很贵车的。(X)

他买了很贵的车。(O)

핵심 콕콕

| | |
|---|---|
| **한정어 的** | 명사 / 형용사 / 동사 + 的 형식으로 쓰이고, 的 앞에 오는 명사, 형용사, 동사 등을 수식하는 한정어라고 해요. 한정어는 주어나 목적어 역할을 하는 명사 앞에 쓰여, 소유나 소속 범위 등의 범위를 제한 또는 사람이나 사물의 상태 묘사를 나타낼 때 씁니다. 형용사가 한정어로 쓰일 때, 형용사 앞에 다른 수식어가 있으면 반드시 的를 넣어야 합니다.<br>• 我看的电影是中国电影。 내가 보는 영화는 중국영화이다.<br>Wǒ kàn de diànyǐng shì Zhōngguó diànyǐng. |
| **강조의 是…的** | 是…的는 이미 일어난 일을 강조합니다. 是…的 사이에 시간, 장소, 방식, 대상, 원인, 도구 등을 넣어 그 의미를 강조해요. 是는 생략이 가능합니다.<br>• 我是晚上六点回来的。 나는 저녁 6시에 돌아왔다. [시간 강조]<br>Wǒ shì wǎnshang liù diǎn huílái de.<br>• 我是为了学习汉语来的。 나는 중국어를 배우려고 왔다. [목적 강조]<br>Wǒ shì wèile xuéxí Hànyǔ lái de.<br>• 我是坐飞机来的。 나는 비행기를 타고 왔다. [방식 강조]<br>Wǒ shì zuò fēijī lái de. |

말해 보기

그 책은 내 것이 아니다.
那本书不是我的。
Nà běn shū búshì wǒ de.

나는 단 것을 먹고 싶다.
我想吃甜的东西。
Wǒ xiǎng chī tián de dōngxi.

이 휴대폰은 싸고 좋아서, 사는 사람이 많다.
这台手机又便宜又好，买的人很多。
Zhè tái shǒujī yòu piányi yòu hǎo, mǎi de rén hěn duō.

나는 어제 돌아왔다.
我是昨天回来的。[시간 강조]
Wǒ shì zuótiān huílái de.

그는 결혼식에 참석하려고 온 것이다.
他是为了参加婚礼来的。[목적 강조]
Tā shì wèile cānjiā hūnlǐ lái de.

나는 버스를 타고 학교에 갔다.
我是坐公共汽车去学校的。[방식 강조]
Wǒ shì zuò gōnggòngqìchē qù xuéxiào de.

말하기 비법 10

# 正과 正在는 시간부사와 함께 쓰면 안 된다!

아이는 계속 잠을 자고 있는 중이다.

孩子一直(正 / 正在)睡觉呢。(X)

孩子一直在睡觉呢。(O)

### 핵심 콕콕

| | |
|---|---|
| 在 | '~하는 중이다'라는 뜻으로 동작 진행의 상태를 강조합니다. 在는 동작의 장기간 지속됨을 뜻하기도 해서, 앞에 一直 혹은 经常 같은 시간부사가 올 수 있다.<br>• 我在吃饭(呢)。 Wǒ zài chīfàn (ne). 나는 밥을 먹고 있는 중이다.<br>• 这几天一直在下雨(呢)。 Zhè jǐ tiān yìzhí zài xiàyǔ (ne). 며칠 째 비가 오고 있다. |
| 正 | '마침, 딱 ~하는 중이다'라는 뜻으로 동작 진행의 시간을 강조합니다.<br>• 妈妈正在厨房做饭(呢)。 엄마는 마침 주방에서 밥을 하고 계십니다.<br>Māma zhèng zài chúfáng zuòfàn (ne).<br>*문장의 在는 부사가 아니라 장소 앞에 오는 전치사이다.<br>• 我也正打算去北京(呢)。 나도 마침 베이징에 갈 계획이야.<br>Wǒ yě zhèng dǎsuan qù Běijīng (ne). |
| 正在 | '마침, 딱 ~하는 중이다'라는 뜻으로 동작 진행 상태 및 시간을 모두 강조합니다.<br>• 我正在看电影(呢)。 나는 마침 영화를 보고 있는 중이다.<br>Wǒ zhèngzài kàn diànyǐng (ne).<br>• 别进去，里边正在开会(呢)。 들어가면 안 되요, 안에서 회의를 하고 있는 중입니다.<br>Bié jìnqù, lǐbiān zhèngzài kāihuì (ne). |

### 말해 보기

나 운전**중이야**, 내려서 너한테 전화 걸게.
我在开车(呢)，下车就给你打电话。
Wǒ zài kāichē (ne), xiàchē jiù gěi nǐ dǎ diànhuà.

아침에 아빠는 출근 준비를 **하는 중이다**.
早上爸爸在准备上班(呢)。
Zǎoshang bàba zài zhǔnbèi shàngbān (ne).

그는 **마침** 여자친구를 기다리고 있는 **중이다**.
他正等女朋友呢。
Tā zhèng děng nǚpéngyou ne.

그는 아내가 우산을 들고 버스 정류장에서 그를 기다리**고 있는** 것을 발견했습니다!
他发现妻子正拿着雨伞在公共汽车站等他呢!
Tā fāxiàn qīzi zhèng názhe yǔsǎn zài gōnggòngqìchēzhàn děng tā ne!

우리는 마침 그의 이야기를 듣**고 있는 중이다**.
我们正在听他讲故事(呢)。
Wǒmen zhèngzài tīng tā jiǎng gùshì (ne).

네가 나를 부를 때, 나는 **마침** 버스를 타**고 있었어**.
你叫我的时候，我正在上公交车(呢)。
Nǐ jiào wǒ de shíhou, wǒ zhèngzài shàng gōngjiāochē (ne).

말하기 비법 11

# 유독 실수가 많은 适合와 合适

저는 인터넷 강의가 직장인들에게 더 적합하다고 생각합니다.

我认为网课更合适上班族。(X)

我认为网课更适合上班族。(O)

## 핵심 콕콕

생김새와 발음이 비슷해서 혼동하는 단어입니다. 두 단어 모두 '적당하다, 알맞다'라는 뜻으로 가장 큰 차이점은 품사인데요. 适合는 동사, 合适는 형용사로, 동사인 适合는 뒤에 목적어가 옵니다. 合适 뒤에는 목적어가 오지 않고 마침표로 끝 맺습니다.

- 这件衣服很适合你。 Zhè jiàn yīfu hěn shìhé nǐ. 이 옷은 너에게 잘 어울린다.
- 今天天气适合运动。 Jīntiān tiānqì shìhé yùndòng. 오늘 날씨는 운동하기에 적당하다.
- 价格很合适。 Jiàgé hěn héshì. 가격이 적당하다.
- 这顶帽子正合适。 Zhè dǐng màozi zhèng héshì. 이 모자가 딱 어울린다.

## 말해 보기

어떤 색깔이 나에게 잘 **어울리**니?

哪个颜色最适合我?
Nǎge yánsè zuì shìhé wǒ?

내가 저 바지를 입어봤는데, **그다지 어울리지 않았다.**

我试过那条裤子了，不太合适。
Wǒ shìguo nà tiáo kùzi le, bútài héshì.

자신에게 **맞는** 직업이야말로 가장 좋은 직업이다.

适合自己的工作，才是最好的工作。
Shìhé zìjǐ de gōngzuò, cái shì zuì hǎo de gōngzuò.

너는 그와 성격이 **맞지 않는다.**

你跟他性格不合适。
Nǐ gēn tā xìnggé bù héshì.

이런 스타일이 너에게 **어울린다.**

这样的发型适合你。
Zhèyàng de fàxíng shìhé nǐ.

사이즈가 **안 맞아서**, 환불하려고 해요.

大小不合适，我想退货。
Dà xiǎo bù héshì, wǒ xiǎng tuìhuò.

말하기 비법 12

# 시간을 다스리는 시간부사 就와 才

아침 6시에 이미 일어났다.

早上6点才起床了 (X)

早上6点就起床了 (O)

## 핵심 콕콕

就는 '이미, 벌써'라는 뜻으로 시간이 짧거나 빠를 때 또는 나이나 수량이 적을 때 씁니다. 문장 끝의 어기조사 了가 올 수 있습니다. 才는 '이제야, ~이 되어서야 비로소'라는 뜻으로 시간이 길거나 느릴 때 또는 수량이 많을 때 사용해요. 就와는 다르게 了를 동반하지 않아요. 그 밖에도 시간부사의 쓰임 말고도 就는 '바로, 곧' 才는 '겨우, 가까스로'라는 뜻의 사용법이 있습니다.

- 我六点就到了。 Wǒ liù diǎn jiù dào le. 나는 6시에 벌써 도착했다. [예상보다 빨리 도착함]
- 我七点才到。 Wǒ qī diǎn cái dào. 나는 6시가 되어서야 비로소 도착했다. [예상보다 늦게 도착함]
- 他2岁就开始学会走路。 그는 2살에 벌써 걸음마를 시작했다.
  Tā liǎng suì jiù kāishǐ xué huì zǒu lù.
- 他3岁才开始学会走路。 그는 3살이 되어서야 비로소 걸음마를 시작했다.
  Tā sān suì cái kāishǐ xué huì zǒu lù.

## 말해 보기

그가 한참을 설명한 후**에야** 나는 이해했다.
他说了半天我才明白。
Tā shuōle bàntiān wǒ cái míngbái.

9시 수업인데 그는 9시 반**에야** 왔다.
九点上课，他九点半才来。
Jiǔ diǎn shàngkè, tā jiǔ diǎn bàn cái lái.

나는 밥 두 공기를 먹고서야 **비로소** 배가 불렀다.
我吃了两顿饭才饱了。
Wǒ chīle liǎng dùn fàn cái bǎo le.

나는 한번 읽고 **이미** 이해했다.
我读了一遍就看懂了。
Wǒ dúle yí biàn jiù kàn dǒng le.

이 물건을 3일 썼는데, **벌써** 고장이 났다.
这个东西用了三天就坏了。
Zhège dōngxi yòngle sāntiān jiù huài le.

그녀는 2주 배웠는데, **벌써** 말을 잘한다.
她学了两个星期，就说得特别好。
Tā xuéle liǎng ge xīngqī, jiù shuō de tèbié hǎo.

말하기 비법 13

# 동태조사를 잘 쓰면 표현이 풍부해진다.

나는 누워서 TV 보는 것을 좋아한다.

我喜欢躺(了 / 过)看电视。(X)

我喜欢躺着看电视。(O)

**핵심 콕콕**

| | |
|---|---|
| 了 | **동사 + 了 + (수사 + 양사) + 목적어**<br>了는 동사 뒤에 쓰여 동작이나 상황의 완료를 나타냅니다. 과거뿐만 아니라 미래에도 쓸 수 있습니다.<br>• 我昨天买了一件衣服。 Wǒ zuótiān mǎile yí jiàn yīfu. 나는 어제 옷 한 벌을 샀다. |
| 着 | **동사 + 着 + 목적어**<br>着는 동사 뒤에 쓰여 동작의 상태가 지속되고 있는 것을 나타냅니다.<br>• 父母忙着上班，孩子忙着上学。<br>Fùmǔ mángzhe shàngbān, háizi mángzhe shàngxué.<br>부모는 출근하느라 바쁘고, 아이는 학교 가느라 바쁘다. |
| 过 | **동사 + 过 + 목적어**<br>过는 '~한 적이 있다'라는 의미로 동사 뒤에 쓰여 동작의 경험을 나타냅니다.<br>• 我已经和他谈过一次。 나는 이미 그와 한 번 얘기한 적이 있다.<br>Wǒ yǐjing hé tā tánguo yí cì. |

**말해 보기**

우리 점심 먹**고**나서 출발하자.
咱们吃了午饭以后再出发吧。
Zánmen chīle wǔfàn yǐhòu zài chūfā ba.

나는 그녀에게 축의금을 주**었고**, 그녀의 결혼이 행복하기를 바랍니다.
我送了她一个大红包，祝她新婚幸福。
Wǒ sòngle tā yí ge dà hóngbāo, zhù tā xīnhūn xìngfú.

그녀는 시계를 보**면서** 계단으로 올라갔다.
她看着表走楼梯上去。
Tā kànzhe biǎo zǒu lóutī shàngqù.

샤오왕은 그날 새하얀 드레스를 입**고 있었다**.
小王那天穿着洁白的婚纱。
Xiǎo Wáng nàtiān chuānzhe jiébái de hūnshā.

저는 지금까지 개를 길러 본 **적이 없습니다**.
我从来没养过狗。
Wǒ cónglái méi yǎngguo gǒu.

듣기에 네가 예전에 배를 타고 중국에 가 본 **적이 있다**고 하더라고, 그래서 좀 물어보고 싶어.
我听说你以前坐船去过中国，所以想问问你。
Wǒ tīngshuō nǐ yǐqián zuò chuán qùguo Zhōngguó, suǒyǐ xiǎng wènwen nǐ.

말하기 비법 14

# 从을 쓸까? 离를 쓸까?

우리집은 마트에서 매우 가깝다.

我家从超市很近。(X)

我家离超市很近。(O)

## 핵심 콕콕

从은 '~에서부터'라는 뜻으로 시작 지점을 나타내고, 里는 '~로부터 떨어지다'라는 뜻으로 두 지점 간의 시간 및 공간적인 거리감을 나타냅니다. 从은 뒤에 到、往、向과 호응하여 사용해요.

- 你从哪儿来的? Nǐ cóng nǎr lái de? 당시는 어디에서 왔나요? [장소의 기점]
- 我要从今天开始减肥。 나는 오늘부터 다이어트를 시작할 거다. [시간의 기점]
  Wǒ yào cóng jīntiān kāishǐ jiǎnféi.
- 我家离公司很近。 Wǒ jiā lí gōngsī hěn jìn. 우리집에서 회사는 아주 가깝다. [공간적 거리]
- 离春节只有两天了。 Lí Chūnjié zhǐyǒu liǎngtiān le. 설날까지 겨우 이틀 남았다. [시간적 거리]

## 말해 보기

| | |
|---|---|
| 나는 어제 서울**에서** 돌아왔다. | 我昨天从首尔回来。<br>Wǒ zuótiān cóng Shǒu'ěr huílái. |
| 나는 매일 저녁 8시**부터** 10시까지 운동한다. | 我每天从晚上八点到十点运动。<br>Wǒ měitiān cóng wǎnshang bā diǎn dào shí diǎn yùndòng. |
| 오른쪽**부터** 시작해서 세 번째가 바로 그녀이다. | 从右边起第三个就是她。<br>Cóng yòubiān qǐ dì sān ge jiù shì tā. |
| 시험**까지** 아직 며칠 남았잖아, 긴장 풀어. | 离考试还有几天呢，你就放松放松吧。<br>Lí kǎoshì háiyǒu jǐ tiān ne, nǐ jiù fàngsōng fàngsōng ba. |
| 기차가 출발하기**까지** 5분 남았다. | 离火车出发不到五分钟了。<br>Lí huǒchē chūfā búdào wǔ fēnzhōng le. |
| 여기에서 지하철역**까지** 200미터 남았다. | 这儿离地铁站还有两百米。<br>Zhèr lí dìtiězhàn háiyǒu liǎngbǎi mǐ. |

말하기 비법 15

# 미래의 반복에는 又 말고 再를 써라!

우리 나중에 다시 연락하자.

我们以后又联系吧。(X)
我们以后再联系吧。(O)

## 핵심 콕콕

빈도를 나타내는 부사 再와 又는 모두 '다시, 또'의 의미로 반복을 나타낼 때 사용하지만, 이 둘은 차이점이 있습니다. 再는 발생되지 않은 일을 다시 반복하게 될 때, 又는 발생한 일을 또 반복할 때 사용합니다. 再는 미래의 반복을 나타내고, 又는 규칙성이나 습관성이 있는 과거의 반복을 나타냅니다. 따라서 又는 뒤에 완료의 了가 같이 옵니다.

- 请再说一遍。 Qǐng zài shuō yí biàn. 다시 한 번 말해 주세요. [미래의 반복]
- 欢迎下次再来。 Huānyíng xiàcì zài lái. 다음에 또 오세요. [미래의 반복]
- 今天又下雪了。 Jīntiān yòu xiàxuě le. 오늘 또 눈이 내렸다. [과거의 행위 반복]
- 他又迟到了吗? Tā yòu chídào le ma? 그는 또 지각했나요? [과거의 행위 반복]

## 말해 보기

| | |
|---|---|
| 우리 나중에 **다시** 얘기하자! | 我们以后再说吧!<br>Wǒmen yǐhòu zài shuō ba! |
| 요리 한 접시 **더** 주세요. | 请再来一份儿菜。<br>Qǐng zài lái yí fènr cài. |
| 나는 다음에는 절대로 **다시** 지각하지 않을 것이다. | 我下次再也不会迟到。<br>Wǒ xiàcì zài yě búhuì chídào. |
| 엄마는 **또** 화가 나셨다. | 妈妈又生气了。<br>Māma yòu shēngqì le. |
| 그는 어제 왔었는데, 오늘 **또** 왔다! | 他昨天来过，今天又来了!<br>Tā zuótiān láiguo, jīntiān yòu lái le! |
| 나는 이 영화를 좋아해서 한 번 **더** 보았다. | 我喜欢这部电影，所以我又看了一遍。<br>Wǒ xǐhuan zhè bù diànyǐng, suǒyǐ wǒ yòu kànle yí biàn. |

말하기 비법 16

# 시험뿐만 아니라 회화에서도 중요한 都

누구도 그곳에 가고 싶어 하지 않는다.

谁全不想去那儿。(X)

谁都不想去那儿。(O)

### 핵심 콕콕

'모두, 전부, 예외 없이'라는 뜻의 부사로, 명사 뒤, 동사 앞에 위치 합니다. 都는 의문문에 쓰일 때 '~들'이라는 의미로 복수의 뜻을 나타냅니다. 每、各、任何、谁、什么、哪儿、명사 중첩、양사 중첩을 동반하는 경우 全을 쓸 수 없고, 都만 쓸 수 있습니다. 都…了는 '진작, 벌써'의 뜻으로 쓰입니다. 已经…了는 '벌써 ~하다'와 의미는 같지만, 都…了는 부정적인 늬앙스입니다.

- 学生都很累。Xuésheng dōu hěn lèi. 학생들은 모두 피곤하다.
- 他一直都非常关心别人。그는 줄곧 다른 사람에게 매우 관심을 기울인다.
  Tā yìzhí dōu fēicháng guānxīn biéren.
- 你都几岁了，还玩游戏？Nǐ dōu jǐ suì le, hái wán yóu xì? 몇 살인데, 아직도 게임을 하니?
- 我都毕业了。Wǒ dōu bìyè le. 나는 이미 졸업했다.

### 말해 보기

| | |
|---|---|
| 이 꽃들을 나는 **전부** 좋아한다. | 这些花我都喜欢。<br>Zhèxiē huā wǒ dōu xǐhuan. |
| 나는 매일 **모두** 집에서 쉰다. | 我每天都在家里休息。<br>Wǒ měitiān dōu zài jiā lǐ xiūxi. |
| 우리 **모두** 매우 적극적이다. | 我们都很积极。<br>Wǒmen dōu hěn jījí. |
| 우리는 **모두** 표를 샀다. | 我们都买票了。<br>Wǒmen dōu mǎi piào le. |
| 시간이 **벌써** 12시이다. | 时间都十二点了。<br>Shíjiān dōu shí'èr diǎn le. |
| 이 곳의 사람들은 **모두** 그의 친구이다. | 这里的人都是他的朋友。<br>Zhèli de rén dōu shì tā de péngyou. |

말하기 비법 17

# 연동문 정도는 써 줘야 고득점!

나는 도서관에 가서 공부하고 싶다.

我去图书馆想学习。(X)

我想去图书馆学习。(O)

**핵심 콕콕**

주어 + 동사1 + (목적어1) + 동사2 + (목적어2)의 문장구조로, 주어가 하나인 문장에 두 개 이상의 동사가 있는 문장을 중국어에서 연동문이라고 해요. 문장을 만들 때 동작이 발생하는 순서로 술어를 배열하기 때문에 문장을 더 길고 풍부하게 말할 수 있습니다. 부정부사나 조동사는 주로 동사1 앞에 위치 합니다.

- 我回家吃饭。Wǒ huíjiā chīfàn. 나는 집에 가서 밥을 먹는다.
- 下班后，我去健身房做运动。퇴근 후에, 나는 헬스장에 가서 운동을 한다.
  Xiàbān hòu, wǒ qù jiànshēnfáng zuò yùndòng.
- 他坐公共汽车去公司。Tā zuò gōnggòngqìchē qù gōngsī. 그는 버스를 타고 회사에 간다.
- 我想开车去超市。Wǒ xiǎng kāichē qù chāoshì. 나는 운전을 해서 마트에 가고 싶다.

**말해 보기**

| | |
|---|---|
| 나는 중국어를 **공부하러** 베이징에 **간다.** | 我去北京学习汉语。<br>Wǒ qù Běijīng xuéxí Hànyǔ. |
| 나는 친구를 **만나기** 위해 카페에 **왔다.** | 我来咖啡厅见朋友。<br>Wǒ lái kāfēitīng jiàn péngyou. |
| 우기 공원에 **가서** 좀 **걷자.** | 咱们去公园散散步吧。<br>Zánmen qù gōngyuán sànsànbù ba. |
| 그는 수업이 **끝나고** 집으로 **돌아갔다.** | 他下了课就回家。<br>Tā xiàle kè jiù huíjiā. |
| 나는 지갑을 **가지러** 방에 **갔다.** | 我去房间拿钱包。<br>Wǒ qù fángjiān ná qiánbāo. |
| 우리 영화관에 **가서** 영화 **보자.** | 我们去电影院看电影吧。<br>Wǒmen qù diànyǐngyuàn kàn diànyǐng ba. |

말하기 비법 18

# 시험에 꼭 알아두어야 할 사자성어 10

| 1 火冒三丈 huǒmàosānzhàng 화가 머리끝까지 치밀다 |
|---|
| • 看到小王只考了20分，妈妈气得火冒三丈。<br>Kàndào Xiǎo Wáng zhǐ kǎole èrshí fēn, māma qì de huǒmàosānzhàng.<br>샤오왕이 겨우 20점을 받았다는 것을 보고, 엄마는 화가 머리 끝까지 치밀었습니다. |
| 2 一模一样 yìmúyíyàng 모양이 완전히 같다 |
| • 见过我们的人都说我和妈妈很像，特别是眼睛，简直一模一样。<br>Jiànguo wǒmen de rén dōu shuō wǒ hé māma hěn xiàng, tèbié shì yǎnjing, jiǎnzhí yìmúyíyàng.<br>저희를 본 적이 있는 사람들은 모두 저와 엄마가 많이 닮았다고 하는데, 특히 눈이 정말 많이 닮았다고 합니다. |
| 3 哭笑不得 kūxiàobùdé 웃을 수도 울 수도 없다, 이러지도 저러지도 못하다 |
| • 我结账以后，看到她打算买我的帽子，感到哭笑不得。<br>Wǒ jiézhàng yǐhòu, kàndào tā dǎsuan mǎi wǒ de màozi, gǎndào kūxiàobùdé.<br>제가 계산한 후에, 그녀가 저의 모자를 사려고 하는 것을 보고 이러지도 저러지도 못했습니다. |
| 4 丰富多彩 fēngfùduōcǎi 풍부하고 다채롭다 |
| • 这些文化设施让我的业余生活变得丰富多彩。<br>Zhèxiē wénhuà shèshī ràng wǒ de yèyú shēnghuó biàn de fēngfùduōcǎi.<br>이런 문화 시설은 저의 여가 생활을 풍부하고 다채롭게 해 주었습니다. |
| 5 随时随地 suíshísuídì 언제 어디서나, 시간과 장소를 가리지 않고 |
| • 现在可以通过手机、网络，随时随地和朋友们联系，传递信息。<br>Xiànzài kěyǐ tōngguò shǒujī、wǎngluò, suíshísuídì hé péngyoumen liánxì, chuándì xìnxī.<br>지금은 휴대폰이나 인터넷으로 언제 어디서나 친구와 연락을 하며 소식을 전달할 수 있습니다. |
| 6 塞翁失马 sàiwēngshīmǎ 새옹지마 |
| • 我的人生观是"塞翁失马，焉知非福。" 저의 인생관은 '새옹지마, 복인지 아닌지 어찌 알겠는가'입니다.<br>Wǒ de rénshēngguān shì "sàiwēngshīmǎ, yānzhī fēi fú." |
| 7 一举两得 yìjǔliǎngdé 일거양득 |
| • 爬山不仅能锻炼身体，还能呼吸新鲜空气，一举两得。<br>Páshān bùjǐn néng duànliàn shēntǐ, hái néng hūxī xīnxiān kōngqì, yìjǔliǎngdé.<br>등산을 하면 몸을 단련할 수 있을 뿐만 아니라, 신선한 공기도 마실 수 있어서 일거양득입니다. |
| 8 满头大汗 mǎntóudàhàn 얼굴이 땀투성이다 |
| • 小王非常尴尬，满头大汗，不知道怎么办才好。<br>Xiǎo Wáng fēicháng gāngà, mǎntóudàhàn, bù zhīdào zěnme bàn cái hǎo.<br>샤오왕은 매우 난처했고, 얼굴이 땀투성이가 되어 어떻게 해야 할지 몰랐습니다. |
| 9 一窍不通 yíqiàobùtōng 아무것도 모르다 |
| • 我是很想参加，但我对网球一窍不通，你能不能教教我?<br>Wǒ shì hěn xiǎng cānjiā, dàn wǒ duì wǎngqiú yíqiàobùtōng, nǐ néng bu néng jiāojiao wǒ?<br>내가 정말 참가하고 싶은데, 나는 테니스에 대해서 아무것도 몰라. 네가 나를 가르쳐 줄 수 있어? |
| 10 独一无二 dúyīwú'èr 유일무이하다 |
| • 旅行时我觉得最重要的是欣赏美景，吃当地的美食，感受当地独一无二的文化。<br>Lǚxíng shí wǒ juéde zuì zhòngyào de shì xīnshǎng měijǐng, chī dāngdì de měishí, gǎnshòu dāngdì dúyīwú'èr de wénhuà.<br>여행할 때 가장 중요한 것은 아름다운 경치를 감상하고, 그 지역의 맛있는 음식을 먹으며, 현지의 유일무이한 문화를 감상하는 것이라고 저는 생각합니다. |

말하기 비법 19

# 시험에 꼭 알아두어야 할 접속사1

| | |
|---|---|
| 병렬관계 | 又A又B : A하기도 하고, B하기도 하다(= 即A又B) |
| | 这件衣服又漂亮又便宜。 이 옷은 예쁘기도 하고, 저렴하다.<br>Zhè jiàn yīfu yòu piàoliang yòu piányi. |
| | (一)边A, (一)边B : A하면서 B하다 |
| | 咱们(一)边走，(一)边聊吧。 우리 걸으면서 얘기합시다.<br>Zánmen (yì)biān zǒu, (yì)biān liáo ba. |
| | 一方面A, 另一方面B : ~한 방면으로는 A하고, 또 다른 방면은 B하다 |
| | 我喜欢看中国的电视剧，一方面可以提高我的汉语水平，<br>另一方面可以放松心情。<br>Wǒ xǐhuan kàn Zhōngguó de diànshìjù, yì fāngmiàn kěyǐ tígāo wǒ de Hànyǔ shuǐpíng,<br>lìng yì fāngmiàn kěyǐ fàngsōng xīnqíng.<br>나는 중국 드라마 보는 것을 좋아하는데, 한편으로는 나의 중국어 실력을 향상시킬 수 있고,<br>다른 한편으로는 마음이 편해지기 때문이다. |
| 선택관계 | 不是A, 而是B : A가 아니라, B이다 |
| | 他不是老师，而是学生。 그는 선생님이 아니라 학생이다.<br>Tā búshì lǎoshī, érshì xuésheng. |
| | 不是A, 就是B : A가 아니면 B이다(A, B 둘 중 하나) |
| | 他现在不是在家，就是在办公室。 그는 지금 집에 있지 않으면, 사무실에 있다.<br>Tā xiànzài búshì zài jiā, jiùshì zài bàngōngshì. |
| | A或者B : A 혹은 B이다(A 하거나 B하다) |
| | 你今天来或者明天来都行。 오늘 오거나, 내일 와도 된다.<br>Nǐ jīntiān lái huòzhě míngtiān lái dōu xíng. |
| | A还是B : A입니까? 아니면 B입니까? |
| | 明天你坐飞机去还是坐火车去?<br>Míngtiān nǐ zuò fēijī qù háishi zuò huǒchē qù?<br>내일 당신은 비행기로 가나요? 아니면 기차를 타고 가나요? |
| 가정관계 | 如果A, 就B : 만약 A라면 B하다 |
| | 如果饿了，就做饭吃吧。 만약 배고프면 밥해서 먹자.<br>Rúguǒ èle, jiù zuò fàn chī ba. |
| | 要是A, 就B : 만약 A라면 B하다 |
| | 要是你不舒服，就不要去上班了。 만약 몸이 안 좋으면, 회사에 가지 말아요.<br>Yàoshi nǐ bù shūfu, jiù búyào qù shàngbān le. |

말하기 비법 20

# 시험에 꼭 알아두어야 할 접속사2

| | |
|---|---|
| 조건관계 | 只有A, 才B : A해야만, B하다(A는 유일한 조건)<br>只有在大韩医院做手术，病才能好。<br>Zhǐyǒu zài dàhán yīyuàn zuò shǒushù, bìng cái néng hǎo.<br>대한병원에서 수술해야만, 병이 나을 수 있다. |
| | 只要A, 就B : A하기만 하면, B하다<br>只要在大韩医院做手术，病就会好。<br>Zhǐyào zài dàhán yīyuàn zuò shǒushù, bìng jiù huì hǎo.<br>대한병원에서 수술하기만 하면, 나을 것이다. |
| | 不管A, 都B : A에 관계없이 B하다(= 无论A, 都B)<br>不管天晴还是下雨，我每天早上都去散步。<br>Bùguǎn tiān qíng háishi xiàyǔ, wǒ měitiān zǎoshang dōu qù sànbù.<br>날씨가 맑든 비가 오든, 나는 매일 아침 산책을 간다. |
| 점층관계 | 不但A, 而且B : A할 뿐만 아니라, 게다가 B하다(= 不仅A, 也/还B)<br>她不但会跳舞，而且跳得很好。 그녀는 춤을 출 수 있을 뿐만 아니라, 게다가 잘 춘다.<br>Tā búdàn huì tiàowǔ, érqiě tiào de hěn hǎo. |
| | 除了A以外, 还B : A 외에 B도 ~하다<br>我除了会说汉语以外，还会说英语。<br>Wǒ chúle huì shuō Hànyǔ yǐwài, hái huì shuō Yīngyǔ.<br>나는 중국어를 할 수 있는 것 외에 영어도 할 수 있다. |
| 인과관계 | 因为A, 所以B : A하기 때문에 B하다<br>因为他刚刚参加工作，所以不太明白。<br>Yīnwèi tā gānggāng cānjiā gōngzuò, suǒyǐ bútài míngbai.<br>그는 막 일을 시작했기 때문에, 잘 알지 못한다 |
| | 既然A, 就B : 기왕 A하게 되었으니 B하다<br>你既然已经开始学习汉语了，就努力吧。<br>Nǐ jìrán yǐjing kāishǐ xuéxí Hànyǔ le, jiù nǔlì ba.<br>기왕 중국어 공부를 시작했으니, 열심히 하세요. |
| 전환관계 | 虽然A, 但是 B : 비록 A하지만, B하다(= 尽管A, 可是B)<br>虽然他身体不舒服，但是每天来上课。<br>Suīrán tā shēntǐ bù shūfu, dànshì měitiān lái shàngkè.<br>그는 비록 몸이 안 좋지만, 매일 수업에 온다. |
| 양보관계 | 就是A, 也B : 설령 A하더라도 B하다(= 就算A, 再B)<br>你就是说错了，那也没有什么关系。 설령 네가 잘못 말 했더라도, 아무 관계없다.<br>Nǐ jiùshì shuō cuò le, nà yě méiyǒu shénme guānxi. |

# Contents

# 기출 문제 해설

# 01

TSC 기출 문제
01회

www.ybmbooks.com
온라인 영상 테스트 제공

01

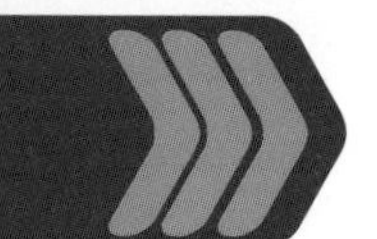

# 第一部分

**문제 1**

## 你叫什么名字?

Nǐ jiào shénme míngzi?
당신의 이름은 무엇입니까?

| | | |
|---|---|---|
| Lv. 3~4 | 我姓李，叫美兰。<br>Wǒ xìng Lǐ, jiào Měilán. | 저의 성은 이고, 미란이라고 합니다. |
| Lv. 5~6 | 我叫李美兰，这个名字是爷爷给我取的。<br>Wǒ jiào Lǐ Měilán, zhège míngzi shì yéye gěi wǒ qǔ de. | 저는 이미란이라고 하고, 이 이름은 할아버지께서 지어 주셨습니다. |

**단어** **叫** jiào 통 (이름을)~라고 하다 **名字** míngzi 명 이름 **姓** xìng 통 성이 ~이다 **爷爷** yéye 명 할아버지 **取** qǔ 통 (이름을) 짓다

**문제 2**

## 请说出你的出生年月日。

Qǐng shuōchū nǐ de chūshēng nián yuè rì.
당신의 생년월일을 말해 보세요.

| | | |
|---|---|---|
| Lv. 3~4 | 我是1988年8月8日出生的。<br>Wǒ shì yī jiǔ bā bā nián bā yuè bā rì chūshēng de. | 저는 1988년 8월 8일에 태어났습니다. |
| Lv. 5~6 | 我(出)生于1988年8月8日，今年三十二岁。<br>Wǒ (chū)shēngyú yī jiǔ bā bā nián bā yuè bā rì, jīnnián sānshí'èr suì. | 저는 1988년 8월 8일에 태어났고, 올해 32살입니다. |

**단어** **说出** shuōchū 말하다 **出生** chūshēng 통 태어나다 · **年** nián 명 해, 년 **月** yuè 명 달, 월 **日** rì 명 일, 날 **生于** shēngyú ~에 태어나다
**今年** jīnnián 명 올해 **岁** suì 명 살

**문제 3**

## 你家有几口人?

Nǐ jiā yǒu jǐ kǒu rén?

당신의 가족은 몇 명입니까?

| | | |
|---|---|---|
| Lv. 3~4 | 我家有五口人，爸爸、妈妈、姐姐、弟弟和我。<br>Wǒ jiā yǒu wǔ kǒu rén, bàba、māma、jiějie、dìdi hé wǒ. | 저희 집은 다섯 식구로 아빠, 엄마, 언니(누나), 남동생 그리고 저입니다. |
| Lv. 5~6 | 我家有四口人。爸爸、妈妈，我，<br>还有一个比我小一岁的弟弟。<br>Wǒ jiā yǒu sì kǒu rén. Bàba、māma, wǒ,<br>háiyǒu yí ge bǐ wǒ xiǎo yī suì de dìdi. | 저희 집은 네 식구입니다. 아빠, 엄마, 저, 그리고 저보다 한 살 적은 남동생이 있습니다. |

단어 口 kǒu 양 식구(사람을 세는데 쓰임) 姐姐 jiějie 명 언니, 누나 弟弟 dìdi 명 남동생 和 hé 전 ~와 比 bǐ 전 ~보다

**문제 4**

## 你在什么地方工作？或者你在哪个学校上学？

Nǐ zài shénme dìfang gōngzuò? Huòzhě nǐ zài nǎge xuéxiào shàngxué?

당신은 어디에서 근무합니까? 또는 어느 학교에 다니나요?

| | | |
|---|---|---|
| Lv. 3~4 | 我是一名医生，在三星医院工作。<br>Wǒ shì yì míng yīshēng, zài Sānxīng yīyuàn gōngzuò. | 저는 의사이고, 삼성 병원에서 일합니다. |
| Lv. 5~6 | 我刚刚毕业，为了找到一份好工作，<br>正在学习汉语。<br>Wǒ gānggāng bìyè, wèile zhǎodào yí fèn hǎo gōngzuò,<br>zhèngzài xuéxí Hànyǔ. | 저는 막 대학을 졸업했고, 좋은 직장을 구하기 위해서, 중국어를 공부하고 있습니다. |

단어 地方 dìfang 명 장소 工作 gōngzuò 명 일 동 일하다 或者 huòzhě 접 또는, 혹은 学校 xuéxiào 명 학교 上学 shàngxué 동 등교하다 名 míng 양 사람을 세는 단위 医生 yīshēng 명 의사 医院 yīyuàn 명 병원 刚刚 gānggāng 부 방금, 막 毕业 bìyè 명 졸업 동 졸업하다 为了 wèile 전 ~을 위하여 找 zhǎo 동 찾다 份 fèn 양 부분, 몫 正在 zhèngzài 부 마침 ~하고 있는 중이다 学习 xuéxí 동 공부하다 汉语 Hànyǔ 명 중국어

02

# 第二部分

**문제 1**

## 门前面有什么?

Mén qiánmiàn yǒu shénme?

문 앞에 무엇이 있나요?

| | | |
|---|---|---|
| Lv. 3~4 | 门前面有两只狗。<br>Mén qiánmiàn yǒu liǎng zhī gǒu. | 문 앞에 강아지 두 마리가 있습니다. |
| Lv. 5~6 | 门前面有两只小狗，看起来很可爱。<br>Mén qiánmiàn yǒu liǎng zhī xiǎo gǒu, kàn qǐlái hěn kě'ài. | 문 앞에 강아지 두 마리가 있는데 귀여워 보입니다. |

**단어** 门 mén 명 문 前面 qiánmiàn 명 앞 只 zhī 양 마리(동물을 세는 단위) 狗 gǒu 명 개 看起来 kàn qǐlái 보아하니, 보기에 可爱 kě'ài 형 귀엽다

**★ 고득점 비법 양사 '只'와 '条'**

강아지를 셀 때 쓰는 양사는 '只'이다. 만약 '只'가 떠오르지 않는다면 '条'를 써서 대답해도 된다.

**문제 2**

## 哪种东西最便宜?

Nǎ zhǒng dōngxi zuì piányi?

어떤 것이 가장 싼 가요?

| | | |
|---|---|---|
| Lv. 3~4 | 水最便宜。<br>Shuǐ zuì piányi. | 물이 가장 쌉니다. |
| Lv. 5~6 | 水最便宜，2块钱一瓶。<br>Shuǐ zuì piányi, liǎng kuài qián yì píng. | 물이 가장 쌉니다.<br>한 병에 2위안입니다. |

**단어** 种 zhǒng 양 종류 东西 dōngxi 명 물건 最 zuì 부 가장 便宜 piányi 형 싸다 水 shuǐ 명 물 块 kuài 양 중국의 화폐 단위(元에 해당함) 钱 qián 명 돈 瓶 píng 양 병

**★ 고득점 비법 간단한 대체 단어를 사용해서 답해라**

만약 그림의 단어를 어떻게 말해야 할지 모를 경우에는 그것을 대신할 수 있는 간단한 단어를 사용해서 답하는 것이 답하지 않는 것보다는 유리하다. 예를 들어 '中间的最便宜。Zhōngjiān de zuì piányi. 가운데 있는 것이 가장 싸다.', '红的最漂亮。Hóng de zuì piàoliang. 빨간 것이 가장 예쁘다.'로 답하는 것도 하나의 방법이다.

문제 3

## 他们在跑步吗?

Tāmen zài pǎobù ma?

그들은 달리기를 하고 있나요?

| | | |
|---|---|---|
| Lv. 3~4 | 不是，他们在打篮球。<br>Búshì, tāmen zài dǎ lánqiú. | 아니요, 그들은 농구를 하고 있습니다. |
| Lv. 5~6 | 他们不是在跑步，他们在打篮球。<br>Tāmen búshì zài pǎobù, tāmen zài dǎ lánqiú. | 그들은 달리기를 하고 있는 것이 아니라, 그들은 농구를 하고 있습니다. |

단어 在 zài 부 ~하고 있는 중이다 跑步 pǎobù 동 달리다 打 dǎ 동 (운동을) 하다 篮球 lánqiú 명 농구

★ 고득점 비법 운동 관련 단어

예 打篮球 dǎ lánqiú 농구를 하다　踢足球 tī zúqiú 축구를 하다
打棒球 dǎ bàngqiú 야구를 하다　打乒乓球 dǎ pīngpāngqiú 탁구를 하다

문제 4

## 手机在哪儿?

Shǒujī zài nǎr?

휴대폰은 어디에 있나요?

| | | |
|---|---|---|
| Lv. 3~4 | 手机在桌子上。<br>Shǒujī zài zhuōzi shang. | 휴대폰은 탁자 위에 있습니다. |
| Lv. 5~6 | 手机在书和铅笔中间。<br>Shǒujī zài shū hé qiānbǐ zhōngjiān. | 휴대폰은 책과 연필 중간에 있습니다. |

단어 手机 shǒujī 명 휴대폰 桌子 zhuōzi 명 탁자, 책상 书 shū 명 책 铅笔 qiānbǐ 명 연필 中间 zhōngjiān 명 중간, 사이

★ 고득점 비법 '在 + 일반명사 + 방위사'의 형식

'手机在桌子。'는 틀린 문장이고, '手机在桌子上。'은 맞는 문장이다.
'在 + 일반명사 + 방위사'의 형식으로 사용해야만 위치를 나타낼 수 있는 문장이 된다.

예 在房间里 zài fángjiān lǐ 방 안　在椅子上 zài yǐzi shang 의자 위

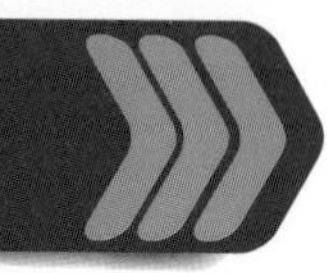

**문제 1**

## 从你家到公共汽车站很远吗?

Cóng nǐ jiā dào gōnggòngqìchēzhàn hěn yuǎn ma?

너희 집에서 버스정류장까지 멀어?

| | | |
|---|---|---|
| Lv. 3~4 | 从我家到公共汽车站有点儿远，<br>走路要十五分钟才能到。<br>Cóng wǒ jiā dào gōnggòngqìchēzhàn yǒudiǎnr yuǎn,<br>zǒulù yào shíwǔ fēnzhōng cái néng dào. | 우리 집에서 버스정류장까지는 조금 멀어. 15분은 걸어야 도착해. |
| Lv. 5~6 | 我住的公寓旁边就有公共汽车站，<br>而且有一趟车到咱们学校，所以上学非常方便。<br>Wǒ zhù de gōngyù pángbiān jiù yǒu gōnggòngqìchēzhàn,<br>érqiě yǒu yí tàng chē dào zánmen xuéxiào,<br>suǒyǐ shàngxué fēicháng fāngbiàn. | 내가 살고 있는 아파트는 옆에 바로 버스정류장이 있어. 게다가 한 버스가 우리 학교까지 가서 등교하는데 아주 편리해. |

단어 **公共汽车站** gōnggòngqìchēzhàn 명 버스정류장 **远** yuǎn 형 멀다 **走路** zǒulù 동 길을 걷다 **才** cái 부 ~에야 비로소 **住** zhù 동 살다 **公寓** gōngyù 명 아파트 **旁边** pángbiān 명 옆 **而且** érqiě 접 게다가 **趟** tàng 양 차례, 번 **方便** fāngbiàn 형 편리하다

**★ 고득점 비법** '시간 + 才'와 '才 + 시간'

'시간 + 才'는 긴 시간을 뜻하고, '才 + 시간'은 짧은 시간, 이른 시간을 뜻한다.

예 一个小时才看完。Yí ge xiǎoshí cái kàn wán. 한 시간 만에 겨우 다 보았다.
才一个小时就看完了。Cái yí ge xiǎoshí jiù kàn wán le. 한 시간 만에 벌써 다 보았다.

**문제 2**

## 这是你新买的笔记本电脑吗?

Zhè shì nǐ xīn mǎi de bǐjìběn diànnǎo ma?

이것이 네가 새로 산 노트북 컴퓨터니?

| | | |
|---|---|---|
| Lv. 3~4 | 不是，这电脑是去年买的。<br>Búshì, zhè diànnǎo shì qùnián mǎi de. | 아니야. 이 컴퓨터는 작년에 산 거야. |
| Lv. 5~6 | 是的。昨天是我生日，我买了新电脑送给自己。<br>Shìde. Zuótiān shì wǒ shēngrì, wǒ mǎile xīn diànnǎo sòng gěi zìjǐ. | 응. 어제가 내 생일이어서 내가 나에게 선물로 새 컴퓨터를 사 준 거야. |

단어 **新** xīn 형 새것의 **买** mǎi 동 사다 **笔记本电脑** bǐjìběn diànnǎo 명 노트북 컴퓨터 **去年** qùnián 명 작년 **送给** sòng gěi 동 주다 **自己** zìjǐ 명 자신

**★ 고득점 비법** '是~的' 구문

이미 완성된 일에 대해서 시간, 장소, 목적, 방식, 행위자 등을 강조할 때 '是~的' 구문을 사용해서 답할 수 있다.

예 他们是前年结婚的。Tāmen shì qiánnián jiéhūn de. 그들은 재작년에 결혼을 했다. (시간을 강조)
我是走路来的，累死了。Wǒ shì zǒulù lái de, lèisǐ le. 나는 걸어 와서, 힘들어 죽겠어. (방식을 강조)

**문제 3**

## 这家咖啡店没座位了，怎么办?

Zhè jiā kāfēidiàn méi zuòwèi le, zěnme bàn?
이 커피숍은 자리가 없는데 어떻게 할까?

| | | |
|---|---|---|
| Lv. 3~4 | 没关系，那边还有一家咖啡店。<br>Méi guānxi, nàbiān háiyǒu yì jiā kāfēidiàn. | 괜찮아. 저쪽에 또 커피숍이 있어. |
| Lv. 5~6 | 这家店是网红店，所以人特别多。咱们去别的地方吧。<br>Zhè jiā diàn shì wǎnghóngdiàn, suǒyǐ rén tèbié duō. Zánmen qù biéde dìfang ba. | 여기는 핫 플레이스라서 사람이 특히 많아. 우리 다른 곳으로 가자. |

단어 咖啡店 kāfēidiàn 명 커피숍, 카페 座位 zuòwèi 명 자리 网红店 wǎnghóngdiàn 명 핫 플레이스, 사람들이 많이 모이는 인기 있는 상점 特别 tèbié 부 특히, 아주 咱们 zánmen 명 우리(들) 别的 biéde 명 다른 것 地方 dìfang 명 장소, 곳

**★ 고득점 비법 신조어 '网红'**

'网红'은 인터넷에서 인기 있는 사람이나 인플루언서 등을 가리키고, '网红店'은 핫 플레이스로 인터넷상에서 인기 있는 상점을 가리킨다.

**문제 4**

## 我哥哥快要大学毕业了，送他什么礼物好呢?

Wǒ gēge kuàiyào dàxué bìyè le, sòng tā shénme lǐwù hǎo ne?
우리 오빠가 곧 대학교를 졸업해. 뭘 선물하면 좋을까?

| | | |
|---|---|---|
| Lv. 3~4 | 送他一套西服怎么样?<br>Sòng tā yí tào xīfú zěnmeyàng? | 양복 한 벌 선물하는 게 어때? |
| Lv. 5~6 | 你可以问问他，看他需要什么，就送什么。<br>Nǐ kěyǐ wènwen tā, kàn tā xūyào shénme, jiù sòng shénme. | 오빠한테 물어 봐서 필요하다는 걸 선물로 줘. |

단어 快要 kuàiyào 부 곧 毕业 bìyè 명 동 졸업(하다) 送 sòng 동 주다 礼物 lǐwù 명 선물 套 tào 양 벌 西服 xīfú 명 양복 需要 xūyào 동 필요하다

**★ 고득점 비법 需要什么，就 + 동사 + 什么**

需要什么，就 + 동사 + 什么는 '필요한 것으로 바로 ~해라'라는 뜻으로 구어체에서 자주 쓰는 표현이다.
이 밖에도 想 + 동사 + 什么，就 + 동사 + 什么 '~하고 싶으면 ~해라(네가 하고 싶은 대로 해라)' 라는 구조로도 쓴다.

예 需要什么，就买什么 xūyào shénme, jiù mǎi shénme 필요한 걸로 바로 사라
想吃什么，就吃什么 xiǎng chī shénme, jiù chī shénme 먹고 싶으면 먹어라

**문제 5**

## 这种裤子最近很流行，试一下吧。

Zhè zhǒng kùzi zuìjìn hěn liúxíng, shì yíxià ba.

이 바지는 요즘 유행하는 스타일 입니다. 한 번 입어 보세요.

| | | |
|---|---|---|
| Lv. 3~4 | 好的，试衣间在哪里？<br>Hǎode, shìyījiān zài nǎli? | 좋아요. 피팅룸은 어디에 있나요? |
| Lv. 5~6 | 不好意思，我不喜欢这种颜色。有白色的吗？<br>Bù hǎoyìsi, wǒ bù xǐhuan zhè zhǒng yánsè. Yǒu báisè de ma? | 죄송하지만 저는 이런 색깔을 안 좋아해서요. 흰색 있나요? |

**단어** **种** zhǒng 양 종류 **裤子** kùzi 명 바지 **最近** zuìjìn 명 최근, 요즘 **流行** liúxíng 동 유행하다 **试** shì 동 시험 삼아 해 보다 **试衣间** shìyījiān 명 피팅룸 **不好意思** bù hǎoyìsi 형 죄송하다, 난처하다 **喜欢** xǐhuan 동 좋아하다 **颜色** yánsè 명 색깔 **白色** báisè 명 흰색

**★ 고득점 비법** 헷갈리는 '不好意思', '有意思', '没有意思'

'不好意思'는 부끄럽고, 창피스러운 상황에서 사용하거나 미안하고, 난처한 상황에서 사용한다. '有意思'는 '재미있다'이고, '没有意思'는 '재미없다'라는 뜻이니 혼동해서는 안 된다.

# 第四部分

04

문제 1

## 你喜欢画画儿吗？请简单谈谈看。

Nǐ xǐhuan huàhuàr ma? Qǐng jiǎndān tántan kàn.

그림 그리는 것을 좋아하나요? 간단히 말해보세요.

| | | |
|---|---|---|
| Lv. 3~4 | 我不太喜欢画画儿。虽然小时候妈妈送我去学习，但是我对画画儿不感兴趣，觉得画画儿是件很无聊的事情。不过我还是很羡慕那些会画画儿的人。<br>Wǒ bútài xǐhuan huàhuàr. Suīrán xiǎoshíhou māma sòng wǒ qù xuéxí, dànshì wǒ duì huàhuàr bù gǎn xìngqù, juéde huàhuàr shì jiàn hěn wúliáo de shìqing. Búguò wǒ háishi hěn xiànmù nàxiē huì huàhuàr de rén. | 저는 그림 그리는 것을 별로 좋아하지 않습니다. 비록 어렸을 때 엄마가 배우게 해주셨지만, 저는 그림 그리는 것에 흥미가 없고 지루하다고 생각합니다. 그래도 저는 여전히 그림을 잘 그리는 사람들이 매우 부럽습니다. |
| Lv. 5~6 | 我非常喜欢画画儿。每个人都有自己喜欢的放松方式，对我来说画画儿就是最好的解压方法。因为我个性比较安静，不喜欢热闹的地方，更愿意静静地做自己喜欢的事情。所以每次我觉得有压力的时候就拿出画笔，画完一幅画后，就感觉好像充满了电，心情特别愉快。<br>Wǒ fēicháng xǐhuan huàhuàr. Měi ge rén dōu yǒu zìjǐ xǐhuan de fàngsōng fāngshì, duì wǒ láishuō huàhuàr jiùshì zuìhǎo de jiěyā fāngfǎ. Yīnwèi wǒ gèxìng bǐjiào ānjìng, bù xǐhuan rènao de dìfang, gèng yuànyì jìngjìng de zuò zìjǐ xǐhuan de shìqing. Suǒyǐ měicì wǒ juéde yǒu yālì de shíhou jiù náchū huàbǐ, huà wán yì fú huà hòu, jiù gǎnjué hǎoxiàng chōngmǎn le diàn, xīnqíng tèbié yúkuài. | 저는 그림 그리는 것을 아주 좋아합니다. 사람들마다 모두 자신이 좋아하는 스트레스 푸는 방법이 있는데, 저한테는 그림 그리는 것이 바로 스트레스를 푸는 가장 좋은 방법입니다. 왜냐하면 저는 성격이 비교적 조용한 편이고, 시끌벅적한 장소를 좋아하지 않아 조용하게 자신이 좋아하는 일을 하는 것을 더 좋아합니다. 그래서 저는 매번 스트레스가 있을 때, 그림 붓을 꺼내 한 폭의 그림을 완성하고 나면, 충분히 재충전된 느낌이 들어 기분이 아주 좋습니다. |

단어 1 画画儿 huàhuàr 그림을 그리다 简单 jiǎndān 형 간단하다 虽然 suīrán 접 비록 ~일지라도 对…感兴趣 duì…gǎnxìngqù ~에 흥미를 느끼다 觉得 juéde 동 ~라고 생각하다 无聊 wúliáo 형 지루하다 事情 shìqing 명 일 不过 búguò 접 하지만 羡慕 xiànmù 동 부러워하다

단어 2 放松 fàngsōng 동 풀어주다 方式 fāngshì 명 방식 解压 jiěyā 동 스트레스를 풀다 方法 fāngfǎ 명 방법 个性 gèxìng 명 개성, 성격 比较 bǐjiào 부 비교적 安静 ānjìng 형 조용하다 热闹 rènao 형 시끌벅적하다 地方 dìfang 명 장소 愿意 yuànyì 동 ~하기를 바라다 静静 jìngjìng 형 조용하다 压力 yālì 명 스트레스 画笔 huàbǐ 명 그림 붓 幅 fú 양 폭 好像 hǎoxiàng 동 마치 ~과 같다 充电 chōngdiàn 동 충전하다 心情 xīnqíng 명 기분 愉快 yúkuài 형 기분이 좋다

### ★ 고득점 비법 '充电' 응용하기

'재충전하다'라는 의미를 가진 '充电'을 사용하여 자신의 의견을 말해보자.

예 放假的时候我想去学英语，充充电。
Fàngjià de shíhou wǒ xiǎng qù xué Yīngyǔ, chōngchong diàn.
방학 때 나는 영어를 배우면서, 재충전 좀 하려고 해.

如果不继续充电，就跟不上时代的发展。
Rúguǒ bú jìxù chōngdiàn, jiù gēn bú shàng shídài de fāzhǎn.
계속해서 재충전을 하지 않으면, 시대의 발전을 따라가지 못할 것이다.

**문제 2**

# 你常吃巧克力、饼干等甜的东西吗？请简单说说。

Nǐ cháng chī qiǎokèlì、bǐnggān děng tián de dōngxi ma? Qǐng jiǎndān shuōshuo.

초콜릿, 과자 등 단 것을 자주 먹나요? 간단히 말해보세요.

| | | |
|---|---|---|
| Lv. 3~4 | 我从小就喜欢吃甜的东西，尤其是巧克力。人们都说吃甜的会让人心情变好，所以我心情不好的时候就会吃几块巧克力，然后心情就好多了。<br>Wǒ cóng xiǎo jiù xǐhuan chī tián de dōngxi, yóuqí shì qiǎokèlì. Rénmen dōu shuō chī tián de huì ràng rén xīnqíng biànhǎo. suǒyǐ wǒ xīnqíng bù hǎo de shíhou jiù huì chī jǐ kuài qiǎokèlì, ránhòu xīnqíng jiù hǎo duō le. | 저는 어렸을 때부터 단 것을 좋아했는데, 특히 초콜릿을 좋아합니다. 사람들은 단 것을 먹으면 기분이 좋아진다고 말합니다. 그래서 저는 기분이 좋지 않을 때 초콜릿 몇 조각을 먹습니다. 그러면 기분이 훨씬 좋아집니다. |
| Lv. 5~6 | 虽然我很喜欢巧克力、饼干等甜的东西，但我很少吃。因为甜食吃多了首先是对牙齿不好，很容易有蛀牙。还有就是吃甜的太多会发胖，胖起来容易瘦下去就难了。所以我尽量控制自己不多吃甜的。<br>Suīrán wǒ hěn xǐhuan qiǎokèlì、bǐnggān děng tián de dōngxi, dàn wǒ hěn shǎo chī. Yīnwèi tiánshí chīduō le shǒuxiān shì duì yáchǐ bù hǎo, hěn róngyì yǒu zhùyá. Háiyǒu jiùshì chī tián de tài duō huì fāpàng, pàng qǐlái róngyì shòu xiàqù jiù nán le. Suǒyǐ wǒ jǐnliàng kòngzhì zìjǐ bù duō chī tián de. | 저는 초콜릿, 과자 등 단 것을 매우 좋아하지만, 조금만 먹습니다. 왜냐하면 단 음식을 많이 먹게 되면, 우선 치아에 좋지 않고, 충치가 잘 생기기 때문입니다. 그리고 단 것을 많이 먹으면 뚱뚱해집니다. 살찌는 것은 쉽지만, 살을 빼는 것은 어렵습니다. 그래서 저는 최대한 단 것을 많이 먹지 않도록 자제합니다. |

**단어 1** **巧克力** qiǎokèlì 명 초콜릿 **饼干** bǐnggān 명 과자 **甜** tián 형 달다 **尤其** yóuqí 부 특히 **让** ràng 동 ~하게 하다 **变好** biànhǎo 동 좋아지다 **块** kuài 양 조각 **然后** ránhòu 접 그리고 나서

**단어 2** **甜食** tiánshí 명 단 음식 **首先** shǒuxiān 명 우선 **牙齿** yáchǐ 명 치아 **容易** róngyì 형 쉽다 **蛀牙** zhùyá 명 충치 **发胖** fāpàng 동 살찌다 **容易** róngyì 형 쉽다 **瘦** shòu 형 마르다 **难** nán 형 어렵다 **尽量** jǐnliàng 부 최대한 **控制** kòngzhì 동 자제하다, 제어하다 **自己** zìjǐ 명 자기, 자신

**★ 고득점 비법 '살찌다'라는 표현**

'살찌다, 뚱뚱해지다'라는 표현은 '发胖', '变胖'이다. '吃甜的太多会胖了'라고 표현하면 틀린 표현이므로 주의해야 한다. '吃甜的太多会发胖' 혹은 '吃甜的太多会变胖'이라고 해야한다.

## 문제 3

# 你做决定时容易受别人的影响吗？请简单说说看。

Nǐ zuò juédìng shí róngyì shòu biéren de yǐngxiǎng ma? Qǐng jiǎndān shuōshuo kàn.

당신은 결정을 할 때 쉽게 다른 사람의 영향을 받습니까? 간단히 말해보세요.

| | | |
|---|---|---|
| Lv. 3~4 | 我做决定的时候很容易受别人的影响。这可能跟我的性格有关。遇到事情总是不知道该怎么办，很难做决定，所以很容易受别人的影响。<br>Wǒ zuò juédìng de shíhou hěn róngyì shòu biéren de yǐngxiǎng. Zhè kěnéng gēn wǒ de xìnggé yǒuguān. Yùdào shìqing zǒngshì bù zhīdào gāi zěnme bàn, hěn nán zuò juédìng, suǒyǐ hěn róngyì shòu biéren de yǐngxiǎng. | 저는 결정을 할 때 쉽게 다른 사람의 영향을 받습니다. 이것은 저의 성격과 관련 이 있는 것 같습니다. 일이 닥치면 늘 어떻게 해야 할지 몰라서, 결정을 하는 것이 어렵습니다. 그래서 다른 사람의 영향을 쉽게 받습니다. |
| Lv. 5~6 | 我不是一个很容易受别人影响的人。尤其是做重大决定的时候，我会充分地考虑，当然也会参考别人的意见，但决定还是自己来做。这样即使结果不理想也不会后悔。<br>Wǒ búshì yí ge hěn róngyì shòu biéren yǐngxiǎng de rén. Yóuqí shì zuò zhòngdà juédìng de shíhou, wǒ huì chōngfèn de kǎolǜ, dāngrán yě huì cānkǎo biéren de yìjiàn, dàn juédìng háishi zìjǐ lái zuò. Zhèyàng jíshǐ jiéguǒ bù lǐxiǎng yě búhuì hòuhuǐ. | 저는 쉽게 다른 사람의 영향을 받는 사람이 아닙니다. 특히 중대한 결정을 할 때는 충분히 고려해서 합니다. 당연히 다른 사람의 의견도 참고하지만, 결정은 스스로 합니다. 이렇게 하면 설령 결과가 이상적이지 않더라도 후회하지 않습니다. |

단어 1 **决定** juédìng 통 결정하다 **容易** róngyì 형 쉽다 **受** shòu 통 받다 **别人** biéren 명 다른 사람 **影响** yǐngxiǎng 명 영향 **性格** xìnggé 명 성격 **有关** yǒuguān 통 관계가 있다 **遇到** yùdào 통 마주치다 **总是** zǒngshì 부 늘

단어 2 **重大** zhòngdà 형 중대하다 **充分** chōngfèn 부 충분히 **考虑** kǎolǜ 통 고려하다 **当然** dāngrán 부 당연히 **参考** cānkǎo 통 참고하다 **别人** biéren 명 다른 사람 **意见** yìjiàn 명 의견 **即使** jíshǐ 접 설령 ~하더라도 **结果** jiéguǒ 명 결과 **理想** lǐxiǎng 형 이상적이다 **后悔** hòuhuǐ 통 후회하다

### ★ 고득점 비법 '尤其是', '特别是'

'尤其是', '特别是'는 여러 가지 중에 특히 한 가지를 중시하거나 예시를 할 때 사용한다.

예 我喜欢运动，尤其是登山。
Wǒ xǐhuan yùndòng, yóuqí shì dēngshān.
나는 운동을 좋아하는데, 특히 등산을 좋아한다.

首尔堵车很严重，特别是上下班的时间。
Shǒu'ěr dǔchē hěn yánzhòng, tèbié shì shàngxiàbān de shíjiān.
서울은 교통 체증이 심각한데, 특히 출퇴근 시간이 그렇다.

## 문제 4

# 你遇到过有名的人吗？请简单说一说。

Nǐ yùdàoguo yǒumíng de rén ma? Qǐng jiǎndān shuō yi shuō.

당신은 유명한 사람을 만난 적이 있습니까? 간단히 말해 보세요.

| | | |
|---|---|---|
| Lv. 3~4 | 有一次我在机场遇到过一个男明星。虽然当时他带着口罩，可是我能认出来他是谁。明星的气质就是不一样，特别帅。<br>Yǒu yí cì wǒ zài jīchǎng yùdàoguo yí ge nán míngxīng. Suīrán dāngshí tā dàizhe kǒuzhào, kěshì wǒ néng rèn chūlái tā shì shéi. Míngxīng de qìzhì jiùshì bù yíyàng, tèbié shuài. | 한 번은 공항에서 한 남자 스타를 만난 적이 있습니다. 비록 그때 그는 마스크를 썼었지만, 저는 그가 누구인지 알아볼 수 있었습니다. 스타의 분위기는 역시 다르고, 정말 멋있습니다. |
| Lv. 5~6 | 我还没遇到过有名的人。其实我特别喜欢一个女明星，她歌唱得很好，演技也特别棒。如果遇到她，我一定要跟她拍照，然后请她给我签名。啊，想想都觉得开心！<br>Wǒ hái méi yùdàoguo yǒumíng de rén. Qíshí wǒ tèbié xǐhuan yí ge nǚ míngxīng, tā gē chàng de hěn hǎo, yǎnjì yě tèbié bàng. Rúguǒ yùdào tā, wǒ yídìng yào gēn tā pāizhào, ránhòu qǐng tā gěi wǒ qiānmíng. À, xiǎngxiang dōu juéde kāixīn! | 저는 아직 유명한 사람을 만난 적이 없습니다. 사실 저는 한 여자 스타를 매우 좋아합니다. 그녀는 노래도 잘 하고, 연기도 아주 훌륭합니다. 만약 그녀를 만난다면, 저는 반드시 그녀와 사진을 찍고 사인도 받을 것입니다. 아, 생각만 해도 즐겁네요! |

**단어 1** **遇到** yùdào 동 만나다 **有名** yǒumíng 형 유명하다 **机场** jīchǎng 명 공항 **明星** míngxīng 명 스타 **虽然** suīrán 접 비록 ~일지라도 **当时** dāngshí 명 그때, 당시 **带** dài 동 차다 **口罩** kǒuzhào 명 마스크 **认出来** rèn chūlái 동 알아보다 **气质** qìzhì 명 분위기, 성격 **特别** tèbié 부 매우 **帅** shuài 형 멋지다

**단어 2** **其实** qíshí 부 사실 **歌** gē 명 노래 **唱** chàng 동 부르다 **演技** yǎnjì 명 연기 **棒** bàng 형 훌륭하다 **如果** rúguǒ 접 만약 **一定** yídìng 부 반드시 **拍照** pāizhào 동 사진을 찍다 **然后** ránhòu 접 그리고 나서 **签名** qiānmíng 동 사인하다, 서명하다 **开心** kāixīn 형 즐겁다

**★ 고득점 비법** '气质', '气氛', '氛围'

사람의 분위기나 느낌을 표현할 때는 '气质'를 사용한다. '气氛', '氛围'는 상황이나 환경의 분위기를 나타내므로, 气质와 혼동하지 않도록 주의해서 사용해야 한다.

## 문제 5

# 你是个比较有耐心的人吗？请简单谈谈。

Nǐ shì ge bǐjiào yǒu nàixīn de rén ma? Qǐng jiǎndān tántan.

당신은 비교적 인내심이 있는 사람인가요? 간단히 말해 보세요.

| | | |
|---|---|---|
| Lv. 3~4 | 大家都说我是个急性子，我也觉得是这样。尤其是看书的时候，总是没有耐心看到结尾。所以我家里虽然有很多书，但从来没看完过一本。<br>Dàjiā dōu shuō wǒ shì ge jíxìngzi, wǒ yě juéde shì zhèyàng. Yóuqí shì kàn shū de shíhou, zǒngshì méiyǒu nàixīn kàn dào jiéwěi. Suǒyǐ wǒ jiā lǐ suīrán yǒu hěn duō shū, dàn cónglái méi kàn wánguo yì běn. | 모두들 저에게 성격이 급하다고 합니다. 저도 그렇게 생각합니다. 특히 책을 읽을 때 늘 인내심이 없어서 끝까지 읽지 못합니다. 그래서 집에 많은 책들이 있지만, 지금까지 다 읽은 책이 한 권도 없습니다. |
| Lv. 5~6 | 不管做什么事情都需要有耐心，所以我努力让自己做一个有耐心的人。比如说要完成一份工作的时候，我一般都会先定出计划，然后按照目标一步步前进。遇到困难就一个一个解决，不会放弃。我觉得有耐心的人才会成功。<br>Bùguǎn zuò shénme shìqing dōu xūyào yǒu nàixīn, suǒyǐ wǒ nǔlì ràng zìjǐ zuò yí ge yǒu nàixīn de rén. Bǐrú shuō yào wánchéng yí fèn gōngzuò de shíhou, wǒ yìbān dōu huì xiān dìngchū jìhuà, ránhòu ànzhào mùbiāo yí bù bù qiánjìn. Yùdào kùnnán jiù yí ge yí ge jiějué, búhuì fàngqì. Wǒ juéde yǒu nàixīn de rén cái huì chénggōng. | 어떤 일을 하든지 인내심이 필요해서 저는 인내심이 있는 사람이 되려고 노력합니다. 예를 들어 한 가지 일을 완성해야 할 때, 보통은 먼저 계획을 세우고, 목표를 근거로 한 걸음씩 전진합니다. 어려움에 처하면, 하나씩 해결하고, 포기하지 않습니다. 저는 인내심이 있는 사람이어야만 성공할 수 있다고 생각합니다. |

**단어 1** **比较** bǐjiào 부 비교적 **耐心** nàixīn 명 인내심 **急性子** jíxìngzi 명 성급한 사람 **结尾** jiéwěi 명 결말

**단어 2** **不管** bùguǎn 접 ~에 관계없이 **需要** xūyào 동 필요하다 **努力** nǔlì 명 노력 **比如说** bǐrú shuō 예를 들어 **完成** wánchéng 동 완성하다 **份** fèn 양 건(일의 대한 양사) **工作** gōngzuò 명 일 **一般** yìbān 형 보통이다 **先** xiān 부 먼저 **定出** dìngchū 동 정하다 **计划** jìhuà 명 계획 **按照** ànzhào 전 ~에 따라 **目标** mùbiāo 명 목표 **一步** yíbù 명 한 걸음 **前进** qiánjìn 동 전진하다 **困难** kùnnán 명 어려움 **解决** jiějué 동 해결하다 **放弃** fàngqì 동 포기하다 **成功** chénggōng 동 성공하다

**★ 고득점 비법 '不管'의 쓰임 / 양사 '份'과 '件'**

1. '不管'은 '~에 관계없이, ~을 막론하고'의 뜻으로, '不管' 뒤의 문장은 의문사를 포함하거나 정반의문문, 선택의문문 형식으로 써주어야 한다.

   예 不管你愿不愿意，这件事就这么定了。
   Bùguǎn nǐ yuàn bu yuànyì, zhè jiàn shì jiù zhème dìng le.
   당신이 바라던 바라지 않던, 이 일은 이렇게 하기로 정했습니다.

   不管我怎么跟他道歉，他还是不愿意原谅我。
   Bùguǎn wǒ zěnme gēn tā dàoqiàn, tā háishi bú yuànyì yuánliàng wǒ.
   내가 그에게 아무리 사과를 해도, 그는 여전히 나를 용서하지 않는다.

2. '工作'를 셀 때는 양사 '份'이나 '件'을 사용해야 한다.

# 第五部分

05

## 문제 1

### 很多大学生一边上学一边打工，对此你有什么看法?

Hěn duō dàxuéshēng yìbiān shàngxué yìbiān dǎgōng, duì cǐ nǐ yǒu shénme kànfǎ?

많은 대학생들이 학교에 다니면서 아르바이트를 하는데, 이것에 대해 당신은 어떻게 생각하나요?

| | | |
|---|---|---|
| Lv. 3~4 | 我赞成大学生一边上学一边打工。因为上了大学以后会有更多的自由时间，利用这个时间去打工，既可以获得很多社会生活的经验，还可以赚钱。所以我认为大学生打工是件好事。<br>Wǒ zànchéng dàxuéshēng yìbiān shàngxué yìbiān dǎgōng. Yīnwèi shàngle dàxué yǐhòu huì yǒu gèng duō de zìyóu shíjiān. Lìyòng zhège shíjiān qù dǎgōng, jì kěyǐ huòdé hěn duō shèhuì shēnghuó de jīngyàn, hái kěyǐ zhuànqián. Suǒyǐ wǒ rènwéi dàxuéshēng dǎgōng shì jiàn hǎoshì. | 저는 대학생이 학교에 다니면서 아르바이트하는 것에 찬성합니다. 왜냐하면 대학에 들어가면 더 많은 자유 시간이 생기기 때문입니다. 이런 시간을 이용해서 아르바이트를 하면 사회 경험을 많이 얻을 수 있을 뿐만 아니라, 돈도 벌 수 있습니다. 그래서 저는 대학생이 아르바이트를 하는 것은 좋은 일이라고 생각합니다. |
| Lv. 5~6 | 说实话，我不赞成大学生一边学习一边打工，理由如下：首先，学生最主要的任务是学习，如果把太多时间用在打工上会对学习有不好的影响。其次，以后工作的机会很多，但能在校园里好好儿学习的机会却不会再有了。第三，打工其实赚不到多少钱，不如努力学习还可以拿到奖学金。<br>Shuō shíhuà, wǒ bú zànchéng dàxuéshēng yìbiān xuéxí yìbiān dǎgōng, lǐyóu rúxià: shǒuxiān, xuésheng zuì zhǔyào de rènwù shì xuéxí, rúguǒ bǎ tài duō shíjiān yòng zài dǎgōng shàng huì duì xuéxí yǒu bù hǎo de yǐngxiǎng. Qícì, yǐhòu gōngzuò de jīhuì hěn duō, dàn néng zài xiàoyuán lǐ hǎohāor xuéxí de jīhuì què búhuì zài yǒu le. Dì sān, dǎgōng qíshí zhuàn bu dào duōshao qián, bùrú nǔlì xuéxí hái kěyǐ nádào jiǎngxuéjīn. | 솔직히 말하면 저는 대학생이 학교에 다니면서 아르바이트하는 것에 동의하지 않습니다. 이유는 아래와 같습니다. 첫째, 학생의 본분은 공부입니다. 만약 많은 시간을 아르바이트에 쏟는다면 학업에 좋지 않은 영향을 줄 수 있습니다. 두 번째, 앞으로 일할 기회는 많습니다. 하지만 학교에서 열심히 공부할 수 있는 기회는 다시 오지 않습니다. 세 번째, 아르바이트로는 돈을 얼마 벌지 못해 열심히 노력해서 장학금을 받는 것이 더 낫습니다. |

단어 1 一边…一边 yìbiān…yìbiān ~하면서 ~하다 打工 dǎgōng 동 아르바이트하다 此 cǐ 대 이것 看法 kànfǎ 명 견해 赞成 zànchéng 동 찬성하다 自由 zìyóu 형 자유롭다 时间 shíjiān 명 시간 利用 lìyòng 동 이용하다 既 jì 접 ~할 뿐만 아니라 获得 huòdé 동 얻다 社会 shèhuì 명 사회 生活 shēnghuó 명 생활 经验 jīngyàn 명 경험 赚钱 zhuànqián 동 돈을 벌다 认为 rènwéi 동 ~라고 생각하다

단어 2 实话 shíhuà 명 진실한 말 理由 lǐyóu 명 이유 如下 rúxià 형 다음과 같다 主要 zhǔyào 형 주요한 任务 rènwù 명 임무 把 bǎ 전 ~을 影响 yǐngxiǎng 동 영향을 주다 其次 qícì 명 다음 机会 jīhuì 명 기회 校园 xiàoyuán 명 캠퍼스, 교정 却 què 부 ~지만(역접의 상황을 나타냄) 其实 qíshí 부 사실은 不如 bùrú 동 ~만 못하다 拿到 nádào 동 받다 奖学金 jiǎngxuéjīn 명 장학금

**★ 고득점 비법** '理由如下'

예를 들어 이유를 설명할 때는 '理由如下'라는 단어를 사용하자. 이유나 자신의 의견을 설명할 때 자주 사용된다.

예 我不同意这个观点，理由如下：저는 이 관점에 대해 동의하지 않습니다. 이유는 아래와 같습니다.
Wǒ bù tóngyì zhège guāndiǎn, lǐyóu rúxià:

我认为网课更适合上班族，理由如下：
Wǒ rènwéi wǎngkè gèng shìhé shàngbānzú, lǐyóu rúxià:
저는 인터넷 강의가 직장인들에게 더 적합하다고 생각합니다. 이유는 아래와 같습니다.

## 문제 2

# 你认为遵守时间很重要吗？请说说你的看法。

Nǐ rènwéi zūnshǒu shíjiān hěn zhòngyào ma? Qǐng shuōshuo nǐ de kànfǎ.

시간을 준수하는 것이 중요하다고 생각하나요? 당신의 생각을 말해 보세요.

| | | |
|---|---|---|
| Lv. 3~4 | 遵守时间当然很重要。如果你上学也迟到，上班也迟到，大家怎么会喜欢你？特别是在工作中，不遵守时间还会影响到别人。所以应该遵守时间。<br>Zūnshǒu shíjiān dāngrán hěn zhòngyào. Rúguǒ nǐ shàngxué yě chídào, shàngbān yě chídào, dàjiā zěnme huì xǐhuan nǐ? Tèbié shì zài gōngzuò zhōng, bù zūnshǒu shíjiān hái huì yǐngxiǎng dào biéren. Suǒyǐ yīnggāi zūnshǒu shíjiān. | 시간을 준수하는 것은 당연히 중요합니다. 만약 당신이 학교에 갈 때도 지각하고, 출근할 때도 지각한다면, 어떻게 다른 사람이 당신을 좋아할 수 있겠습니까? 특히 업무 중에 시간을 지키지 않는다면, 다른 사람에게 영향을 끼칠 수 있습니다. 그래서 마땅히 시간을 준수해야 합니다. |
| Lv. 5~6 | 我认为遵守时间非常重要。遵守时间是一种基本的礼貌。比如说跟别人约好时间，就不应该迟到。还有现代社会重视团队精神，如果你一个人不遵守时间，那不仅会影响到自己，还会影响到其他人的工作。没有人会愿意跟一个不遵守时间的人合作。<br>Wǒ rènwéi zūnshǒu shíjiān fēicháng zhòngyào. Zūnshǒu shíjiān shì yì zhǒng jīběn de lǐmào. Bǐrú shuō gēn biéren yuē hǎo shíjiān, jiù bù yīnggāi chídào. Háiyǒu xiàndài shèhuì zhòngshì tuánduì jīngshén, rúguǒ nǐ yí ge rén bù zūnshǒu shíjiān, nà bùjǐn huì yǐngxiǎng dào zìjǐ, hái huì yǐngxiǎng dào qítā rén de gōngzuò. Méiyǒu rén huì yuànyì gēn yí ge bù zūnshǒu shíjiān de rén hézuò. | 저는 시간을 준수하는 것이 매우 중요하다고 생각합니다. 시간을 준수하는 것은 기본 예의입니다. 예를 들어 다른 사람과 시간을 약속했다면, 마땅히 늦어서는 안 됩니다. 그리고 현대 사회에서는 팀 워크를 중시하기 때문에 만약 당신 한 사람이 시간을 지키지 않는다면, 자신에게 영향을 끼칠 뿐만 아니라, 다른 사람의 업무에도 영향을 끼칠 수 있습니다. 시간을 지키지 않는 사람과 일을 하고 싶어 하는 사람은 아무도 없을 것입니다. |

**단어 1** **遵守** zūnshǒu 동 준수하다 **重要** zhòngyào 형 중요하다 **上学** shàngxué 동 등교하다 **迟到** chídào 동 지각하다 **上班** shàngbān 동 출근하다 **特别** tèbié 부 특히 **别人** biéren 명 다른 사람 **应该** yīnggāi 동 마땅히 ~ 해야 한다

**단어 2** **基本** jīběn 명 기본 **礼貌** lǐmào 명 예의 **约** yuē 동 약속하다 **现代** xiàndài 명 현대 **重视** zhòngshì 동 중시하다 **团队** tuánduì 명 단체 **精神** jīngshén 명 정신, 의식 **不仅** bùjǐn 접 ~일 뿐만 아니라 **自己** zìjǐ 명 자기 **其他** qítā 명 기타, 그 외 **愿意** yuànyì 동 ~하기를 바라다 **合作** hézuò 동 협력하다

**★ 고득점 비법** '遵守时间' = '守时'

'遵守时间'은 '守时'라고도 표현할 수 있다.

예 我最不喜欢不遵守时间(不守时)的人。
Wǒ zuì bù xǐhuan bù zūnshǒu shíjiān(bù shǒushí) de rén.
나는 시간을 지키지 않는 사람을 가장 싫어한다.

## 문제 3

# 你认为在学习上学生之间的竞争带来的好处多还是坏处多？请谈谈你的想法。

Nǐ rènwéi zài xuéxí shàng xuésheng zhījiān de jìngzhēng dàilái de hǎochù duō háishi huàichù duō? Qǐng tántan nǐ de xiǎngfǎ.

학업 상에서 학생들 간의 경쟁이 장점을 많이 가져다 주었다고 생각하나요, 아니면 단점을 많이 가져다 주었다고 생각하나요? 당신의 생각을 말해 보세요.

| | | |
|---|---|---|
| Lv. 3~4 | 我觉得只要是竞争就会有压力，学习上的竞争也是一样。本来学生们学习压力已经很大了，如果再加上竞争，一定会有更多的压力。所以我觉得在学习上学生之间的竞争坏处多。<br>Wǒ juéde zhǐyào shì jìngzhēng jiù huì yǒu yālì, xuéxí shàng de jìngzhēng yě shì yíyàng. Běnlái xuéshēngmen xuéxí yālì yǐjing hěn dà le, rúguǒ zài jiāshàng jìngzhēng, yídìng huì yǒu gèng duō de yālì. Suǒyǐ wǒ juéde zài xuéxí shàng xuésheng zhījiān de jìngzhēng huàichù duō. | 저는 경쟁을 하면 스트레스가 생긴다고 생각합니다. 학업 상에서의 경쟁도 같습니다. 학생들은 원래 학업 상의 스트레스가 이미 큽니다. 만약 경쟁을 더 하게 되면 분명히 더 많은 스트레스가 생길 것입니다. 그래서 저는 학업 상에서 학생들 간의 경쟁은 단점이 많다고 생각합니다. |
| Lv. 5~6 | 关于这个问题每个人的看法都不太一样，我认为在学习上学生之间的竞争好处更多。通过竞争，学生们可以知道自己的坏处，会更加努力地学习。而且现在是竞争的社会，习惯了校园里的竞争，也可以比较快地适应社会上的竞争。所以我觉得学生们在学习方面竞争是有好处的。<br>Guānyú zhège wèntí měi ge rén de kànfǎ dōu bútài yíyàng, wǒ rènwéi zài xuéxí shàng xuésheng zhījiān de jìngzhēng hǎochù gèng duō. Tōngguò jìngzhēng, xuéshēngmen kěyǐ zhīdao zìjǐ de huàichù, huì gèngjiā nǔlì de xuéxí. érqiě xiànzài shì jìngzhēng de shèhuì, xíguàn le xiàoyuán lǐ de jìngzhēng, yě kěyǐ bǐjiào kuài de shìyìng shèhuì shàng de jìngzhēng. Suǒyǐ wǒ juéde xuéshēngmen zài xuéxí fāngmiàn jìngzhēng shì yǒu hǎochù de. | 이 문제에 관해 사람마다 생각이 다르겠지만, 저는 학업 상에서 학생들 간의 경쟁은 장점이 더 많다고 생각합니다. 경쟁을 통해 학생들은 자신의 부족한 점을 알게 되고, 더 열심히 공부하게 됩니다. 게다가 지금은 경쟁 사회로 학교에서의 경쟁이 익숙해지면, 사회에서의 경쟁도 비교적 빨리 적응할 수 있게 됩니다. 그래서 저는 학생들이 학업 방면에서 경쟁하는 것은 장점이 많다고 생각합니다. |

**단어 1** **之间** zhījiān 명 사이 **竞争** jìngzhēng 동 경쟁하다 **带来** dàilái 동 가져오다 **好处** hǎochù 명 장점 **坏处** huàichù 명 단점 **想法** xiǎngfa 명 생각, 의견 **只要** zhǐyào 접 ~하기만 하면 **压力** yālì 명 스트레스 **一样** yíyàng 형 같다 **本来** běnlái 부 원래 **已经** yǐjing 부 이미, 벌써 **加上** jiāshàng 동 더하다

**단어 2** **关于** guānyú 전 ~에 관해서 **问题** wèntí 명 문제 **通过** tōngguò 동 ~을 통하다 **更加** gèngjiā 부 더욱 **习惯** xíguàn 동 습관이 되다 **适应** shìyìng 동 적응하다 **方面** fāngmiàn 명 방면

**★ 고득점 비법** 답변에 활용하면 좋은 '只要…, 就(便)…'

'只要'는 '就, 便'을 수반하며 그에 상응하는 결과가 있다는 것을 나타낸다.

예 只要坚持下去，便是胜利。Zhǐyào jiānchí xiàqù, biàn shì shènglì. 꾸준히 하기만 한다면, 승리한다.
只要我们有信心，就能解决任何困难。우리가 자신만 있다면, 어떤 어려움도 해결할 수 있다.
Zhǐyào wǒmen yǒu xìnxīn, jiù néng jiějué rènhé kùnnan.

## 문제 4

# 最近有关健康的电视节目越来越多，你认为这给人们带来了什么影响？请谈谈你的想法。

Zuìjìn yǒuguān jiànkāng de diànshì jiémù yuè lái yuè duō, nǐ rènwéi zhè gěi rénmen dàiláile shénme yǐngxiǎng? Qǐng tántan nǐ de xiǎngfǎ.

요즘 건강에 관한 TV 프로그램이 점점 많아지고 있는데
이것이 사람들에게 어떤 영향을 가져다 준다고 생각하나요? 당신의 생각을 말해 보세요.

| | | |
|---|---|---|
| Lv. 3~4 | 有关健康的电视节目越来越多，在此影响下，重视健康的人也越来越多了。节目中给观众介绍了很多健康知识，这也有助于人们更健康的生活。我觉得这是个好现象。<br>Yǒuguān jiànkāng de diànshì jiémù yuè lái yuè duō, zài cǐ yǐngxiǎng xià, zhòngshì jiànkāng de rén yě yuè lái yuè duō le. Jiémù zhōng gěi guānzhòng jièshàole hěn duō jiànkāng zhīshi, zhè yě yǒu zhùyú rénmen gèng jiànkāng de shēnghuó. Wǒ juéde zhè shì ge hǎo xiànxiàng. | 건강에 관한 TV 프로그램이 점점 많아지고 있습니다. 이런 영향으로 건강을 중시하는 사람도 점점 많아지고 있습니다. 건강 프로그램에서는 시청자들에게 많은 건강 지식을 소개하였고, 이것은 사람들이 더 건강한 생활을 할 수 있도록 돕습니다. 저는 이것이 좋은 현상이라고 생각합니다. |
| Lv. 5~6 | 现代人生活节奏快、压力大，很多人都有健康问题。健康类电视节目的出现满足了人们在这方面的需要。人们通过收看这类节目，可以了解到更全面的健康知识，管理自己的健康，做到不得病、少得病，生活也更幸福。我想这也是为什么健康类节目受欢迎的主要原因。<br>Xiàndàirén shēnghuó jiézòu kuài、yālì dà, hěn duō rén dōu yǒu jiànkāng wèntí. Jiànkāng lèi diànshì jiémù de chūxiàn mǎnzúle rénmen zài zhè fāngmiàn de xūyào. Rénmen tōngguò shōukàn zhè lèi jiémù, kěyǐ liǎojiě dào gèng quánmiàn de jiànkāng zhīshi, guǎnlǐ zìjǐ de jiànkāng, zuòdào bù débìng、shǎo débìng, shēnghuó yě gèng xìngfú. Wǒ xiǎng zhè yě shì wèishénme jiànkāng lèi jiémù shòu huānyíng de zhǔyào yuányīn. | 현대인은 생활 리듬이 빠르고, 스트레스가 많으며, 많은 사람들이 건강 문제를 가지고 있습니다. 건강류의 TV 프로그램의 출현은 사람들에게 이러한 방면의 요구를 만족시켜 줍니다. 사람들은 이러한 프로그램을 시청함으로써 전반적인 건강 지식을 더 이해할 수 있고, 자신의 건강을 관리할 수 있어서, 병에 걸리지 않거나 병에 적게 걸리며 생활도 더 행복해질 수 있습니다. 저는 이것 또한 건강 프로그램이 인기가 있는 주요 원인이라고 생각합니다. |

단어 1 有关 yǒuguān 동 관계가 있다 健康 jiànkāng 명 건강 电视 diànshì 명 TV, 텔레비전 节目 jiémù 명 프로그램 越来越 yuè lái yuè 부 점점 影响 yǐngxiǎng 명 동 영향(을 주다) 观众 guānzhòng 명 시청자 介绍 jièshào 동 소개하다 知识 zhīshi 명 지식 有助于 yǒu zhùyú 동 ~에 도움이 되다 现象 xiànxiàng 명 현상

단어 2 节奏 jiézòu 명 리듬 类 lèi 명 종류 出现 chūxiàn 명 출현 满足 mǎnzú 형 만족하다 需要 xūyào 명 수요, 요구 收看 shōukàn 동 시청하다 了解 liǎojiě 동 이해하다 全面 quánmiàn 형 전반적이다 管理 guǎnlǐ 동 관리하다 得病 débìng 동 병에 걸리다 幸福 xìngfú 형 행복하다 受欢迎 shòu huānyíng 환영을 받다, 인기가 있다 原因 yuányīn 명 원인

### ★ 고득점 비법 답변 시 알아두면 좋은 표현

'我想这也是…的主要原因'은 '나는 이것 또한 ~의 주요 원인이라고 생각한다'라는 표현으로 4부분과 5부분의 문제를 대답할 때 자주 이용할 수 있다.

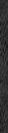

**문제 1**

## 同屋邀你一起去公园散步，但你想休息，请你向他说明情况，并请求谅解。

Tóngwū yāo nǐ yìqǐ qù gōngyuán sànbù, dàn nǐ xiǎng xiūxi, qǐng nǐ xiàng tā shuōmíng qíngkuàng, bìng qǐngqiú liàngjiě.

룸메이트가 당신에게 같이 공원에 산책을 가자고 하는데 당신은 쉬고 싶습니다. 룸메이트에게 상황을 설명하고 양해를 구해보세요.

| | | |
|---|---|---|
| Lv. 3~4 | 小红，你想去公园散步吗？真对不起，我昨天晚上没睡好，现在特别困，想睡个午觉。你一个人去好吗？要不你先看会儿书，等我起来一起去怎么样？<br>Xiǎo Hóng, nǐ xiǎng qù gōngyuán sànbù ma? Zhēn duìbuqǐ, wǒ zuótiān wǎnshang méi shuì hǎo, xiànzài tèbié kùn, xiǎng shuì ge wǔjiào. Nǐ yí ge rén qù hǎo ma? Yàobù nǐ xiān kàn huìr shū, děng wǒ qǐlái yìqǐ qù zěnmeyàng? | 샤오훙 너 공원 가서 산책하고 싶어? 정말 미안한데 내가 어제 저녁에 잠을 못 잤더니 지금 너무 졸려서 낮잠을 자고 싶어. 혼자 갔다 와도 될까? 아니면 먼저 책을 좀 보고 있다가 내가 일어나면 같이 가는 거 어때? |
| Lv. 5~6 | 小红，不好意思，我恐怕不能陪你去公园散步。这两天因为要写论文，我忙得晕头转向。今天好不容易写完了，所以我什么都不想做，就想躺在床上一边吃冰淇淋，一边看美剧。要不你去问问小李，我看他好像没什么事。<br>Xiǎo Hóng, bù hǎoyìsi, wǒ kǒngpà bùnéng péi nǐ qù gōngyuán sànbù. Zhè liǎng tiān yīnwèi yào xiě lùnwén, wǒ máng de yūntóuzhuànxiàng. Jīntiān hǎo buróngyì xiě wán le, suǒyǐ wǒ shénme dōu bùxiǎng zuò, jiù xiǎng tǎng zài chuáng shang yìbiān chī bīngqílín, yìbiān kàn měijù. Yàobù nǐ qù wènwen Xiǎo Lǐ, wǒ kàn tā hǎoxiàng méi shénme shì. | 샤오훙 미안한데 같이 공원 산책 못 갈 거 같아. 요 며칠 논문을 쓰느라 정신이 하나도 없었는데 오늘 겨우 다 써서 아무것도 하고 싶지가 않아. 누워서 아이스크림 먹으면서 미국 드라마를 보고 싶어. 아니면 샤오리에게 물어봐. 내가 보니까 걔는 아무 일도 없는 거 같아. |

단어 1 同屋 tóngwū 명 룸메이트 邀 yāo 동 초대하다 散步 sànbù 동 산책하다 休息 xiūxi 명동 휴식(하다) 说明 shuōmíng 동 설명하다 情况 qíngkuàng 명 상황 并 bìng 접 그리고 请求 qǐngqiú 동 부탁하다 谅解 liàngjiě 명 양해 困 kùn 형 졸리다 午觉 wǔjiào 명 낮잠 要不 yàobù 접 그렇지 않으면

단어 2 不好意思 bù hǎoyìsi 동 미안하다 恐怕 kǒngpà 부 아마 陪 péi 동 동반하다 论文 lùnwén 명 논문 晕头转向 yūntóuzhuànxiàng 성 혼란스러워 정신이 하나도 없다 好不容易 hǎo buróngyì 부 겨우 躺 tǎng 동 눕다 一边…一边 yìbiān…yìbiān ~하면서 ~하다 冰淇淋 bīngqílín 명 아이스크림 美剧 měijù 명 미국 드라마 好像 hǎoxiàng 동 마치 ~와 같다

**★ 고득점 비법 '要不'의 활용법**

조심스럽고, 예의 있게 건의할 때는 '要不'라는 단어를 활용하자.

예 要不明天去也可以。Yàobù míngtiān qù yě kěyǐ. 아니면 내일 가도 돼.
要不还是买红色的吧。Yàobù háishi mǎi hóngsè de ba. 아니면 빨간색으로 사자.

**문제 2**

## 你有两张音乐会票。请你向对音乐感兴趣的朋友说明情况，并邀请她一起去。

Nǐ yǒu liǎng zhāng yīnyuèhuìpiào. Qǐng nǐ xiàng duì yīnyuè gǎn xìngqù de péngyou shuōmíng qíngkuàng, bìng yāoqǐng tā yìqǐ qù.

당신에게 두 장의 음악회 표가 있습니다. 음악에 관심있는 친구에게 상황을 설명하고 같이 가자고 초대해 보세요.

| | | |
|---|---|---|
| Lv. 3~4 | 丽丽，我有两张音乐会票，你不是喜欢音乐吗？跟我一起去听吧。音乐会是在星期五晚上七点，咱们下午下了课，一起吃了晚饭后去时间正合适。怎么样，你感兴趣吗？<br>Lìlì, wǒ yǒu liǎng zhāng yīnyuèhuìpiào, nǐ búshì xǐhuan yīnyuè ma? Gēn wǒ yìqǐ qù tīng ba. Yīnyuèhuì shì zài xīngqīwǔ wǎnshang qī diǎn, zánmen xiàwǔ xiàle kè, yìqǐ chīle wǎnfàn hòu qù shíjiān zhèng héshì. Zěnmeyàng, nǐ gǎn xìngqù ma? | 리리, 나에게 두 장의 음악회 표가 있는데, 너 음악 좋아하지? 나랑 같이 가자. 음악회는 금요일 저녁 7시야. 우리 오후에 수업 끝나고 같이 저녁 먹고 가면 시간이 딱 맞을 거 같아. 어때? 너 관심 있어? |
| Lv. 5~6 | 丽丽，我记得你说过很喜欢听音乐会，我这里正好有两张音乐会票，是我朋友送我的。听说这个音乐会很受欢迎，所以票很难买。如果你感兴趣，可以跟我一起去。时间是周六下午4点。我3点半的时候开车去你家接你，你看怎么样？<br>Lìlì, wǒ jìde nǐ shuōguo hěn xǐhuan tīng yīnyuèhuì, wǒ zhèli zhènghǎo yǒu liǎng zhāng yīnyuèhuìpiào, shì wǒ péngyou sòng wǒ de. Tīngshuō zhège yīnyuèhuì hěn shòu huānyíng, suǒyǐ piào hěn nán mǎi. Rúguǒ nǐ gǎn xìngqù, kěyǐ gēn wǒ yìqǐ qù. Shíjiān shì zhōuliù xiàwǔ sì diǎn. Wǒ sān diǎn bàn de shíhou kāichē qù nǐ jiā jiē nǐ, nǐ kàn zěnmeyàng? | 리리, 네가 음악회 듣는 걸 좋아한다고 말했던 걸 기억해. 마침 나한테 친구가 준 음악회 표 2장이 있어. 이 음악회는 인기가 아주 많아서 표를 사기 어렵다고 하더라고. 만약 네가 관심 있으면 나랑 같이 가자. 시간은 토요일 오후 4시야. 내가 3시 반에 운전해서 너를 마중 갈게. 어때? |

**단어 1** **音乐会** yīnyuèhuì 명 음악회 **票** piào 명 표 **向** xiàng 전 ~에게 **感兴趣** gǎn xìngqù 동 ~에 관심 있다 **邀请** yāoqǐng 동 초대하다 **时间** shíjiān 명 시간 **正** zhèng 부 마침 **合适** héshì 형 적당하다

**단어 2** **记得** jìde 동 기억하다 **正好** zhènghǎo 부 마침 **难** nán 형 어렵다 **周六** zhōuliù 명 토요일 **开车** kāichē 동 운전하다 **接** jiē 동 마중하다

### ★ 고득점 비법 '인기 있다'를 중국어로 하면?

'인기가 있다, 유명하다'라는 것을 표현할 때 '很红', '有人气', '受欢迎'을 사용하자.

예 这个牌子很红。Zhègè páizi hěn hóng. 이 브랜드는 유명하다
最有人气的地方是哪儿？Zuì yǒu rénqì de dìfāng shì nǎr? 가장 인기가 있는 장소가 어디야?
最近汉语专业最受欢迎。Zuìjìn Hànyǔ zhuānyè zuì shòu huānyíng. 요즘 중국어 전공이 제일 인기 있어.

**문제 3**

## 天冷了，你在网上买了一副手套，<br>但过了送货期限还没收到。<br>请你给商家打电话表示不满，并要求解决问题。

Tiān lěng le, nǐ zài wǎng shàng mǎile yí fù shǒutào,
dàn guòle sònghuò qīxiàn hái méi shōudào.
Qǐng nǐ gěi shāngjiā dǎ diànhuà biǎoshì bùmǎn, bìng yāoqiú jiějué wèntí.

날씨가 추워져서 당신이 인터넷에서 장갑을 하나 샀는데,
배송 기간이 지났는데도 받지 못했습니다.
상점에 전화를 걸어 불만을 표시하고, 문제 해결을 요구하세요.

| | | |
|---|---|---|
| Lv. 3~4 | 喂，你好。我在你们的网店里买了一副手套，本来周一就应该能收到了，可是今天都已经周三了，我还没有收到。这是怎么回事啊？麻烦你帮我查一下，看看是不是出了什么问题。<br>Wéi, nǐ hǎo. Wǒ zài nǐmen de wǎngdiàn lǐ mǎile yí fù shǒutào, běnlái zhōuyī jiù yīnggāi néng shōudào le, kěshì jīntiān dōu yǐjing zhōusān le, wǒ hái méiyǒu shōudào. Zhè shì zěnme huí shì a? Máfan nǐ bāng wǒ chá yíxià, kànkan shì bu shì chūle shénme wèntí. | 여보세요. 안녕하세요. 제가 인터넷 쇼핑몰에서 장갑 한 켤레를 샀어요. 원래는 월요일에 받았어야 했는데, 오늘이 벌써 수요일인데도 아직 받지 못했어요. 어떻게 된 일이죠? 번거로우시겠지만 무슨 문제가 생긴 건지 알아봐 주세요. |
| Lv. 5~6 | 喂，你好。我两个星期前在你们店里买了一副黑色的皮手套，但是直到现在还没有收到。晚一两天也就算了，但是过了送货时间都一个多星期了，我连手套的影子都没见到，这也太过分了吧？我希望你们尽快把手套寄给我，否则我会给你们差评。<br>Wéi, nǐ hǎo. Wǒ liǎng ge xīngqī qián zài nǐmen diàn lǐ mǎile yí fù hēisè de pí shǒutào, dànshì zhídào xiànzài hái méiyǒu shōudào. Wǎn yì liǎng tiān yě jiù suàn le, dànshì guòle sòng huò shíjiān dōu yí ge duō xīngqī le, wǒ lián shǒutào de yǐngzi dōu méi jiàndào, zhè yě tài guòfèn le ba? Wǒ xīwàng nǐmen jǐnkuài bǎ shǒutào jì gěi wǒ, fǒuzé wǒ huì gěi nǐmen chàpíng. | 여보세요. 안녕하세요. 제가 2주 전에 인터넷 쇼핑몰에서 검은색 가죽 장갑을 한 켤레를 샀는데 지금까지 받지 못했어요. 하루 이틀 늦게 오는 거라면 따지지 않겠지만, 배송 기간이 일주일도 더 넘게 지났는데도 장갑의 그림자도 못 봤습니다. 이건 너무 한 거 아닌가요? 최대한 빨리 장갑을 보내주세요. 그렇지 않으면 비추천 후기를 올리겠습니다. |

**단어 1** **冷** lěng 형 춥다 **网上** wǎngshàng 명 인터넷, 온라인 **副** fù 양 켤레, 쌍 **手套** shǒutào 명 장갑 **送货** sònghuò 동 상품을 보내다 **期限** qīxiàn 명 기한 **收到** shōudào 동 받다 **商家** shāngjiā 명 상점 **表示** biǎoshì 동 표시하다 **不满** bùmǎn 명 불만 **要求** yāoqiú 동 요구하다 **喂** wéi 감 여보세요 **网店** wǎngdiàn 명 온라인 쇼핑몰 **麻烦** máfan 형 번거롭다 **查** chá 동 조사하다

**단어 2** **黑色** hēisè 명 검은색 **皮** pí 명 가죽 **直到** zhídào 동 쭉 ~에 이르다 **算了** suànle 동 됐다, 따지지 않다 **连** lián 전 ~조차도 **影子** yǐngzi 명 그림자 **过分** guòfèn 동 지나치다, 너무하다 **希望** xīwàng 동 바라다 **尽快** jǐnkuài 부 되도록 빨리 **把** bǎ 전 ~을 **寄** jì 동 부치다 **否则** fǒuzé 접 만약 그렇지 않으면 **差评** chàpíng 동 비추천 후기, 나쁜 구매평

문제 1

①

②

③

④

| Lv. 3~4 | | |
|---|---|---|
| | ① 爸爸妈妈要出去，他们让男孩子在家好好儿写作业。男孩子让他们放心，说自己一定会好好儿学习。<br>Bàba māma yào chūqù, tāmen ràng nán háizi zài jiā hǎohāor xiě zuòyè. Nán háizi ràng tāmen fàngxīn, shuō zìjǐ yídìng huì hǎohāor xuéxí. | ① 아빠 엄마가 나가야 해서 그들은 남자아이에게 집에서 숙제를 잘 하고 있으라고 했습니다. 남자아이는 아빠 엄마에게 걱정하지 말라고 하며 공부를 꼭 열심히 할 거라고 말했습니다. |
| | ② 爸爸妈妈刚走，男孩子就马上打开电脑，开始玩游戏。<br>Bàba māma gāng zǒu, nán háizi jiù mǎshàng dǎkāi diànnǎo, kāishǐ wán yóuxì. | ② 아빠 엄마가 나가자마자 남자아이는 바로 컴퓨터를 켜고 게임을 하기 시작했습니다. |
| | ③ 这时候，妈妈发现忘带手机了，只好回家去拿。<br>Zhè shíhou, māma fāxiàn wàng dài shǒujī le, zhǐhǎo huíjiā qù ná. | ③ 이때, 엄마가 휴대폰을 깜빡하고 안 가져와서 어쩔 수 없이 집으로 가지러 갔습니다. |
| | ④ 她一进门就看到男孩子在玩游戏，非常生气。男孩子也觉得特别不好意思。<br>Tā yí jìn mén jiù kàndào nán háizi zài wán yóuxì, fēicháng shēngqì. Nán háizi yě juéde tèbié bù hǎoyìsi. | ④ 엄마는 집에 들어가자마자 남자아이가 게임을 하고 있는 것을 보고 매우 화가 났습니다. 남자아이도 아주 미안해하고 있습니다. |

| Lv. 5~6 | ① 爸爸妈妈对小明说有事要出去一趟，让小明在家好好儿学习，因为下星期就要考试了。小明告诉他们别担心，他马上就开始学习。<br>Bàba māma duì Xiǎo Míng shuō yǒu shì yào chūqù yí tàng, ràng Xiǎo Míng zài jiā hǎohāor xuéxí, yīnwèi xià xīngqī jiù yào kǎoshì le. Xiǎo Míng gàosu tāmen bié dānxīn, tā mǎshàng jiù kāishǐ xuéxí.<br><br>② 但是爸爸妈妈刚出门，小明就马上跑去打开了电脑。原来他要趁爸爸妈妈不在家上网玩游戏。<br>Dànshì bàba māma gāng chūmén, Xiǎo Míng jiù mǎshàng pǎo qù dǎkāile diànnǎo. Yuánlái tā yào chèn bàba māma bú zài jiā shàngwǎng wán yóuxì.<br><br>③ 爸爸妈妈坐电梯到了一层，妈妈发现手机没有带。没办法，只好回家去取。<br>Bàba māma zuò diàntī dàole yì céng, māma fāxiàn shǒujī méi yǒu dài. Méi bànfǎ, zhǐhǎo huíjiā qù qǔ.<br><br>④ 但是没想到她一打开房门，就看到小明在玩电脑游戏，气得火冒三丈。小明没想到妈妈会突然回来，满脸通红，紧张得话也说不出来。<br>Dànshì méi xiǎngdào tā yì dǎkāi fáng mén, jiù kàndào Xiǎo Míng zài wán diànnǎo yóuxì, qì de huǒmàosānzhàng. Xiǎo Míng méi xiǎngdào māma huì tūrán huílái, mǎnliǎn tōnghóng, jǐnzhāng de huà yě shuō bu chūlái. | ① 아빠 엄마는 샤오밍에게 일이 있어 밖에 나갔다 온다고 하면서 다음 주가 시험이니 샤오밍에게 열심히 공부하고 있으라고 했습니다. 샤오밍은 걱정하지 말라면서 바로 공부를 시작할 거라고 했습니다.<br><br>② 그런데 아빠 엄마가 나가자마자 샤오밍은 바로 달려가서 컴퓨터를 켰습니다. 알고 보니 샤오밍은 아빠 엄마가 집에 없는 틈을 타서 게임을 하려고 했던 것입니다.<br><br>③ 아빠 엄마가 엘리베이터를 타고 1층에 도착했는데, 엄마가 휴대폰을 놓고 와서 어쩔 수 없이 집으로 가지러 갔습니다.<br><br>④ 그런데 생각지도 못했는데 그녀가 집 문을 열자 샤오밍이 컴퓨터 게임을 하고 있는 것을 보았고, 화가 잔뜩 났습니다. 샤오밍은 엄마가 갑자기 돌아올 거라고는 생각지도 못해 온 얼굴이 빨개졌고, 긴장해서 말도 나오지 않습니다. |
|---|---|---|

**단어 1** 让 ràng 동 ~하게 하다 孩子 háizi 명 아이 作业 zuòyè 명 숙제 放心 fàngxīn 동 안심하다 马上 mǎshàng 부 바로 打开 dǎkāi 동 켜다 电脑 diànnǎo 명 컴퓨터 开始 kāishǐ 동 시작하다 游戏 yóuxì 명 게임 发现 fāxiàn 동 발견하다 忘 wàng 동 잊다 带 dài 동 휴대하다 只好 zhǐhǎo 부 어쩔 수 없이 拿 ná 동 가지다 生气 shēngqì 동 화내다 不好意思 bù hǎoyìsi 동 미안하다

**단어 2** 趟 tàng 양 차례, 번 就要 jiùyào 부 곧 考试 kǎoshì 명 시험 告诉 gàosu 동 알려 주다 担心 dānxīn 동 걱정하다 出门 chūmén 동 문을 나서다, 외출하다 跑 pǎo 동 뛰다 原来 yuánlái 부 알고 보니 趁 chèn 전 이용해서, 틈타서 上网 shàngwǎng 동 인터넷에 접속하다 电梯 diàntī 명 엘리베이터 层 céng 양 층 取 qǔ 동 찾다 没想到 méi xiǎngdào 동 생각지도 못하다 火冒三丈 huǒmàosānzhàng 성 화가 머리끝까지 치밀다 突然 tūrán 부 갑자기 满脸 mǎnliǎn 온 얼굴 通红 tōnghóng 형 새빨갛다 紧张 jǐnzhāng 형 긴장하다

**★ 고득점 비법** '~得~'의 구조

사람의 감정이나 상태를 묘사할 때 쓰는 '~得~'구조를 기억하자.

예 忙得团团转 máng de tuántuánzuàn 바빠서 쩔쩔매다
累得精疲力尽 lèi de jīngpíljìn 힘들어서 기진맥진하다
高兴得跳了起来 gāoxìng de tiàole qǐlái 기뻐서 껑충 뛰었다
伤心得吃不下饭 shāngxīn de chī bu xià fàn 슬퍼서 밥을 못 먹는다

# 기출 문제 해설

# 02

TSC 기출 문제
02회

www.ybmbooks.com
온라인 영상 테스트 제공

08

# 第一部分

문제 1

## 你叫什么名字?

Nǐ jiào shénme míngzi?

당신의 이름은 무엇입니까?

| Lv. | | |
|---|---|---|
| Lv. 3~4 | 我叫朴成俊，成功的成，英俊的俊。<br>Wǒ jiào Piáo Chéngjùn, chénggōng de chéng, yīngjùn de jùn. | 저는 박성준이라고 합니다. '성공하다'의 성, '영준하다'의 준입니다. |
| Lv. 5~6 | 我叫金泰熙，我们国家有位有名的女演员也叫这个名字。<br>Wǒ jiào Jīn Tàixī, wǒmen guójiā yǒu wèi yǒumíng de nǚ yǎnyuán yě jiào zhège míngzi. | 저는 김태희라고 합니다. 우리 나라의 유명한 여배우도 이 이름입니다. |

단어 叫 jiào 동 (이름을)~라고 하다 名字 míngzi 명 이름 成功 chénggōng 동 성공하다 英俊 yīngjùn 형 영준하다, 재능이 출중하다 国家 guójiā 명 나라 有名 yǒumíng 형 유명하다 演员 yǎnyuán 명 배우

문제 2

## 请说出你的出生年月日。

Qǐng shuōchū nǐ de chūshēng nián yuè rì.

당신의 생년월일을 말해 보세요.

| Lv. | | |
|---|---|---|
| Lv. 3~4 | 我是1974年出生的，生日是8月8号。<br>Wǒ shì yī jiǔ qī sì nián chūshēng de, shēngrì shì bā yuè bā hào. | 저는 1974년에 태어났고, 생일은 8월 8일입니다. |
| Lv. 5~6 | 我(出)生于1982年6月18日，属狗。<br>Wǒ (chū)shēngyú yī jiǔ bā èr nián liù yuè shíbā rì, shǔ gǒu. | 저는 1982년 6월 18일에 태어났고, 개띠입니다. |

단어 出生 chūshēng 동 태어나다 生日 shēngrì 명 생일 号 hào 명 일 生于 shēngyú ~에 태어나다 属 shǔ 동 ~띠이다 狗 gǒu 명 개

문제 3

## 你家有几口人?

Nǐ jiā yǒu jǐ kǒu rén?
당신의 가족은 몇 명입니까?

| Lv. | | |
|---|---|---|
| Lv. 3~4 | 我家有三口人，爸爸、妈妈还有我。<br>Wǒ jiā yǒu sān kǒu rén, bàba、māma háiyǒu wǒ. | 저희 집은 세 식구로, 아빠, 엄마 그리고 저입니다. |
| Lv. 5~6 | 我家只有两口人，我和爱人今年5月刚结婚。<br>Wǒ jiā zhǐ yǒu liǎng kǒu rén, wǒ hé àiren jīnnián wǔ yuè gāng jiéhūn. | 저희 집은 두 식구만 있습니다. 저와 배우자는 올해 5월에 막 결혼했습니다. |

단어 **口** kǒu 양 식구(사람을 세는데 쓰임) **只** zhǐ 부 단지 **爱人** àiren 명 배우자(아내, 남편) **刚** gāng 부 막 **结婚** jiéhūn 동 결혼하다

문제 4

## 你在什么地方工作? 或者你在哪个学校上学?

Nǐ zài shénme dìfang gōngzuò? Huòzhě nǐ zài nǎge xuéxiào shàngxué?
당신은 어디에서 근무합니까? 또는 어느 학교에 다니나요?

| Lv. | | |
|---|---|---|
| Lv. 3~4 | 我在一家电子公司工作。<br>Wǒ zài yì jiā diànzǐ gōngsī gōngzuò. | 저는 전자 회사에서 일합니다. |
| Lv. 5~6 | 我是韩国大学中文系的学生，今年大四了。<br>Wǒ shì Hánguó dàxué Zhōngwénxì de xuésheng, jīnnián dàsì le. | 저는 한국대학교 중문과 학생이고, 올해 대학교 4학년입니다. |

단어 **地方** dìfang 명 장소 **工作** gōngzuò 명 일 동 일하다 **或者** huòzhě 접 또는, 혹은 **学校** xuéxiào 명 학교 **家** jiā 양 가정, 가게, 기업 따위를 세는 단위 **电子** diànzǐ 명 전자 **公司** gōngsī 명 회사 **大学** dàxué 명 대학교 **中文系** Zhōngwénxì 명 중문과 **学生** xuésheng 명 학생 **大四** dàsì 명 대학교 4학년

문제 1

## 男的在做什么?

Nánde zài zuò shénme?
남자는 무엇을 하고 있나요?

| | | |
|---|---|---|
| Lv. 3~4 | 他在骑自行车。<br>Tā zài qí zìxíngchē. | 그는 자전거를 타고 있습니다. |
| Lv. 5~6 | 男的正在江边骑自行车，今天天气很好。<br>Nánde zhèng zài jiāngbiān qí zìxíngchē, jīntiān tiānqì hěn hǎo. | 남자는 강가에서 자전거를 타고 있고, 오늘은 날씨가 좋습니다. |

단어 在 zài 부 ~하고 있는 중이다 骑 qí 동 타다 自行车 zìxíngchē 명 자전거 正 zhèng 부 마침 ~하고 있는 중이다 在 zài 전 ~에서 江边 jiāngbiān 명 강가 天气 tiānqì 명 날씨

★ 고득점 비법 '正 + 在 + 장소 + 동작'의 형식

어떤 장소에서 어떤 일을 하고 있는 것을 설명할 때는 장소가 동작 앞에 와야 한다. 문장에서 在는 진행형을 나타내는 부사가 아니라 장소를 나타내는 전치사이다.

예 正在办公室工作。Zhèng zài bàngōngshì gōngzuò. 사무실에서 일을 하고 있다.
正在咖啡店喝咖啡。Zhèng zài kāfēidiàn hē kāfēi. 커피숍에서 커피를 마시고 있다.

문제 2

## 谁比较快?

Shéi bǐjiào kuài?
누가 비교적 빠른가요?

| | | |
|---|---|---|
| Lv. 3~4 | 女孩子比较快。<br>Nǚ háizi bǐjiào kuài. | 여자아이가 비교적 빠릅니다. |
| Lv. 5~6 | 女孩子跑得比男孩子快一些。<br>Nǚ háizi pǎo de bǐ nán háizi kuài yìxiē. | 여자아이가 남자아이보다 뛰는 게 조금 빠릅니다. |

단어 比较 bǐjiào 부 비교적 快 kuài 형 빠르다 孩子 háizi 명 아이 跑 pǎo 동 뛰다, 달리다 比 bǐ 전 ~보다 一些 yìxiē 조금, 약간

★ 고득점 비법 A는 B보다 조금 ~하다

'A比B + 형용사 + 一些 / 一点儿 / 得多 / 多了'의 형식으로 'A는 B보다 조금 ~하다, 훨씬 ~하다'라는 의미로 사용한다. 이 때 一些나 一点儿은 반드시 형용사 뒤에 와야 한다는 것을 주의해야 한다.

예 照相机比钱包贵一点儿。Zhàoxiàngjī bǐ qiánbāo guì yìdiǎnr. 카메라는 지갑보다 조금 비싸다.

**문제 3**

## 照相机多少钱?

Zhàoxiàngjī duōshao qián?

카메라는 얼마인가요?

| | | |
|---|---|---|
| Lv. 3~4 | 这台照相机(是)2100元。<br>Zhè tái zhàoxiàngjī (shì) liǎngqiān yībǎi yuán. | 이 카메라는 2,100위안입니다. |
| Lv. 5~6 | 照相机(是)2100元，旁边的电话(是)198元。<br>Zhàoxiàngjī (shì) liǎngqiān yībǎi yuán, pángbiān de diànhuà (shì) yìbǎi jiǔshíbā yuán. | 카메라는 2,100위안이고, 옆의 전화기는 198위안입니다. |

단어 照相机 zhàoxiàngjī 명 카메라 台 tái 양 대(기계를 셀 때 사용) 千 qiān 수 천, 1000 百 bǎi 수 백, 100 旁边 pángbiān 명 옆 电话 diànhuà 명 전화기

**★ 고득점 비법 제2부분에서 자주 나오는 숫자 2**

| | | |
|---|---|---|
| 예 20 | 二十 èrshí (○) | 两十 liǎngshí (×) |
| 200 | 二百 èrbǎi (○) | 两百 liǎngbǎi (○) |
| 2000 | 两千 liǎngqiān (○) | 二千 èrqiān (×) |

**문제 4**

## 他们在书店吗?

Tāmen zài shūdiàn ma?

그들은 서점에 있나요?

| | | |
|---|---|---|
| Lv. 3~4 | 不是，他们在医院。<br>Búshì, tāmen zài yīyuàn. | 아니요, 그들은 병원에 있습니다. |
| Lv. 5~6 | 不是，他们在医院。医生在给小女孩看病。<br>Búshì, tāmen zài yīyuàn. Yīshēng zài gěi xiǎo nǚhái kàn bìng. | 아니요, 그들은 병원에 있습니다. 의사 선생님이 여자아이에게 진찰을 하고 있습니다. |

단어 书店 shūdiàn 명 서점 医院 yīyuàn 명 병원 医生 yīshēng 명 의사 在 zài 부 ~하는 중이다 给 gěi 전 ~에게 女孩 nǚhái 명 여자아이 看病 kànbìng 동 진찰하다

**★ 고득점 비법 '看病'의 쓰임**

'A를 진찰하다'라는 표현을 쓸 경우에는 '给A看病'이라고 해야 한다.
'看病'은 이합동사로 뒤에 목적어를 수반할 수 없기 때문에 '看病A'라고 사용할 수 없다.

10

# 第三部分

**문제 1**

## 周末你一般做什么?

Zhōumò nǐ yìbān zuò shénme?

주말에 너는 보통 무엇을 하니?

| | | |
|---|---|---|
| Lv. 3~4 | 周末我常常跟家人去看电影。<br>Zhōumò wǒ chángcháng gēn jiārén qù kàn diànyǐng. | 주말에 나는 자주 가족들과 영화를 보러 가. |
| Lv. 5~6 | 周六我一般去图书馆学习，周日就在家睡懒觉。<br>Zhōuliù wǒ yìbān qù túshūguǎn xuéxí, zhōurì jiù zài jiā shuì lǎnjiào. | 토요일에 나는 보통 도서관에 가서 공부를 하고, 일요일에는 집에서 늦잠을 자. |

단어 周末 zhōumò 명 주말 一般 yìbān 형 보통이다 常常 chángcháng 부 자주 家人 jiārén 명 가족, 한 집안의 식구 电影 diànyǐng 명 영화 周六 zhōuliù 명 토요일 图书馆 túshūguǎn 명 도서관 周日 zhōurì 명 일요일 就 jiù 부 이미, 벌써 睡懒觉 shuì lǎnjiào 늦잠을 자다

**★ 고득점 비법** 주말과 관련된 단어

예 逛街 guàngjiē 쇼핑하다 休息 xiūxi 휴식하다 聚餐 jùcān 회식하다
郊游 jiāoyóu 교외로 소풍 가다 追剧 zhuījù 본방 사수하다 听音乐 tīng yīnyuè 음악을 듣다

**문제 2**

## 我这次英语考试成绩不太好。

Wǒ zhècì Yīngyǔ kǎoshì chéngjì bútài hǎo.

나는 이번 영어 시험 성적이 별로 좋지 않아.

| | | |
|---|---|---|
| Lv. 3~4 | 别难过，这次考试比较难。<br>Bié nánguò, zhècì kǎoshì bǐjiào nán. | 괴로워하지 마. 이번 시험은 비교적 어려웠어. |
| Lv. 5~6 | 你别太伤心了。我相信你只要继续努力，下次一定能考好的。<br>Nǐ bié tài shāngxīn le. Wǒ xiāngxìn nǐ zhǐyào jìxù nǔlì, xiàcì yídìng néng kǎohǎo de. | 너무 상심하지 마. 네가 계속 노력하면, 다음번에는 분명히 잘 볼 수 있을 거라고 나는 믿어. |

단어 英语 Yīngyǔ 명 영어 考试 kǎoshì 명 시험 成绩 chéngjì 명 성적 难过 nánguò 동 괴롭다, 슬프다 比较 bǐjiào 부 비교적 难 nán 형 어렵다 伤心 shāngxīn 동 상심하다, 슬퍼하다 相信 xiāngxìn 동 믿다 只要 zhǐyào 접 ~하기만 하면 继续 jìxù 동 계속하다 努力 nǔlì 동 노력하다

**★ 고득점 비법** 위로의 표현

'成绩不太好 성적이 좋지 않아 / 感冒了 감기에 걸렸어' 등의 좋지 않은 상황이 발생했을 때는 위로를 나타내는 '别 + 担心 걱정하지 마 / 难过 괴로워하지 마 / 灰心 낙심하지 마 / 在意 신경 쓰지 마' 등을 사용하고, 건의를 나타낼 때는 '你要 + 好好复习 잘 복습해야 해 / 注意休息 휴식에 신경 써' 등을 사용해서 대답하면 된다.

**문제 3**

## 您要换的这顶帽子是什么时候买的?

Nín yào huàn de zhè dǐng màozi shì shénme shíhou mǎi de?

교환하시려는 이 모자는 언제 구매하신 건가요?

| | | |
|---|---|---|
| Lv. 3~4 | 是上个星期五买的。<br>Shì shàng ge xīngqīwǔ mǎi de. | 지난주 금요일에 산 거예요. |
| Lv. 5~6 | 是昨天买的，这是小票。我想换一个颜色。<br>Shì zuótiān mǎi de, zhè shì xiǎopiào. Wǒ xiǎng huàn yí ge yánsè. | 어제 산 거예요. 이건 영수증입니다. 다른 색으로 바꾸고 싶어요. |

단어 换 huàn 동 바꾸다 顶 dǐng 양 모자를 세는데 쓰임 帽子 màozi 명 모자 买 mǎi 동 사다 小票 xiǎopiào 명 영수증 颜色 yánsè 명 색깔

**★ 고득점 비법 교환, 반품과 관련된 단어**

예 退货 tuìhuò 반품하다　　换货 huànhuò 상품을 교환하다

发票 fāpiào 영수증　　质量问题 zhìliàng wèntí 품질 문제

**문제 4**

## 你一般多长时间去一次电影院?

Nǐ yìbān duōcháng shíjiān qù yí cì diànyǐngyuàn?

너는 보통 얼마 만에 한 번 영화관에 가니?

| | | |
|---|---|---|
| Lv. 3~4 | 我一般一个月去一次。<br>Wǒ yìbān yí ge yuè qù yí cì. | 나는 보통 한 달에 한 번 가. |
| Lv. 5~6 | 看电影是我的爱好，所以每个周末都去看电影。<br>Kàn diànyǐng shì wǒ de àihào, suǒyǐ měi ge zhōumò dōu qù kàn diànyǐng. | 영화를 보는 게 내 취미라서, 매주 주말 마다 가서 영화를 봐. |

단어 多长时间 duōcháng shíjiān 얼마 동안, 얼마 만에 电影院 diànyǐngyuàn 명 영화관 电影 diànyǐng 명 영화 爱好 àihào 명 취미 周末 zhōumò 명 주말 都 dōu 부 마다, 모두 看 kàn 동 보다

**★ 고득점 비법 빈도 수를 묻는 문제**

'多长时间…一次…'라는 질문은 2부분에서 자주 출제되는 문제이다. '얼마나 자주 (어떤 일을) 한번 하느냐'를 묻는 것인데, '(어떤 일을 하는 데) 얼마나 걸릴지'라는 의미로 혼동하지 않도록 주의하다.

## 문제 5

# 剩下很多菜，怎么办?

Shèngxià hěn duō cài, zěnme bàn?

요리가 많이 남았는데, 어떻게 하지?

| | | |
|---|---|---|
| Lv. 3~4 | 那我们打包带走吧。<br>Nà wǒmen dǎbāo dàizǒu ba. | 그럼 우리 포장해서 가자. |
| Lv. 5~6 | 打包带走吧。扔了太可惜，对环境也不好。<br>Dǎbāo dàizǒu ba. Rēngle tài kěxī, duì huánjìng yě bù hǎo. | 포장해서 가자. 버리면 너무 아깝고, 환경에도 좋지 않아. |

**단어** **剩下** shèngxia 동 남기다 **打包** dǎbāo 동 포장하다 **带走** dàizǒu 동 가지고 가다 **扔** rēng 동 버리다 **可惜** kěxī 형 아깝다 **环境** huánjìng 명 환경

**★ 고득점 비법 식당과 관련된 단어**

예 菜单 càidān 메뉴
点菜 diǎncài 요리를 주문하다
堂食 tángshí 식당 내에서의 식사
买单 mǎidān 계산서
发票 fāpiào 영수증
预订 yùdìng 예약
上菜 shàngcài 요리를 내오다
外卖 wàimài 배달 음식
特色菜 tèsècài 특색 요리
拿手菜 náshǒucài 가장 자신 있는 요리

문제 1

## 在你的家人中，你跟谁最像？请简单谈谈看。

Zài nǐ de jiārén zhōng, nǐ gēn shéi zuì xiàng? Qǐng jiǎndān tántan kàn.

가족 중에서 당신은 누구와 가장 닮았나요? 간단히 말해 보세요.

| | | |
|---|---|---|
| Lv. 3~4 | 我和妈妈最像。我的妈妈是圆脸、大眼睛、双眼皮。我也是。大家都说我长得像妈妈。<br>Wǒ hé māma zuì xiàng. Wǒ de māma shì yuánliǎn、dà yǎnjing、shuāngyǎnpí. Wǒ yě shì. Dàjiā dōu shuō wǒ zhǎng de xiàng māma. | 저는 엄마와 가장 닮았습니다. 저희 엄마는 동그란 얼굴에 큰 눈과 쌍꺼풀이 있습니다. 저도 그렇습니다. 모두들 저에게 엄마를 닮았다고 말합니다. |
| Lv. 5~6 | 我和妈妈比较像。我的妈妈是圆脸，眼睛大大的，双眼皮。见过我们的人都说我和妈妈很像，特别是眼睛，简直一模一样。我还有一个妹妹，她长得比较像我爸爸。<br>Wǒ hé māma bǐjiào xiàng. Wǒ de māma shì yuánliǎn, yǎnjing dà dà de, shuāngyǎnpí. Jiànguo wǒmen de rén dōu shuō wǒ hé māma hěn xiàng, tèbié shì yǎnjing, jiǎnzhí yìmúyíyàng. Wǒ háiyǒu yí ge mèimei, tā zhǎng de bǐjiào xiàng wǒ bàba. | 저는 엄마와 비교적 닮았습니다. 저희 엄마는 동그란 얼굴에 큰 눈과 쌍꺼풀이 있습니다. 저희를 본 적이 있는 사람들은 모두 저와 엄마가 많이 닮았다고 하는데, 특히 눈이 정말 많이 닮았다고 합니다. 저는 그리고 여동생이 한 명 있는데, 그녀는 아빠를 비교적 닮았습니다. |

단어 1 像 xiàng 동 닮다 圆脸 yuánliǎn 명 둥근 얼굴 眼睛 yǎnjing 명 눈 双眼皮 shuāngyǎnpí 명 쌍꺼풀 长 zhǎng 동 자라다

단어 2 特别 tèbié 부 특히 简直 jiǎnzhí 부 정말 一模一样 yìmúyíyàng 성 생김새가 똑같다, 모양이 완전히 같다

### ★ 고득점 비법 얼굴 묘사 단어

예 方脸 fāngliǎn 네모난 얼굴, 각진 얼굴
瓜子脸 guāzǐliǎn 갸름한 얼굴, V라인 얼굴
高鼻梁 bíliáng gāo 콧대가 높다
塌鼻梁 tā bíliáng 납작코
双眼皮 shuāngyǎnpí 쌍꺼풀
单眼皮 dānyǎnpí 홑꺼풀
皮肤白 pífū bái 피부가 하얗다
皮肤黑 pífū hēi 피부가 까맣다

## 문제 2

# 你平时常喝可乐、汽水之类的饮料吗？请简单谈谈。

Nǐ píngshí cháng hē kělè、qìshuǐ zhīlèi de yǐnliào ma? Qǐng jiǎndān tántan.

평소에 콜라나 사이다와 같은 음료수를 자주 마시나요? 간단히 말해 보세요.

| | | |
|---|---|---|
| Lv. 3~4 | 我爱喝可乐、汽水之类的饮料，但是我不常喝。因为这种饮料比较甜，多喝对身体不好。<br>Wǒ ài hē kělè、qìshuǐ zhè lèi de yǐnliào, dànshì wǒ bù cháng hē. Yīnwèi zhè zhǒng yǐnliào bǐjiào tián, duō hē duì shēntǐ bù hǎo. | 저는 콜라나 사이다와 같은 음료수를 마시는 것을 좋아하지만, 사주 마시지는 않습니다. 왜냐하면 이런 음료수는 비교적 달고, 많이 마시면 건강에 좋지 않기 때문입니다. |
| Lv. 5~6 | 我喜欢可乐、汽水之类的饮料。但喜欢是喜欢，不过平时喝得并不多。因为这类的饮料含糖量比较高，常喝对身体不好。我一般吃披萨饼或者汉堡这些比较油腻的东西的时候，才喝一杯可乐或者汽水。<br>Wǒ xǐhuan kělè、qìshuǐ zhīlèi de yǐnliào. Dàn xǐhuan shì xǐhuan, búguò píngshí hē de bìng bù duō. Yīnwèi zhè lèi de yǐnliào hántángliàng bǐjiào gāo, cháng hē duì shēntǐ bù hǎo. Wǒ yìbān chī pīsàbǐng huòzhě hànbǎo zhèxiē bǐjiào yóunì de dōngxi de shíhou, cái hē yì bēi kělè huòzhě qìshuǐ. | 저는 콜라나 사이다와 같은 음료수를 좋아합니다. 좋아하긴 좋아하지만, 평소에 많이 마시지는 않습니다. 왜냐하면 이런 음료수들은 설탕이 비교적 많이 함유되어 있고, 자주 마시면 건강에 좋지 않기 때문입니다. 저는 보통 피자나 햄버거와 같은 비교적 기름진 음식을 먹을 때만 콜라나 사이다를 한 잔 마십니다. |

**단어 1** **可乐** kělè 명 콜라 **汽水** qìshuǐ 명 사이다 **之类** zhīlèi ~와 같은, 따위 **饮料** yǐnliào 명 음료 **甜** tián 형 달다

**단어 2** **并** bìng 부 결코 **含糖量** hántángliàng 명 설탕 함유량 **披萨饼** pīsàbǐng 명 피자 **或者** huòzhě 접 혹은 **汉堡** hànbǎo 명 햄버거 **油腻** yóunì 형 기름지다 **东西** dōngxi 명 음식, 물건

### ★ 고득점 비법 A하기는 A하지만, B하다

'A是A, 但是 / 可是 / 不过B'은 'A하기는 A하지만, B하다'라는 표현으로 A의 위치에 같은 형용사나 동사를 사용한다.

예 好看是好看，但是太贵了。
Hǎokàn shì hǎokàn, dànshì tài guì le.
예쁘긴 예쁘지만, 너무 비싸다.

高兴是高兴，不过还是有些担心。
Gāoxìng shì gāoxìng, búguò háishi yǒuxiē dānxīn.
기쁘긴 기쁘지만, 여전히 좀 걱정이 된다.

## 문제 3

# 你跟朋友一起去旅行过吗？请简单说一说。

Nǐ gēn péngyou yìqǐ qù lǚxíngguo ma? Qǐng jiǎndān shuō yì shuō.

친구와 함께 여행을 가 본 적이 있나요? 간단히 말해 보세요.

| | | |
|---|---|---|
| Lv. 3~4 | 我和朋友一起去旅行过。高中的时候，我和朋友们一起去过济州岛，那里的风景美极了。和朋友去旅行很有意思。<br>Wǒ hé péngyou yìqǐ qù lǚxíngguo. Gāozhōng de shíhou, wǒ hé péngyoumen yìqǐ qùguo Jìzhōudǎo, nàli de fēngjǐng měi jíle. Hé péngyou qù lǚxíng hěn yǒuyìsi. | 저는 친구와 함께 여행을 가 본 적이 있습니다. 고등학교 때 친구들과 함께 제주도를 가 본 적이 있는데, 거기 경치가 정말 아름다웠습니다. 친구와 여행 가는 것은 매우 재미있습니다. |
| Lv. 5~6 | 我和朋友一起去旅行过两次。大学的时候，我和朋友们一起去过济州岛。和朋友们一起去旅行特别有意思。我们一边看风景，一边聊天，还拍了很多照片，留下了美好的回忆。到现在我还记得那次旅行。<br>Wǒ hé péngyou yìqǐ qù lǚxíngguo liǎng cì. Dàxué de shíhou, wǒ hé péngyoumen yìqǐ qùguo Jìzhōudǎo. Hé péngyoumen yìqǐ qù lǚxíng tèbié yǒu yìsi. Wǒmen yìbiān kàn fēngjǐng, yìbiān liáotiān, hái pāile hěn duō zhàopiàn, liúxiàle měihǎo de huíyì. Dào xiànzài wǒ hái jìde nàcì lǚxíng. | 저는 친구와 함께 여행을 두 번 가 본 적이 있습니다. 대학교 때 저는 친구들과 제주도를 가 본 적이 있습니다. 친구들과 함께 여행하는 것은 정말 재미있습니다. 우리는 경치를 보면서 이야기도 하고, 사진도 많이 찍고, 아름다운 추억을 남겼습니다. 지금까지 저는 그때의 여행을 아직 기억하고 있습니다. |

단어 1 旅行 lǚxíng 동 여행하다 高中 gāozhōng 명 고등학교 济州岛 Jìzhōudǎo 명 제주도 风景 fēngjǐng 명 경치, 풍경 美 měi 형 아름답다 极了 jíle 부 매우 有意思 yǒuyìsi 재미 있다

단어 2 一边…一边 yìbiān…yìbiān ~하면서 ~하다 聊天 liáotiān 동 이야기하다 拍 pāi 동 찍다 照片 zhàopiàn 명 사진 留下 liúxià 동 남기다 美好 měihǎo 형 아름답다 回忆 huíyì 명 추억 记得 jìde 동 기억하고 있다

★ **고득점 비법 경험을 말할 때는 구체적으로 답해라**

어떠한 장소에 가보았는지 또는 가 본 경험이 있는지를 묻는 질문에 대답을 할 때는 그 장소에 몇 번, 누구와 함께 또는 가서 어떠한 것들을 했는지 등 최대한 구체적으로 내용을 설명해야 고득점을 받기 유리하다.

**문제 4**

# 你家附近有银行、百货商店、电影院等生活服务设施吗? 请简单谈一谈。

Nǐ jiā fùjìn yǒu yínháng、bǎihuòshāngdiàn、diànyǐngyuàn děng shēnghuó fúwù shèshī ma? Qǐng jiǎndān tán yi tán.

집 근처에 은행, 백화점, 영화관 등 생활 서비스 시설이 있나요? 간단히 말해 보세요.

| | | |
|---|---|---|
| Lv. 3~4 | 我家附近有很多生活服务设施。有银行、百货商店和大超市，还有一家大型医院。不过电影院离我家有点儿远，走路需要20分钟。<br>Wǒ jiā fùjìn yǒu hěn duō shēnghuó fúwù shèshī. Yǒu yínháng、bǎihuòshāngdiàn hé dà chāoshì, háiyǒu yì jiā dàxíng yīyuàn. Búguò diànyǐngyuàn lí wǒ jiā yǒudiǎnr yuǎn, zǒulù xūyào èrshí fēnzhōng. | 우리 집 근처에는 많은 생활 서비스 시설이 있습니다. 은행, 백화점과 큰 슈퍼마켓 그리고 대형 병원이 하나 있습니다. 하지만 영화관은 저희 집에서 조금 멀어서 20분은 걸어가야 합니다. |
| Lv. 5~6 | 我家附近有很多生活服务设施。银行走路大概五分钟就能到，办理银行业务很方便。银行旁边就是百货商店，里面还有两家电影院。周末我常常去那儿买衣服、吃饭、看电影什么的。<br>Wǒ jiā fùjìn yǒu hěn duō shēnghuó fúwù shèshī. Yínháng zǒulù dàgài wǔ fēnzhōng jiù néng dào, bànlǐ yínháng yèwù hěn fāngbiàn. Yínháng pángbiān jiùshì bǎihuòshāngdiàn, lǐmiàn háiyǒu liǎng jiā diànyǐngyuàn. Zhōumò wǒ chángcháng qù nàr mǎi yīfu、chīfàn、kàn diànyǐng shénme de. | 우리 집 근처에는 많은 생활 서비스 시설이 있습니다. 은행은 걸어서 대략 5분이면 도착해서 은행 업무를 처리할 때 매우 편리합니다. 은행 옆이 바로 백화점인데, 안에는 영화관이 2개나 있습니다. 주말에 저는 그곳에 자주 가서 옷을 사거나 밥을 먹거나 영화 등을 봅니다. |

단어 1 **附近** fùjìn 명 근처 **银行** yínháng 명 은행 **百货商店** bǎihuòshāngdiàn 명 백화점 **电影院** diànyǐngyuàn 명 영화관 **生活** shēnghuó 명 생활 **服务** fúwù 명 서비스 **设施** shèshī 명 시설 **超市** chāoshì 슈퍼마켓, 마트 **大型** dàxíng 형 대형(의) **医院** yīyuàn 명 병원 **离** lí 전 ~에서 ~로부터 **远** yuǎn 형 멀다 **走路** zǒulù 동 걷다 **需要** xūyào 동 필요하다

단어 2 **大概** dàgài 부 대략 **办理** bànlǐ 동 처리하다 **业务** yèwù 명 업무 **方便** fāngbiàn 형 편리하다 **旁边** pángbiān 명 옆 **周末** zhōumò 명 주말 **什么的** shénme de ~등등

**★ 고득점 비법** '…什么的'의 쓰임

'~등등, 기타 등등'의 의미로 나열하는 말 끝에 '…什么的'를 사용한다는 것을 기억하자.

예 我买了铅笔、橡皮、本子什么的。
Wǒ mǎile qiānbǐ、xiàngpí、běnzi shénme de.
나는 연필, 지우개, 공책 등을 샀다.

## 문제 5

# 你喜欢管理个人网页或博客吗？请简单说说。

Nǐ xǐhuan guǎnlǐ gèrén wǎngyè huò bókè ma? Qǐng jiǎndān shuōshuo.

개인 홈페이지나 블로그 관리하는 것을 좋아하나요? 간단히 말해 보세요.

| | | |
|---|---|---|
| Lv. 3~4 | 我不太喜欢管理个人网页或博客。因为我工作比较忙，没有太多的时间。再说我是个电脑盲，不太会这些。<br>Wǒ bútài xǐhuan guǎnlǐ gèrén wǎngyè huò bókè. Yīnwèi wǒ gōngzuò bǐjiào máng, méiyǒu tài duō de shíjiān. Zàishuō wǒ shì ge diànnǎománg, bútài huì zhèxiē. | 저는 개인 홈페이지나 블로그를 관리하는 것을 좋아하지 않습니다. 왜냐하면 저는 일이 비교적 바빠서 시간이 별로 없습니다. 게다가 저는 컴맹이라서 이런 걸 잘 하지 못합니다. |
| Lv. 5~6 | 我以前很喜欢管理个人网页，上学的时候常常上传照片什么的。但是现在我工作比较忙，管理个人网页需要很多时间，所以大概两三个星期才会更新一次。照片大部分都是最近吃过的美食和去过的地方。<br>Wǒ yǐqián hěn xǐhuan guǎnlǐ gèrén wǎngyè, shàngxué de shíhou chángcháng shàngchuán zhàopiàn shénme de. Dànshì xiànzài wǒ gōngzuò bǐjiào máng, guǎnlǐ gèrén wǎngyè xūyào hěn duō shíjiān, suǒyǐ dàgài liǎng sān ge xīngqī cái huì gēngxīn yí cì. Zhàopiàn dàbùfen dōu shì zuìjìn chīguo de měishí hé qùguo de dìfang. | 저는 예전에는 개인 홈페이지를 관리하는 것을 좋아해서, 학교 다닐 때는 자주 사진 등을 업로드했습니다. 하지만 지금은 제가 일이 비교적 바쁘고, 개인 홈페이지를 관리하려면 많은 시간이 필요해서 대략 2, 3주에 한 번 업데이트합니다. 요즘 먹었던 맛있는 음식이나 가봤던 곳의 사진이 대부분입니다. |

단어 1 **管理** guǎnlǐ 동 관리하다 **个人** gèrén 명 개인 **网页** wǎngyè 명 인터넷 홈페이지 **或** huò 접 혹은 **博客** bókè 명 블로그 **时间** shíjiān 명 시간 **电脑盲** diànnǎománg 명 컴맹

단어 2 **以前** yǐqián 명 이전 **上传** shàngchuán 동 업로드하다 **更新** gēngxīn 동 업데이트하다 **大部分** dàbùfen 부 대부분 **美食** měishí 명 맛있는 음식

**★ 고득점 비법** 어떤 것에 능숙하지 않음을 일컫는 단어

예 **音痴** yīnchī 음치　**路痴** lùchī 길치
**机器盲** jīqìmáng 기계치　**电脑盲** diànnǎománg 컴맹

## 문제 1

### 你认为压力会影响人们的健康吗？请说说你的想法。

Nǐ rènwéi yālì huì yǐngxiǎng rénmen de jiànkāng ma? Qǐng shuōshuo nǐ de xiǎngfǎ.

스트레스가 사람들의 건강에 영향을 끼친다고 생각하나요? 당신의 생각을 말해 보세요.

| | | |
|---|---|---|
| Lv. 3~4 | 我认为压力会影响人的健康。如果压力太大，会让人精神很紧张，那么也会影响到身体健康。我们要找到缓解压力的方法，比如说去公园散步，和朋友聊天儿什么的。<br>Wǒ rènwéi yālì huì yǐngxiǎng rén de jiànkāng. Rúguǒ yālì tài dà, huì ràng rén jīngshén hěn jǐnzhāng, nàme yě huì yǐngxiǎng dào shēntǐ jiànkāng. Wǒmen yào zhǎodào huǎnjiě yālì de fāngfǎ, bǐrú shuō qù gōngyuán sànbù, hé péngyou liáotiānr shénme de. | 저는 스트레스가 사람의 건강에 영향을 끼친다고 생각합니다. 만약 스트레스가 너무 크면, 정신적으로 긴장하게 만들 수 있는데, 그렇게 되면 건강에도 영향을 줄 수 있습니다. 우리는 스트레스를 해소하는 방법을 찾아야 합니다. 예를 들어 공원에 산책을 가거나 친구와 얘기하기 등이 있습니다. |
| Lv. 5~6 | 压力当然会影响人的健康。压力太大会让人紧张，不仅让人心理健康受到影响，还会影响人的身体健康。现代社会生活节奏快，竞争激烈，每个人都会有压力。所以我们要培养一些兴趣爱好，通过兴趣爱好来缓解。比如说我就常常去爬山，站在山顶看风景，心情就会好起来。<br>Yālì dāngrán huì yǐngxiǎng rén de jiànkāng. Yālì tài dà huì ràng rén jǐnzhāng, bùjǐn ràng rén xīnlǐ jiànkāng shòudào yǐngxiǎng, hái huì yǐngxiǎng rén de shēntǐ jiànkāng. Xiàndài shèhuì shēnghuó jiēzòu kuài, jìngzhēng jīliè, měi ge rén dōu huì yǒu yālì. Suǒyǐ wǒmen yào péiyǎng yìxiē xìngqù àihào, tōngguò xìngqù àihào lái huǎnjiě. Bǐrú shuō wǒ jiù chángcháng qù páshān, zhàn zài shāndǐng kàn fēngjǐng, xīnqíng jiù huì hǎo qǐlái. | 스트레스는 당연히 사람의 건강에 영향을 끼칩니다. 스트레스가 너무 크면 긴장을 하게 만들 수 있고, 심리적인 건강에 영향을 줄 뿐만 아니라 신체 건강에도 영향을 줄 수 있습니다. 현대 사회는 생활 리듬이 빠르고 경쟁이 치열해서 모든 사람들이 스트레스가 있을 수 있습니다. 그래서 우리는 취미를 만들고, 취미를 통해 스트레스를 풀어야 합니다. 예를 들어 저는 자주 등산을 갑니다. 산 정상에 서서 경치를 보면, 기분이 좋아집니다. |

**단어 1** 认为 rènwéi 동 ~라고 생각하다 压力 yālì 명 스트레스 影响 yǐngxiǎng 동 영향을 주다 健康 jiànkāng 명 건강 如果 rúguǒ 접 만약 精神 jīngshén 명 정신 紧张 jǐnzhāng 명 긴장 형 긴장해 있다 缓解 huǎnjiě 동 완화시키다 方法 fāngfǎ 명 방법 比如 bǐrú 접 예컨대 散步 sànbù 동 산책하다

**단어 2** 不仅 bùjǐn 접 ~일 뿐만 아니라 心理 xīnlǐ 명 심리 现代 xiàndài 명 현대 社会 shèhuì 명 사회 节奏 jiézòu 명 리듬 竞争 jìngzhēng 명 경쟁 激烈 jīliè 형 치열하다 培养 péiyǎng 동 키우다 兴趣 xìngqù 명 흥미 爱好 àihào 명 취미 通过 tōngguò 동 ~을 통하다 爬山 páshān 동 등산하다 站 zhàn 동 서다 山顶 shāndǐng 명 산 정상 心情 xīnqíng 명 기분

## 문제 2

# 很多大学生找工作时只想进大企业，对于这种现象你怎么看?

Hěn duō dàxuéshēng zhǎo gōngzuò shí zhǐ xiǎng jìn dàqǐyè, duìyú zhè zhǒng xiànxiàng nǐ zěnme kàn?

많은 대학생들이 직업을 구할 때 대기업에만 들어가고 싶어 합니다. 이런 현상에 대해 당신은 어떻게 생각하나요?

| | | |
|---|---|---|
| Lv. 3~4 | 现在大学生找工作时只想进大企业，这是一种比较普遍的现象。因为大企业的工资比较高，待遇和福利都比较好，而且发展的机会也多，所以大学生都希望在大企业工作。<br>Xiànzài dàxuéshēng zhǎo gōngzuò shí zhǐ xiǎng jìn dàqǐyè, zhè shì yì zhǒng bǐjiào pǔbiàn de xiànxiàng. Yīnwèi dàqǐyè de gōngzī bǐjiào gāo, dàiyù hé fúlì dōu bǐjiào hǎo, érqiě fāzhǎn de jīhuì yě duō, suǒyǐ dàxuéshēng dōu xīwàng zài dàqǐyè gōngzuò. | 요즘 대학생은 직업을 구할 때 대기업만 들어가고 싶어 하는데, 이것은 비교적 보편적인 현상입니다. 왜냐하면 대기업의 급여가 비교적 높고, 대우와 복지도 모두 비교적 좋으며, 게다가 발전할 수 있는 기회도 많기 때문입니다. 그래서 대학생들은 모두 대기업에서 일하기를 바랍니다. |
| Lv. 5~6 | 现在大学生找工作时只想进大企业是一种普遍的现象。我可以理解他们的心理。因为大企业不仅工资高，福利好，还有很多学习的机会，在工作中提高个人的能力。不过因为竞争非常激烈，大学生们为了进入大企业要准备很多东西，压力也很大。我觉得这还是韩国社会优质工作岗位比较少的原因。<br>Xiànzài dàxuéshēng zhǎo gōngzuò shí zhǐ xiǎng jìn dàqǐyè shì yì zhǒng pǔbiàn de xiànxiàng. Wǒ kěyǐ lǐjiě tāmen de xīnlǐ. Yīnwèi dàqǐyè bùjǐn gōngzī gāo, fúlì hǎo, háiyǒu hěn duō xuéxí de jīhuì, zài gōngzuò zhōng tígāo gèrén de nénglì. Búguò yīnwèi jìngzhēng fēicháng jīliè, dàxuéshēngmen wèile jìnrù dàqǐyè yào zhǔnbèi hěn duō dōngxi, yālì yě hěn dà. Wǒ juéde zhè háishi Hánguó shèhuì yōuzhì gōngzuò gǎngwèi bǐjiào shǎo de yuányīn. | 요즘 대학생이 직업을 구할 때 대기업에만 들어가고 싶어 하는 것은 보편적인 현상입니다. 저는 그들의 심리를 이해할 수 있습니다. 왜냐하면 대기업은 급여가 높을 뿐만 아니라 복지도 좋고, 그리고 배울 기회도 많아, 일을 하는 과정에서 개인의 능력을 향상시킬 수 있습니다. 하지만 경쟁이 매우 치열해서 대학생들은 대기업에 들어가기 위해 많은 것들을 준비해야 하며, 스트레스도 큽니다. 저는 한국 사회에 우수한 일자리가 비교적 적다는 것이 원인이라고 생각합니다. |

단어 1 大企业 dàqǐyè 명 대기업 对于 duìyú 전 ~에 대해 现象 xiànxiàng 명 현상 普遍 pǔbiàn 형 보편적이다 工资 gōngzī 명 임금, 급여 待遇 dàiyù 명 대우 福利 fúlì 명 복지 发展 fāzhǎn 명 동 발전(하다) 机会 jīhuì 명 기회 希望 xīwàng 동 바라다

단어 2 理解 lǐjiě 동 이해하다 提高 tígāo 동 향상시키다 能力 nénglì 명 능력 为了 wèile 전 ~을 위해 进入 jìnrù 동 들어가다 准备 zhǔnbèi 동 준비하다 优质 yōuzhì 명 우수한 품질 工作岗位 gōngzuò gǎngwèi 일자리, 일터

### ★ 고득점 비법 '不仅'의 활용

어떠한 현상이 사회에 영향을 끼치거나 이러한 현상이 생긴 원인에 대해 대답을 할 때는 좀 더 심도 있고, 논리적으로 표현하는 것이 중요하다. 不仅은 접속사로 '~일뿐만 아니라'라는 뜻으로 '也, 还'와 일반적으로 함께 사용한다.

예 不仅是韩国，其他国家也有这样的情况。
Bùjǐn shì Hánguó, qítā guójiā yě yǒu zhèyàng de qíngkuàng.
한국뿐만 아니라 다른 나라도 이러한 상황이 있다.

## 문제 3

# 你认为网上购物的普遍化给人们的生活带来了什么变化？请谈谈你的看法。

Nǐ rènwéi wǎngshàng gòuwù de pǔbiànhuà gěi rénmen de shēnghuó dàiláile shénme biànhuà? Qǐng tántan nǐ de kànfǎ.

인터넷 쇼핑의 보편화가 사람들의 생활에 어떤 변화를 가져왔다고 생각하나요? 당신의 생각을 얘기해 보세요.

| | | |
|---|---|---|
| Lv. 3~4 | 我觉得网上购物的普遍化会让我们的生活越来越方便。在网上能买到各种各样的东西，送货的速度也越来越快。这给没有时间逛街的上班族带来了很大便利。<br>Wǒ juéde wǎngshàng gòuwù de pǔbiànhuà huì ràng wǒmen de shēnghuó yuè lái yuè fāngbiàn. Zài wǎngshàng néng mǎidào gèzhǒng gèyàng de dōngxi, sònghuò de sùdù yě yuè lái yuè kuài. Zhè gěi méiyǒu shíjiān guàngjiē de shàngbānzú dàiláile hěn dà biànlì. | 저는 인터넷 쇼핑의 보편화가 우리의 생활을 점점 더 편리하게 해 줄 거라고 생각합니다. 인터넷에서 각종 물건을 살 수 있고, 배송 속도도 점점 빨라지고 있습니다. 이것은 쇼핑할 시간이 없는 직장인들에게 큰 편리함을 가져다주었습니다. |
| Lv. 5~6 | 我觉得网上购物越来越普遍让我们的生活变得越来越方便了。在网上什么都可以买到，各种电商五花八门，可以满足人们生活中的各种需要。物流也非常快，基本上一天到两天之内就可以收到。特别是最近出现了很多晚上下单，第二天早上就送货上门的服务，大大方便了忙碌的上班族。<br>Wǒ juéde wǎngshàng gòuwù yuè lái yuè pǔbiàn ràng wǒmen de shēnghuó biàn de yuè lái yuè fāngbiàn le. Zài wǎngshàng shénme dōu kěyǐ mǎidào, gèzhǒng diànshāng wǔhuābāmén, kěyǐ mǎnzú rénmen shēnghuó zhōng de gèzhǒng xūyào. Wùliú yě fēicháng kuài, jīběnshang yì tiān dào liǎng tiān zhīnèi jiù kěyǐ shōudào. Tèbié shì zuìjìn chūxiànle hěn duō wǎnshang xiàdān, dì èr tiān zǎoshang jiù sònghuò shàngmén de fúwù, dà dà fāngbiànle mánglù de shàngbānzú. | 저는 인터넷 쇼핑이 점점 보편화됨에 따라 우리의 생활이 점점 더 편리해졌다고 생각합니다. 인터넷에서 어떤 것이든 살 수 있고, 쇼핑몰도 다양해서 생활에서의 각종 수요를 만족시킬 수 있습니다. 물류도 매우 빨라서 거의 하루, 이틀 안에 받을 수 있습니다. 특히 최근에는 저녁에 주문하면, 그 다음날 아침 집까지 배송해 주는 서비스가 생겨 바쁜 직장인들을 매우 편리하게 해 주었습니다. |

**단어 1** **网上购物** wǎngshàng gòuwù 명 인터넷 쇼핑, 온라인 쇼핑 **普遍化** pǔbiànhuà 명 보편화 **变化** biànhuà 명 변화 **越来越** yuè lái yuè 부 점점 **方便** fāngbiàn 형 편리하다 **各种各样** gèzhǒng gèyàng 여러 가지 **送货** sònghuò 동 배달하다 **速度** sùdù 명 속도 **逛街** guàngjiē 동 쇼핑하다 **上班族** shàngbānzú 명 직장인 **便利** biànlì 형 편리하다

**단어 2** **普遍** pǔbiàn 형 보편적이다 **电商** diànshāng 명 인터넷 쇼핑몰 **五花八门** wǔhuābāmén 성 다양하다 **满足** mǎnzú 형 만족하다 동 만족시키다 **需要** xūyào 명 수요 **物流** wùliú 명 물류 **基本上** jīběnshang 부 거의 **之内** zhīnèi ~의 안 **收到** shōudào 동 받다 **出现** chūxiàn 동 출현하다 **下单** xiàdān 동 주문하다 **送货上门** sònghuò shàngmén 상품을 집까지 배달해주다 **服务** fúwù 명 서비스 **忙碌** mánglù 형 바쁘다

문제 4

## 你认为个人的性格和他选择什么方式度过业余生活有关系吗？请谈谈你的看法。

Nǐ rènwéi gèrén de xìnggé hé tā xuǎnzé shénme fāngshì dùguò yèyú shēnghuó yǒu guānxi ma? Qǐng tántan nǐ de kànfǎ.

개인의 성격과 그가 어떤 방식으로 여가 생활을 보낼지 선택하는 것이 관련이 있다고 생각하나요? 당신의 생각을 말해 보세요.

| | | |
|---|---|---|
| Lv. 3~4 | 我认为有关系。一般性格外向的人喜欢和别人交流，可能会喜欢打网球、打篮球等大家一起做的运动。内向的人可能会喜欢一个人进行的活动，比如说爬山、画画等。<br>Wǒ rènwéi yǒu guānxi. Yìbān xìnggé wàixiàng de rén xǐhuan hé biéren jiāoliú, kěnéng huì xǐhuan dǎ wǎngqiú、dǎ lánqiú děng dàjiā yìqǐ zuò de yùndòng. Nèixiàng de rén kěnéng huì xǐhuan yí ge rén jìnxíng de huódòng, bǐrú shuō páshān、huàhuà děng. | 저는 관련이 있다고 생각합니다. 일반적으로 성격이 외향적인 사람은 다른 사람과 교류하는 것을 좋아해서 테니스나 농구 등 다른 사람과 함께 운동하는 것을 좋아할 수 있습니다. 내향적인 사람은 혼자서 하는 활동 예를 들어 등산, 그림 그리기 등을 좋아할 수 있습니다. |
| Lv. 5~6 | 我认为人的性格和他选择什么方式度过的业余生活有很大的关系。一般性格外向的人爱说爱笑，喜欢交流，业余生活常常会选择打网球、打羽毛球等集体运动。相反性格内向的人一般喜欢个人活动，比如说爬山、听音乐之类的。拿我来说吧，我比较内向，不太喜欢很多人一起进行的活动，那样会让我觉得很累。<br>Wǒ rènwéi rén de xìnggé hé tā xuǎnzé shénme fāngshì dùguò de yèyú shēnghuó yǒu hěn dà de guānxi. Yìbān xìnggé wàixiàng de rén àishuō àixiào, xǐhuan jiāoliú, yèyú shēnghuó chángcháng huì xuǎnzé dǎ wǎngqiú、dǎ yǔmáoqiú děng jítǐ yùndòng. Xiāngfǎn xìnggé nèixiàng de rén yìbān xǐhuan gèrén huódòng, bǐrú shuō páshān、tīng yīnyuè zhīlèi de. Ná wǒ láishuō ba, wǒ bǐjiào nèixiàng, bútài xǐhuan hěn duō rén yìqǐ jìnxíng de huódòng, nàyàng huì ràng wǒ juéde hěn lèi. | 저는 사람의 성격과 그가 어떤 방식으로 여가 생활을 보낼지 선택하는지 큰 관계가 있다고 생각합니다. 일반적으로 성격이 외향적인 사람은 말하기를 좋아하고, 웃기를 좋아하며, 교류하는 것을 좋아해 여가 생활로 자주 테니스나, 배드민턴 등 단체 운동을 선택합니다. 반대로 성격이 내향적인 사람은 일반적으로 개인 활동을 좋아합니다. 예를 들어 등산이나 음악 감상 등이 있습니다. 저를 예로 들자면 저는 비교적 내향적이어서 많은 사람들이 함께 하는 활동을 별로 좋아하지 않습니다. 그렇게 하면 저는 피곤하다고 느낍니다. |

단어 1 个人 gèrén 명 개인 性格 xìnggé 명 성격 选择 xuǎnzé 동 선택하다 度过 dùguò 동 보내다 业余 yèyú 형 여가의 关系 guānxi 명 관계 外向 wàixiàng 형 외향적이다 交流 jiāoliú 동 교류하다 网球 wǎngqiú 명 테니스 篮球 lánqiú 명 농구 内向 nèixiàng 형 내향적이다 进行 jìnxíng 동 (어떠한 활동을)하다 活动 huódòng 명 활동 画画 huàhuà 그림을 그리다

단어 2 笑 xiào 동 웃다 羽毛球 yǔmáoqiú 명 배드민턴 集体 jítǐ 명 단체 相反 xiāngfǎn 동 반대되다 之类 zhīlèi 등등 拿…来说 ná…láishuō ~를 예를 들어 말하다

13

# 第六部分

**문제 1**

## 你跟朋友约好周六晚上见面，但突然得到了喜欢的歌手那天的演唱会门票，不能跟朋友见面了。请你给她打电话说明情况，并改约时间。

Nǐ gēn péngyou yuēhǎo zhōuliù wǎnshang jiànmiàn, dàn tūrán dédàole xǐhuan de gēshǒu nàtiān de yǎnchànghuì ménpiào, bùnéng gēn péngyou jiànmiàn le. Qǐng nǐ gěi tā dǎ diànhuà shuōmíng qíngkuàng, bìng gǎiyuē shíjiān.

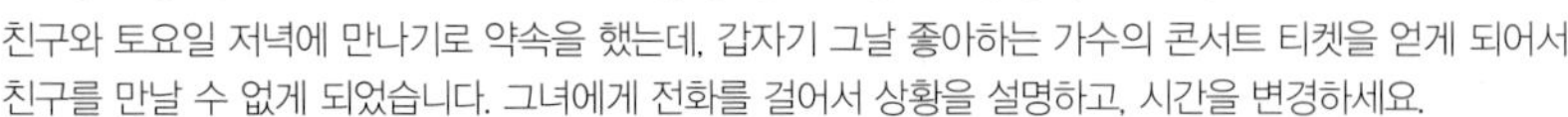
친구와 토요일 저녁에 만나기로 약속을 했는데, 갑자기 그날 좋아하는 가수의 콘서트 티켓을 얻게 되어서 친구를 만날 수 없게 되었습니다. 그녀에게 전화를 걸어서 상황을 설명하고, 시간을 변경하세요.

| | | |
|---|---|---|
| Lv.<br>3~4 | 玲玲你好，我们原来约好周六晚上见面，但是我突然得到了BTS的演唱会门票。BTS是我最喜欢的歌手，所以星期六晚上我不能和你见面了，对不起。我们星期天晚上见面好吗？<br>Línglíng nǐ hǎo, wǒmen yuánlái yuēhǎo zhōuliù wǎnshang jiànmiàn, dànshì wǒ tūrán dédàole BTS de yǎnchànghuì ménpiào. BTS shì wǒ zuì xǐhuan de gēshǒu, suǒyǐ xīngqīliù wǎnshang wǒ bùnéng hé nǐ jiànmiàn le, duìbuqǐ. Wǒmen xīngqītiān wǎnshang jiànmiàn hǎo ma? | 링링 안녕. 우리 원래 토요일 저녁에 만나기로 약속했잖아. 그런데 갑자기 BTS 콘서트 티켓이 생겼어. BTS는 내가 제일 좋아하는 가수야. 그래서 토요일 저녁에 못 만날 것 같아. 미안해. 우리 일요일 저녁에 만나는 게 어때? |
| Lv.<br>5~6 | 喂，玲玲，我们不是原来约好周六晚上见面嘛，但是我朋友突然送给我一张BTS的演唱会门票，也是星期六晚上。你知道BTS是我最喜欢的组合，所以我一定要去，真对不起。我们能不能改个时间见面呢？星期天怎么样？到时候我给你看演唱会的照片。<br>Wéi, Línglíng, wǒmen búshì yuánlái yuēhǎo zhōuliù wǎnshang jiànmiàn ma, dànshì wǒ péngyou tūrán sòng gěi wǒ yì zhāng BTS de yǎnchànghuì ménpiào, yě shì xīngqīliù wǎnshang. Nǐ zhīdao BTS shì wǒ zuì xǐhuan de zǔhé, suǒyǐ wǒ yídìng yào qù, zhēn duìbuqǐ. Wǒmen néng bu néng gǎi ge shíjiān jiànmiàn ne? Xīngqītiān zěnmeyàng? Dào shíhou wǒ gěi nǐ kàn yǎnchànghuì de zhàopiàn. | 여보세요, 링링. 우리 원래 토요일 저녁에 만나기로 했잖아. 그런데 내 친구가 갑자기 BTS 콘서트 티켓을 줬는데 그것도 토요일 저녁이야. 너도 알다시피 내가 제일 좋아하는 그룹이 BTS잖아 그래서 나 꼭 가고 싶어. 정말 미안해. 우리 약속 시간을 바꿔도 될까? 일요일 어때? 그때 내가 콘서트 사진 보여 줄게. |

단어 1 **约** yuē 동 약속하다 **突然** tūrán 부 갑자기 **得到** dédào 동 얻다 **歌手** gēshǒu 명 가수 **演唱会** yǎnchànghuì 명 콘서트 **门票** ménpiào 명 입장권, 티켓 **改约** gǎiyuē 동 약속 시간을 바꾸다 **周六** zhōuliù 명 토요일 **晚上** wǎnshang 명 저녁

단어 2 **原来** yuánlái 명 원래 **张** zhāng 양 장(표를 세는 양사) **组合** zǔhé 명 그룹, 조합 **一定** yídìng 부 반드시 **到时候** dào shíhou 그때 가서 **照片** zhàopiàn 명 사진

## 문제 2

### 你的同屋是刚来留学不久的中国人，她向你打听超市在哪儿。请你给她推荐一个地方，并告诉她怎么走。

Nǐ de tóngwū shì gāng lái liúxué bù jiǔ de Zhōngguórén,
tā xiàng nǐ dǎtīng chāoshì zài nǎr.
Qǐng nǐ gěi tā tuījiàn yí ge dìfang, bìng gàosu tā zěnme zǒu.

당신의 룸메이트는 유학 온 지 얼마 안 된 중국인인데,
그녀가 당신에게 슈퍼마켓이 어디 있는지 묻습니다.
당신이 그녀에게 한 곳을 추천해 주고, 어떻게 가야 하는지 알려 주세요.

| | | |
|---|---|---|
| Lv. 3~4 | 你要买生活用品吗？我们学校门口有一家超市，里面东西很多。你出了校门口往右走，到十字路口往左拐，就能看到那家超市了。<br>Nǐ yào mǎi shēnghuó yòngpǐn ma? Wǒmen xuéxiào ménkǒu yǒu yì jiā chāoshì, lǐmiàn dōngxi hěn duō. Nǐ chūle xiào ménkǒu wǎng yòu zǒu, dào shízì lùkǒu wǎng zuǒ guǎi, jiù néng kàndào nà jiā chāoshì le. | 생활용품 사려고? 우리 학교 입구에 슈퍼마켓이 하나 있는데 안에 물건이 많아. 학교 입구를 나가서 오른쪽으로 걷다가 사거리에서 좌회전하면 바로 그 슈퍼마켓이 보일 거야. |
| Lv. 5~6 | 我们学校附近有两家超市，一家水果又多又便宜，一家生活用品比较多。你要买生活用品的话，我推荐你去学校正门旁边的那家超市。你出了校门往右走，到了十字路口往左拐，就能看到那家超市。我现在正好也要去买点东西，我带你一起去吧。<br>Wǒmen xuéxiào fùjìn yǒu liǎng jiā chāoshì, yì jiā shuǐguǒ yòu duō yòu piányi, yì jiā shēnghuó yòngpǐn bǐjiào duō. Nǐ yào mǎi shēnghuó yòngpǐn dehuà, wǒ tuījiàn nǐ qù xuéxiào zhèngmén pángbiān de nà jiā chāoshì. Nǐ chūle xiàomén wǎng yòu zǒu, dàole shízì lùkǒu wǎng zuǒ guǎi, jiù néng kàndào nà jiā chāoshì. Wǒ xiànzài zhènghǎo yě yào qù mǎi diǎn dōngxi, wǒ dài nǐ yìqǐ qù ba. | 우리 학교 근처에 두 개의 슈퍼마켓이 있어. 한 곳은 과일이 많고 싼데, 또 한 곳은 생활용품이 비교적 많아. 네가 생활용품을 산다면, 학교 정문 옆에 있는 슈퍼마켓을 추천해. 학교 입구를 나가서 오른쪽으로 걷다가 사거리에서 좌회전하면 바로 그 슈퍼마켓이 보일 거야. 나 지금 마침 물건 사러 나가려고 하는데, 내가 같이 가 줄게. |

**단어 1** **同屋** tóngwū 명 룸메이트 **留学** liúxué 동 유학하다 **不久** bùjiǔ 형 오래지 않다 **向** xiàng 전 ~에게 **打听** dǎtīng 동 물어보다 **推荐** tuījiàn 동 추천하다 **用品** yòngpǐn 명 용품 **门口** ménkǒu 명 입구 **往** wǎng 전 ~쪽으로 **十字路口** shízì lùkǒu 명 사거리 **拐** guǎi 동 방향을 바꾸다

**단어 2** **水果** shuǐguǒ 명 과일 **正门** zhèngmén 명 정문 **正好** zhènghǎo 부 마침 **带** dài 동 이끌다, 데리다

**문제 3**

## 你把手套落在地铁上了。请你去地铁站的失物招领中心说明情况，并请求帮助。

Nǐ bǎ shǒutào là zài dìtiě shàng le. Qǐng nǐ qù dìtiězhàn de shīwù zhāolǐng zhōngxīn shuōmíng qíngkuàng, bìng qǐngqiú bāngzhù.

당신이 장갑을 지하철에 놓고 내렸습니다. 지하철역의 분실물 센터에 가서 상황을 설명하고, 도움을 요청하세요.

| | | |
|---|---|---|
| Lv. 3~4 | 您好，我今天下午坐地铁的时候把手套落在地铁上了，您能帮我找一下吗？我是下午三点左右在2号线新村站下车的，我的手套是黑色的皮手套。麻烦您了。<br>Nín hǎo, wǒ jīntiān xiàwǔ zuò dìtiě de shíhou bǎ shǒutào là zài dìtiě shàng le, nín néng bāng wǒ zhǎo yíxià ma? Wǒ shì xiàwǔ sān diǎn zuǒyòu zài èr hàoxiàn Xīncūnzhàn xiàchē de, wǒ de shǒutào shì hēisè de pí shǒutào. Máfan nín le. | 안녕하세요. 제가 오늘 오후에 지하철을 탔을 때 장갑을 놓고 내렸어요. 좀 찾아주실 수 있나요? 저는 오후 3시쯤 2호선 신촌역에서 내렸어요. 저의 장갑은 검은색 가죽 장갑입니다. 번거롭게 했습니다. |
| Lv. 5~6 | 您好，我今天下午坐地铁的时候，把手套放在座位上忘了拿。我坐的是地铁2号线，下午三点左右在新村站下的车。那是一副黑色的皮手套，是妈妈送的礼物，对我来说很重要。请您一定帮帮忙好吗？要是找到了，请给我打电话，我的电话号码是010-1234-5678，拜托了！<br>Nín hǎo, wǒ jīntiān xiàwǔ zuò dìtiě de shíhou, bǎ shǒutào fàng zài zuòwèi shàng wàngle ná. Wǒ zuò de shì dìtiě èr hàoxiàn, xiàwǔ sān diǎn zuǒyòu zài Xīncūnzhàn xià de chē. Nà shì yí fù hēisè de pí shǒutào, shì māma sòng de lǐwù, duì wǒ láishuō hěn zhòngyào. Qǐng nín yídìng bāngbang máng hǎo ma? Yàoshi zhǎodào le, qǐng gěi wǒ dǎ diànhuà, wǒ de diànhuà hàomǎ shì líng yāo líng yāo èr sān sì wǔ liù qī bā, bàituō le! | 안녕하세요. 제가 오늘 오후에 지하철을 탔을 때 장갑을 자리에 놓고 가지고 내리는 걸 깜박했어요. 제가 탔던 지하철은 2호선이고, 오후 3시쯤 신촌역에서 내렸습니다. 검은색 가죽 장갑인데 엄마께서 선물로 주신 거라서 저에게는 매우 중요하거든요. 꼭 좀 도와주시겠어요? 만약에 찾으면, 저에게 전화 좀 주세요. 제 전화번호는 010-1234-5678입니다. 부탁드립니다! |

**단어 1** **手套** shǒutào 명 장갑 **落** là 동 놓아 두고 가져 오는(가는) 것을 잊어버리다 **地铁** dìtiě 명 지하철 **地铁站** dìtiězhàn 명 지하철역 **失物招领中心** shīwù zhāolǐng zhōngxīn 분실물 센터 **左右** zuǒyòu 명 가량, 쯤 **号线** hàoxiàn 명 호선 **新村站** Xīncūnzhàn 명 신촌역 **黑色** hēisè 명 검은색 **皮** pí 명 가죽 **麻烦** máfan 동 번거롭게하다

**단어 2** **座位** zuòwèi 명 자리 **忘** wàng 동 잊다 **副** fù 양 벌, 쌍 **重要** zhòngyào 형 중요하다 **帮忙** bāngmáng 동 돕다 **要是** yàoshi 접 만약 ~이라면 **号码** hàomǎ 명 번호 **拜托** bàituō 동 부탁드리다

**★ 고득점 비법** **구체적으로 설명하라**

위와 같은 문제를 대답할 때는 반드시 일이 발생한 시간, 장소, 자신의 연락 방식 등을 정확히 말해야 한다. 잃어버린 물건을 구체적으로 묘사하고, 자신에게 어떤 중요한 의미가 있는지도 이야기하는 것이 좋다. 그리고 '麻烦你了、拜托了'와 같은 단어를 사용하면 더 자연스러워 보일 수 있다.

문제 1

①  ②  ③  ④ 

| Lv. 3~4 | ① 早上爸爸正在准备上班，妈妈给爸爸准备了一杯牛奶。小明看到桌子上有一个手机，以为是爸爸的，就放在了爸爸的包里。<br>Zǎoshang bàba zhèngzài zhǔnbèi shàngbān, māma gěi bàba zhǔnbèi le yì bēi niúnǎi. Xiǎo Míng kàndào zhuōzi shang yǒu yí ge shǒujī, yǐwéi shì bàba de, jiù fàngzài le bàba de bāo lǐ.<br><br>② 爸爸去上班以后，小明的妈妈找不到自己的手机，觉得很奇怪。<br>Bàba qù shàngbān yǐhòu, Xiǎo Míng de māma zhǎo bu dào zìjǐ de shǒujī, juéde hěn qíguài.<br><br>③ 小明的爸爸到了公司，拿出了自己的手机。可是包里有手机的声音。<br>Xiǎo Míng de bàba dàole gōngsī, náchūle zìjǐ de shǒujī. Kěshì bāo lǐ yǒu shǒujī de shēngyīn.<br><br>④ 他打开包，看到了妈妈的手机，觉得非常尴尬。<br>Tā dǎkāi bāo, kàndàole māma de shǒujī, juéde fēicháng gāngà. | ① 아침에 아빠는 출근 준비를 하고, 엄마는 아빠께 드릴 우유 한 잔을 준비했습니다. 샤오밍은 탁자 위에 휴대폰이 있는 것을 보고 아빠의 것이라고 생각해서 아빠의 가방 안에 넣었습니다.<br><br>② 아빠가 출근을 한 후에 샤오밍의 엄마는 자신의 휴대폰을 찾을 수가 없어서 이상하다고 생각했습니다.<br><br>③ 샤오밍의 아빠는 회사에 도착해서 자신의 휴대폰을 꺼냈습니다. 그런데 가방 안에서 휴대폰 소리가 났습니다.<br><br>④ 그가 가방을 열어 보았더니 엄마의 휴대폰이 있는 것을 보고 매우 난처해 했습니다. |
|---|---|---|

| | | |
|---|---|---|
| Lv. 5~6 | ① 早上爸爸要去上班，他站在镜子前面打领带。妈妈给爸爸准备了一杯牛奶。小明看到桌子上有一部手机，以为是爸爸的，就放在了爸爸的包里。<br>Zǎoshang bàba yào qù shàngbān, tā zhàn zài jìngzi qiánmiàn dǎ lǐngdài. Māma gěi bàba zhǔnbèi le yì bēi niúnǎi. Xiǎo Míng kàndào zhuōzi shang yǒu yí bù shǒujī, yǐwéi shì bàba de, jiù fàngzài le bàba de bāo lǐ. | ① 아침에 아빠는 출근을 하려고 거울 앞에 서서 넥타이를 매고 있습니다. 엄마는 아빠에게 우유 한 잔을 준비했습니다. 샤오밍은 탁자 위에 휴대폰이 있는 것을 보고 아빠의 것이라고 생각해서, 아빠의 가방 안에 넣었습니다. |
| | ② 爸爸去上班后，妈妈找来找去也找不到自己的手机，觉得很奇怪。<br>Bàba qù shàngbān hòu, māma zhǎolái zhǎoqù yě zhǎo bu dào zìjǐ de shǒujī, juéde hěn qíguài. | ② 아빠가 출근을 한 후에 엄마는 아무리 찾아도 자신의 휴대폰을 찾을 수가 없어서 이상하다고 생각했습니다. |
| | ③ 爸爸到了公司以后，听到包里手机响了。他拿出了自己的手机，可是音乐声还在响。<br>Bàba dàole gōngsī yǐhòu, tīngdào bāo lǐ shǒujī xiǎng le. Tā náchūle zìjǐ de shǒujī, kěshì yīnyuèshēng hái zài xiǎng. | ③ 아빠는 회사에 도착한 후에 가방 안에서 휴대폰이 울리는 것을 들었습니다. 그는 자신의 휴대폰을 꺼냈지만, 여전히 벨소리가 울렸습니다. |
| | ④ 他仔细一看，发现包里还有一部手机，原来是妈妈的！办公室的人看到爸爸拿着一部粉红色的手机都觉得很可笑。爸爸也觉得哭笑不得。<br>Tā zǐxì yí kàn, fāxiàn bāo lǐ háiyǒu yí bù shǒujī, yuánlái shì māma de! Bàngōngshì de rén kàndào bàba názhe yí bù fěnhóngsè de shǒujī dōu juéde hěn kěxiào. Bàba yě juéde kūxiàobùdé. | ④ 그가 자세히 보니 가방 안에 휴대폰 한 대가 더 있었고, 알고 보니 엄마의 것이었습니다! 사무실의 직원들은 아빠가 핑크색 휴대폰을 들고 있는 것을 보고 우스꽝스럽다고 생각했습니다. 아빠는 이러지도 저러지도 못했습니다. |

**단어 1** **准备** zhǔnbèi 동 준비하다 **牛奶** niúnǎi 명 우유 **桌子** zhuōzi 명 탁자 **手机** shǒujī 명 휴대폰 **以为** yǐwéi 동 생각하다 **包** bāo 명 가방 **找不到** zhǎo bu dào 동 찾을 수 없다 **奇怪** qíguài 형 이상하다 **声音** shēngyīn 명 소리 **打开** dǎkāi 동 열다 **尴尬** gāngà 형 난처하다

**단어 2** **镜子** jìngzi 명 거울 **领带** lǐngdài 명 넥타이 **部** bù 양 기계를 세는데 쓰임 **响** xiǎng 동 소리가 나다 **仔细** zǐxì 형 자세하다 **发现** fāxiàn 동 발견하다 **办公室** bàngōngshì 명 사무실 **粉红色** fěnhóngsè 명 핑크색 **可笑** kěxiào 형 우스꽝스럽다 **哭笑不得** kūxiàobùdé 성 이러지도 저러지도 못하다, 웃을 수도 울 수도 없다

**★ 고득점 비법** **감정과 관련된 단어**

예 **开心** kāixīn 기쁘다
**忍不住笑** rěn bú zhù xiào 참지 못하고 웃다
**气死我了。** Qì sǐ wǒ le. 성질나 죽겠다.
**莫名其妙** mòmíngqímiào 영문을 모르다
**不知如何是好** bùzhī rúhé shì hǎo 어찌할 바를 모르다
**尴尬** gāngà 난처하다
**马上要哭** mǎ shàng yào kū 바로 울려고 하다
**大吃一惊** dàchīyìjīng 몹시 놀라다
**感到很羞愧** gǎndào hěn xiūkuì 부끄럽다고 느끼다
**后悔得不得了** hòu huǐ dé bú dé le 후회가 막심했다

# 기출 문제 해설

# 03

TSC 기출 문제
03회

www.ybmbooks.com
온라인 영상 테스트 제공

15

# 第一部分

**문제 1**

## 你叫什么名字?

Nǐ jiào shénme míngzi?

당신의 이름은 무엇입니까?

| | | |
|---|---|---|
| Lv. 3~4 | 我叫金元硕，你可以叫我元硕。<br>Wǒ jiào Jīn Yuánshuò, nǐ kěyǐ jiào wǒ Yuánshuò. | 저는 김원석이라고 합니다. 저를 원석이라고 부르시면 됩니다. |
| Lv. 5~6 | 我叫李美英，这个名字在韩国很常见。<br>Wǒ jiào Lǐ Měiyīng, zhège míngzi zài Hánguó hěn chángjiàn. | 저는 이미영이라고 합니다. 이 이름은 한국에서 흔합니다. |

**단어** 叫 jiào 통 (이름을)~라고 하다 名字 míngzi 명 이름 常见 chángjiàn 통 흔히 있다, 자주보다

**문제 2**

## 请说出你的出生年月日。

Qǐng shuōchū nǐ de chūshēng nián yuè rì.

당신의 생년월일을 말해 보세요.

| | | |
|---|---|---|
| Lv. 3~4 | 我是1995年12月24日出生的。<br>Wǒ shì yī jiǔ jiǔ wǔ nián shí'èr yuè èrshísì rì chūshēng de. | 저는 1995년 12월 24일에 태어났습니다. |
| Lv. 5~6 | 我(出)生于1995年12月24日，圣诞节的前一天。<br>Wǒ (chū)shēngyú yī jiǔ jiǔ wǔ nián shí'èr yuè èrshísì rì, Shèngdànjié de qián yì tiān. | 저는 1995년 12월 24일, 크리스마스 하루 전날에 태어났습니다. |

**단어** 出生 chūshēng 통 태어나다 生于 shēngyú ~에 태어나다 圣诞节 Shèngdànjié 명 크리스마스 前 qián 명 전, 이전

**문제 3**

## 你家有几口人?

Nǐ jiā yǒu jǐ kǒu rén?
당신의 가족은 몇 명입니까?

| | | |
|---|---|---|
| Lv. 3~4 | 我家有三口人，我、妻子和儿子。<br>Wǒ jiā yǒu sān kǒu rén, wǒ、qīzi hé érzi. | 저희 집은 세 식구로, 저, 아내 그리고 아들이 있습니다. |
| Lv. 5~6 | 我家有四口人。爸爸、妈妈，我和一个妹妹。我们是幸福的一家人。<br>Wǒ jiā yǒu sì kǒu rén. Bàba、māma, wǒ hé yí ge mèimei. Wǒmen shì xìngfú de yì jiārén. | 저희 집은 네 식구입니다. 아빠, 엄마, 저 그리고 여동생이 한 명 있습니다. 저희는 행복한 가족입니다. |

단어 口 kǒu 양 식구(사람을 세는데 쓰임) 妻子 qīzi 명 아내 儿子 érzi 명 아들 和 hé 접 ~와 妹妹 mèimei 명 여동생 幸福 xìngfú 형 행복하다 家人 jiārén 명 가족

**문제 4**

## 你在什么地方工作? 或者你在哪个学校上学?

Nǐ zài shénme dìfang gōngzuò? Huòzhě nǐ zài nǎge xuéxiào shàngxué?
당신은 어디에서 근무합니까? 또는 어느 학교에 다니나요?

| | | |
|---|---|---|
| Lv. 3~4 | 我在一家汉语补习班工作，教汉语。<br>Wǒ zài yì jiā Hànyǔ bǔxíbān gōngzuò, jiāo Hànyǔ. | 저는 중국어 학원에서 일을 하고 있고, 중국어를 가르칩니다. |
| Lv. 5~6 | 我刚刚进入一家广告公司，是一个职场新人。<br>Wǒ gānggāng jìnrù yì jiā guǎnggào gōngsī, shì yí ge zhíchǎng xīnrén. | 저는 광고 회사에 막 입사했고, 직장 초년생입니다. |

단어 地方 dìfang 명 장소 工作 gōngzuò 명 일 동 일하다 或者 huòzhě 접 또는, 혹은 学校 xuéxiào 명 학교 家 jiā 양 가정, 가게, 기업 따위를 세는 단위 汉语 Hànyǔ 명 중국어 补习班 bǔxíbān 명 학원 教 jiāo 동 가르치다 刚刚 gānggāng 부 막 进入 jìnrù 동 들어가다 广告 guǎnggào 명 광고 职场新人 zhíchǎng xīnrén 직장 초년생, 직장 새내기

문제 1

## 报纸旁边有什么?

Bàozhǐ pángbiān yǒu shénme?

신문 옆에는 무엇이 있나요?

| | | |
|---|---|---|
| Lv. 3~4 | 报纸旁边有一部电话。<br>Bàozhǐ pángbiān yǒu yí bù diànhuà. | 신문 옆에는 전화기 한 대가 있습니다. |
| Lv. 5~6 | 报纸旁边有一部白色的电话。<br>Bàozhǐ pángbiān yǒu yí bù báisè de diànhuà. | 신문 옆에는 흰색 전화기 한 대가 있습니다. |

단어 报纸 bàozhǐ 명 신문 旁边 pángbiān 명 옆 部 bù 양 전화를 세는데 쓰임 电话 diànhuà 명 전화기 白色 báisè 명 흰색

★ 고득점 비법 제2부분에서 자주 출제되는 '报纸'

전화기의 양사는 일반적으로 '部'나 '台'를 사용한다. 신문은 중국어로 '新闻'이 아니라 '报纸'라고 해야 한다.
'报纸'는 제2부분에서 자주 출제되는 단어이므로 주의해서 기억해두자.

문제 2

## 哪种东西比较便宜?

Nǎ zhǒng dōngxi bǐjiào piányi?

어떤 것이 비교적 싼 가요?

| | | |
|---|---|---|
| Lv. 3~4 | 铅笔比较便宜。<br>Qiānbǐ bǐjiào piányi. | 연필이 비교적 쌉니다. |
| Lv. 5~6 | 铅笔比较便宜，比本子便宜一块五。<br>Qiānbǐ bǐjiào piányi, bǐ běnzi piányi yí kuài wǔ. | 연필이 비교적 쌉니다. 공책보다 1.5위안 쌉니다. |

단어 东西 dōngxi 명 물건 比较 bǐjiào 부 비교적 便宜 piányi 형 싸다 铅笔 qiānbǐ 명 연필 比 bǐ 전 ~보다 本子 běnzi 명 공책

★ 고득점 비법 양사 '支'

'笔'의 양사는 '支'이므로 기억해두자. '铅笔(연필), 圆珠笔(볼펜), 钢笔(만년필)'등은 제2부분에 자주 출제되는 단어인데, 만약 단어가 생각이 나지 않는다면 '笔'라고만 해도 무방하다.

## 문제 3

# 女的在画画吗?

Nǚ de zài huàhuà ma?

여자는 그림을 그리고 있나요?

| | | |
|---|---|---|
| Lv. 3~4 | 不是，她正在做菜。<br>Búshì, tā zhèngzài zuòcài. | 아니요. 그녀는 요리를 하고 있습니다. |
| Lv. 5~6 | 不是，她正在厨房准备晚饭。<br>Búshì, tā zhèng zài chúfáng zhǔnbèi wǎnfàn. | 아니요. 그녀는 주방에서 저녁을 준비하고 있습니다. |

단어 画画 huàhuà 동 그림을 그리다 正在 zhèngzài 부 마침 ~하고 있는 중이다 菜 cài 명 요리 正 zhèng 부 마침 ~하고 있는 중이다 在 zài 전 ~에서 厨房 chúfáng 명 주방 准备 zhǔnbèi 동 준비하다 晚饭 wǎnfàn 명 저녁밥

## 문제 4

# 这家商店几点开门?

Zhè jiā shāngdiàn jǐ diǎn kāi mén?

이 상점은 몇 시에 문을 여나요?

| | | |
|---|---|---|
| Lv. 3~4 | 这家商店9点半开门。<br>Zhè jiā shāngdiàn jiǔ diǎn bàn kāi mén. | 이 상점은 9시 반에 문을 엽니다. |
| Lv. 5~6 | 这家服装店早上9点半开门，晚上11点关门。<br>Zhè jiā fúzhuāngdiàn zǎoshang jiǔ diǎn bàn kāi mén, wǎnshang shíyī diǎn guān mén. | 이 옷 가게는 아침 9시 반에 문을 열고, 저녁 11시에 문을 닫습니다. |

단어 商店 shāngdiàn 명 상점 开门 kāi mén 동 문을 열다, 개점하다 服装店 fúzhuāngdiàn 명 옷 가게 早上 zǎoshang 명 아침 晚上 wǎnshang 명 저녁 关门 guānmén 동 문을 닫다

### ★ 고득점 비법 시간을 읽는 방법

시간과 관련된 문제는 제2부분에서 자주 출제됨으로 시간을 읽는 방법에 대해 기억해두자.

| | | |
|---|---|---|
| 예 9시 30분 | 9点30(分) jiǔ diǎn sānshí(fēn) | 9点半 jiǔ diǎn bàn |
| 9시 15분 | 9点15(分) jiǔ diǎn shíwǔ(fēn) | 9点一刻 jiǔ diǎn yí kè |
| 9시 45분 | 9点45(分) jiǔ diǎn sìshíwǔ(fēn) | 9点三刻 jiǔ diǎn sān kè |
| 10시 15분전 | 差一刻10点 chà yí kè shí diǎn | |
| 2시 | 两点 liǎng diǎn *2시는 二点이라고 하지 않는다. | |

문제 1

## 我们今天晚上一起去超市吧。

Wǒmen jīntiān wǎnshang yìqǐ qù chāoshì ba.

우리 오늘 저녁에 같이 마트에 가자.

| | | |
|---|---|---|
| Lv. 3~4 | 好啊，我们吃完晚饭以后去吧。<br>Hǎo a, wǒmen chīwán wǎnfàn yǐhòu qù ba. | 좋아. 우리 저녁 먹고 난 후에 가자. |
| Lv. 5~6 | 好的。正好我要买点儿水果，我们一起去吧。<br>Hǎode. Zhènghǎo wǒ yào mǎi diǎnr shuǐguǒ, wǒmen yìqǐ qù ba. | 좋아. 마침 과일을 좀 사려고 했는데. 우리 같이 가자. |

단어　超市 chāoshì 명 슈퍼마켓, 마트　晚饭 wǎnfàn 명 저녁밥　以后 yǐhòu 명 이후　正好 zhènghǎo 부 마침　水果 shuǐguǒ 명 과일

문제 2

## 没课时，你一般做什么？

Méi kè shí, nǐ yìbān zuò shénme?

수업이 없을 때, 너는 보통 무엇을 하니?

| | | |
|---|---|---|
| Lv. 3~4 | 我一般在家写写作业、看看电视什么的。<br>Wǒ yìbān zài jiā xiěxie zuòyè、kànkan diànshì shénme de. | 나는 보통 집에서 숙제를 하거나 텔레비전 등을 봐. |
| Lv. 5~6 | 没课时，我一般在家写写作业、看看电视。<br>有的时候也会和朋友一起喝喝咖啡、聊聊天。<br>Méi kè shí, wǒ yìbān zài jiā xiěxie zuòyè、kànkan diànshì.<br>Yǒu de shíhou yě huì hé péngyou yìqǐ hēhe kāfēi、liáoliao tiān. | 수업이 없을 때, 나는 보통 집에서 숙제를 하거나 텔레비전을 봐. 어떤 때는 친구와 커피를 마시거나 이야기도 해. |

단어　课 kè 명 수업　一般 yìbān 형 보통이다　写 xiě 동 쓰다　作业 zuòyè 명 숙제　什么的 shénme de 등등　聊天儿 liáotiānr 동 이야기하다

★ 고득점 비법　동사의 중첩

동사 중첩을 하게 되면, '좀 ~하다, 시도해보다'라는 의미를 나타내고, 말투를 부드럽게 완화하는 효과가 있다. 동사 중첩을 할 때는 일반 동사를 중첩할 때와 이합 동사를 중첩할 때의 방식이 다르므로 주의해야 한다.

예
| | | | |
|---|---|---|---|
| 聊聊天 (O)<br>liáo liáotiān | 聊天聊天 (×)<br>liáotiān liáotiān | 见见面 (O)<br>jiàn jiànmiàn | 见面见面 (×)<br>jiànmiàn jiànmiàn |
| 散散步 (O)<br>sàn sànbù | 散步散步 (×)<br>Sànbù sànbù | 游游泳 (O)<br>yóu yóuyǒng | 游泳游泳 (×)<br>yóuyǒng yóuyǒng |

## 문제 3

### 周末同学聚会你能参加吗?

Zhōumò tóngxué jùhuì nǐ néng cānjiā ma?
주말에 동창회에 참석할 수 있어?

| Lv. | | |
|---|---|---|
| Lv. 3~4 | 这个周末我有时间，我能参加。<br>Zhège zhōumò wǒ yǒu shíjiān, wǒ néng cānjiā. | 이번 주말에 시간 있어서 참석할 수 있어. |
| Lv. 5~6 | 这个周末我还没有什么安排，我应该能去。<br>Zhège zhōumò wǒ hái méiyǒu shénme ānpái, wǒ yīnggāi néng qù. | 이번 주말에는 아직 스케줄이 없어서 분명히 갈 수 있을 거야. |

단어 **周末** zhōumò 명 주말 **同学** tóngxué 명 동창, 학우 **聚会** jùhuì 명 모임 **参加** cānjiā 동 참가하다 **安排** ānpái 명 안배, 계획 **应该** yīnggāi 동 (분명히) ~할 것이다

**★ 고득점 비법 '应该'의 뜻**

'应该'는 일반적으로 得 (děi)와 같이 '~해야 한다'라는 뜻으로 자주 쓰이지만, 확실한 예측을 나타내는 '(분명히) ~할 것이다'라는 의미도 있으므로 기억해두자.

예 **今年夏天应该会比较热。** 올해 여름은 분명히 더울 거야.
Jīnnián xiàtiān yīnggāi huì bǐjiào rè.

**他们是一个小时以前出发的，现在应该已经到了。** 그들은 한 시간 전에 출발했어. 지금은 분명히 이미 도착했을 거야.
Tāmen shì yí ge xiǎoshí yǐqián chūfā de, xiànzài yīnggāi yǐjing dào le.

## 문제 4

### 您要买什么样的书?

Nín yào mǎi shénme yàng de shū?
어떤 책을 사려고 하나요?

| Lv. | | |
|---|---|---|
| Lv. 3~4 | 我想买一本旅游杂志。<br>Wǒ xiǎng mǎi yì běn lǚyóu zázhì. | 여행 잡지를 한 권 사려고 해요. |
| Lv. 5~6 | 我想买一本英文小说，能给我推荐一下吗?<br>Wǒ xiǎng mǎi yì běn Yīngwén xiǎoshuō, néng gěi wǒ tuījiàn yíxià ma? | 영문 소설을 한 권 사고 싶은데, 저에게 추천해 주실 수 있나요? |

단어 **买** mǎi 동 사다 **旅游** lǚyóu 명 여행 **杂志** zázhì 명 잡지 **英文** Yīngwén 명 영문 **小说** xiǎoshuō 명 소설 **推荐** tuījiàn 동 추천하다

**★ 고득점 비법 추천을 부탁할 때 쓰는 표현**

'请帮我推荐一下。'와 '能帮我推荐一下吗? '는 가게 또는 음식점 등에서 상대방에게 추천을 부탁할 때 사용하는 문장으로 꼭 기억해두자.

**문제 5**

## 这家餐厅的服务怎么样?

Zhè jiā cāntīng de fúwù zěnmeyàng?

이 식당은 서비스가 어때?

| Lv. | 답변 | 해석 |
|---|---|---|
| Lv. 3~4 | 这家餐厅的服务不太好，我不喜欢去。<br>Zhè jiā cāntīng de fúwù bútài hǎo, wǒ bù xǐhuan qù. | 이 식당은 서비스가 별로 좋지 않아서 나는 가고 싶지 않아. |
| Lv. 5~6 | 这家餐厅的服务很不错，服务员特别热情。<br>Zhè jiā cāntīng de fúwù hěn búcuò, fúwùyuán tèbié rèqíng. | 이 식당은 서비스가 좋고, 종업원도 매우 친절해. |

**단어** **餐厅** cāntīng 명 식당 **服务** fúwù 명 서비스 **不错** búcuò 형 좋다 **服务员** fúwùyuán 명 종업원 **特别** tèbié 부 매우 **热情** rèqíng 형 친절하다

**★ 고득점 비법 태도에 대한 답변 요령**

'服务怎么样?'처럼 서비스가 어떤지를 물을 경우 '服务态度很热情。Fúwù tàidù hěn rèqíng. 서비스 태도가 친절해.' 또는 '服务很周到。Fúwù hěn zhōudào. 서비스가 세심해.' 등으로 대답하는 것이 적절하다.

**문제 1**

## 你喜欢用香水吗？请简单说一说。

Nǐ xǐhuan yòng xiāngshuǐ ma? Qǐng jiǎndān shuō yi shuō.

향수를 사용하는 것을 좋아하나요? 간단히 말해 보세요.

| | | |
|---|---|---|
| Lv. 3~4 | 我不太喜欢用香水。因为我觉得用香水比较麻烦，我每天早上上班的时间比较紧张，要洗澡还要吃早饭，忙得根本顾不上用香水。<br>Wǒ bútài xǐhuan yòng xiāngshuǐ. Yīnwèi wǒ juéde yòng xiāngshuǐ bǐjiào máfan, wǒ měitiān zǎoshang shàngbān de shíjiān bǐjiào jǐnzhāng, yào xǐzǎo hái yào chī zǎofàn, máng de gēnběn gù bu shàng yòng xiāngshuǐ. | 저는 향수를 사용하는 것을 별로 좋아하지 않습니다. 왜냐하면 저는 향수를 사용하는 것이 비교적 번거롭다고 생각하기 때문입니다. 매일 아침 출근 시간이 비교적 빡빡한데, 샤워도 해야 하고, 아침도 먹어야 해서 바빠서 향수를 뿌릴 시간이 전혀 없습니다. |
| Lv. 5~6 | 我喜欢用香水，但是我不常用。因为我平时工作很忙，家里事情也多，一般没有时间也没有心情喷香水。但是在一些特别的日子，比如说我的生日或者是圣诞节这样的日子，我会好好儿打扮一下，喷一些香水，给自己一个好心情。<br>Wǒ xǐhuan yòng xiāngshuǐ, dànshì wǒ bù cháng yòng. Yīnwèi wǒ píngshí gōngzuò hěn máng, jiā lǐ shìqing yě duō, yìbān méiyǒu shíjiān yě méiyǒu xīnqíng pēn xiāngshuǐ. Dànshì zài yìxiē tèbié de rìzi, bǐrú shuō wǒ de shēngrì huòzhě shì Shèngdànjié zhèyàng de rìzi, wǒ huì hǎohāor dǎban yíxià, pēn yìxiē xiāngshuǐ, gěi zìjǐ yí ge hǎo xīnqíng. | 저는 향수를 사용하는 것을 좋아하지만, 자주 사용하지는 않습니다. 왜냐하면 저는 평소에 일이 바쁘고, 집에 일도 많아서 평소에는 시간이 없고 향수를 뿌릴 마음의 여유도 없습니다. 하지만 특별한 날, 예를 들어 제 생일이나 크리스마스 같은 날에는 치장을 하고, 향수를 뿌려 기분을 좋게 합니다. |

**단어 1** 香水 xiāngshuǐ 명 향수 紧张 jǐnzhāng 형 바쁘다 洗澡 xǐzǎo 동 목욕하다 根本 gēnběn 부 전혀 顾不上 gù bu shàng 신경을 쓸 여유가 없다, 생각도 할 수 없다

**단어 2** 心情 xīnqíng 명 기분 喷 pēn 동 뿌리다 日子 rìzi 명 날 或者 huòzhě 접 혹은 圣诞节 Shèngdànjié 명 크리스마스 打扮 dǎban 동 치장하다

### ★ 고득점 비법 '忙得顾不上'과 '没有心情'

1. '忙得顾不上…'은 뒤에 오는 행위를 할 겨를이 없을 정도로 매우 바쁘다는 것을 나타낸다.
   - 예 最近我都忙得顾不上给妈妈打电话了。Zuìjìn wǒ dōu máng de gù bu shàng gěi māma dǎ diànhuà le.
     요즘 나는 엄마에게 전화를 걸 틈도 없이 바쁘다.
2. '没有心情…'은 '~을 할 기분이 아니다'라는 뜻으로 쓰인다.
   - 예 我太累了，没心情去看电影。Wǒ tài lèi le, méi xīnqíng qù kàn diànyǐng.
     나는 너무 피곤해서 영화를 보러 갈 기분이 아니야.

## 문제 2

# 你多长时间去一次美容院？请简单谈谈。

Nǐ duōcháng shíjiān qù yí cì měiróngyuàn? Qǐng jiǎndān tántan.

당신은 얼마 만에 한 번 미용실에 갑니까? 간단히 말해 보세요.

| | | |
|---|---|---|
| Lv. 3~4 | 我一般一个月会去一次。我们家旁边有一个美容院，那儿的发型师手艺特别好，收费也不贵，我一般都去那儿。<br>Wǒ yìbān yí ge yuè huì qù yí cì. Wǒmen jiā pángbiān yǒu yí ge měiróngyuàn, nàr de fàxíngshī shǒuyì tèbié hǎo, shōufèi yě bú guì, wǒ yìbān dōu qù nàr. | 저는 보통 한 달에 한 번 갑니다. 저희 집 옆에 미용실이 하나 있는데, 그곳의 헤어 디자이너의 솜씨가 매우 좋습니다. 비용도 비싸지 않아서 저는 보통 거기로 갑니다. |
| Lv. 5~6 | 我一般三个月去一次美容院。我是长头发，烫一次头的话，大概可以坚持三个月。我们家附近有一家美容院，那儿的发型师手艺特别好。我每次去他那儿烫头以后，同事们都说很好看。如果你感兴趣的话，我可以介绍给你。<br>Wǒ yìbān sān ge yuè qù yí cì měiróngyuàn. Wǒ shì cháng tóufa, tàng yí cì tóu dehuà, dàgài kěyǐ jiānchí sān ge yuè. Wǒmen jiā fùjìn yǒu yì jiā měiróngyuàn, nàr de fāxíngshī shǒuyì tèbié hǎo. Wǒ měicì qù tā nàr tàng tóu yǐhòu, tóngshìmen dōu shuō hěn hǎokàn. Rúguǒ nǐ gǎn xìngqù dehuà, wǒ kěyǐ jièshào gěi nǐ. | 저는 보통 세 달에 한 번 미용실에 갑니다. 저는 머리카락이 길어서 파마를 한 번 하면, 대략 3개월은 지속됩니다. 저희 집 근처에 미용실이 하나 있는데, 그곳의 헤어 디자이너의 솜씨가 매우 좋습니다. 제가 매번 거기서 파마를 하면 동료들이 모두 예쁘다고 말합니다. 만약 관심이 있다면, 제가 소개해드릴게요. |

단어 1 **多长时间** duōcháng shíjiān 얼마 동안, 얼마만에 **美容院** měiróngyuàn 명 미용실 **发型师** fàxíngshī 명 헤어 디자이너 **手艺** shǒuyì 명 솜씨 **收费** shōufèi 명 비용, 요금

단어 2 **烫头** tàngtóu 동 파마하다 **坚持** jiānchí 동 지속하다 **同事** tóngshì 명 동료 **感兴趣** gǎn xìngqù 동 흥미를 느끼다 **介绍** jièshào 동 소개하다

### ★ 고득점 비법 '한 번 ~했다'라는 표현과 '每'사용법

1. '剪头，烫头'를 사용해서 '한 번 ~했다'라는 표현을 할 때는 '剪一次头 / 烫一次头'라고 해야 한다. '剪头一次 / 烫头一次'는 틀린 표현이니 주의해야 한다.

2. '每'를 사용할 때 주의하세요.

예 每个月 (O) měi ge yuè　每两个月 (O) měi liǎng ge yuè　每三个月 (O) měi sān ge yuè

每年 (O) měinián　每两年 (O) měi liǎng nián　每三年 (O) měi sān nián

每个年 (×) měi ge nián

## 문제 3

# 除了中国以外，你有没有特别想去的国家？请简单谈一谈。

Chúle Zhōngguó yǐwài, nǐ yǒu mei yǒu tèbié xiǎng qù de guójiā? Qǐng jiǎndān tán yi tán.

중국 이외에 특별히 가고 싶은 나라가 있나요? 간단히 말해 보세요.

| | | |
|---|---|---|
| Lv. 3~4 | 除了中国以外，我还特别想去泰国看看。我听说泰国的物价很便宜，各种热带水果非常多，非常好吃。泰国的风景也很美丽。所以如果有机会我想去泰国看看。<br>Chúle Zhōngguó yǐwài, wǒ hái tèbié xiǎng qù Tàiguó kànkan. Wǒ tīngshuō Tàiguó de wùjià hěn piányi, gèzhǒng rèdài shuǐguǒ fēicháng duō, fēicháng hǎochī. Tàiguó de fēngjǐng yě hěn měilì. Suǒyǐ rúguǒ yǒu jīhuì wǒ xiǎng qù Tàiguó kànkan. | 중국 이외에 저는 태국을 특히 가보고 싶습니다. 태국의 물가가 매우 싸고, 각종 열대 과일이 아주 많으며, 엄청 맛있다고 들었습니다. 태국의 경치도 아름답고요. 그래서 기회가 있으면 저는 태국에 가 보고 싶습니다. |
| Lv. 5~6 | 除了中国以外，我还特别想去新西兰看看。我的好朋友住在新西兰。他说新西兰不仅自然风景十分优美，空气质量特别好；而且生活节奏比较慢，人们的压力也比较小，在那里生活很快乐。所以如果有机会我想去新西兰感受一下，顺便也看看我的朋友。<br>Chúle Zhōngguó yǐwài, wǒ hái tèbié xiǎng qù Xīnxīlán kànkan. Wǒ de hǎo péngyou zhù zài Xīnxīlán. Tā shuō Xīnxīlán bùjǐn zìrán fēngjǐng shífēn yōuměi, kōngqì zhìliàng tèbié hǎo; érqiě shēnghuó jiézòu bǐjiào màn, rénmen de yālì yě bǐjiào xiǎo, zài nàli shēnghuó hěn kuàilè. Suǒyǐ rúguǒ yǒu jīhuì wǒ xiǎng qù Xīnxīlán gǎnshòu yíxià, shùnbiàn yě kànkan wǒ de péngyou. | 중국 이외에 저는 뉴질랜드에 특히 가보고 싶습니다. 저의 친한 친구가 뉴질랜드에서 살고 있습니다. 그가 뉴질랜드는 자연경관이 매우 아름다울 뿐만 아니라 공기도 매우 좋다고 말했습니다. 게다가 생활 리듬이 비교적 느리고, 사람들의 스트레스도 비교적 적어서 그곳에서의 생활이 즐겁다고 했습니다. 그래서 기회가 된다면 저는 뉴질랜드에 가서 느껴 보고 싶고, 간 김에 친구도 보려고 합니다. |

단어 1 除了… 以外 chúle…yǐwài ~이외에는 国家 guójiā 명 나라 泰国 Tàiguó 명 태국 物价 wùjià 명 물가 热带 rèdài 명 열대 水果 shuǐguǒ 명 과일 风景 fēngjǐng 명 경치 美丽 měilì 형 아름답다 机会 jīhuì 명 기회

단어 2 新西兰 Xīnxīlán 명 뉴질랜드 住 zhù 동 살다 不仅 bùjǐn 접 ~일 뿐만 아니라 自然 zìrán 명 자연 十分 shífēn 부 매우 优美 yōuměi 형 아름답다 空气 kōngqì 명 공기 质量 zhìliàng 명 질, 품질 节奏 jiézòu 명 리듬 慢 màn 형 느리다 压力 yālì 명 스트레스 快乐 kuàilè 형 즐겁다 感受 gǎnshòu 동 느끼다 顺便 shùnbiàn 부 ~하는 김에

### ★ 고득점 비법 '顺便'의 쓰임

顺便은 'A하는 김에 B도'라는 뜻으로 '겸사겸사 ~하다'라는 표현입니다.

예 你出去，顺便把门关好。나가는 김에 문을 닫아주세요.
Nǐ chūqù, shùnbiàn bǎ mén guān hǎo.

回家的路上，顺便来看看你。집에 가는 길에 너를 보려고 들렀어.
Huíjiā de lùshang, shùnbiàn lái kànkan nǐ.

## 문제 4

# 你在很多人面前说话时容易紧张吗？请简单说说看。

Nǐ zài hěn duō rén miànqián shuōhuà shí róngyì jǐnzhāng ma? Qǐng jiǎndān shuōshuo kàn.

당신은 많은 사람들 앞에서 말을 할 때 쉽게 긴장하나요? 간단히 말해 보세요.

| | | |
|---|---|---|
| Lv. 3~4 | 在很多人面前说话时我容易紧张。因为我性格比较内向，不太喜欢大声说话。在很多人面前说话，大家都看着我，会让我觉得压力很大，所以会有一些紧张。<br>Zài hěn duō rén miànqián shuōhuà shí wǒ róngyì jǐnzhāng. Yīnwèi wǒ xìnggé bǐjiào nèixiàng, bútài xǐhuan dà shēng shuōhuà. Zài hěn duō rén miànqián shuōhuà, dàjiā dōu kànzhe wǒ, huì ràng wǒ juéde yālì hěn dà, suǒyǐ huì yǒu yìxiē jǐnzhāng. | 많은 사람들 앞에서 이야기할 때 저는 쉽게 긴장합니다. 왜냐하면 저는 성격이 비교적 내성적이기 때문에 큰 소리로 말하는 것을 그다지 좋아하지 않습니다. 많은 사람들 앞에서 이야기할 때, 모두들 저를 쳐다보고 있으면, 저는 스트레스가 쌓여서 긴장하게 됩니다. |
| Lv. 5~6 | 以前我在很多人面前说话的时候特别紧张，常常满脸通红，说话也结结巴巴的。工作了以后，因为开会的时候我必须在同事们面前发言，所以我每次都会提前做好准备，表现一次比一次好。就这样我慢慢地开始有了信心，在很多人面前说话的时候也不紧张了。现在连老板也常常表扬我。<br>Yǐqián wǒ zài hěn duō rén miànqián shuōhuà de shíhou tèbié jǐnzhāng, chángcháng mǎnliǎn tōnghóng, shuōhuà yě jiējiēbābā de. Gōngzuòle yǐhòu, yīnwèi kāihuì de shíhou wǒ bìxū zài tóngshìmen miànqián fāyán, suǒyǐ wǒ měicì dōu huì tíqián zuòhǎo zhǔnbèi, biǎoxiàn yí cì bǐ yí cì hǎo. Jiù zhèyàng wǒ mànman de kāishǐ yǒule xìnxīn, zài hěn duō rén miànqián shuōhuà de shíhou yě bù jǐnzhāng le. Xiànzài lián lǎobǎn yě chángcháng biǎoyáng wǒ. | 저는 예전에 많은 사람들 앞에서 말을 할 때 매우 긴장해서 자주 온 얼굴이 새빨개지고, 더듬더듬 거리며 말을 했었습니다. 일을 시작한 이후에는 회의를 할 때 반드시 동료들 앞에서 발표를 해야 했기 때문에 매번 미리 준비를 다 해두었고, 하면 할수록 좋아졌습니다. 이렇게 저는 천천히 자신감이 생기게 되었고, 많은 사람들 앞에서 말을 할 때도 긴장하지 않게 되었습니다. 지금은 사장님도 자주 저를 칭찬하십니다. |

**단어 1** **面前** miànqián 명 면전, 앞 **容易** róngyì 형 쉽다 **紧张** jǐnzhāng 형 긴장해 있다 **性格** xìnggé 명 성격 **内向** nèixiàng 동 내성적이다 **大声** dà shēng 명 큰 소리

**단어 2** **满脸** mǎnliǎn 명 온 얼굴 **通红** tōnghóng 형 새빨갛다 **结结巴巴** jiējiēbābā 더듬거리다 **开会** kāihuì 동 회의를 하다 **必须** bìxū 부 반드시 ~해야 한다 **发言** fāyán 동 발언하다 **提前** tíqián 동 앞당기다 **准备** zhǔnbèi 동 준비하다 **表现** biǎoxiàn 동 표현하다 **信心** xìnxīn 명 자신(감) **连…也…** lián…yě… ~조차도 ~하다 **老板** lǎobǎn 명 사장님 **表扬** biǎoyáng 동 칭찬하다

**★ 고득점 비법** '发言'과 '发表'

회의를 할 때 '발표하다'라는 표현을 하려고 할 경우에는 '发言'이 적합하다. '发言'은 일반적으로 회의 등에서 발언하는 것을 가리킨다. '发表'는 생각, 관점, 글, 의견 등을 신문이나 출판물, 혹은 강연등의 형식을 통해 많은 사람들에게 발표하는 것을 가리킨다.

## 문제 5

# 你现在所住的地方文化设施多吗？请简单谈谈看。

Nǐ xiànzài suǒ zhù de dìfang wénhuà shèshī duō ma? Qǐng jiǎndān tántan kàn.

당신이 지금 살고 있는 곳에는 문화 시설이 많나요? 간단히 말해 보세요.

| | | |
|---|---|---|
| Lv. 3~4 | 我住在首尔的江南。这里文化设施非常多，我家附近有图书馆、电影院、音乐厅和美术馆。有时间的时候，我常常去图书馆看书。<br>Wǒ zhù zài Shǒu'ěr de Jiāngnán. Zhèli wénhuà shèshī fēicháng duō, wǒ jiā fùjìn yǒu túshūguǎn、diànyǐngyuàn、yīnyuètīng hé měishùguǎn. Yǒu shíjiān de shíhou, wǒ chángcháng qù túshūguǎn kàn shū. | 저는 서울의 강남에서 살고 있습니다. 이곳에는 문화 시설이 매우 많습니다. 저희 집 근처에는 도서관, 영화관, 콘서트홀과 미술관이 있습니다. 시간이 있을 때 저는 자주 도서관에 가서 책을 봅니다. |
| Lv. 5~6 | 我家住在市中心，所以附近文化设施特别齐全。不仅有图书馆、电影院，还有音乐厅和美术馆。特别是音乐厅离我家很近，正好我是个音乐爱好者，周末的时候我常常去听音乐剧。美术馆经常举办各种展览，有画展，照片展什么的。这些文化设施让我的业余生活变得丰富多彩。<br>Wǒ jiā zhù zài shì zhōngxīn, suǒyǐ fùjìn wénhuà shèshī tèbié qíquán. Bùjǐn yǒu túshūguǎn、diànyǐngyuàn, háiyǒu yīnyuètīng hé měishùguǎn. Tèbié shì yīnyuètīng lí wǒ jiā hěn jìn, zhènghǎo wǒ shì ge yīnyuè àihàozhě, zhōumò de shíhou wǒ chángcháng qù tīng yīnyuèjù. Měishùguǎn jīngcháng jǔbàn gèzhǒng zhǎnlǎn, yǒu huàzhǎn, zhàopiànzhǎn shénme de. Zhèxiē wénhuà shèshī ràng wǒ de yèyú shēnghuó biàn de fēngfùduōcǎi. | 저희 집은 시 중심에 있습니다. 그래서 근처에 문화 시설이 매우 잘 갖추어져 있습니다. 도서관, 영화관뿐만 아니라 콘서트홀, 미술관도 있습니다. 특히 콘서트홀은 저희 집에서 가깝습니다. 마침 제가 음악 마니아라서 주말에 저는 자주 뮤지컬을 보러 갑니다. 미술관에서는 각종 전람회, 그림전, 사진전 등을 자주 개최합니다. 이런 문화 시설은 저의 여가 생활을 풍부하고, 다채롭게 해 주었습니다. |

**단어 1** 文化 wénhuà 명 문화　设施 shèshī 명 시설　首尔 Shǒu'ěr 명 서울　江南 Jiāngnán 명 강남　图书馆 túshūguǎn 명 도서관　音乐厅 yīnyuètīng 명 콘서트 홀　美术馆 měishùguǎn 명 미술관

**단어 2** 市中心 shìzhōngxīn 명 시내 중심　齐全 qíquán 동 완비하다, 갖추다　离 lí 전 ~에서 ~로부터, ~까지　近 jìn 형 가깝다　正好 zhènghǎo 부 마침　爱好者 àihàozhě 명 애호가, 마니마　音乐剧 yīnyuèjù 명 뮤지컬　举办 jǔbàn 동 개최하다　展览 zhǎnlǎn 명 전람회　画展 huàzhǎn 명 그림전　照片展 zhàopiànzhǎn 명 사진전　什么的 shénme de 등등　业余 yèyú 형 여가의　变 biàn 동 변화하다, 바뀌다　丰富多彩 fēngfùduōcǎi 성 풍부하고 다채롭다

### ★ 고득점 비법 '参观'과 '观看'

아래는 자주 사용하는 구조이다. 동사와 목적어를 기억해두자.

예 参观 cānguān + (博物馆 박물관 / 美术馆 měishùguǎn 미술관 / 展览馆 zhǎnlǎnguǎn 전시회)
观看 guānkàn + (表演 biǎoyǎn 공연 / 展览 zhǎnlǎn 전시 / 展示会 zhǎnshìhuì 전시회)

19

# 第五部分

문제 1

## 你认为在网上办理银行业务有哪些好处？请说说你的看法。

Nǐ rènwéi zài wǎngshàng bànlǐ yínháng yèwù yǒu nǎxiē hǎochù? Qǐng shuōshuo nǐ de kànfǎ.

인터넷으로 은행 업무를 처리하면 어떤 장점이 있다고 생각하나요? 당신의 생각을 말해 보세요.

| | | |
|---|---|---|
| Lv. 3~4 | 我认为在网上办理银行业务有很多好处。可以节省时间，不用自己去银行，用电脑或者手机就可以办理，非常方便。而且不受时间限制，银行不开门的时间也可以办理。<br>Wǒ rènwéi zài wǎngshàng bànlǐ yínháng yèwù yǒu hěn duō hǎochù. Kěyǐ jiéshěng shíjiān, búyòng zìjǐ qù yínháng, yòng diànnǎo huòzhě shǒujī jiù kěyǐ bànlǐ, fēicháng fāngbiàn. Érqiě bú shòu shíjiān xiànzhì, yínháng bù kāi mén de shíjiān yě kěyǐ bànlǐ. | 저는 인터넷으로 은행 업무를 처리하면 많은 장점들이 있다고 생각합니다. 시간을 절약할 수 있고, 직접 은행에 가지 않아도 되며, 컴퓨터나 휴대폰으로 처리할 수 있어서 매우 편리합니다. 게다가 시간의 제한을 받지 않고, 은행이 문을 열지 않는 시간에도 처리할 수 있습니다. |
| Lv. 5~6 | 在网上办理银行业务有很多好处。首先可以节省时间。去银行办理的话，往返路上需要时间，如果人多的话还需要排队。另外在网上办理银行业务还不受时间的限制。上班族一般下班以后才有时间，可银行那个时候已经关门了。而且现在大部分业务都可以在网上办理。总而言之，在网上办理银行业务随时随地都可以进行，既方便又快捷。<br>Zài wǎngshàng bànlǐ yínháng yèwù yǒu hěn duō hǎochù. Shǒuxiān kěyǐ jiéshěng shíjiān. Qù yínháng bànlǐ dehuà, wǎngfǎn lùshang xūyào shíjiān, rúguǒ rén duō dehuà hái xūyào páiduì. Lìngwài zài wǎngshàng bànlǐ yínháng yèwù hái bú shòu shíjiān de xiànzhì. Shàngbānzú yìbān xiàbān yǐhòu cái yǒu shíjiān, kě yínháng nàge shíhou yǐjing guān mén le. Érqiě xiànzài dàbùfen yèwù dōu kěyǐ zài wǎngshàng bànlǐ. Zǒng'éryánzhī, zài wǎngshàng bànlǐ yínháng yèwù suíshísuídì dōu kěyǐ jìnxíng, jì fāngbiàn yòu kuàijié. | 인터넷으로 은행 업무를 처리하면 많은 장점들이 있습니다. 우선 시간을 절약할 수 있습니다. 은행에 가서 처리를 한다면, 길에서 왔다 갔다 시간을 허비해야 하고, 사람이 많다면 또 줄을 서야 합니다. 이외에 인터넷으로 은행업무를 처리하면 시간 제한을 받지 않습니다. 직장인은 일반적으로 퇴근한 후에나 시간이 있지만, 은행은 그 시간에는 이미 문을 닫습니다. 게다가 요즘은 대부분의 업무를 인터넷에서 처리할 수 있습니다. 요컨대, 인터넷으로 은행 업무 처리를 언제 어디서나 할 수 있으며, 편리하고 빠릅니다. |

단어 1 网上 wǎngshàng 명 인터넷 办理 bànlǐ 동 처리하다 银行 yínháng 명 은행 业务 yèwù 명 업무 好处 hǎochù 명 장점 节省 jiéshěng 동 절약하다 方便 fāngbiàn 형 편리하다 受 shòu 동 받다 限制 xiànzhì 명 제한

단어 2 首先 shǒuxiān 명 우선 往返 wǎngfǎn 동 왕복하다 排队 páiduì 동 줄을 서다 另外 lìngwài 명 이 외에 上班族 shàngbānzú 명 직장인 大部分 dàbùfen 부 대부분 总而言之 zǒng'éryánzhī 접 총괄적으로 말하면, 요컨대 随时随地 suíshísuídì 접 언제 어디서나, 시간과 장소를 가리지 않고 既…又… jì…yòu… ~하고 ~하다 快捷 kuàijié 형 재빠르다

**★ 고득점 비법 은행 업무와 관련된 단어**

인터넷으로 은행 업무를 처리하는 것에 주된 장점은 바로 '方便(편리함) + 快捷(빠름)'이며, 아래의 단어를 외워두자.

예 取钱(款) qǔqián(kuǎn) 인출하다 贷款 dàikuǎn 대출하다 转账 zhuǎnzhàng 계좌이체하다
存钱(款) cúnqián(kuǎn) 예금하다 汇钱(款) huìqián(kuǎn) 송금하다 兑换外币 duìhuàn wàibì 외화를 환전하다

## 문제 2

# 有些学校要求学生必须参加社会志愿服务活动，对此你有什么看法？

Yǒuxiē xuéxiào yāoqiú xuésheng bìxū cānjiā shèhuì zhìyuàn fúwù huódòng, duì cǐ nǐ yǒu shénme kànfǎ?

어떤 학교에서는 학생이 반드시 사회 자원봉사 활동에 참가하도록 요구하는데, 이것에 대해 당신은 어떻게 생각하나요?

| | | |
|---|---|---|
| Lv. 3~4 | 我赞成这种做法。社会志愿服务活动主要是帮助一些需要帮助的人，通过这些活动可以让学生们学会怎么去帮助和爱别人。而且学生参加社会志愿服务活动，可以学到很多在学校里学不到的东西。<br>Wǒ zànchéng zhè zhǒng zuòfǎ. Shèhuì zhìyuàn fúwù huódòng zhǔyào shì bāngzhù yìxiē xūyào bāngzhù de rén, tōngguò zhèxiē huódòng kěyǐ ràng xuéshēngmen xuéhuì zěnme qù bāngzhù hé ài biéren. Érqiě xuésheng cānjiā shèhuì zhìyuàn fúwù huódòng, kěyǐ xué dào hěn duō zài xuéxiào lǐ xué bu dào de dōngxi. | 저는 이 방법을 찬성합니다. 사회 자원봉사 활동은 주로 도움이 필요한 사람을 도와주는 것입니다. 이런 활동을 통해 학생들은 다른 사람을 어떻게 돕고 사랑하는지는 배울 수 있게 됩니다. 게다가 학생이 사회 자원봉사 활동에 참가하면 학교에서 배울 수 없는 많은 것들을 배울 수 있습니다. |
| Lv. 5~6 | 关于这个问题仁者见仁智者见智。我认为虽然参加社会志愿活动对学生有很多好处，可以帮助别人，培养爱心，还可以学到很多学校里学不到的知识。但要求学生必须参加是不太合适的。因为我觉得每个人都有自己选择的权利。学校能做的只是正确引导学生，让他们自愿参与志愿活动，而不是强迫他们参加。<br>Guānyú zhège wèntí rénzhě jiàn rén zhìzhě jiàn zhì. Wǒ rènwéi suīrán cānjiā shèhuì zhìyuàn huódòng duì xuésheng yǒu hěn duō hǎochù, kěyǐ bāngzhù biéren, péiyǎng àixīn, hái kěyǐ xué dào hěn duō xuéxiào lǐ xué bu dào de zhīshi. Dàn yāoqiú xuésheng bìxū cānjiā shì bútài héshì de. Yīnwèi wǒ juéde měi ge rén dōu yǒu zìjǐ xuǎnzé de quánlì. Xuéxiào néng zuò de zhǐ shì zhèngquè yǐndǎo xuésheng, ràng tāmen zìyuàn cānyù zhìyuàn huódòng, ér búshì qiángpò tāmen cānjiā. | 이 문제에 관해서는 사람에 따라 견해가 다를 수 있습니다. 저는 사회 자원봉사 활동을 참가하면 비록 학생에게 많은 장점이 있어서, 다른 사람을 도울 수 있고, 사랑을 키울 수 있으며 학교에서 배우지 못하는 많은 지식들을 배울 수 있다고 생각합니다. 하지만 학생에게 반드시 참가하는 것을 요구하는 것은 적합하지 않습니다. 왜냐하면 저는 모든 사람들이 스스로 선택할 권리가 있다고 생각하기 때문입니다. 학교에서 할 수 있는 것은 단지 학생을 올바르게 인도하여 스스로 자원봉사를 참여하게 하는 것이지 강제로 참가하게 하는 것이 아닙니다. |

단어 1 **要求** yāoqiú 명동 요구(하다) **必须** bìxū 부 반드시 ~해야 한다 **参加** cānjiā 동 참가하다 **社会** shèhuì 명 사회 **志愿** zhìyuàn 동 자원하다 **服务** fúwù 동 봉사하다 **此** cǐ 대 이것 **赞成** zànchéng 동 찬성하다 **做法** zuòfǎ 명 방법 **帮助** bāngzhù 명 동 도움, 돕다 **通过** tōngguò 동 ~을 통하다

단어 2 **关于** guānyú 전 ~에 관해서 **仁者见仁智者见智** rénzhě jiàn rén zhìzhě jiàn zhì 성 같은 사물이라도 사람에 따라 견해가 다르다 **培养** péiyǎng 동 키우다 **爱心** àixīn 명 사랑하는 마음 **合适** héshì 형 적당하다 **选择** xuǎnzé 동 선택하다 **权利** quánlì 명 권리 **正确** zhèngquè 형 옳다 **引导** yǐndǎo 동 인도하다 **自愿** zìyuàn 동 자원하다 **参与** cānyù 동 참여하다 **强迫** qiángpò 동 강요하다

## 문제 3

# 你觉得目前造成环境污染的主要原因有哪些？请谈谈你的看法。

Nǐ juéde mùqián zàochéng huánjìng wūrǎn de zhǔyào yuányīn yǒu nǎxiē? Qǐng tántan nǐ de kànfǎ.

현재 환경 오염이 생긴 주요 원인에 대해 어떤 것들이 있다고 생각하나요? 당신의 생각을 말해 보세요.

| Lv. | 답변 | 해석 |
|---|---|---|
| Lv. 3~4 | 我认为目前造成环境污染的主要原因有两个：现在汽车数量越来越多，空气污染越来越严重。还有就是我们在生活中会产生各种垃圾，也对环境造成很大污染。<br>Wǒ rènwéi mùqián zàochéng huánjìng wūrǎn de zhǔyào yuányīn yǒu liǎng ge: xiànzài qìchē shùliàng yuè lái yuè duō, kōngqì wūrǎn yuè lái yuè yánzhòng. Háiyǒu jiùshì wǒmen zài shēnghuó zhōng huì chǎnshēng gèzhǒng lājī, yě duì huánjìng zàochéng hěn dà wūrǎn. | 저는 현재 환경 오염이 생긴 주요 원인이 두 가지라고 생각합니다. 현재 자동차의 수가 점점 많아짐에 따라 공기 오염이 점점 심각해졌습니다. 그리고 우리가 생활하면서 각종 쓰레기를 생산하여 환경에 큰 오염을 초래했습니다. |
| Lv. 5~6 | 我认为目前造成环境污染的主要原因有以下几个。首先是空气污染。主要原因是一些工厂排放的废气和汽车的尾气，使得空气质量越来越差。其次是水污染。没有经过处理的废水被直接排放到河里，造成水质越来越差。还有各种生活垃圾，也造成了很大的污染。所有的污染都与人类的生活和生产有关。<br>Wǒ rènwéi mùqián zàochéng huánjìng wūrǎn de zhǔyào yuányīn yǒu yǐxià jǐ ge. Shǒuxiān shì kōngqì wūrǎn. Zhǔyào yuányīn shì yì xiē gōngchǎng páifàng de fèiqì hé qìchē de wěiqì, shǐde kōngqì zhìliàng yuè lái yuè chà. Qícì shì shuǐ wūrǎn. Méiyǒu jīngguò chǔlǐ de fèishuǐ bèi zhíjiē páifàng dào hé lǐ, zàochéng shuǐzhì yuè lái yuè chà. Háiyǒu gèzhǒng shēnghuó lājī, yě zàochéngle hěn dà de wūrǎn. Suǒyǒu de wūrǎn dōu yǔ rénlèi de shēnghuó hé shēngchǎn yǒuguān. | 저는 현재 환경 오염이 생긴 주요 원인이 다음의 몇 가지라고 생각합니다. 첫째는 공기 오염입니다. 주요 원인은 공장에서 배출한 폐기 가스와 자동차의 배기 가스가 공기의 질을 점점 좋지 않게 만들었습니다. 다음은 수질 오염입니다. 처리되지 않은 폐수를 직접 강으로 배출해서 수질을 점점 좋지 않게 만들었습니다. 그리고 각종 생활 쓰레기도 환경에 큰 오염을 초래했습니다. 모든 오염은 인류의 생활과 생산에 관련이 있습니다. |

**단어 1** **目前** mùqián 명 현재, 지금 **造成** zàochéng 동 야기하다, 초래하다 **环境** huánjìng 명 환경 **污染** wūrǎn 명 오염 **主要** zhǔyào 형 주요하다 **原因** yuányīn 명 원인 **数量** shùliàng 명 수량 **越来越** yuè lái yuè 부 점점 **空气** kōngqì 명 공기 **严重** yánzhòng 형 심각하다 **产生** chǎnshēng 동 발생하다 **垃圾** lājī 명 쓰레기

**단어 2** **以下** yǐxià 명 이하 **工厂** gōngchǎng 명 공장 **排放** páifàng 동 배출하다 **废气** fèiqì 명 폐기 **尾气** wěiqì 명 배기 **使得** shǐde 동 ~한 결과를 낳다 **质量** zhìliàng 명 질, 품질 **其次** qícì 명 다음 **处理** chǔlǐ 동 처리하다 **废水** fèishuǐ 명 폐수 **被** bèi 전 ~당하다 **直接** zhíjiē 명 직접 **河** hé 명 강 **所有** suǒyǒu 형 모든 **人类** rénlèi 명 인류 **生产** shēngchǎn 동 생산하다 **有关** yǒuguān 동 관계가 있다

### ★ 고득점 비법 환경 오염과 관련된 표현

예 **水污染** shuǐ wūrǎn 수질 오염
**土壤污染** tǔrǎng wūrǎn 토양 오염
**空气污染** kōngqì wūrǎn 공기 오염
**生活垃圾** shēnghuó lājī 생활 쓰레기
**垃圾回收分类** lājī huíshōu fēnlèi 쓰레기 분리 수거
**排放 + 汽车尾气 / 废气 / 废水** páifàng+qìchē wěiqì / fèiqì / fèishuǐ 자동차 배기 가스 / 폐기 가스 / 폐수를 배출하다

**문제 4**

## 你认为教师的教学能力和人品中哪个更重要？请谈谈你的想法。

Nǐ rènwéi jiàoshī de jiàoxué nénglì hé rénpǐn zhōng nǎge gèng zhòngyào? Qǐng tántan nǐ de xiǎngfǎ.

교사의 가르치는 능력과 인품 중에 어느 것이 더 중요하다고 생각하나요? 당신의 생각을 말해 보세요.

| | | |
|---|---|---|
| Lv. 3~4 | 我认为教师的教学能力和人品都很重要。一定要选一个的话，我觉得是教学能力更重要。因为老师的主要的工作是教给学生知识，老师的教学能力对学生的学习水平有很大的影响。作为老师只是人品好但能力不好是不够的。<br>Wǒ rènwéi jiàoshī de jiàoxué nénglì hé rénpǐn dōu hěn zhòngyào. Yídìng yào xuǎn yí ge dehuà, wǒ juéde shì jiàoxué nénglì gèng zhòngyào. Yīnwèi lǎoshī de zhǔyào de gōngzuò shì jiāo gěi xuésheng zhīshi, lǎoshī de jiàoxué nénglì duì xuésheng de xuéxí shuǐpíng yǒu hěn dà de yǐngxiǎng. Zuòwéi lǎoshī zhǐshì rénpǐn hǎo dàn nénglì bù hǎo shì búgòu de. | 저는 교사의 가르치는 능력과 인품 모두 중요하다고 생각합니다. 반드시 한 개만 고르라고 한다면, 저는 가르치는 능력이 더 중요하다고 생각합니다. 왜냐하면 선생님의 주된 일은 학생에게 지식을 가르치는 것이고, 선생님의 가르치는 능력은 학생의 학습 수준에 큰 영향을 끼치기 때문입니다. 인품만 좋고, 능력이 좋지 않다면 선생님으로서 부족합니다. |
| Lv. 5~6 | 我觉得教师的教学能力和人品都非常重要。我们常说“教书育人”，教师不但教给学生知识，还会对学生的人品产生很大的影响。如果一个教师教学能力很好，但是他的人品有问题，对学生的人生会产生不好的影响。相反如果人品好，教学能力差，那学生的学习方面会出问题。所以教师的教学能力和人品都非常重要。<br>Wǒ juéde jiàoshī de jiàoxué nénglì hé rénpǐn dōu fēicháng zhòngyào. Wǒmen cháng shuō “jiāoshūyùrén”, jiàoshī búdàn jiāo gěi xuésheng zhīshi, hái huì duì xuésheng de rénpǐn chǎnshēng hěn dà de yǐngxiǎng. Rúguǒ yí ge jiàoshī jiàoxué nénglì hěn hǎo, dànshì tā de rénpǐn yǒu wèntí, duì xuésheng de rénshēng huì chǎnshēng bù hǎo de yǐngxiǎng. Xiāngfǎn rúguǒ rénpǐn hǎo, jiàoxué nénglì chà, nà xuésheng de xuéxí fāngmiàn huì chū wèntí. Suǒyǐ jiàoshī de jiàoxué nénglì hé rénpǐn dōu fēicháng zhòngyào. | 저는 교사의 가르치는 능력과 인품이 모두 매우 중요하다고 생각합니다. 우리는 '지식을 가르치고 인성을 길러준다'라는 말을 자주 합니다. 교사는 학생에게 지식을 가르칠 뿐만 아니라, 학생의 인품에도 아주 큰 영향을 끼칩니다. 만약 한 교사가 가르치는 능력은 매우 좋지만, 인품에 문제가 있다면, 학생의 인생에 좋지 않은 영향을 끼치게 됩니다. 반대로 만약 인품은 좋지만, 가르치는 능력이 부족하다면, 학생의 학습 방면에 문제가 생길 것입니다. 그래서 교사의 가르치는 능력과 인품은 모두 매우 중요합니다. |

단어 1 **教师** jiàoshī 명 교사 **教学** jiàoxué 동 가르치다 **能力** nénglì 명 능력 **人品** rénpǐn 명 인품 **重要** zhòngyào 형 중요하다 **选** xuǎn 동 고르다 **知识** zhīshi 명 지식 **水平** shuǐpíng 명 수준 **影响** yǐngxiǎng 동 영향을 주다 **作为** zuòwéi 전 ~의 신분으로써 **不够** búgòu 형 부족하다

단어 2 **教书育人** jiāoshūyùrén 지식을 가르치고 인성을 길러주다 **相反** Xiāngfǎn 동 반대되다 **方面** fāngmiàn 명 방면

**★ 고득점 비법 다양한 답변을 만들어보자**

'A和B哪个更重要'는 'A와 B 중에서 어느 것이 더 중요한가'라는 뜻으로 이런 질문에 대답을 할 때는 표준이 되는 답안이 있는 것은 아니다. 다시 말해 '1. A가 더 중요하다 / 2. B가 더 중요하다 / 3. A, B 모두 중요하다 / 4. A, B 모두 중요하지 않고, 중요한 것은 C이다.' 등 자신의 생각을 합당하게 이야기하면 된다.

문제 1

## 有人送你两张电影票，但你没时间去看。请你向朋友说明情况，并把票转让给她。

Yǒu rén sòng nǐ liǎng zhāng diànyǐngpiào, dàn nǐ méi shíjiān qù kàn. Qǐng nǐ xiàng péngyou shuōmíng qíngkuàng, bìng bǎ piào zhuǎnràng gěi tā.

어떤 사람이 당신에게 두 장의 영화표를 주었습니다. 그런데 당신은 보러 갈 시간이 없습니다. 친구에게 상황을 설명하고, 그녀에게 표를 양도하세요.

| | | |
|---|---|---|
| Lv. 3~4 | 玲玲，这个周末有时间吗？我有两张这个星期六的电影票。是我姐姐送给我的，可我下周有个重要的会议，周末要准备材料，不能去看了。你有时间的话，我把票送给你，你和你男朋友一起去吧。<br>Línglíng, zhège zhōumò yǒu shíjiān ma? Wǒ yǒu liǎng zhāng zhège xīngqīliù de diànyǐngpiào. Shì wǒ jiějie sòng gěi wǒ de, kě wǒ xiàzhōu yǒu ge zhòngyào de huìyì, zhōumò yào zhǔnbèi cáiliào, bùnéng qù kàn le. Nǐ yǒu shíjiān dehuà, wǒ bǎ piào sòng gěi nǐ, nǐ hé nǐ nánpéngyou yìqǐ qù ba. | 링링, 이번 주말에 너 시간 있어? 나한테 이번 주 토요일의 영화표가 2장이 있어. 우리 언니(누나)가 준 건데 내가 다음 주에 중요한 회의가 있어서 주말에 자료 준비를 해야 해서 갈 수가 없어. 네가 시간이 있으면 내가 너에게 표를 줄게. 네 남자 친구랑 같이 가. |
| Lv. 5~6 | 玲玲，我姐姐送了我两张电影票，是这个星期六晚上八点的。但是我们公司下个星期有一个重要的会议，我周末要加班准备材料，实在没有时间去。你要是有时间的话，我把票送给你。这部是爱情片，你可以和你男朋友一起去看。<br>Línglíng, wǒ jiějie sòngle wǒ liǎng zhāng diànyǐngpiào, shì zhège xīngqīliù wǎnshang bā diǎn de. Dànshì wǒmen gōngsī xià ge xīngqī yǒu yí ge zhòngyào de huìyì, wǒ zhōumò yào jiābān zhǔnbèi cáiliào, shízài méiyǒu shíjiān qù. Nǐ yàoshi yǒu shíjiān dehuà, wǒ bǎ piào sòng gěi nǐ. Zhè bù shì àiqíngpiān, nǐ kěyǐ hé nǐ nánpéngyou yìqǐ qù kàn. | 링링, 우리 언니(누나)가 이번 주 토요일 저녁 8시 영화표를 2장 줬었어. 그런데 우리 회사가 다음 주에 중요한 회의가 있어서 주말에 야근을 하며 자료 준비를 해야 해. 정말로 갈 시간이 없어. 네가 만약 시간이 있으면 내가 표를 너에게 줄게. 이건 로맨스 영화니까 네 남자 친구랑 같이 보러 가도 될 거야. |

단어 1 **电影票** diànyǐngpiào 명 영화표 **向** xiàng 전 ~에게 **说明** shuōmíng 동 설명하다 **情况** qíngkuàng 명 상황 **转让** zhuǎnràng 동 양도하다, 넘겨주다 **下周** xiàzhōu 명 다음 주 **会议** huìyì 명 회의 **准备** zhǔnbèi 동 준비하다 **材料** cáiliào 명 자료

단어 2 **加班** jiābān 동 야근하다 **实在** shízài 부 정말로 **要是** yàoshi 접 만약 ~하면 **部** bù 양 영화를 세는데 쓰임 **爱情片** àiqíngpiān 명 로맨스 영화

★ 고득점 비법 영화 종류

예 **爱情片** àiqíngpiān 로맨스 영화
**科幻片** kēhuànpiān SF 영화
**喜剧片** xǐjùpiān 코미디 영화
**动作片** dòngzuòpiān 액션 영화
**恐怖片** kǒngbùpiān 공포 영화
**动画电影** dònghuà diànyǐng 애니메이션 영화

## 문제 2

### 你的中国朋友应聘了一家很想去的公司，但没被录取所以非常伤心。请你安慰并鼓励她。

Nǐ de Zhōngguó péngyou yīngpìnle yì jiā hěn xiǎng qù de gōngsī, dàn méi bèi lùqǔ suǒyǐ fēicháng shāngxīn. Qǐng nǐ ānwèi bìng gǔlì tā.

당신의 중국 친구가 입사하고 싶어 하는 회사에 지원했는데, 채용이 안돼서 매우 상심하고 있습니다. 그녀를 위로하고 격려해 주세요.

| | | |
|---|---|---|
| Lv. 3~4 | 玲玲，我知道你为了应聘这家公司做了很多准备。没有被录取你一定很伤心。你不要太难过了，机会以后还会有的。别灰心，你一定能找到更好的工作。<br>Línglíng, wǒ zhīdao nǐ wèile yīngpìn zhè jiā gōngsī zuòle hěn duō zhǔnbèi. Méiyǒu bèi lùqǔ nǐ yídìng hěn shāngxīn. Nǐ bú yào tài nánguò le, jīhuì yǐhòu hái huì yǒu de. Bié huīxīn, nǐ yídìng néng zhǎo dào gèng hǎo de gōngzuò. | 링링. 나는 네가 이 회사에 지원하기 위해 많은 준비를 했다는 걸 알아. 채용이 안 돼서 분명히 매우 상심했을 거야. 네가 너무 괴로워하지 않았으면 좋겠어. 기회는 앞으로 또 있을 거니까. 낙심하지 마. 너는 분명히 더 좋은 일을 찾을 수 있을 거야. |
| Lv. 5~6 | 玲玲，你别太伤心了。我知道你很想去这家公司。为了去这家公司，一直在坚持学习汉语和英语。我觉得虽然这次没有被录取，但是你在准备过程中提高了自己的能力。不是有个成语叫"塞翁失马"吗？你再试试其他的公司，一定能成功，加油！<br>Línglíng, nǐ bié tài shāngxīn le. Wǒ zhīdao nǐ hěn xiǎng qù zhè jiā gōngsī. Wèile qù zhè jiā gōngsī, yìzhí zài jiānchí xuéxí Hànyǔ hé Yīngyǔ. Wǒ juéde suīrán zhècì méiyǒu bèi lùqǔ, dànshì nǐ zài zhǔnbèi guòchéng zhōng tígāole zìjǐ de nénglì. Búshì yǒu ge chéngyǔ jiào "sàiwēngshīmǎ" ma? Nǐ zài shìshi qítā de gōngsī, yídìng néng chénggōng, jiāyóu! | 링링. 너무 상심해 하지 마. 네가 정말 가고 싶어 하는 회사였다는 걸 알아. 이 회사에 들어가기 위해서 계속 중국어와 영어도 공부했었잖아. 비록 이번에 채용되지 못했지만, 네가 준비하는 과정에서 자신의 능력을 향상시켰다고 나는 생각해. '새옹지마'라는 성어도 있잖아? 다른 회사도 한 번 도전해 봐. 분명히 성공할 거야. 파이팅! |

**단어 1** **应聘** yīngpìn 동 지원하다 **录取** lùqǔ 동 채용하다 **伤心** shāngxīn 형 상심하다 **安慰** ānwèi 동 위로하다 **鼓励** gǔlì 동 격려하다 **为了** wèile 전 ~을 위해 **难过** nánguò 동 괴롭다 **灰心** huīxīn 동 낙심하다

**단어 2** **伤心** shāngxīn 동 상심하다 **坚持** jiānchí 동 지속하다 **过程** guòchéng 명 과정 **提高** tígāo 동 향상시키다 **成语** chéngyǔ 명 성어 **塞翁失马** sàiwēngshīmǎ 성 새옹지마 **其他** qítā 명 기타 **成功** chénggōng 동 성공하다 **加油** jiāyóu 동 힘을 내다, 파이팅

**★ 고득점 비법** 위로와 격려의 답변

이 문제는 '安慰并鼓励(위로와 격려)'를 요구하는 문제이다. 답을 할 때에는 위로를 나타내는 말, 예를 들어 '别太伤心' 등이 와야 하고, 격려를 나타내는 말, 예를 들어 '你一定会成功的'등이 모두 나와야 한다는 것을 기억하자.

**문제 3**

## 你在商店买了全身镜，但过了送货日期还没收到。请你给商家打电话说明情况，并要求解决问题。

Nǐ zài shāngdiàn mǎile quánshēnjìng, dàn guòle sònghuò rìqī hái méi shōudào. Qǐng nǐ gěi shāngjiā dǎ diànhuà shuōmíng qíngkuàng, bìng yāoqiú jiějué wèntí.

상점에서 전신 거울을 샀습니다. 하지만 배송 날짜가 지났는데도 아직 받지 못했습니다. 상점에 전화를 걸어서 상황을 설명하고, 문제 해결을 요구하세요.

| | | |
|---|---|---|
| Lv. 3~4 | 你好，我在你们商店买了全身镜，但是已经过了送货日期我还没有收到。为什么到现在还没有送来，这太让人生气了。请你们赶快解决这个问题，我希望明天就能收到我买的东西。<br>Nǐ hǎo, wǒ zài nǐmen shāngdiàn mǎile quánshēnjìng, dànshì yǐjing guòle sònghuò rìqī wǒ hái méiyǒu shōudào. Wèishénme dào xiànzài hái méiyǒu sòng lái, zhè tài ràng rén shēngqì le. Qǐng nǐmen gǎnkuài jiějué zhège wèntí, wǒ xīwàng míngtiān jiù néng shōudào wǒ mǎi de dōngxi. | 안녕하세요. 제가 상점에서 전신 거울을 샀는데, 이미 배송 날짜가 지났는데도 아직 받지 못했습니다. 왜 지금까지 안 보내주는 거죠? 정말 화가 나네요. 이 문제를 빨리 해결해 주세요. 내일은 제가 산 물건을 받을 수 있길 바랍니다. |
| Lv. 5~6 | 你好，我在你们商店买了全身镜，但是已经过了送货日期我还没有收到。你们不是说星期三就能送到吗？可是今天已经是星期五了。到底是怎么回事儿？请你们尽快查一下，看看问题出在哪儿。如果不能给我一个合理的解释，我要投诉你们。<br>Nǐ hǎo, wǒ zài nǐmen shāngdiàn mǎile quánshēnjìng, dànshì yǐjing guòle sònghuò rìqī wǒ hái méiyǒu shōudào. Nǐmen búshì shuō xīngqīsān jiù néng sòngdào ma? Kěshì jīntiān yǐjing shì xīngqīwǔ le. Dàodǐ shì zěnme huí shìr? Qǐng nǐmen jǐnkuài chá yíxià, kànkan wèntí chū zài nǎr. Rúguǒ bùnéng gěi wǒ yí ge hélǐ de jiěshì, wǒ yào tóusù nǐmen. | 안녕하세요. 제가 상점에서 전신 거울을 샀는데, 이미 배송 날짜가 지났는데도 아직 받지 못했습니다. 수요일에 배송된다고 하지 않았나요? 그런데 오늘이 벌써 금요일이잖아요. 도대체 어떻게 된 일이죠? 빨리 조사해서, 어디에서 문제가 생긴 건지 봐 주세요. 만약 저에게 합리적인 해명을 못 해 준다면, 저는 컴플레인을 걸 겁니다. |

단어 1 **全身镜** quánshēnjìng 명 전신 거울 **送货** sònghuò 동 배달하다 **日期** rìqī 명 날짜 **收到** shōudào 동 받다 **商家** shāngjiā 명 상점 **解决** jiějué 동 해결하다 **赶快** gǎnkuài 부 빨리 **希望** xīwàng 동 희망하다

단어 2 **到底** dàodǐ 부 도대체 **尽快** jǐnkuài 부 되도록 빨리 **查** chá 동 조사하다, 찾아보다 **合理** hélǐ 형 합리적이다 **解释** jiěshì 동 해명하다 **投诉** tóusù 동 불평하다, 소송하다

**★ 고득점 비법 상황설명과 문제 해결을 같이 제시하자**

'说明情况，并要求解决问题'이러한 문제는 질문에서 요구한 것과 같이 첫 번째는 상황을 설명하고, 두 번째는 문제를 해결할 수 있도록 방법을 요구해야 고득점을 획득할 수 있다. 시간이 부족하거나 문제를 제대로 읽지 않고 한 가지만 대답하지 않도록 주의해야 한다.

# 第七部分

21 

**문제 1**

① 

② 

③ 

④ 

| | | |
|---|---|---|
| Lv.<br>3~4 | ① 小王早上上班的时候，妻子让他带上雨伞。小王觉得天气看起来很好，就没有带伞。<br>Xiǎo Wáng zǎoshang shàngbān de shíhou, qīzi ràng tā dài shàng yǔsǎn. Xiǎo Wáng juéde tiānqì kàn qǐlái hěn hǎo, jiù méiyǒu dài sǎn. | ① 샤오왕이 아침에 출근할 때 아내가 그에게 우산을 가지고 가라고 했습니다. 샤오왕은 날씨가 좋아 보인다고 생각해서, 우산을 가지고 가지 않았습니다. |
| | ② 上班的路上，小王看到很多人都拿着雨伞。<br>Shàngbān de lùshang, Xiǎo Wáng kàn dào hěn duō rén dōu názhe yǔsǎn. | ② 출근하는 길에 샤오왕은 많은 사람들이 우산을 들고 있는 것을 봤습니다. |
| | ③ 下班的时候，真的下雨了。 小王没有雨伞，他把包放在头上，跑上了公共汽车。<br>Xiàbān de shíhou, zhēn de xiàyǔ le. Xiǎo Wáng méiyǒu yǔsǎn, tā bǎ bāo fàng zài tóu shang, pǎo shàngle gōnggòngqìchē. | ③ 퇴근할 때 정말 비가 왔습니다. 샤오왕은 우산이 없어서 가방을 머리 위에 놓고 버스에 뛰어 올라탔습니다. |
| | ④ 但是没想到下车的时候，他的妻子拿着雨伞来接他了，小王非常感动。<br>Dànshì méi xiǎngdào xiàchē de shíhou, tā de qīzi názhe yǔsǎn lái jiē tā le, Xiǎo Wáng fēicháng gǎndòng. | ④ 그런데 차에서 내렸을 때 뜻밖에도 아내가 우산을 들고 그를 마중 나와 샤오왕은 매우 감동했습니다. |

| Lv. 5~6 | 중국어 | 한국어 |
|---|---|---|
| | ① 小王早上出门上班的时候，妻子让他带上雨伞。因为天气预报说今天下午会下雨。小王觉得很麻烦，就没有拿。<br>Xiǎo Wáng zǎoshang chūmén shàngbān de shíhou, qīzi ràng tā dài shàng yǔsǎn. Yīnwèi tiānqì yùbào shuō jīntiān xiàwǔ huì xiàyǔ. Xiǎo Wáng juéde hěn máfan, jiù méiyǒu ná. | ① 샤오왕이 아침에 출근할 때 아내가 그에게 우산을 가지고 가라고 했습니다. 왜냐하면 일기 예보에서 오늘 오후에 비가 올 거라고 했기 때문입니다. 샤오왕은 귀찮다고 생각해서 가지고 가지 않았습니다. |
| | ② 去公司上班的路上，他看到了很多人手里都拿着雨伞，小王心里很后悔，也有点担心。<br>Qù gōngsī shàngbān de lùshang, tā kàndàole hěn duō rén shǒu lǐ dōu názhe yǔsǎn, Xiǎo Wáng xīnlǐ hěn hòuhuǐ, yě yǒu diǎn dānxīn. | ② 출근하는 길에 그는 많은 사람들이 손에 우산을 들고 있는 것을 보았고, 샤오왕은 마음속으로 후회를 하며, 걱정도 좀 됐습니다. |
| | ③ 下班的时候，果然下雨了。小王没有雨伞，很尴尬。只能把包举在头上当雨伞，跑上了公共汽车。<br>Xiàbān de shíhou, guǒrán xiàyǔ le. Xiǎo Wáng méiyǒu yǔsǎn, hěn gāngà. Zhǐ néng bǎ bāo jǔ zài tóu shang dāng yǔsǎn, pǎo shàngle gōnggòngqìchē. | ③ 퇴근할 때 과연 비가 왔습니다. 샤오왕은 우산이 없어서 아주 난처했습니다. 가방을 우산으로 삼아 머리 위에 들고 버스에 뛰어 올라탈 수밖에 없었습니다. |
| | ④ 但是下车的时候，他发现妻子正拿着雨伞在公共汽车站等他呢！小王非常高兴，觉得自己是世界上最幸福的人。<br>Dànshì xiàchē de shíhou, tā fāxiàn qīzi zhèng názhe yǔsǎn zài gōnggòngqìchēzhàn děng tā ne! Xiǎo Wáng fēicháng gāoxìng, juéde zìjǐ shì shìjiè shang zuì xìngfú de rén. | ④ 그런데 차에서 내릴 때, 그는 아내가 우산을 들고 버스 정류장에서 그를 기다리고 있는 것을 발견했습니다! 샤오왕은 매우 기뻤고, 자신이 세상에서 가장 행복한 사람이라고 생각했습니다. |

**단어 1** **妻子** qīzi 명 아내 **带** dài 동 휴대하다 **雨伞** yǔsǎn 명 우산 **看起来** kàn qǐlái 보기에 **书包** shūbāo 명 책 가방 **跑** pǎo 동 뛰다 **没想到** méi xiǎngdào 생각지 못하다, 뜻밖이다 **接** jiē 동 마중하다 **感动** gǎndòng 동 감동하다

**단어 2** **天气预报** tiānqì yùbào 명 일기 예보 **麻烦** máfan 형 귀찮다 **后悔** hòuhuǐ 동 후회하다 **担心** dānxīn 동 걱정하다 **果然** guǒrán 부 과연, 아니나 다를까 **尴尬** gāngà 형 난처하다 **举** jǔ 동 들어 올리다 **发现** fāxiàn 동 발견하다 **公共汽车站** gōnggòngqìchēzhàn 명 버스 정류장 **世界** shìjiè 명 세상 **幸福** xìngfú 형 행복하다

### ★ 고득점 비법 '果然'의 쓰임

果然은 '과연, 아니나 다를까, 생각한 대로'라는 뜻으로 일이 말하거나 예상한 것과 서로 맞을 때 사용한다.

예 天气预报说今天会下雪，果然下雪了。Tiānqì yùbào shuō jīntiān huì xià xuě, guǒrán xià xuě le.
일기 예보에서 오늘 눈이 온다고 하더니, 과연 눈이 왔다.

我猜他肯定在睡懒觉，果然他十一点了还在床上。
Wǒ cāi tā kěndìng zài shuì lǎnjiào, guǒrán tā shíyī diǎn le hái zài chuáng shang.
나는 그가 분명히 늦잠 잘 거라고 예상했다. 과연 그는 11시에도 아직 침대에 있었다.

# 기출 문제 해설 04

TSC 기출 문제
04회

www.ybmbooks.com
온라인 영상 테스트 제공

문제 1

## 你叫什么名字?

Nǐ jiào shénme míngzi?
당신의 이름은 무엇입니까?

| Lv. | 답변 | 해석 |
| --- | --- | --- |
| Lv. 3~4 | 我叫李多海，多少的多，大海的海。<br>Wǒ jiào Lǐ Duōhǎi, duōshǎo de duō, dàhǎi de hǎi. | 저는 이다해라고 합니다. '다소'의 다, '대해'의 해입니다. |
| Lv. 5~6 | 我叫李多海，我的朋友们都喜欢叫我海子。<br>Wǒ jiào Lǐ Duōhǎi, wǒ de péngyoumen dōu xǐhuan jiào wǒ hǎizi. | 저는 이다해라고 합니다. 제 친구들은 저를 '해자'라고 부르는 것을 좋아합니다. |

**단어** **叫** jiào 동 (이름을)~라고 하다 **名字** míngzi 명 이름 **多少** duōshǎo 명 다소, 많고 적음 **大海** dàhǎi 명 대해, 큰 바다

문제 2

## 请说出你的出生年月日。

Qǐng shuōchū nǐ de chūshēng nián yuè rì.
당신의 생년월일을 말해 보세요.

| Lv. | 답변 | 해석 |
| --- | --- | --- |
| Lv. 3~4 | 我是1991年5月8日出生的。<br>Wǒ shì yī jiǔ jiǔ yī nián wǔ yuè bā rì chūshēng de. | 저는 1991년 5월 8일에 태어났습니다. |
| Lv. 5~6 | 我是九零后，(出)生于1995年5月8日。<br>Wǒ shì jiǔlínghòu, (chū)shēngyú yī jiǔ jiǔ wǔ nián wǔ yuè bā rì. | 저는 90년대생이고, 1995년 5월 8일에 태어났습니다. |

**단어** **出生** chūshēng 동 태어나다 **生于** shēngyú ~에 태어나다 **九零后** jiǔlínghòu 1990년 이후에 태어난 신세대

**문제 3**

## 你家有几口人?

Nǐ jiā yǒu jǐ kǒu rén?
당신의 가족은 몇 명입니까?

| | | |
|---|---|---|
| Lv. 3~4 | 我家只有三口人，爸爸、妈妈和我。<br>Wǒ jiā zhǐ yǒu sān kǒu rén, bàba、māma hé wǒ. | 저희 집은 세 식구만 있습니다. 아빠, 엄마 그리고 저입니다. |
| Lv. 5~6 | 我家有三口人。爸爸、妈妈和我。我是独生子。<br>Wǒ jiā yǒu sān kǒu rén. Bàba、māma hé wǒ. Wǒ shì dúshēngzǐ. | 저희 집은 세 식구입니다. 아빠, 엄마 그리고 저 입니다. 저는 외아들입니다. |

**단어** **口** kǒu 양 식구(사람을 세는데 쓰임) **只** zhǐ 부 단지 **和** hé 전 ~와 **独生子** dúshēngzǐ 명 외아들

**문제 4**

## 你在什么地方工作? 或者你在哪个学校上学?

Nǐ zài shénme dìfang gōngzuò? Huòzhě nǐ zài nǎge xuéxiào shàngxué?
당신은 어디에서 근무합니까? 또는 어느 학교에 다니나요?

| | | |
|---|---|---|
| Lv. 3~4 | 我在一家银行工作。<br>Wǒ zài yì jiā yínháng gōngzuò. | 저는 은행에서 일합니다. |
| Lv. 5~6 | 我是建国大学三年级的学生，今年打算去中国留学。<br>Wǒ shì Jiànguó dàxué sān niánjí de xuésheng, jīnnián dǎsuan qù Zhōngguó liúxué. | 저는 건국대학교 3학년 학생이고, 올해 중국으로 유학을 가려고 합니다. |

**단어** **地方** dìfang 명 장소 **工作** gōngzuò 명 일 동 일하다 **或者** huòzhě 접 또는, 혹은 **学校** xuéxiào 명 학교 **家** jiā 양 가정, 가게, 기업 따위를 세는 단위 **银行** yínháng 명 은행 **年级** niánjí 명 학년 **打算** dǎsuan 동 ~하려고 하다 **留学** liúxué 동 유학하다

23

# 第二部分

문제 1

## 圆珠笔的旁边有什么?

Yuánzhūbǐ de pángbiān yǒu shénme?

볼펜 옆에는 무엇이 있나요?

| Lv. | | |
|---|---|---|
| Lv. 3~4 | 圆珠笔的旁边有眼镜。<br>Yuánzhūbǐ de pángbiān yǒu yǎnjìng. | 볼펜 옆에는 안경이 있습니다. |
| Lv. 5~6 | 圆珠笔的旁边有一副眼镜。<br>Yuánzhūbǐ de pángbiān yǒu yí fù yǎnjìng. | 볼펜 옆에는 안경 한 개가 있습니다. |

단어 圆珠笔 yuánzhūbǐ 명 볼펜 旁边 pángbiān 명 옆 眼镜 yǎnjìng 명 안경 副 fù 양 안경을 세는데 쓰임

**★ 고득점 비법 안경의 종류**

안경의 양사는 副이며, 안경의 종류도 알아두자.

예 墨镜 mòjìng 선글라스 太阳镜 tàiyángjìng 선글라스
近视镜 jìnshìjìng 근시 안경 (老)花镜 (lǎo)huājìng 돋보기

문제 2

## 男人在运动吗?

Nánrén zài yùndòng ma?

남자는 운동을 하고 있나요?

| Lv. | | |
|---|---|---|
| Lv. 3~4 | 不是，他在吃饭。<br>Búshì, tā zài chīfàn. | 아니요, 그는 식사를 하고 있습니다. |
| Lv. 5~6 | 不是，他正在吃晚饭，看起来很好吃。<br>Búshì, tā zhèngzài chī wǎnfàn, kàn qǐlái hěn hǎochī. | 아니요, 그는 저녁을 먹고 있습니다. 보기에 맛있어 보입니다. |

단어 运动 yùndòng 명 운동 吃饭 chīfàn 동 밥을 먹다 正在 zhèngzài 부 마침 ~하고 있는 중이다 晚饭 wǎnfàn 명 저녁밥 看起来 kàn qǐlái 보기에

**★ 고득점 비법 답변이 풍성해지는 팁**

위와 같은 문제는 '正在 + 做什么(무엇을 하다)'로 대답할 수 있으며, '看起来'를 이용해서 보충 설명한다면 대답이 더 풍부해진다.

예 她正在看电视，看起来很有意思。그녀는 텔레비전을 보고 있는 중인데 재미있어 보인다.
Tā zhèngzài kàn diànshì, kàn qǐlái hěn yǒuyìsi.

**문제 3**

## 谁的雨伞比较短?

Shéi de yǔsǎn bǐjiào duǎn?
누구의 우산이 비교적 짧나요?

| Lv. | | |
|---|---|---|
| Lv. 3~4 | 男孩子的雨伞比较短。<br>Nán háizi de yǔsǎn bǐjiào duǎn. | 남자아이의 우산이 비교적 짧습니다. |
| Lv. 5~6 | 男孩子的雨伞比较短，他的雨伞是绿色的。<br>Nán háizi de yǔsǎn bǐjiào duǎn, tā de yǔsǎn shì lǜsè de. | 남자아이의 우산이 비교적 짧고, 그의 우산은 초록색입니다. |

**단어** 雨伞 yǔsǎn 명 우산 比较 bǐjiào 부 비교적 短 duǎn 형 짧다 孩子 háizi 명 아이 绿色 lǜsè 명 초록색

**★ 고득점 비법 비교를 나타내는 전치사 '比'**

A와 B를 직접 비교를 할 때는 전치사 '比'를 사용해서 표현해야 한다. '比较'를 사용하면 틀린 문장이다.

예 男孩子的雨伞比女孩子的短。(O)
男孩子的雨伞比较女孩子的短。(×)

**문제 4**

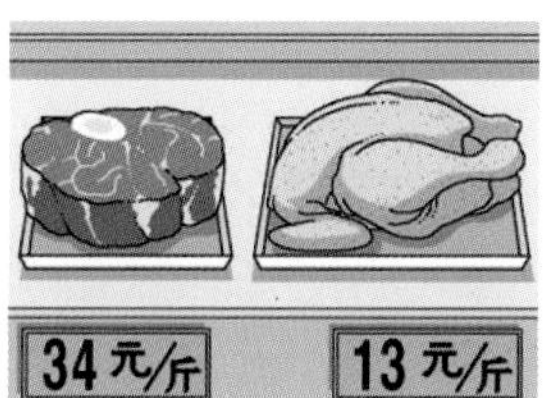


## 牛肉多少钱一斤?

Niúròu duōshao qián yì jīn?
소고기는 한 근에 얼마예요?

| Lv. | | |
|---|---|---|
| Lv. 3~4 | 牛肉34元一斤。<br>Niúròu sānshísì yuán yì jīn. | 소고기는 한 근에 34위안입니다. |
| Lv. 5~6 | 牛肉34块(钱)一斤，比鸡肉贵一些。<br>Niúròu sānshísì kuài(qián)yì jīn, bǐ jīròu guì yìxiē. | 소고기는 한 근에 34위안이고, 닭고기보다 조금 비쌉니다. |

**단어** 牛肉 niúròu 명 소고기 斤 jīn 양 근 块 kuài 양 중국의 화폐 단위 比 bǐ 전 ~보다 鸡肉 jīròu 명 닭고기 贵 guì 형 비싸다 一些 yìxiē 조금

**★ 고득점 비법 단위 표현**

'元'을 회화체로는 '块'라고 하며, 아래의 무게 단위를 외워두자.

예 一克 yí kè 1g, 1그램 一两 yì liǎng 50g, 50그램
一斤 yì jīn 500g, 한 근 一公斤 yì gōngjīn 1kg, 1킬로그램

문제 1

## 你养过狗吗?

Nǐ yǎngguo gǒu ma?

개를 길러 본 적이 있나요?

| Lv. | | |
|---|---|---|
| Lv. 3~4 | 我没养过狗。你呢?<br>Wǒ méi yǎngguo gǒu. Nǐ ne? | 저는 개를 길러 본 적이 없습니다. 당신은요? |
| Lv. 5~6 | 我从来没养过狗。我觉得养狗太麻烦了。<br>Wǒ cónglái méi yǎngguo gǒu. Wǒ juéde yǎng gǒu tài máfan le. | 저는 지금까지 개를 길러 본 적이 없습니다. 개를 기르는 것은 너무 번거롭다고 생각합니다. |

단어 养 yǎng 동 기르다 过 guo 조 ~한 적이 있다 狗 gǒu 명 개, 강아지 从来 cónglái 부 지금까지, 여태껏 觉得 juéde 동 ~라고 느끼다 麻烦 máfan 형 번거롭다

★ 고득점 비법 '从(来)没 + 동사'의 형식

예 我从没吃过这个菜。Wǒ cóng méi chīguo zhège cài. 나는 지금까지 이 요리를 먹어 본 적이 없다.

문제 2

## 最近感冒的人很多，你也小心点吧。

Zuìjìn gǎnmào de rén hěn duō, nǐ yě xiǎoxīn diǎn ba.

요즘 감기에 걸린 사람이 많아. 너도 조심해.

| Lv. | | |
|---|---|---|
| Lv. 3~4 | 谢谢，你也小心点吧。<br>Xièxie, nǐ yě xiǎoxīn diǎn ba. | 고마워. 너도 조심해. |
| Lv. 5~6 | 谢谢你的关心，我会小心的。<br>Xièxie nǐ de guānxīn, wǒ huì xiǎoxīn de. | 걱정해 줘서 고마워. 조심할게. |

단어 最近 zuìjìn 명 요즘 感冒 gǎnmào 동 감기에 걸리다 小心 xiǎoxīn 동 조심하다 关心 guānxīn 명 관심

★ 고득점 비법 '형용사 + (一)点' 형식과 '会…的'

1. 형용사 + (一)点 : '조심 좀 해'라는 표현을 할 경우에 (一)点은 형용사 뒤에 와야 한다는 것을 꼭 기억하자.
   예 小心(一)点 (○)　　(一)点小心 (×)
2. 会…的 : 会뒤에 的가 오면 '~할 것이다'라는 뜻의 구문이 되며, 미래에 대한 가능성을 나타낼 때 사용한다.
   예 会努力的。Huì nǔlì de. 노력할 거야.
   会成功的。Huì chénggōng de. 성공할 거야.

## 문제 3

### 明天是我妹妹的生日，准备什么礼物好呢？

Míngtiān shì wǒ mèimei de shēngrì, zhǔnbèi shénme lǐwù hǎo ne?

내일은 내 여동생 생일이야. 무슨 선물을 준비하면 좋을까?

| Lv. | | |
|---|---|---|
| Lv. 3~4 | 送她一支口红怎么样？<br>Sòng tā yì zhī kǒuhóng zěnmeyàng? | 립스틱을 선물하는 게 어때? |
| Lv. 5~6 | 我觉得现金最好。这样她可以想买什么就买什么。<br>Wǒ juéde xiànjīn zuì hǎo. Zhèyàng tā kěyǐ xiǎng mǎi shénme jiù mǎi shénme. | 나는 현금이 가장 좋다고 생각해. 그러면 그녀가 사고 싶은 거 살 수 있잖아. |

단어 妹妹 mèimei 명 여동생 生日 shēngrì 명 생일 准备 zhǔnbèi 동 준비하다 礼物 lǐwù 명 선물 送 sòng 동 선물하다 支 zhī 양 가늘고 긴 물건을 세는데 쓰임 口红 kǒuhóng 명 립스틱 现金 xiànjīn 명 현금

**★ 고득점 비법 선물 단어**

여성과 남성 성별에 따라 자주 선물하는 것으로 알아두자.

예 香水 xiāngshuǐ 향수　　钱包 qiánbāo 지갑
化妆品 huàzhuāngpǐn 화장품　　领带 lǐngdài 넥타이

## 문제 4

### 这种包怎么样？

Zhè zhǒng bāo zěnmeyàng?

이런 종류의 가방은 어떠세요?

| Lv. | | |
|---|---|---|
| Lv. 3~4 | 我觉得有点儿小，有没有大一点儿的？<br>Wǒ juéde yǒudiǎnr xiǎo, yǒu mei yǒu dà yìdiǎnr de? | 조금 작은 거 같아요. 큰 거 있나요? |
| Lv. 5~6 | 我不太喜欢绿色的，有没有其他颜色？我比较喜欢黑色。<br>Wǒ bútài xǐhuan lǜsè de, yǒu mei yǒu qítā yánsè? Wǒ bǐjiào xǐhuan hēisè. | 초록색은 별로 좋아하지 않아서요. 다른 색 있나요? 저는 검은색을 비교적 좋아해요. |

단어 种 zhǒng 양 종, 종류 包 bāo 명 가방 喜欢 xǐhuan 동 좋아하다 其他 qítā 명 그 외 颜色 yánsè 명 색깔 黑色 hēisè 명 검은색

**★ 고득점 비법 '有点儿 + 형용사' 구조**

'有点儿' 뒤에 오는 형용사는 말하는 사람이 생각하기에 불만족스러운 상황에서 사용한다.

예 这件衣服有点儿大。이 옷은 조금 크다.
Zhè jiàn yīfu yǒudiǎnr dà.

**문제 5**

## 你知道学校附近哪儿有邮局吗?

Nǐ zhīdao xuéxiào fùjìn nǎr yǒu yóujú ma?

학교 근처에 우체국이 어디 있는지 아나요?

| | | |
|---|---|---|
| Lv. 3~4 | 学校正门前就有一个邮局。<br>Xuéxiào zhèngmén qián jiù yǒu yí ge yóujú. | 학교 정문 바로 앞에 우체국이 하나 있어요. |
| Lv. 5~6 | 学校后门附近有一家邮局。<br>出门往左拐，走五分钟就能看到。<br>Xuéxiào hòumén fùjìn yǒu yì jiā yóujú.<br>Chūmén wǎng zuǒ guǎi, zǒu wǔ fēnzhōng jiù néng kàn dào. | 학교 후문 근처에 우체국이 하나 있어요. 교문을 나가 좌회전 한 후에 5분 정도 걸으면 바로 보입니다. |

**단어** **知道** zhīdao 동 알다 **学校** xuéxiào 명 학교 **附近** fùjìn 명 근처 **邮局** yóujú 명 우체국 **正门** zhèngmén 명 정문 **后门** hòumén 명 후문 **往** wǎng 전 ~을 향해 **左** zuǒ 명 왼쪽 **拐** guǎi 동 방향을 바꾸다

**★ 고득점 비법 3부분에 자주 나오는 위치 관련 단어**

예
- 附近 fùjìn 근처
- 旁边 pángbiān 옆
- 左(边) zuǒ(biān) 왼쪽
- 右(边) yòu(biān) 오른쪽
- 直走 zhí zǒu 직진하다
- 向右拐 xiàng yòu guǎi 우회전 하다
- 向左拐 xiàng zuǒ guǎi 좌회전 하다
- 走到头 zǒu dàotóu 끝까지 가다

25

**문제 1**

## 你平时常戴帽子吗？请简单谈谈看。

Nǐ píngshí cháng dài màozi ma? Qǐng jiǎndān tántan kàn.

당신은 평소에 모자를 자주 씁니까? 간단히 말해 보세요.

| | | |
|---|---|---|
| Lv. 3~4 | 我平时不常戴帽子。我是上班族，平时上班不戴帽子。但是一般星期六、星期天去外边运动的时候，我会戴帽子。<br>Wǒ píngshí bù cháng dài màozi. Wǒ shì shàngbānzú, píngshí shàngbān bú dài màozi. Dànshì yìbān xīngqīliù、xīngqītiān qù wàibian yùndòng de shíhou, wǒ huì dài màozi. | 저는 평소에 모자를 자주 쓰지 않습니다. 저는 직장인이라서 평소 출근할 때 모자를 쓰지 않습니다. 하지만 보통 토요일이나 일요일에 밖에 나가서 운동할 때에는 모자를 씁니다. |
| Lv. 5~6 | 我平时不常戴帽子，我觉得戴帽子有点儿麻烦，所以一般出去的时候都不戴帽子。但是周末如果去外边运动，为了防晒，我会戴帽子。我有三顶棒球帽，两顶黑色，一顶白色。我会根据衣服的颜色选择戴什么颜色的帽子。<br>Wǒ píngshí bù cháng dài màozi, wǒ juéde dài màozi yǒudiǎnr máfan, suǒyǐ yìbān chūqù de shíhou dōu bú dài màozi. Dànshì zhōumò rúguǒ qù wàibian yùndòng, wèile fángshài, wǒ huì dài màozi. Wǒ yǒu sān dǐng bàngqiúmào, liǎng dǐng hēisè, yì dǐng báisè. Wǒ huì gēnjù yīfu de yánsè xuǎnzé dài shénme yánsè de màozi. | 저는 평소에 모자를 자주 쓰지 않고, 모자를 쓰는 것이 조금 번거롭다고 생각해서 보통 외출할 때에는 모자를 쓰지 않습니다. 하지만 주말에 만약 밖으로 운동을 하러 간다면 자외선 차단을 위해서 모자를 씁니다. 저는 3개의 야구 모자가 있는데, 2개는 검은색이고, 1개는 흰색입니다. 옷의 색깔에 맞게 모자를 선택해서 씁니다. |

**단어 1** 平时 píngshí 명 평소 常 cháng 부 자주 戴 dài 동 착용하다, 쓰다 帽子 màozi 명 모자 上班族 shàngbānzú 명 직장인 外边 wàibian 명 밖

**단어 2** 麻烦 máfan 형 번거롭다 所以 suǒyǐ 접 그래서 周末 zhōumò 명 주말 如果 rúguǒ 접 만약 为了 wèile 전 ~을 위하여 防晒 fángshài 동 자외선을 차단하다 顶 dǐng 양 모자를 세는데 쓰임 棒球帽 bàngqiúmào 명 야구 모자 黑色 hēisè 명 검은색 白色 báisè 명 흰색 根据 gēnjù 동 근거하다 选择 xuǎnzé 동 선택하다

### ★ 고득점 비법 착용과 관련된 표현

1. 모자의 양사는 '顶'이므로 기억해두자.
2. 목적어와 맞는 동사들을 함께 기억해두자.

예 戴眼镜 dài yǎnjìng 안경을 쓰다 / 戴帽子 dài màozi 모자를 쓰다
穿衣服 chuān yīfu 옷을 입다 / 穿袜子 chuān wàzi 양말을 신다
穿鞋 chuān xié 신발을 신다 / 系(打)领带 jì(dǎ) lǐngdài 넥타이를 매다

## 문제 2

# 你觉得你的外貌中哪些地方像你父母？请简单说一说。

Nǐ juéde nǐ de wàimào zhōng nǎxiē dìfang xiàng nǐ fùmǔ? Qǐng jiǎndān shuō yi shuō.

당신은 당신의 외모 중에 어느 부분이 부모님과 닮았다고 생각하나요? 간단히 말해 보세요.

| | | |
|---|---|---|
| Lv. 3~4 | 我觉得我的眼睛像我的妈妈。我的妈妈是大眼睛、双眼皮，我也是。但是我的嘴像爸爸。爸爸的嘴比较小，我的嘴也比较小。<br>Wǒ juéde wǒ de yǎnjing xiàng wǒ de māma. Wǒ de māma shì dà yǎnjing、shuāngyǎnpí, wǒ yě shì. Dànshì wǒ de zuǐ xiàng bàba. Bàba de zuǐ bǐjiào xiǎo, wǒ de zuǐ yě bǐjiào xiǎo. | 저는 눈이 저희 엄마를 닮았다고 생각합니다. 저희 엄마는 큰 눈에 쌍꺼풀이 있는데 저도 그렇습니다. 하지만 입은 아빠를 닮았습니다. 아빠의 입은 비교적 작은데, 저의 입도 비교적 작습니다. |
| Lv. 5~6 | 我觉得我的身材像我的爸爸，脸型和五官比较像我的妈妈。我的爸爸个子很高，比较瘦，我也是。我的妈妈是圆脸，大眼睛、双眼皮；我也一样。认识我们的人都说我和妈妈长得很像，一看就知道我是她的孩子。<br>Wǒ juéde wǒ de shēncái xiàng wǒ de bàba, liǎnxíng hé wǔguān bǐjiào xiàng wǒ de māma. Wǒ de bàba gèzi hěn gāo, bǐjiào shòu, wǒ yě shì. Wǒ de māma shì yuánliǎn, dà yǎnjing、shuāngyǎnpí; wǒ yě yíyàng. Rènshi wǒmen de rén dōu shuō wǒ hé māma zhǎng de hěn xiàng, yí kàn jiù zhīdao wǒ shì tā de háizi. | 저는 체격은 저희 아빠를 닮고, 얼굴형과 이목구비는 저희 엄마를 닮았다고 생각합니다. 저희 아빠는 큰 키에 비교적 말랐는데 저도 그렇습니다. 저희 엄마는 동그란 얼굴에 큰 눈과 쌍꺼풀이 있는데 저도 그렇습니다. 저희들을 아는 사람들은 제가 엄마와 많이 닮았다면서, 보자마자 제가 그녀의 아이라는 것을 알 수 있다고 합니다. |

**단어 1** **外貌** wàimào 명 외모 **地方** dìfang 명 곳 **像** xiàng 동 닮다 **父母** fùmǔ 명 부모 **眼睛** yǎnjing 명 눈 **双眼皮** shuāngyǎnpí 명 쌍꺼풀 **嘴** zuǐ 명 입

**단어 2** **身材** shēncái 명 체격 **脸型** liǎnxíng 명 얼굴형 **五官** wǔguān 명 생김새, 이목구비 **个子** gèzi 명 키 **瘦** shòu 형 마르다 **圆脸** yuánliǎn 명 둥근 얼굴 **认识** rènshi 동 알다 **长** zhǎng 동 생기다

### ★ 고득점 비법 체격과 관련된 단어

예
- 高 gāo 크다
- 矮 ǎi 작다
- 胖 pàng 뚱뚱하다
- 瘦 shòu 마르다
- 腿长 tuǐ cháng 다리가 길다
- 腿短 tuǐ duǎn 다리가 짧다
- 肩膀宽 jiānbǎng kuān 어깨가 넓다
- 肩膀窄 jiānbǎng zhǎi 어깨가 좁다

**문제 3**

## 你喜欢在路边吃小吃吗？请简单谈一谈。

Nǐ xǐhuan zài lùbiān chī xiǎochī ma? Qǐng jiǎndān tán yi tán.

당신은 길거리에서 음식 먹는 것을 좋아하나요? 간단히 말해 보세요.

| | | |
|---|---|---|
| Lv. 3~4 | 我不太喜欢在路边吃小吃。我觉得路边的小吃不太干净，不卫生，吃了容易拉肚子。而且路边的小吃一般都要付现金，我出门的时候一般不带现金。<br>Wǒ bútài xǐhuan zài lùbiān chī xiǎochī. Wǒ juéde lùbiān de xiǎochī bútài gānjìng, bú wèishēng, chīle róngyì lā dùzi. Érqiě lùbiān de xiǎochī yìbān dōu yào fù xiànjīn, wǒ chūmén de shíhou yìbān bú dài xiànjīn. | 저는 길거리에서 음식 먹는 것을 별로 좋아하지 않습니다. 저는 길거리 음식이 그다지 깨끗하지 않고, 위생적이지 않아서 먹으면 쉽게 배탈이 난다고 생각합니다. 게다가 길거리 음식은 보통 현금으로 내야 하는데, 저는 나갈 때 보통 현금을 잘 가지고 다니지 않습니다. |
| Lv. 5~6 | 我很喜欢在路边吃小吃。我去中国出差的时候，常常在路边吃羊肉串，羊肉串非常好吃。我还吃过麻辣烫。在路边吃小吃，可以感受那个国家普通人的生活和文化。所以我去外国的时候，特别喜欢吃那个国家的路边小吃。<br>Wǒ hěn xǐhuan zài lùbiān chī xiǎochī. Wǒ qù Zhōngguó chūchāi de shíhou, chángcháng zài lùbiān chī yángròuchuàn, yángròuchuàn fēicháng hǎochī. Wǒ hái chīguo málàtàng. Zài lùbiān chī xiǎochī, kěyǐ gǎnshòu nàge guójiā pǔtōngrén de shēnghuó hé wénhuà. Suǒyǐ wǒ qù wàiguó de shíhou, tèbié xǐhuan chī nàge guójiā de lùbiān xiǎochī. | 저는 길거리에서 음식 먹는 것을 아주 좋아합니다. 저는 중국에 출장을 가면 자주 길거리에서 양꼬치를 먹는데, 양꼬치가 정말 맛있습니다. 그리고 마라탕도 먹어 본 적이 있습니다. 길거리 음식을 먹으면, 그 나라의 보통 사람들의 생활과 문화를 느낄 수 있습니다. 그래서 저는 외국에 가면, 그 나라의 길거리 음식을 먹는 것을 특히 좋아합니다. |

단어 1 **路边** lùbiān 명 길옆, 길가 **小吃** xiǎochī 명 간단한 음식 **干净** gānjìng 형 깨끗하다 **卫生** wèishēng 형 위생적이다 **容易** róngyì 형 쉽다 **拉肚子** lā dùzi 동 설사하다 **而且** érqiě 접 게다가 **付** fù 동 지불하다 **现金** xiànjīn 명 현금 **带** dài 동 지니다

단어 2 **出差** chūchāi 동 출장가다 **羊肉串** yángròuchuàn 명 양꼬치 **麻辣烫** málàtàng 명 마라탕 **感受** gǎnshòu 동 느끼다 **国家** guójiā 명 나라 **普通人** pǔtōngrén 명 보통 사람 **生活** shēnghuó 명 생활 **文化** wénhuà 명 문화 **外国** wàiguó 명 외국 **特别** tèbié 부 특히

### ★ 고득점 비법 시험에 자주 나오는 중국음식

예 **烤鸭** kǎoyā 오리 구이
**羊肉串** yángròuchuàn 양꼬치
**臭豆腐** chòudòufu 취두부
**火锅** huǒguō 훠궈, 중국식 샤브샤브
**麻辣烫** málàtàng 마라탕
**小龙虾** xiǎolóngxiā 가재

## 문제 4

# 学习的时候，你对周围环境有什么要求吗？请简单说说。

Xuéxí de shíhou, nǐ duì zhōuwéi huánjìng yǒu shénme yāoqiú ma? Qǐng jiǎndān shuōshuo.

공부할 때 당신은 주변 환경에 대한 요구가 있나요? 간단히 말해 보세요.

| | | |
|---|---|---|
| Lv. 3~4 | 学习的时候，如果我的周围特别吵的话，我很难集中注意力。所以我学习的时候，会找一个比较安静的地方。那样的话学习效果比较好。<br>Xuéxí de shíhou, rúguǒ wǒ de zhōuwéi tèbié chǎo dehuà, wǒ hěn nán jízhōng zhùyìlì. Suǒyǐ wǒ xuéxí de shíhou, huì zhǎo yí ge bǐjiào ānjìng de dìfang. Nà yàng dehuà xuéxí xiàoguǒ bǐjiào hǎo. | 공부할 때 만약 저의 주변이 매우 시끄럽다면, 저는 집중하기가 어렵습니다. 그래서 저는 공부할 때 비교적 조용한 곳을 찾습니다. 그래야 학습 효과가 비교적 좋습니다. |
| Lv. 5~6 | 学习的时候，我对周围环境有两个要求。第一个是要比较安静。如果周围环境很吵闹，我的注意力不能集中。第二个是要比较整洁，如果周围环境很乱，也会分散我的注意力。所以，我学习以前会先整理一下桌子上的东西。<br>Xuéxí de shíhou, wǒ duì zhōuwéi huánjìng yǒu liǎng ge yāoqiú. Dì yí ge shì yào bǐjiào ānjìng. Rúguǒ zhōuwéi huánjìng hěn chǎonào, wǒ de zhùyìlì bùnéng jízhōng. Dì èr ge shì yào bǐjiào zhěngjié, rúguǒ zhōuwéi huánjìng hěn luàn, yě huì fēnsàn wǒ de zhùyìlì. Suǒyǐ, wǒ xuéxí yǐqián huì xiān zhěnglǐ yíxià zhuōzi shang de dōngxi. | 공부할 때 저는 주위 환경에 대해 2가지 요구가 있습니다. 첫 번째는 비교적 조용해야 합니다. 만약 주위 환경이 시끄럽다면 저는 집중할 수 없습니다. 두 번째는 비교적 단정하고 깨끗해야 합니다. 만약 주위 환경이 어지럽혀져 있다면, 저의 주의력이 분산될 것입니다. 그래서 저는 공부하기 전에 먼저 책상 위의 물건들을 정리합니다. |

**단어 1** 对 duì 전 ~에 대하여 周围 zhōuwéi 명 주위 环境 huánjìng 명 환경 要求 yāoqiú 명 요구 吵 chǎo 형 시끄럽다 难 nán 형 어렵다 集中 jízhōng 동 집중하다 注意力 zhùyìlì 명 주의력 安静 ānjìng 형 조용하다 效果 xiàoguǒ 명 효과

**단어 2** 吵闹 chǎonào 형 소란하다 整洁 zhěngjié 형 단정하고 깨끗하다 乱 luàn 동 어지럽히다 分散 fēnsàn 동 분산하다, 분산시키다 整理 zhěnglǐ 동 정리하다 桌子 zhuōzi 명 책상, 탁자 东西 dōngxi 명 물건

### ★ 고득점 비법 환경과 관련된 단어

예
安静 ānjìng 조용하다
嘈杂 cáozá 시끄럽다
整洁 zhěngjié 단정하고 깨끗하다
吵闹 chǎonào 소란하다
杂乱 záluàn 난잡하다
干净 gānjìng 깨끗하다

## 문제 5

# 如果可以选择，你愿意在家里工作还是去公司上班？请简单谈谈。

Rúguǒ kěyǐ xuǎnzé, nǐ yuànyì zài jiā lǐ gōngzuò háishì qù gōngsī shàngbān? Qǐng jiǎndān tántan.

만약 선택할 수 있다면, 당신은 집에서 일하고 싶습니까? 아니면 회사로 출근하고 싶습니까? 간단히 말해 보세요.

| | | |
|---|---|---|
| Lv. 3~4 | 我愿意在家里工作。现在网络很发达，只要有电脑，在家里工作和在公司工作效果差不多。而且可以节省去公司上下班路上需要的时间。所以我更愿意在家里工作。<br>Wǒ yuànyì zài jiā lǐ gōngzuò. Xiànzài wǎngluò hěn fādá, zhǐyào yǒu diànnǎo, zài jiā lǐ gōngzuò hé zài gōngsī gōngzuò xiàoguǒ chàbuduō. Érqiě kěyǐ jiéshěng qù gōngsī shàng xiàbān lùshang xūyào de shíjiān. Suǒyǐ wǒ gèng yuànyì zài jiā lǐ gōngzuò. | 저는 집에서 일하고 싶습니다. 지금은 인터넷이 발달되어서 컴퓨터만 있으면 집에서 일하는 것과 회사에서 일하는 효과가 비슷합니다. 게다가 출퇴근으로 길에서 써야 하는 시간을 절약할 수 있습니다. 그래서 저는 집에서 일하고 싶습니다. |
| Lv. 5~6 | 如果可以选择，我愿意去公司上班。因为我的工作是客户服务，常常要和客户见面解决问题。而且虽然上下班需要花一些时间，但是如果在家里工作，工作和个人的生活没有明显界限，24小时都精神紧张，那样会更累。<br>Rúguǒ kěyǐ xuǎnzé, wǒ yuànyì qù gōngsī shàngbān. Yīnwèi wǒ de gōngzuò shì kèhù fúwù, chángcháng yào hé kèhù jiànmiàn jiějué wèntí. Érqiě suīrán shàng xiàbān xūyào huā yìxiē shíjiān, dànshì rúguǒ zài jiā lǐ gōngzuò, gōngzuò hé gèrén de shēnghuó méiyǒu míngxiǎn jièxiàn, èrshísì xiǎoshí dōu jīngshén jǐnzhāng, nàyàng huì gèng lèi. | 만약 선택할 수 있다면, 저는 회사로 출근하고 싶습니다. 왜냐하면 저의 업무는 고객서비스라서 자주 고객과 만나 문제를 해결해야 합니다. 게다가 비록 출퇴근하는데 시간을 허비해야 하지만, 만약 집에서 일을 하게 되면 일과 개인의 생활에 뚜렷한 경계가 없어져서 24시간 동안 정신적으로 긴장하게 됩니다. 그렇게 되면 더 피곤해집니다. |

단어 1 **如果** rúguǒ 접 만약 **选择** xuǎnzé 동 선택하다 **愿意** yuànyì 동 ~하기를 바라다 **网络** wǎngluò 명 인터넷 **发达** fādá 동 발달하다 **只要** zhǐyào 접 ~하기만 하면 **电脑** diànnǎo 명 컴퓨터 **差不多** chàbuduō 형 거의 비슷하다 **节省** jiéshěng 동 절약하다

단어 2 **客户服务** kèhù fúwù 고객서비스 **解决** jiějué 동 해결하다 **问题** wèntí 명 문제 **而且** érqiě 접 게다가 **虽然** suīrán 접 비록 ~일지라도 **花** huā 동 소비하다, 쓰다 **明显** míngxiǎn 형 뚜렷하다 **界限** jièxiàn 명 경계 **精神** jīngshén 명 정신 **紧张** jǐnzhāng 형 긴장해 있다 **累** lèi 형 피곤하다

### ★ 고득점 비법 근무방식과 관련된 단어

최근에 생겨난 근무 방식에 대해서도 알아두자.

예 **在家办公** zàijiā bàngōng 재택 근무　　**居家办公** jūjiā bàngōng 재택 근무
**远程办公** yuǎnchéng bàngōng 원격 근무　　**在线办公** zàixiàn bàngōng 온라인 근무

26

# 第五部分

문제 1

## 你认为经常笑有什么好处？请说说你的想法。

Nǐ rènwéi jīngcháng xiào yǒu shénme hǎochù? Qǐng shuōshuo nǐ de xiǎngfǎ.

자주 웃으면 어떤 좋은 점이 있다고 생각하나요? 당신의 생각을 말해 보세요.

| | | |
|---|---|---|
| Lv. 3~4 | 我认为经常笑有很多好处。首先，经常笑可以带来好心情，心情好做什么都开心。其次，经常笑会给别人好印象，这样做什么事都会很顺利。大家都喜欢经常笑的人，所以我们都应该经常笑。<br>Wǒ rènwéi jīngcháng xiào yǒu hěn duō hǎochù. Shǒuxiān, jīngcháng xiào kěyǐ dàilái hǎo xīnqíng, xīnqíng hǎo zuò shénme dōu kāixīn. Qícì, jīngcháng xiào huì gěi biéren hǎo yìnxiàng, zhèyàng zuò shénme shì dōu huì hěn shùnlì. Dàjiā dōu xǐhuan jīngcháng xiào de rén, suǒyǐ wǒmen dōu yīnggāi jīngcháng xiào. | 저는 자주 웃으면 좋은 점이 많다고 생각합니다. 첫 번째는 자주 웃으면 좋은 기분을 가져다주고, 기분이 좋으면 무엇을 하든 다 즐겁습니다. 두 번째는 자주 웃으면 다른 사람에게 좋은 인상을 줍니다. 이렇게 하면 어떤 일을 하더라도 모두 순조롭게 됩니다. 모든 사람들이 자주 웃는 사람을 좋아합니다. 그래서 우리는 모두 마땅히 자주 웃어야 합니다. |
| Lv. 5~6 | 经常笑有很多好处。中国有句俗话叫：笑一笑，十年少。就是说经常笑的话，可以让人身体健康，看起来更年轻。经常笑的人，都是很乐观的人。在生活中遇到什么困难，也能够积极地去面对，解决问题。所以说经常笑有很多好处。我们在生活中每天都应该多笑一笑。<br>Jīngcháng xiào yǒu hěn duō hǎochù. Zhōngguó yǒu jù súhuà jiào: xiào yí xiào, shí nián shào. Jiùshì shuō jīngcháng xiào dehuà, kěyǐ ràng rén shēntǐ jiànkāng, kàn qǐlái gèng niánqīng. Jīngcháng xiào de rén, dōu shì hěn lèguān de rén. Zài shēnghuó zhōng yùdào shénme kùnnan, yě nénggòu jījí de qù miànduì, jiějué wèntí. Suǒyǐ shuō jīngcháng xiào yǒu hěn duō hǎochù. Wǒmen zài shēnghuó zhōng měitiān dōu yīnggāi duō xiào yí xiào. | 자주 웃으면 많은 좋은 점들이 있습니다. 중국에 '한 번 웃으면, 십 년이 젊어진다'라는 속담이 있습니다. 자주 웃으면 사람을 건강하게 하고, 더 젊어 보인다는 뜻입니다. 자주 웃는 사람은 모두 낙관적인 사람입니다. 생활에서 어떤 어려움에 부딪치더라도, 적극적으로 직면할 수 있고, 문제를 해결할 수 있습니다. 그래서 자주 웃으면 좋은 점이 많습니다. 우리는 생활 중에 마땅히 매일 많이 웃어야 합니다. |

단어 1 **经常** jīngcháng 副 자주 **笑** xiào 동 웃다 **好处** hǎochù 명 좋은 점 **首先** shǒuxiān 명 첫째 **带来** dàilái 동 가져다주다, 가져오다 **心情** xīnqíng 명 기분 **开心** kāixīn 형 즐겁다 **其次** qícì 명 다음 **别人** biéren 명 다른 사람 **印象** yìnxiàng 명 인상 **顺利** shùnlì 형 순조롭다 **应该** yīnggāi 동 마땅히 ~해야 한다

단어 2 **句** jù 양 마디(말, 글의 수를 세는데 쓰임) **俗话** súhuà 명 속담 **笑一笑，十年少** xiào yí xiào, shí nián shào 한 번 웃으면, 십 년이 젊어진다 **健康** jiànkāng 명 건강 **更** gèng 副 더 **年轻** niánqīng 형 젊다 **乐观** lèguān 형 낙관적이다 **遇到** yùdào 동 마주치다 **困难** kùnnan 명 곤란, 어려움 **能够** nénggòu 동 ~할 수 있다 **积极** jījí 형 적극적이다 **面对** miànduì 동 직면하다 **每天** měitiān 명 매일

**★ 고득점 비법** 태도와 관련된 단어와 속담

예 悲观 bēiguān 비관적이다 / 乐观 lèguān 낙관적이다
积极 jījí 적극적이다 / 消极 xiāojí 소극적이다
腼腆 miǎntiǎn 부끄러워하다, 낯을 가리다 / 开朗 kāilǎng 명랑하다
笑一笑，十年少 xiào yí xiào, shí nián shào 한 번 웃으면, 십 년이 젊어진다

문제 2

# 你觉得最近人们跟家人交流的时间比以前减少了吗？请谈谈你的看法。

Nǐ juéde zuìjìn rénmen gēn jiārén jiāoliú de shíjiān bǐ yǐqián jiǎnshǎole ma? Qǐng tántan nǐ de kànfǎ.

요즘 들어 사람들이 가족과 교류하는 시간이 예전보다 줄었다고 생각하나요? 당신의 생각을 말해 보세요.

| | | |
|---|---|---|
| Lv. 3~4 | 我觉得最近人们和家人交流的时间比以前减少了。现在人们的生活越来越忙。大人每天上班很忙，孩子们每天上学、上补习班很忙，所以一家人在一起的时间越来越少，交流的时间也少了。<br>Wǒ juéde zuìjìn rénmen hé jiārén jiāoliú de shíjiān bǐ yǐqián jiǎnshǎo le. Xiànzài rénmen de shēnghuó yuè lái yuè máng. Dàrén měitiān shàngbān hěn máng, háizimen měitiān shàngxué、shàng bǔxíbān hěn máng, suǒyǐ yì jiārén zài yìqǐ de shíjiān yuè lái yuè shǎo, jiāoliú de shíjiān yě shǎo le. | 저는 요즘 들어 사람들이 가족과 교류하는 시간이 예전보다 줄었다고 생각합니다. 요즘 사람들의 생활은 점점 바빠지고 있습니다. 어른들은 매일 출근하느라 바쁘고, 아이들은 매일 학교 가고, 학원을 다니느라 바쁩니다. 그래서 온 가족이 함께하는 시간이 점점 적어졌고, 교류하는 시간도 적어졌습니다. |
| Lv. 5~6 | 我觉得最近人们和家人交流的时间比以前减少了。因为现代社会生活节奏很快，每个人都非常忙。父母忙着上班，孩子忙着上学。每天在一起的时间变少了，交流的时间也自然而然地变少了。这是现代社会的一个普遍的问题。我们应该努力多抽出一些时间和家人交流，否则很可能会失去家庭的温情。<br>Wǒ juéde zuìjìn rénmen hé jiārén jiāoliú de shíjiān bǐ yǐqián jiǎnshǎo le. Yīnwèi xiàndài shèhuì shēnghuó jiézòu hěn kuài, měi ge rén dōu fēicháng máng. Fùmǔ mángzhe shàngbān, háizi mángzhe shàngxué. Měitiān zài yìqǐ de shíjiān biàn shǎo le, jiāoliú de shíjiān yě zìrán'érrán de biàn shǎo le. Zhè shì xiàndài shèhuì de yí ge pǔbiàn de wèntí. Wǒmen yīnggāi nǔlì duō chōuchū yìxiē shíjiān hé jiārén jiāoliú, fǒuzé hěn kěnéng huì shīqù jiātíng de wēnqíng. | 저는 요즘 들어 사람들이 가족과 교류하는 시간이 예전보다 줄었다고 생각합니다. 왜냐하면 현대 사회는 생활 리듬이 매우 빠르고, 모든 사람들이 매우 바쁩니다. 부모는 출근하느라 바쁘고, 아이는 학교 가느라 바쁩니다. 매일 함께 할 시간이 적어져 교류할 시간도 자연스럽게 적어졌습니다. 이것은 현대 사회의 보편적인 문제입니다. 우리는 마땅히 많은 시간을 내서 가족과 교류를 하도록 노력해야 합니다. 만약 그렇지 않으면 가정의 온정을 잃어버릴 수도 있습니다. |

**단어 1** 家人 jiārén 명 가족 交流 jiāoliú 동 교류하다 比 bǐ 전 ~보다 以前 yǐqián 명 이전 减少 jiǎnshǎo 동 감소하다, 줄다 越来越 yuè lái yuè 점점 大人 dàrén 명 성인 孩子 háizi 명 아이 补习班 bǔxíbān 명 학원

**단어 2** 现代 xiàndài 명 현대 社会 shèhuì 명 사회 节奏 jiézòu 명 리듬 父母 fùmǔ 명 부모 自然而然 zìrán'érrán 자연히 普遍 pǔbiàn 형 보편적이다 努力 nǔlì 동 노력하다 抽 chōu 동 꺼내다, 빼다 否则 fǒuzé 접 만약 그렇지 않으면 失去 shīqù 동 잃어버리다 家庭 jiātíng 명 가정 温情 wēnqíng 명 온정

**★ 고득점 비법 접속사 '否则'**

'否则'는 '만약 그렇지 않으면'이라는 뜻의 접속사로 꼭 기억해두자.

예 要勤洗手戴口罩，否则很容易被传染。자주 손을 씻고, 마스크를 착용해야 한다. 만약 그렇지 않으면 쉽게 전염된다.
Yào qín xǐshǒu dài kǒuzhào, fǒuzé hěn róngyì bèi chuánrǎn.

문제 3

## 有不少孩子除了上学以外，还被父母送到各种各样的补习班学习。对此你有什么看法?

Yǒu bùshǎo háizi chúle shàngxué yǐwài, hái bèi fùmǔ sòng dào gèzhǒng gèyàng de bǔxíbān xuéxí. Duì cǐ nǐ yǒu shénme kànfǎ?

많은 아이들이 학교 이외에도 부모에 의해 여러 종류의 학원에 가서 공부를 하고 있습니다. 이것에 대해 당신은 어떻게 생각하나요?

| | | |
|---|---|---|
| Lv. 3~4 | 这是韩国社会一个普遍的现象。在韩国竞争激烈，为了提高学习成绩，除了上学以外，孩子们还被父母送到各种各样的补习班。学生们每天要学习很长时间，学习压力很大，父母的经济压力也很大。这是非常严重的社会问题。<br>Zhè shì Hánguó shèhuì yí ge pǔbiàn de xiànxiàng. Zài Hánguó jìngzhēng jīliè, wèile tígāo xuéxí chéngjì, chúle shàngxué yǐwài, háizimen hái bèi fùmǔ sòng dào gèzhǒng gèyàng de bǔxíbān. Xuéshēngmen měitiān yào xuéxí hěn cháng shíjiān, xuéxí yālì hěn dà, fùmǔ de jīngjì yālì yě hěn dà. Zhè shì fēicháng yánzhòng de shèhuì wèntí. | 이것은 한국 사회의 보편적인 현상입니다. 한국은 경쟁이 치열하고, 학업 성적을 향상시키기 위해서, 부모는 학교 이외에도 아이들을 여러 종류의 학원에 보냅니다. 학생들은 매일 긴 시간 동안 공부를 해야 하고, 학업 스트레스도 많으며, 부모의 경제적인 스트레스도 큽니다. 이것은 매우 심각한 사회 문제입니다. |
| Lv. 5~6 | 我认为这是韩国社会的一个普遍的现象。为了能取得更好的成绩，上更好的大学，很多父母送孩子去各种各样的补习班学习。这样不仅孩子学习压力非常大，父母的经济压力也很大，父母和孩子都很痛苦。我觉得出现这个问题的主要原因是韩国社会竞争激烈，父母不想让自己的孩子在竞争中失败。所以这种现象短时间内不会消失。<br>Wǒ rènwéi zhè shì Hánguó shèhuì de yí ge pǔbiàn de xiànxiàng. Wèile néng qǔdé gèng hǎo de chéngjì, shàng gèng hǎo de dàxué, hěn duō fùmǔ sòng háizi qù gèzhǒng gèyàng de bǔxíbān xuéxí. Zhèyàng bùjǐn háizi xuéxí yālì fēicháng dà, fùmǔ de jīngjì yālì yě hěn dà, fùmǔ hé háizi dōu hěn tòngkǔ. Wǒ juéde chūxiàn zhège wèntí de zhǔyào yuányīn shì Hánguó shèhuì jìngzhēng jīliè, fùmǔ bùxiǎng ràng zìjǐ de háizi zài jìngzhēng zhōng shībài. Suǒyǐ zhè zhǒng xiànxiàng duǎn shíjiān nèi búhuì xiāoshī. | 저는 이것이 한국 사회의 보편적인 현상이라고 생각합니다. 더 좋은 성적을 얻고, 더 좋은 대학을 가기 위해 많은 부모들이 아이를 여러 종류의 학원에 보내 공부를 하게 합니다. 이렇게 하면 아이의 학업 스트레스가 매우 커지게 되고, 부모의 경제적인 스트레스도 커져 부모와 아이가 모두 괴롭습니다. 저는 이러한 문제가 나타난 주요 원인은 한국 사회의 경쟁이 치열하고, 부모는 자신의 아이가 경쟁에서 실패하지 않기를 바라기 때문이라고 생각합니다. 그래서 이러한 현상은 단기간에는 없어지지 않을 것입니다. |

단어 1 **不少** bùshǎo 형 적지 않다, 많다 **除了…以外…** chúle…yǐwài… 접 ~이외에도 **被** bèi 전 ~에게 ~당하다 **各种各样** gèzhǒng gèyàng 여러 종류, 각양각색 **补习班** bǔxíbān 명 학원 **此** cǐ 대 이것 **普遍** pǔbiàn 형 보편적이다 **现象** xiànxiàng 명 현상 **竞争** jìngzhēng 명 경쟁 **激烈** jīliè 형 치열하다 **为了** wèile 전 ~을 위하여 **提高** tígāo 동 향상시키다 **成绩** chéngjì 명 성적 **压力** yālì 명 스트레스 **经济** jīngjì 명 경제 **严重** yánzhòng 형 심각하다

단어 2 **取得** qǔdé 동 얻다 **不仅** bùjǐn 접 ~일 뿐만 아니라 **痛苦** tòngkǔ 형 괴롭다 **出现** chūxiàn 동 나타나다 **主要** zhǔyào 형 주요하다 **原因** yuányīn 명 원인 **失败** shībài 동 실패하다 **短** duǎn 형 짧다 **消失** xiāoshī 동 없어지다

**문제 4**

## 你认为科学技术的发展越快，对人们的生活越有利吗？请谈谈你的想法。

Nǐ rènwéi kēxué jìshù de fāzhǎn yuè kuài, duì rénmen de shēnghuó yuè yǒulì ma? Qǐng tántan nǐ de xiǎngfǎ.

과학 기술의 발전이 빠를수록 사람의 생활에 더 유리하다고 생각하나요? 당신의 생각을 말해 보세요.

| | | |
|---|---|---|
| Lv. 3~4 | 我认为科学技术的发展越快，对人们的生活越有利。科学技术的发展能给我们的生活带来很多方便。比如以前我们去什么地方旅行需要很长时间，科学技术发展以后，可以坐飞机、坐火车、开车，又快又方便。<br>Wǒ rènwéi kēxué jìshù de fāzhǎn yuè kuài, duì rénmen de shēnghuó yuè yǒulì. Kēxué jìshù de fāzhǎn néng gěi wǒmen de shēnghuó dàilái hěn duō fāngbiàn. Bǐrú yǐqián wǒmen qù shénme dìfang lǚxíng xūyào hěn cháng shíjiān, kēxué jìshù fāzhǎn yǐhòu, kěyǐ zuò fēijī、zuò huǒchē、kāichē, yòu kuài yòu fāngbiàn. | 저는 과학 기술의 발전이 빠를수록 사람의 생활에 더 유리하다고 생각합니다. 과학 기술의 발전은 우리의 생활에 많은 편리함을 가져다줄 수 있습니다. 예를 들어 예전에는 우리가 어떤 곳을 여행하려면 긴 시간이 필요했습니다. 과학 기술이 발전한 이후에는 비행기, 기차, 자동차를 탈 수 있어서 빠르고 편리해졌습니다. |
| Lv. 5~6 | 我觉得这是毋庸置疑的事情。现代社会科学技术的飞速发展给我们的生活带来了很多好的变化。以前我们和朋友联系需要写信，但现在可以通过手机、网络，随时随地和朋友们联系，传递信息。科学技术发展还使医学技术有了很大进步，人们可以更健康、长寿的生活。当然也会有一些不好的影响，但总的来说利大于弊。<br>Wǒ juéde zhè shì wúyōngzhìyí de shìqing. Xiàndài shèhuì kēxué jìshù de fēisù fāzhǎn gěi wǒmen de shēnghuó dàiláile hěn duō hǎo de biànhuà. Yǐqián wǒmen hé péngyou liánxì xūyào xiě xìn, dàn xiànzài kěyǐ tōngguò shǒujī、wǎngluò, suíshísuídì hé péngyoumen liánxì, chuándì xìnxī. Kēxué jìshù fāzhǎn hái shǐ yīxué jìshù yǒule hěn dà jìnbù, rénmen kěyǐ gèng jiànkāng、chángshòu de shēnghuó. Dāngrán yě huì yǒu yìxiē bù hǎo de yǐngxiǎng, dàn zǒng de láishuō lì dàyú bì. | 저는 이것은 의심할 여지가 없는 확실한 사실이라고 생각합니다. 현대 사회의 과학 기술의 급속한 발전은 우리의 생활에 좋은 변화를 많이 가져왔습니다. 예전에 우리는 친구와 연락할 때 편지를 써야 했지만, 지금은 휴대폰이나 인터넷으로 언제나 어디서나 친구와 연락을 하며 소식을 전달할 수 있습니다. 과학 기술의 발전은 의학 기술에도 큰 진보를 가져와 사람들이 더 건강하고 오래 살 수 있게 되었습니다. 당연히 좋지 않은 영향도 있지만 전반적으로 이로움이 해로움보다 많습니다. |

단어 1 **科学** kēxué 명 과학 **技术** jìshù 명 기술 **发展** fāzhǎn 명 발전 **越…越…** yuè…yuè… ~하면 할수록 ~하다 **有利** yǒulì 형 유리하다 **方便** fāngbiàn 형 편리하다 **比如** bǐrú 접 예컨대 **旅行** lǚxíng 동 여행하다 **需要** xūyào 동 필요로 하다 **以后** yǐhòu 명 이후

단어 2 **毋庸置疑** wúyōngzhìyí 성 의심할 여지가 없다 **飞速** fēisù 형 급속하다 **变化** biànhuà 명 변화 **联系** liánxì 동 연락하다 **信** xìn 명 편지 **通过** tōngguò 동 ~을 통하다 **随时随地** suíshísuídì 성 언제나 어디서나 **传递** chuándì 동 전달하다 **信息** xìnxī 명 정보, 소식 **医学** yīxué 명 의학 **进步** jìnbù 동 진보하다 **长寿** chángshòu 동 장수하다, 오래 살다 **影响** yǐngxiǎng 명 영향 **总的来说** zǒng de láishuō 속 전반적으로 말하면 **利** lì 명 이로움 **大于** dàyú ~보다 크다 **弊** bì 명 폐해, 해로움

**문제 1**

## 朋友邀你这个周日一起做志愿活动，但那天你得参加亲戚的婚礼。请你给朋友打电话说明情况，并委婉地拒绝她。

Péngyou yāo nǐ zhège zhōurì yìqǐ zuò zhìyuàn huódòng, dàn nàtiān nǐ děi cānjiā qīnqi de hūnlǐ. Qǐng nǐ gěi péngyou dǎ diànhuà shuōmíng qíngkuàng, bìng wěiwǎn de jùjué tā.

친구가 이번 주 일요일에 함께 자원봉사 활동을 가자고 했지만, 그날 당신은 친척 결혼식에 참석해야 합니다. 친구에게 전화를 걸어서 상황을 설명하고, 완곡하게 거절하세요.

| | | |
|---|---|---|
| Lv. 3~4 | 喂，小金，你好。我是小张。你昨天说想这个星期天和我一起去做志愿活动，但是我那天要参加亲戚的婚礼。真不好意思，我不能和你一起去了。这次真是对不起，下次你去的时候，我一定跟你一起去。<br>Wéi, Xiǎo Jīn, nǐ hǎo. Wǒ shì Xiǎo Zhāng. Nǐ zuótiān shuō xiǎng zhège xīngqītiān hé wǒ yìqǐ qù zuò zhìyuàn huódòng, dànshì wǒ nàtiān yào cānjiā qīnqi de hūnlǐ. Zhēn bù hǎoyìsi, wǒ bùnéng hé nǐ yìqǐ qù le. Zhècì zhēn shì duìbuqǐ, xiàcì nǐ qù de shíhou, wǒ yídìng gēn nǐ yìqǐ qù. | 여보세요, 샤오진, 안녕. 나 샤오장이야. 어제 네가 이번 주 일요일에 나랑 같이 자원봉사 활동 가고 싶다고 했는데, 그날 내가 친척 결혼식에 참석해야 해. 정말 미안해. 너랑 같이 갈 수가 없어. 이번에는 정말 미안하지만, 다음에 네가 갈 때 내가 꼭 너랑 같이 갈게. |
| Lv. 5~6 | 喂，小金，是我啊，小张。你昨天说想这个星期天和我一起去参加志愿活动，给独居老人送饭。我非常想参加。但是我表姐这个星期天结婚，我得去参加她的婚礼，真不好意思。我就这一个表姐，她结婚我不能不去。你下个星期还去参加志愿活动对吧？我下个星期一定和你一起去。咱们下个星期不见不散。<br>Wéi, Xiǎo Jīn, shì wǒ a, Xiǎo Zhāng. Nǐ zuótiān shuō xiǎng zhège xīngqītiān hé wǒ yìqǐ qù cānjiā zhìyuàn huódòng, gěi dújū lǎorén sòng fàn. Wǒ fēicháng xiǎng cānjiā. Dànshì wǒ biǎojiě zhège xīngqītiān jiéhūn, wǒ děi qù cānjiā tā de hūnlǐ, zhēn bù hǎoyìsi. Wǒ jiù zhè yí ge biǎojiě, tā jiéhūn wǒ bùnéng bú qù. Nǐ xiàge xīngqī hái qù cānjiā zhìyuàn huódòng duì ba? Wǒ xiàge xīngqī yídìng hé nǐ yìqǐ qù. Zánmen xiàge xīngqī bújiàn búsàn. | 여보세요, 샤오진. 나 샤오장이야. 어제 네가 이번주 일요일에 자원봉사 활동으로 독거노인 식사 배달하는 거 나랑 같이 가고 싶다고 얘기했었잖아. 나도 정말 참가하고 싶어. 그런데 우리 사촌 언니가 이번 주 일요일에 결혼을 해서, 내가 그녀의 결혼식에 참석해야 해. 정말 미안해. 나는 사촌 언니가 한 명 밖에 없어서, 그녀가 결혼하는데 안 갈 수가 없어. 다음 주에도 너 자원봉사 활동 가는 거 맞지? 내가 다음 주에 꼭 너랑 같이 갈게. 다음 주에 우리 꼭 만나자. |

단어 1 邀 yāo 동 초청하다 志愿活动 zhìyuàn huódòng 자원봉사활동 得 děi 동 ~해야 한다 参加 cānjiā 동 참가하다 亲戚 qīnqi 명 친척 婚礼 hūnlǐ 명 결혼식 说明 shuōmíng 동 설명하다 情况 qíngkuàng 명 상황 委婉 wěiwǎn 형 완곡하다 拒绝 jùjué 동 거절하다

단어 2 独居 dújū 동 독거하다 老人 lǎorén 명 노인 送 sòng 동 배달하다 表姐 biǎojiě 명 사촌 언니 结婚 jiéhūn 동 결혼하다 不见不散 bújiàn búsàn 꼭 만나다

**문제 2**

## 这次休假你第一次打算坐船去中国旅行，请你向有经验的朋友说明情况，并请他给你些建议。

Zhècì xiūjià nǐ dìyīcì dǎsuan zuò chuán qù Zhōngguó lǚxíng, qǐng nǐ xiàng yǒu jīngyàn de péngyou shuōmíng qíngkuàng, bìng qǐng tā gěi nǐ xiē jiànyì.

당신은 이번 휴가 때 처음으로 배를 타고 중국 여행을 갈 생각입니다. 경험이 있는 친구에게 상황을 설명하고, 그에게 조언을 구하세요.

| | | |
|---|---|---|
| Lv. 3~4 | 王刚，这次休假我打算坐船去中国旅游。我是第一次坐船去中国，不知道应该准备什么。我听说你以前坐船去过中国，所以想问问你，你能跟我说说有什么需要准备的吗？<br>Wáng Gāng, zhècì xiūjià wǒ dǎsuan zuò chuán qù Zhōngguó lǚyóu. Wǒ shì dìyīcì zuò chuán qù Zhōngguó, bù zhīdào yīnggāi zhǔnbèi shénme. Wǒ tīngshuō nǐ yǐqián zuò chuán qùguo Zhōngguó, suǒyǐ xiǎng wènwen nǐ, nǐ néng gēn wǒ shuōshuo yǒu shénme xūyào zhǔnbèi de ma? | 왕깡, 내가 이번 휴가 때 배를 타고 중국 여행을 갈 계획이야. 내가 처음 배를 타고 중국에 가는 거라서 무엇을 준비해야 할지 모르겠어. 듣기에 네가 예전에 배를 타고 중국에 가 본 적이 있다고 하더라고. 그래서 좀 물어보고 싶은데 준비할게 뭐가 있는지 얘기 좀 해 줄래? |
| Lv. 5~6 | 王刚，今年夏天这次休假，我打算坐船去中国的大连旅游。我是第一次坐船去中国，很期待，但是又有点担心。因为我从来没有坐过这么长时间的船，而且我担心会晕船。我听说你去年坐船去过中国，你能给我介绍一下要注意什么或者是要准备什么吗？<br>Wáng Gāng, jīnnián xiàtiān zhècì xiūjià, wǒ dǎsuan zuò chuán qù Zhōngguó de Dàlián lǚyóu. Wǒ shì dìyīcì zuò chuán qù Zhōngguó, hěn qīdài, dànshì yòu yǒudiǎn dānxīn. Yīnwèi wǒ cónglái méiyǒu zuòguo zhème cháng shíjiān de chuán, érqiě wǒ dānxīn huì yùnchuán. Wǒ tīngshuō nǐ qùnián zuò chuán qùguo Zhōngguó, nǐ néng gěi wǒ jièshào yíxià yào zhùyì shénme huòzhě shì yào zhǔnbèi shénme ma? | 왕깡, 올해 여름 이번 휴가 때 내가 배를 타고 중국 따리엔으로 여행을 갈 계획이야. 처음 배를 타고 중국에 가는 거라서 기대도 되는데 조금 걱정도 돼. 왜냐하면 지금까지 이렇게 긴 시간 동안 배를 타 본 적이 없거든. 그리고 배 멀미를 할까 봐 걱정도 되고. 듣기에 네가 작년에 배를 타고 중국에 가 본 적이 있다고 하더라고. 나에게 주의해야 할 점이나 준비해야 할 것이 있는지 좀 알려 줄래? |

단어 1 **休假** xiūjià 명 휴가 **打算** dǎsuan 동 ~할 계획이다 **船** chuán 명 배 **旅行** lǚxíng 동 여행하다 **经验** jīngyàn 명 경험 **建议** jiànyì 명 건의, 조언 **准备** zhǔnbèi 동 준비하다

단어 2 **夏天** xiàtiān 명 여름 **大连** Dàlián 명 따리엔, 대련 **旅游** lǚyóu 동 여행하다 **期待** qīdài 동 기대하다 **担心** dānxīn 동 걱정하다 **从来** cónglái 부 지금까지 **晕船** yùnchuán 동 배멀미하다 **介绍** jièshào 동 소개하다 **注意** zhùyì 동 주의하다 **或者** huòzhě 접 혹은

### ★ 고득점 비법 동태조사 '过'

동태조사 '过'는 과거의 경험을 나타내는 것으로 '~한 적이 있다'의 뜻을 가지고 있으며, 반드시 동사 뒤에 와야 하고, 연동문에서는 두 번째 동사 뒤에 와야 한다는 것을 기억해두자.

예 见面过 (×) 见过面 (○) 去过那儿吃 (×) 去那儿吃过 (○)

**문제 3**

## 你在商店买了一副手套，回家看发票才发现店家多收了钱。请你去商店说明情况，并要求解决问题。

Nǐ zài shāngdiàn mǎile yí fù shǒutào, huíjiā kàn fāpiào cái fāxiàn diànjiā duō shōule qián. Qǐng nǐ qù shāngdiàn shuōmíng qíngkuàng, bìng yāoqiú jiějué wèntí.

상점에서 장갑을 하나 샀는데, 집에 돌아와서 영수증을 보고 나서야 주인이 돈을 더 받았다는 것을 발견했습니다. 상점에 가서 상황을 설명하고, 문제 해결을 요구하세요.

| | | |
|---|---|---|
| Lv. 3~4 | 你好，我今天下午在这儿买了一副手套，回家看发票才发现你们多收了钱。手套是50块钱，可是发票上写着60块钱，多收了我10块。你们怎么能这样？请现在就给我退钱。<br>Nǐ hǎo, wǒ jīntiān xiàwǔ zài zhèr mǎile yí fù shǒutào, huíjiā kàn fāpiào cái fāxiàn nǐmen duō shōule qián. Shǒutào shì wǔshí kuài qián, kěshì fāpiào shang xiězhe liùshí kuài qián, duō shōule wǒ shí kuài. Nǐmen zěnme néng zhèyàng? Qǐng xiànzài jiù gěi wǒ tuìqián. | 안녕하세요. 제가 오늘 오후에 여기에서 장갑을 하나 샀는데, 집에 가서 영수증을 보고 나서야 돈을 더 받았다는 것을 발견했어요. 장갑은 50위안인데, 영수증에는 60위안이라고 쓰여 있더라고요. 10위안이나 더 받았습니다. 어떻게 이럴 수 있죠? 지금 돈을 돌려주세요. |
| Lv. 5~6 | 你好，我今天下午在这儿买了一副手套，回家后我看了一下发票，发现你们多收了钱。手套原来是50块钱，可是发票上却写着60块钱。你看，这是发票。这到底是怎么回事儿？幸亏我回家以后仔细看了一下发票，才发现了问题。你们的售货员也太马虎了！请马上把多收的钱退给我，而且你们要负担我的交通费。<br>Nǐ hǎo, wǒ jīntiān xiàwǔ zài zhèr mǎile yí fù shǒutào, huíjiā hòu wǒ kànle yíxià fāpiào, fāxiàn nǐmen duō shōule qián. Shǒutào yuánlái shì wǔshí kuài qián, kěshì fāpiào shang què xiězhe liùshí kuài qián. Nǐ kàn, zhè shì fāpiào. Zhè dàodǐ shì zěnme huí shìr? Xìngkuī wǒ huíjiā yǐhòu zǐxì kànle yíxià fāpiào, cái fāxiànle wèntí. Nǐmen de shòuhuòyuán yě tài mǎhu le! Qǐng mǎshàng bǎ duō shōu de qián tuì gěi wǒ, érqiě nǐmen yào fùdān wǒ de jiāotōngfèi. | 안녕하세요. 제가 오늘 오후에 여기에서 장갑을 하나 샀는데, 집에 가서 영수증을 보고 나서야 돈을 더 받았다는 것을 발견했어요. 장갑이 원래 50위안인데, 영수증에는 60위안이라고 쓰여 있습니다. 보세요. 이게 영수증이에요. 도대체 어떻게 된 일이죠? 다행히 제가 집에 가서 영수증을 자세히 봐서 문제를 발견할 수 있었어요. 여기 점원이 너무 대충 하는 것 같네요! 당장 더 받은 돈을 돌려주시고, 당신들이 제 교통비도 부담해 주세요. |

**단어 1** **副** fù 양 벌, 쌍(장갑을 세는데 쓰임) **手套** shǒutào 명 장갑 **发票** fāpiào 명 영수증 **发现** fāxiàn 동 발견하다 **店家** diànjiā 명 주인 혹은 지배인 **收** shōu 동 받다 **要求** yāoqiú 동 요구하다 **解决** jiějué 동 해결하다 **马上** mǎshàng 부 바로 **把** bǎ 전 ~을 **退** tuì 동 되돌려주다

**단어 2** **原来** yuánlái 명 원래 **却** què 부 오히려 **到底** dàodǐ 부 도대체 **幸亏** xìngkuī 부 다행히 **仔细** zǐxì 형 자세하다 **售货员** shòuhuòyuán 명 점원, 판매원 **马虎** mǎhu 형 소홀하다, 건성건성하다 **负担** fùdān 동 부담하다 **退钱** tuìqián 동 돈을 돌려주다 **交通费** jiāotōngfèi 명 교통비

**★ 고득점 비법　답변 요령**

상대방의 실수를 접했을 때 工作不认真，不细心，不小心，很马虎 등 상대방을 비평하는 말들을 사용할 수 있어야 한다.

28

문제 1

①

②

③

④

| Lv. 3~4 | 중국어 | 한국어 |
|---|---|---|
| | ① 小王今天要去公司面试，但是他起晚了。他急急忙忙跑到公司，发现有很多人在等电梯。小王看了一下表，现在已经是八点五十五分。<br>Xiǎo Wáng jīntiān yào qù gōngsī miànshì, dànshì tā qǐ wǎn le. tā jíjímángmáng pǎo dào gōngsī, fāxiàn yǒu hěn duō rén zài děng diàntī. Xiǎo Wáng kànle yíxià biǎo, xiànzài yǐjing shì bā diǎn wǔshíwǔ fēn. | ① 샤오왕은 오늘 회사 면접시험에 가야 하는데 늦게 일어났습니다. 그는 황급히 회사로 뛰어갔고, 많은 사람들이 엘리베이터를 기다리고 있는 것을 발견했습니다. 샤오왕은 시계를 보았는데 이미 8시 55분이었습니다. |
| | ② 他插在一位女士的前面，先上了电梯。<br>Tā chā zài yí wèi nǚshì de qiánmiàn, xiān shàngle diàntī. | ② 그는 한 여성의 앞으로 끼어들어서 먼저 엘리베이터를 탔습니다. |
| | ③ 那位女士没办法，只好走楼梯上去。<br>Nà wèi nǚshì méi bànfǎ, zhǐhǎo zǒu lóutī shàngqù. | ③ 그 여성은 어쩔 수 없이 계단으로 걸어 올라갔습니다. |
| | ④ 小王走进面试场，却发现面试官就是早上那位女士。小王非常尴尬，不知道说什么才好。<br>Xiǎo Wáng zǒu jìn miànshìchǎng, què fāxiàn miànshìguān jiùshì zǎoshang nà wèi nǚshì. Xiǎo Wáng fēicháng gāngà, bù zhīdào shuō shénme cái hǎo. | ④ 샤오왕이 면접시험장에 들어갔는데, 면접관이 바로 아침에 그 여성이라는 것을 알게 됐습니다. 샤오왕은 매우 난처했으며, 무슨 말을 해야 할지 몰랐습니다. |

|  |  |  |
|---|---|---|
| Lv. 5~6 | ① 小王今天上午九点有个面试，但是他睡懒觉起晚了。到公司的时候，有很多人在电梯前面排队。小王看表，时间已经是八点五十五分。<br>Xiǎo Wáng jīntiān shàngwǔ jiǔ diǎn yǒu ge miànshì, dànshì tā shuì lǎnjiào qǐ wǎn le. Dào gōngsī de shíhou, yǒu hěn duō rén zài diàntī qiánmiàn páiduì. Xiǎo Wáng kàn biǎo, shíjiān yǐjing shì bā diǎn wǔshíwǔ fēn. | ① 샤오왕은 오늘 오전 9시에 면접시험이 있는데 늦잠을 자서 늦게 일어나고 말았습니다. 회사에 도착했을 때, 많은 사람들이 엘리베이터 앞에서 줄을 서 있었습니다. 샤오왕이 시계를 보니 이미 8시 55분이었습니다. |
| | ② 在他前面有个戴眼镜的女士。为了不迟到，他插队先上了电梯。<br>Zài tā qiánmiàn yǒu ge dài yǎnjìng de nǚshì. Wèile bù chídào, tā chāduì xiān shàngle diàntī. | ② 그의 앞에는 안경을 쓴 여성이 있었습니다. 지각하지 않기 위해서 그는 새치기를 해서 엘리베이터를 먼저 탔습니다. |
| | ③ 戴眼镜的女士因为小王插队没坐上电梯，只好看着表走楼梯上去。<br>Dài yǎnjìng de nǚshì yīnwèi Xiǎo Wáng chāduì méi zuò shàng diàntī, zhǐhǎo kànzhe biǎo zǒu lóutī shàngqù. | ③ 안경을 쓴 여성은 샤오왕이 새치기를 하는 바람에 엘리베이터를 타지 못했고, 어쩔 수 없이 시계를 보며 계단으로 올라갔습니다. |
| | ④ 小王没有迟到，他很高兴。可是小王走进面试场的时候，发现面试官就是那位戴眼镜的女士。小王非常尴尬，满头大汗，不知道怎么办才好。<br>Xiǎo Wáng méiyǒu chídào, tā hěn gāoxìng. Kěshì Xiǎo Wáng zǒu jìn miànshì chǎng de shíhou, fāxiàn miànshìguān jiùshì nà wèi dài yǎnjìng de nǚshì. Xiǎo Wáng fēicháng gāngà, mǎntóudàhàn, bù zhīdào zěnme bàn cái hǎo. | ④ 샤오왕은 지각하지 않아서 매우 기뻤습니다. 하지만 샤오왕이 면접시험장에 들어 갈 때, 면접관이 바로 그 안경을 쓴 여성이라는 것을 발견했습니다. 샤오왕은 매우 난처했고, 얼굴이 땀투성이가 되어 어떻게 해야 할지 몰랐습니다. |

**단어 1** **面试** miànshì 명 면접시험 **急急忙忙** jíjímángmáng 형 황급히, 서둘러 **跑** pǎo 동 뛰다 **电梯** diàntī 명 엘리베이터 **插** chā 동 끼어들다
**位** wèi 양 분, 명 **女士** nǚshì 명 여성, 여사 **办法** bànfǎ 명 방법 **只好** zhǐhǎo 부 할 수 없이 **楼梯** lóutī 명 계단
**面试场** miànshìchǎng 명 면접시험장 **面试官** miànshìguān 명 면접관 **尴尬** gāngà 형 난처하다

**단어 2** **睡懒觉** shuì lǎnjiào 동 늦잠을 자다 **排队** páiduì 동 줄을 서다 **表** biǎo 명 시계 **戴** dài 동 쓰다 **眼镜** yǎnjìng 명 안경 **为了** wèile 전 ~을 위해
**迟到** chídào 동 지각하다 **插队** chāduì 동 끼어들다, 새치기하다 **满头大汗** mǎntóudàhàn 성 얼굴이 땀투성이다

**★ 고득점 비법** 남성과 여성을 가리키는 다양한 호칭

남자를 가리킬 때는 '男的，男士，大叔，小伙子，男孩子' 등을 사용해서 가리킬 수 있고, 여성은 '女的，女士，大妈，姑娘，女孩子 등을 사용해서 가리킬 수 있다.

# 기출 문제 해설

# 05

TSC 기출 문제
05회

www.ybmbooks.com
온라인 영상 테스트 제공

29

**문제 1**

## 你叫什么名字?

Nǐ jiào shénme míngzi?
당신의 이름은 무엇입니까?

| | | |
|---|---|---|
| Lv. 3~4 | 我姓李，叫恩在。<br>Wǒ xìng Lǐ, jiào Ēnzài. | 저의 성은 이고, 은재라고 합니다. |
| Lv. 5~6 | 我叫李恩在，这个名字是父母给我起的。<br>Wǒ jiào Lǐ Ēnzài, zhège míngzi shì fùmǔ gěi wǒ qǐ de. | 저는 이은재라고 하고, 이 이름은 부모님이 지어 주셨습니다. |

**단어** 叫 jiào 통 (이름을)~라고 하다 名字 míngzi 명 이름 姓 xìng 통 성이 ~이다 父母 fùmǔ 명 부모 起 qǐ 통 (이름을)짓다

**문제 2**

## 请说出你的出生年月日。

Qǐng shuōchū nǐ de chūshēng nián yuè rì.
당신의 생년월일을 말해 보세요.

| | | |
|---|---|---|
| Lv. 3~4 | 我是1983年6月15日出生的。<br>Wǒ shì yī jiǔ bā sān nián liù yuè shíwǔ rì chūshēng de. | 저는 1983년 6월 15일에 태어났습니다. |
| Lv. 5~6 | 我(出)生于1983年6月15日，是属兔子的。<br>Wǒ (chū)shēngyú yī jiǔ bā sān nián liù yuè shíwǔ rì, shì shǔ tùzi de. | 저는 1983년 6월 15일에 태어났고, 토끼 띠입니다. |

**단어** 出生 chūshēng 통 태어나다 生于 shēngyú ~에 태어나다 属 shǔ 통 ~띠이다 兔子 tùzi 명 토끼

## 문제 3

# 你家有几口人?

Nǐ jiā yǒu jǐ kǒu rén?
당신의 가족은 몇 명입니까?

| | | |
|---|---|---|
| Lv. 3~4 | 我家有四口人，爸爸、妈妈、哥哥和我。<br>Wǒ jiā yǒu sì kǒu rén, bàba、māma、gēge hé wǒ. | 저희 집은 네 식구로, 아빠, 엄마, 형(오빠) 그리고 저입니다. |
| Lv. 5~6 | 我家有四口人。爸爸、妈妈，我和哥哥。我跟哥哥的关系特别好。<br>Wǒ jiā yǒu sì kǒu rén. Bàbà、māma, wǒ hé gēge.<br>Wǒ gēn gēge de guānxi tèbié hǎo. | 저희 집은 네 식구입니다. 아빠, 엄마, 저, 그리고 형(오빠)입니다. 저와 형(오빠)의 관계는 특히 좋습니다. |

단어 口 kǒu 양 식구(사람을 세는데 쓰임) 哥哥 gēge 명 형, 오빠 和 hé 전 ~와 关系 guānxi 명 관계 特别 tèbié 부 특히

## 문제 4

# 你在什么地方工作? 或者你在哪个学校上学?

Nǐ zài shénme dìfang gōngzuò? Huòzhě nǐ zài nǎge xuéxiào shàngxué?
당신은 어디에서 근무합니까? 또는 어느 학교에 다니나요?

| | | |
|---|---|---|
| Lv. 3~4 | 我在一家贸易公司工作三年了。<br>Wǒ zài yì jiā màoyì gōngsī gōngzuò sān nián le. | 저는 무역회사에서 일한 지 3년 되었습니다. |
| Lv. 5~6 | 我现在是一名家庭主妇，打算今年找工作重回职场。<br>Wǒ xiànzài shì yì míng jiātíng zhǔfù, dǎsuan jīnnián zhǎo gōngzuò chóng huí zhíchǎng. | 저는 지금 가정주부이고, 올해 직업을 구해서 다시 직장으로 돌아가려고 합니다. |

단어 地方 dìfang 명 장소 工作 gōngzuò 명 일 동 일하다 或者 huòzhě 접 또는, 혹은 学校 xuéxiào 명 학교 家 jiā 양 가정, 가게, 기업 따위를 세는 단위 贸易 màoyì 명 무역 公司 gōngsī 명 회사 家庭主妇 jiātíng zhǔfù 명 가정주부 打算 dǎsuan 동 ~하려고 하다 重 chóng 부 다시 职场 zhíchǎng 명 직장

**문제 1**

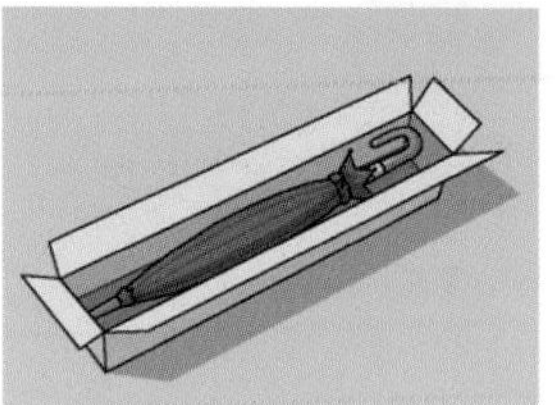

## 箱子里面有什么?

Xiāngzi lǐmiàn yǒu shénme?
상자 안에는 무엇이 있나요?

| Lv. | | |
|---|---|---|
| Lv. 3~4 | 箱子里有雨伞。<br>Xiāngzi lǐ yǒu yǔsǎn. | 상자 안에는 우산이 있습니다. |
| Lv. 5~6 | 箱子里有一把橙色的雨伞。<br>Xiāngzi lǐ yǒu yì bǎ chéngsè de yǔsǎn. | 상자 안에는 주황색 우산이 하나 있습니다. |

단어 **箱子** xiāngzi 명 상자 **里面** lǐmiàn 명 안 **雨伞** yǔsǎn 명 우산 **把** bǎ 양 손 잡이가 있는 물건물 셀 때 쓰임 **橙色** chéngsè 명 주황색

**★ 고득점 비법** 양사 '把'

우산의 양사는 '把'로 자루가 있는 기구를 세는데 쓰인다.

예 **一把椅子** yì bǎ yǐzi 의자 한 개 **一把刀** yì bǎ dāo 칼 한 자루

**문제 2**

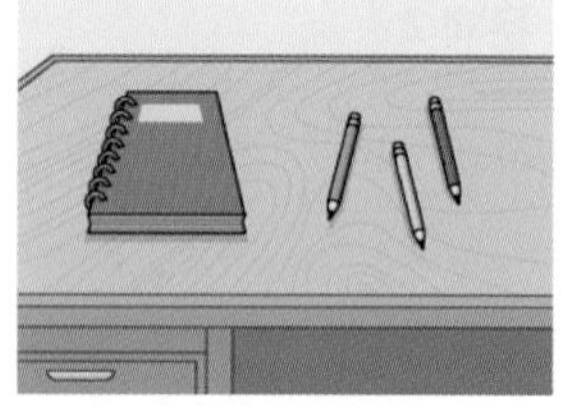

## 哪种东西比较多?

Nǎ zhǒng dōngxi bǐjiào duō?
어떤 물건이 비교적 많나요?

| Lv. | | |
|---|---|---|
| Lv. 3~4 | 铅笔比较多。<br>Qiānbǐ bǐjiào duō. | 연필이 비교적 많습니다. |
| Lv. 5~6 | 桌子上有三支铅笔，一个本子。铅笔比较多。<br>Zhuōzi shang yǒu sān zhī qiānbǐ, yí ge běnzi. Qiānbǐ bǐjiào duō. | 탁자 위에 연필 3자루, 공책 한 권이 있습니다. 연필이 비교적 많습니다. |

단어 **种** zhǒng 양 종류 **东西** dōngxi 명 물건, 것 **比较** bǐjiào 부 비교적 **铅笔** qiānbǐ 명 연필 **桌子** zhuōzi 명 탁자, 테이블 **支** zhī 양 자루(가늘고 긴 물건을 셀 때 쓰임) **本子** běnzi 명 공책

**★ 고득점 비법** 펜의 양사 '支'

예 **一支钢笔** yì zhī gāngbǐ 만년필 한 자루 **一支圆珠笔** yì zhī yuánzhūbǐ 볼펜 한 자루
**一支毛笔** yì zhī máobǐ 붓 한 자루 **一支彩色笔** yì zhī cǎisèbǐ 색연필 한 자루

**문제 3**

## 房间是几号?

Fángjiān shì jǐ hào?

방이 몇 호인가요?

| Lv. | 문장 | 해석 |
|---|---|---|
| Lv. 3~4 | 房间是1809号。<br>Fángjiān shì yāo bā líng jiǔ hào. | 방은 1809호입니다. |
| Lv. 5~6 | 房间是1809号，男的正要进去。<br>Fángjiān shì yāo bā líng jiǔ hào, nánde zhèng yào jìnqù. | 방은 1809호이고, 남자가 마침 들어 가려고 합니다. |

**단어** 房间 fángjiān 명 방 号 hào 명 호 正 zhèng 부 마침 进去 jìnqù 동 들어가다

**★ 고득점 비법 숫자 읽기 팁**

방 번호를 이야기할 때는 숫자를 하나씩 읽어야 하며, 숫자 1은 '一 yī'라고 발음하지 않고, '幺 yāo'라고 발음해야 한다. 즉, 1809호는 '一千八百零九号'라고 하지 않고, '幺八零九号 yāo bā líng jiǔ hào'라고 읽어야 한다.

**문제 4**

## 女的在看电视吗?

Nǚde zài kàn diànshì ma?

여자는 텔레비전을 보고 있나요?

| Lv. | 문장 | 해석 |
|---|---|---|
| Lv. 3~4 | 不是，她在洗手。<br>Búshì, tā zài xǐshǒu. | 아니요. 그녀는 손을 씻고 있습니다. |
| Lv. 5~6 | 她不在看电视，她在洗手间洗手。<br>Tā bú zài kàn diànshì, tā zài xǐshǒujiān xǐshǒu. | 그녀는 텔레비전을 보고 있지 않고, 화장실에서 손을 씻고 있습니다. |

**단어** 在 zài 부 지금 ~하고 있는 중이다 看 kàn 동 보다 电视 diànshì 명 텔레비전, TV 洗手 xǐshǒu 동 손을 씻다 洗手间 xǐshǒujiān 명 화장실

**★ 고득점 비법 집 구조와 관련된 단어**

예 卧室 wòshì 침실
书房 shūfáng 서재
阳台 yángtái 베란다
客厅 kètīng 거실, 응접실
厨房 chúfáng 주방
卫生间 wèishēngjiān 화장실(=洗手间)

**문제 1**

## 你喜欢吃面条吗?

Nǐ xǐhuan chī miàntiáo ma?

너는 면을 좋아하니?

| | | |
|---|---|---|
| Lv. 3~4 | 不，我不喜欢吃面条，所以很少吃。<br>Bù, wǒ bù xǐhuan chī miàntiáo, suǒyǐ hěn shǎochī. | 아니, 나는 면을 좋아하지 않아서 잘 먹지 않아. |
| Lv. 5~6 | 是的，我很喜欢面条。咱们今天中午吃炸酱面吧。这家的炸酱面很好吃。<br>Shìde, wǒ hěn xǐhuan miàntiáo. Zánmen jīntiān zhōngwǔ chī zhájiàngmiàn ba. Zhè jiā de zhájiàngmiàn hěn hǎochī. | 응, 나는 면을 좋아해. 우리 오늘 점심에 자장면 먹자. 이 집은 자장면이 맛있어. |

단어 喜欢 xǐhuan 동 좋아하다 面条 miàntiáo 명 국수, 면 所以 suǒyǐ 접 그래서 咱们 zánmen 명 우리 今天 jīntiān 명 오늘 中午 zhōngwǔ 명 점심 炸酱面 zhájiàngmiàn 명 자장면 好吃 hǎochī 형 맛있다

**★ 고득점 비법** 면 종류

예 牛肉面 niúròumiàn 우육면(쇠고기면) 冷面 lěngmiàn 냉면
意大利面 yìdàlìmiàn 스파게티 方便面 fāngbiànmiàn 라면(라면은 '拉面'이라고 하지 않는다.)

**문제 2**

## 你今天几点下课?

Nǐ jīntiān jǐ diǎn xiàkè?

너는 오늘 몇 시에 수업이 끝나니?

| | | |
|---|---|---|
| Lv. 3~4 | 我今天下午4点半才下课。<br>Wǒ jīntiān xiàwǔ sì diǎn bàn cái xiàkè. | 나는 오늘 오후 4시 반에야 수업이 끝나. |
| Lv. 5~6 | 我今天11点半就下课。我们一起吃午饭吧。<br>Wǒ jīntiān shíyī diǎn bàn jiù xiàkè. Wǒmen yìqǐ chī wǔfàn ba. | 나는 오늘 11시반이면 수업이 끝나. 우리 같이 점심 먹자. |

단어 下课 xiàkè 동 수업이 끝나다 下午 xiàwǔ 명 오후 才 cái 부 ~에야 就 jiù 부 벌써 午饭 wǔfàn 명 점심 밥

**★ 고득점 비법** '才'와 '就'의 차이

才는 평소 혹은 정상적인 상황보다 늦을 때 사용한다.

예 我今天8点才下班。Wǒ jīntiān bā diǎn cái xiàbān. 나는 오늘 8시에야 퇴근한다.

就는 평소 혹은 정상적인 상황보다 빠를 때 사용한다.

예 我今天5点半就起床了。Wǒ jīntiān wǔ diǎn bàn jiù qǐchuáng le. 나는 오늘 5시반에 벌써 일어났다.

## 문제 3

# 你常常玩儿电脑游戏吗?

Nǐ chángcháng wánr diànnǎo yóuxì ma?

너는 자주 컴퓨터 게임을 하니?

| | | |
|---|---|---|
| Lv. 3~4 | 我工作太忙了，所以不常玩儿电脑游戏。<br>Wǒ gōngzuò tài máng le, suǒyǐ bù cháng wánr diànnǎo yóuxì. | 나는 일이 너무 바빠서 자주 컴퓨터 게임을 하지 않아. |
| Lv. 5~6 | 不是的，我更常用手机玩游戏，<br>上下班坐地铁的时候我常玩手游。<br>Búshì de, wǒ gèng cháng yòng shǒujī wán yóuxì,<br>shàngxiàbān zuò dìtiě de shíhou wǒ cháng wán shǒuyóu. | 아니. 나는 휴대폰으로 게임을 더 자주 해. 지하철을 타고 출퇴근할 때 자주 휴대폰 게임을 해. |

단어 常常 chángcháng 부 자주 玩儿 wánr 동 놀다 电脑游戏 diànnǎo yóuxì 명 컴퓨터 게임 工作 gōngzuò 명 일 忙 máng 형 바쁘다 用 yòng 동 사용하다 手机 shǒujī 명 휴대폰 上下班 shàngxiàbān 동 출퇴근하다 地铁 dìtiě 명 지하철 手游 shǒuyóu 명 휴대폰 게임

**★ 고득점 비법 '游戏'의 활용**

'电脑游戏'는 컴퓨터 게임이고, '手机游戏(手游)'는 휴대폰 게임이므로 알아두자.

## 문제 4

# 这次放假我打算去中国旅游。

Zhècì fàngjià wǒ dǎsuan qù Zhōngguó lǚyóu.

이번 방학에 나는 중국으로 여행을 가려고 해.

| | | |
|---|---|---|
| Lv. 3~4 | 是吗？你打算去哪个城市？<br>Shì ma? Nǐ dǎsuan qù nǎge chéngshì? | 그래? 너는 어느 도시를 가려고 해? |
| Lv. 5~6 | 是吗？我推荐你去西安看看。<br>那儿有很多名胜古迹，还有很多美食。<br>Shì ma? Wǒ tuījiàn nǐ qù Xī'ān kànkan.<br>Nàr yǒu hěn duō míngshènggǔjì, háiyǒu hěn duō měishí. | 그래? 나는 네가 시안에 가 볼 것을 추천해. 거기는 명승고적도 많고, 맛있는 음식도 많아. |

단어 放假 fàngjià 동 휴가로 쉬다, 방학하다 打算 dǎsuan 동 ~하려고 하다 旅游 lǚyóu 동 여행하다 城市 chéngshì 명 도시 推荐 tuījiàn 동 추천하다 西安 Xī'ān 명 시안 名胜古迹 míngshènggǔjì 명 명승고적 美食 měishí 명 맛있는 음식

**★ 고득점 비법 도시와 명승고적지**

도시의 유명한 명소를 같이 알아두자.

예 西安 Xī'ān 시안: 兵马俑 Bīngmǎyǒng 병마용
北京 Běijīng 베이징: 故宫和长城 Gùgōng hé Chángchéng 고궁과 만리장성

**문제 5**

## 请问，离这儿最近的医院怎么走?

Qǐng wèn, lí zhèr zuì jìn de yīyuàn zěnme zǒu?

실례지만, 여기에서 가장 가까운 병원은 어떻게 가나요?

| Lv. | 답변 | 해석 |
|---|---|---|
| Lv. 3~4 | 一直往前走，到了便利店往右拐，就有一家医院。<br>Yìzhí wǎng qián zǒu, dàole biànlìdiàn wǎng yòu guǎi, jiù yǒu yì jiā yīyuàn. | 앞으로 똑바로 걸어가다가 편의점에서 우회전하면 바로 병원이 있습니다. |
| Lv. 5~6 | 一直往前走，到了超市往左拐，<br>再走五分钟左右就有一家医院。<br>Yìzhí wǎng qián zǒu, dàole chāoshì wǎng zuǒ guǎi,<br>zài zǒu wǔ fēnzhōng zuǒyòu jiù yǒu yì jiā yīyuàn. | 앞으로 똑바로 걸어가다가 슈퍼마켓에서 좌회전하세요. 5분쯤 걸어가면, 바로 병원이 있습니다. |

**단어** **离** lí 전 ~에서 **近** jìn 형 가깝다 **医院** yīyuàn 명 병원 **一直** yìzhí 부 똑바로, 쭉 **往** wǎng 전 ~을 향해 **便利店** biànlìdiàn 명 편의점 **拐** guǎi 동 방향을 바꾸다 **超市** chāoshì 명 슈퍼마켓 **左右** zuǒyòu 명 가량, 쯤

**★ 고득점 비법 3부분에서 자주 출제되는 장소 문제**

제3부분에서는 '离这儿, 公司最近的医院, 图书馆, 书店, 银行怎么走?' 등을 사용한 문제가 자주 출제된다. 대답은 일반적으로 비슷하지만, 대답하는 형식을 잘 기억해 두어야 한다.

## 문제 1

### 最近你参加过别人的婚礼吗？请简单说说看。

Zuìjìn nǐ cānjiāguo biéren de hūnlǐ ma? Qǐng jiǎndān shuōshuo kàn.

최근에 당신은 다른 사람의 결혼식에 참석한 적이 있나요? 간단히 말해 보세요.

| | | |
|---|---|---|
| Lv. 3~4 | 我参加过大学同学的婚礼。她是我最好的朋友，去年她结婚的时候，我去参加过她的婚礼。我送了她一个大红包，祝她新婚幸福。<br>Wǒ cānjiāguo dàxué tóngxué de hūnlǐ. Tā shì wǒ zuì hǎo de péngyou, qùnián tā jiéhūn de shíhou, wǒ qù cānjiāguo tā de hūnlǐ. Wǒ sòngle tā yí ge dà hóngbāo, zhù tā xīnhūn xìngfú. | 저는 대학교 동창의 결혼식에 참석한 적이 있습니다. 그녀는 저의 가장 친한 친구로, 작년에 그녀가 결혼할 때 저는 그녀의 결혼식에 참석한 적이 있습니다. 저는 그녀에게 축의금을 주었고, 그녀의 결혼이 행복하기를 바랍니다. |
| Lv. 5~6 | 我参加过公司同事小王的婚礼。她去年八月结婚了，我去参加了她的婚礼。小王那天穿着洁白的婚纱，特别漂亮。新郎个子很高，长得也很帅。我给小王送了一个红包，祝她生活幸福，早生贵子。<br>Wǒ cānjiāguo gōngsī tóngshì Xiǎo Wáng de hūnlǐ. Tā qùnián bā yuè jiéhūn le, wǒ qù cānjiāle tā de hūnlǐ. Xiǎo Wáng nàtiān chuānzhe jiébái de hūnshā, tèbié piàoliang. Xīnláng gèzi hěn gāo, zhǎng de yě hěn shuài. Wǒ gěi Xiǎo Wáng sòngle yí ge hóngbāo, zhù tā shēnghuó xìngfú, zǎo shēng guìzǐ. | 저는 회사 동료인 샤오왕의 결혼식에 참석한 적이 있습니다. 그녀는 작년 8월에 결혼했고, 저는 그녀의 결혼식에 참석하러 갔습니다. 샤오왕은 그날 새하얀 드레스를 입었고, 매우 예뻤습니다. 신랑은 키가 크고, 잘 생겼습니다. 저는 샤오왕에게 축의금을 주었고, 그녀가 행복하고, 빨리 득남하기를 바랍니다. |

**단어 1** 参加 cānjiā 동 참석하다 过 guo 조 ~한 적이 있다 别人 biéren 명 다른 사람 婚礼 hūnlǐ 명 결혼식 去年 qùnián 명 작년 同学 tóngxué 명 동창 红包 hóngbāo 명 축의금 祝 zhù 동 빌다, 바라다 新婚 xīnhūn 명 신혼 幸福 xìngfú 형 행복하다

**단어 2** 同事 tóngshì 명 동료 着 zhe 조 ~하고 있다 洁白 jiébái 형 새하얗다 婚纱 hūnshā 명 신부 드레스 特别 tèbié 부 매우 新郎 xīnláng 명 신랑 个子 gèzi 명 키 长 zhǎng 동 생기다 帅 shuài 형 멋지다, 잘생기다 早生贵子 zǎo sheng guìzǐ 빨리 득남하세요

### ★ 고득점 비법 결혼 축하 표현

결혼식에 참석했을 때 자주 사용하는 축하의 말들을 기억해두자.

예 新婚快乐 xīnhūn kuàilè 결혼 축하합니다 早生贵子 zǎo shēng guìzǐ 빨리 득남하세요
百年好合 bǎinián hǎohé 평생토록 화목하세요 白头偕老 báitóu xiélǎo 백년해로 하세요

문제 2

## 如果有时间的话，你有想做的运动吗？请简单说说。

Rúguǒ yǒu shíjiān dehuà, nǐ yǒu xiǎng zuò de yùndòng ma? Qǐng jiǎndān shuōshuo.

시간이 있다면, 하고 싶은 운동이 있나요? 간단히 말해 보세요.

| | | |
|---|---|---|
| Lv. 3~4 | 有时间的话，我特别想去爬山。平时工作比较忙，每天坐在电脑前面，没有时间运动。爬山不仅能锻炼身体，而且还能呼吸新鲜空气，一举两得。<br>Yǒu shíjiān dehuà, wǒ tèbié xiǎng qù páshān. Píngshí gōngzuò bǐjiào máng, měitiān zuò zài diànnǎo qiánmiàn, méiyǒu shíjiān yùndòng. Páshān bùjǐn néng duànliàn shēntǐ, érqiě hái néng hūxī xīnxiān kōngqì, yìjǔliǎngdé. | 시간이 있다면 저는 특히 등산을 가고 싶습니다. 평소에는 일이 비교적 바쁘고, 매일 컴퓨터 앞에 앉아 있어서 운동을 할 시간이 없습니다. 등산을 하면 몸을 단련할 수 있을 뿐만 아니라, 신선한 공기도 마실 수 있어서 일거양득입니다. |
| Lv. 5~6 | 要是有时间的话，我想骑自行车。骑自行车是有氧运动，既能锻炼身体，还能欣赏路上的风景，放松心情，缓解压力。特别是在汉江边骑自行车的话，心情特别好。而且自行车也不是很贵，这样的运动不会有很大经济负担。<br>Yàoshi yǒu shíjiān dehuà, wǒ xiǎng qí zìxíngchē. Qí zìxíngchē shì yǒuyǎng yùndòng, jì néng duànliàn shēntǐ, hái néng xīnshǎng lùshang de fēngjǐng, fàngsōng xīnqíng, huǎnjiě yālì. Tèbié shì zài Hànjiāng biān qí zìxíngchē dehuà, xīnqíng tèbié hǎo. Érqiě zìxíngchē yě búshì hěn guì, zhèyàng de yùndòng búhuì yǒu hěn dà jīngjì fùdān. | 만약 시간이 있다면, 저는 자전거를 타고 싶습니다. 자전거를 타는 것은 유산소 운동이므로 몸을 단련할 수 있을 뿐만 아니라 길가의 풍경도 감상할 수 있고, 마음이 편안해지며, 스트레스를 해소할 수 있습니다. 특히 한강변에서 자전거를 타면, 기분이 매우 좋습니다. 게다가 자전거도 그다지 비싸지 않아서 이러한 운동은 경제적으로도 큰 부담을 주지 않습니다. |

단어 1 **如果** rúguǒ 접 만약 **时间** shíjiān 명 시간 **的话** dehuà 조 ~하다면 **运动** yùndòng 명 운동 **特别** tèbié 부 특히, 매우 **爬山** páshān 동 등산하다 **平时** píngshí 명 평소 **不仅** bùjǐn 접 ~일 뿐만 아니라 **锻炼** duànliàn 동 단련하다 **呼吸** hūxī 동 호흡하다 **新鲜** xīnxiān 형 신선하다 **空气** kōngqì 명 공기 **一举两得** yìjǔliǎngdé 성 일거양득

단어 2 **要是** yàoshi 접 만약 ~하면 **骑** qí 동 타다 **自行车** zìxíngchē 명 자전거 **有氧运动** yǒuyǎng yùndòng 명 유산소 운동 **既** jì 접 ~할 뿐만 아니라 **欣赏** xīnshǎng 동 감상하다 **风景** fēngjǐng 명 풍경 **放松** fàngsōng 동 느슨하게 하다 **心情** xīnqíng 명 기분 **缓解** huǎnjiě 동 풀어지다, 해소하다 **压力** yālì 명 스트레스 **汉江** Hànjiāng 명 한강 **经济** jīngjì 명 경제 **负担** fùdān 명 부담

**★ 고득점 비법** 열거를 할 때 쓰는 접속사 '不仅…而且…'와 '既…又(还)…'

예 瑜伽不仅能强身健体，而且能放松精神。
Yújiā Bùjǐn néng qiángshēn jiàntǐ, érqiě néng fàngsōng jīngshén.
요가는 신체를 건강하게 할 뿐만 아니라, 마음을 편안하게 한다.

高尔夫是项优雅运动，既能锻炼身体，又能培养绅士风度。
Gāo'ěrfū shì xiàng yōuyǎ yùndòng, jì néng duànliàn shēntǐ, yòu néng péiyǎng shēnshì fēngdù.
골프는 우아한 운동으로 몸을 단련할 수 있을 뿐만 아니라, 신사다운 태도도 기를 수 있다.

## 문제 3

# 你一般怎么处理不用的手机？请简单谈谈。

Nǐ yìbān zěnme chǔlǐ búyòng de shǒujī? Qǐng jiǎndān tántan.

사용하지 않는 휴대폰을 보통 어떻게 처리하나요? 간단히 말해 보세요.

| | | |
|---|---|---|
| Lv. 3~4 | 我一般会放在家里保管。因为手机里有很多个人信息，比如说有照片、电话号码、银行信息等比较重要的个人信息。所以虽然是不用的手机，我也会比较小心地保管好。<br>Wǒ yìbān huì fàng zài jiā lǐ bǎoguǎn. Yīnwèi shǒujī lǐ yǒu hěn duō gèrén xìnxī, bǐrú shuō yǒu zhàopiàn、diànhuà hàomǎ、yínháng xìnxī děng bǐjiào zhòngyào de gèrén xìnxī. Suǒyǐ suīrán shì búyòng de shǒujī, wǒ yě huì bǐjiào xiǎoxīn de bǎoguǎn hǎo. | 저는 보통 집에 보관합니다. 왜냐하면 휴대폰 안에는 많은 개인 정보가 있기 때문입니다. 예를 들어 사진, 전화번호, 은행 정보 등 비교적 중요한 개인 정보가 있습니다. 그래서 비록 사용하지 않는 휴대폰이지만, 저는 그래도 비교적 조심스럽게 잘 보관합니다. |
| Lv. 5~6 | 如果买了新的手机，旧手机我会在二手货网站上卖掉。不用的手机放在家里是浪费资源。现在二手货网站很发达，我不用的手机也许别人会需要。不过在卖掉以前，我会把手机里的照片、电话号码等个人信息都删除掉。<br>Rúguǒ mǎile xīn de shǒujī, jiù shǒujī wǒ huì zài èrshǒuhuò wǎngzhàn shàng màidiào. Búyòng de shǒujī fàng zài jiā lǐ shì làngfèi zīyuán. Xiànzài èrshǒuhuò wǎngzhàn hěn fādá, wǒ búyòng de shǒujī yěxǔ biéren huì xūyào. Búguò zài màidiào yǐqián, wǒ huì bǎ shǒujī lǐ de zhàopiàn、diànhuà hàomǎ děng gèrén xìnxī dōu shānchú diào. | 만약 새 휴대폰을 산다면, 저는 이전의 휴대폰을 중고 사이트에서 팔아버립니다. 사용하지 않는 휴대폰을 집에 두는 것은 자원을 낭비하는 것입니다. 요즘에는 중고 사이트가 매우 발달했고, 제가 사용하지 않는 휴대폰을 다른 사람이 필요로 할 수도 있습니다. 그러나 팔기 전에, 저는 휴대폰 안의 사진, 전화번호 등 개인 정보를 모두 삭제해 버립니다. |

단어 1 **处理** chǔlǐ 동 처리하다 **用** yòng 동 사용하다 **手机** shǒujī 명 휴대폰 **保管** bǎoguǎn 동 보관하다 **个人信息** gèrén xìnxī 명 개인 정보 **比如** bǐrú 접 예컨대 **照片** zhàopiàn 명 사진 **号码** hàomǎ 명 번호 **重要** zhòngyào 형 중요하다 **虽然** suīrán 접 비록 ~일지라도 **小心** xiǎoxīn 형 조심스럽다

단어 2 **新** xīn 형 새롭다 **旧** jiù 형 낡다 **二手货** èrshǒuhuò 명 중고 **网站** wǎngzhàn 명 사이트 **卖** mài 동 팔다 **掉** diào 동 ~해 버리다 **浪费** làngfèi 동 낭비하다 **资源** zīyuán 명 자원 **发达** fādá 동 발달하다 **也许** yěxǔ 부 아마 **需要** xūyào 동 필요로 하다 **不过** búguò 접 그러나 **以前** yǐqián 명 이전 **删除** shānchú 동 삭제하다

### ★ 고득점 비법 중고 물품과 관련된 단어

예 **资源浪费** zīyuán làngfèi 자원을 낭비하다 | **二手货** èrshǒuhuò 중고품
**衣物回收** yīwù huíshōu 옷과 일상 용품 회수 | **旧货市场** jiùhuò shìchǎng 중고 물품 시장

## 문제 4

# 你选择电影时，主要考虑哪些方面？请简单说一说。

Nǐ xuǎnzé diànyǐng shí, zhǔyào kǎolǜ nǎxiē fāngmiàn? Qǐng jiǎndān shuō yi shuō.

당신은 영화를 선택할 때, 어떤 방면을 주로 고려하나요? 간단히 말해 보세요.

| | | |
|---|---|---|
| Lv. 3~4 | 选择电影的时候，我主要考虑电影的类型。我比较喜欢看喜剧电影。看喜剧电影能放松心情，开怀大笑，忘掉生活的苦恼。所以我一般选择比较轻松的电影。<br>Xuǎnzé diànyǐng de shíhou, wǒ zhǔyào kǎolǜ diànyǐng de lèixíng. Wǒ bǐjiào xǐhuan kàn xǐjù diànyǐng. Kàn xǐjù diànyǐng néng fàngsōng xīnqíng, kāihuái dàxiào, wàngdiào shēnghuó de kǔnǎo. Suǒyǐ wǒ yìbān xuǎnzé bǐjiào qīngsōng de diànyǐng. | 영화를 선택할 때, 저는 영화의 장르를 주로 고려합니다. 저는 코미디 영화를 보는 것을 비교적 좋아합니다. 코미디 영화를 보면 마음이 편안해지고, 마음 놓고 크게 웃을 수 있어 삶의 고민을 잊어버리게 됩니다. 그래서 저는 평소에 비교적 가벼운 영화를 선택합니다. |
| Lv. 5~6 | 选择电影的时候，我主要考虑电影的类型。我比较喜欢看浪漫的爱情故事或者刺激的动作电影。看这样的电影让人心情轻松，可以缓解压力。另外我也会考虑电影的口碑，在电影节上获奖的电影或者是口碑比较好的电影，我一定会看。<br>Xuǎnzé diànyǐng de shíhou, wǒ zhǔyào kǎolǜ diànyǐng de lèixíng. Wǒ bǐjiào xǐhuan kàn làngmàn de àiqíng gùshi huòzhě cìjī de dòngzuò diànyǐng. Kàn zhèyàng de diànyǐng ràng rén xīnqíng qīngsōng, kěyǐ huǎnjiě yālì. Lìngwài wǒ yě huì kǎolǜ diànyǐng de kǒubēi, zài diànyǐngjié shàng huòjiǎng de diànyǐng huòzhě shì kǒubēi bǐjiào hǎo de diànyǐng, wǒ yídìng huì kàn. | 영화를 선택할 때, 저는 영화의 장르를 주로 고려합니다. 저는 낭만적인 로맨스 영화나 자극적인 액션 영화를 좋아합니다. 이런 영화를 보면, 마음이 편안해지고, 스트레스를 해소할 수 있습니다. 그밖에 저는 영화의 평판도 고려합니다. 영화제에서 상을 받았거나 입소문이 비교적 좋게 난 영화를 저는 반드시 봅니다. |

**단어 1** **选择** xuǎnzé 동 선택하다 **电影** diànyǐng 명 영화 **主要** zhǔyào 부 주로 **考虑** kǎolǜ 동 고려하다 **方面** fāngmiàn 명 방면 **类型** lèixíng 명 유형, 장르 **喜剧** xǐjù 명 희극, 코미디 **开怀** kāihuái 동 마음을 열다 **大笑** dàxiào 동 크게 웃다 **忘** wàng 동 잊다 **苦恼** kǔnǎo 동 고뇌하다, 고민하다 **轻松** qīngsōng 형 가볍다

**단어 2** **浪漫** làngmàn 형 낭만적이다 **爱情** àiqíng 명 애정 **故事** gùshi 명 이야기 **或者** huòzhě 접 혹은 **刺激** cìjī 동 자극하다 **动作** dòngzuò 명 행동 **另外** lìngwài 부 그밖에 **口碑** kǒubēi 명 평판, 입소문 **电影节** diànyǐngjié 명 영화제 **获奖** huòjiǎng 동 상을 받다 **一定** yídìng 부 반드시

**★ 고득점 비법** 영화와 관련된 단어

예 **角色** juésè 배역
**导演** dǎoyǎn 감독
**电影节** diànyǐngjié 영화제
**情节** qíngjié 줄거리
**口碑** kǒubēi 평판, 입소문
**电影类型** diànyǐng lèixíng 영화 장르

## 문제 5

# 你周围做与专业相关工作的人多吗？请简单谈谈看。

Nǐ zhōuwéi zuò yǔ zhuānyè xiāngguān gōngzuò de rén duō ma? Qǐng jiǎndān tántan kàn.

당신 주위에는 전공과 관련된 일을 하는 사람이 많나요? 간단히 말해 보세요.

| | | |
|---|---|---|
| Lv. 3~4 | 我周围做与专业相关工作的人比较多。我是做销售工作的，身边的同事大部分大学的时候学的都是市场营销、企业管理等，专业基本上和现在的工作有一定的联系。<br>Wǒ zhōuwéi zuò yǔ zhuānyè xiāngguān gōngzuò de rén bǐjiào duō. Wǒ shì zuò xiāoshòu gōngzuò de, shēnbiān de tóngshì dàbùfen dàxué de shíhou xué de dōu shì shìchǎng yíngxiāo、qǐyè guǎnlǐ děng, zhuānyè jīběnshang hé xiànzài de gōngzuò yǒu yídìng de liánxì. | 제 주위에는 전공과 관련된 일을 하는 사람이 비교적 많습니다. 저는 판매일을 하고 있고, 주변의 동료들은 대부분 대학교를 다닐 때 마케팅, 기업 관리 등을 공부해서 전공이 기본적으로 지금의 일과 어느 정도 관계가 있습니다. |
| Lv. 5~6 | 我周围做与专业相关工作的人不太多。我身边的朋友，有的人大学学习的是音乐专业，但是外语说得很好，现在在机场工作。有的人大学的时候学习电子工学，是理科专业，但是现在在做客户服务工作。我觉得这是因为在选择职业的时候，除了专业，还有很多其他因素的影响。<br>Wǒ zhōuwéi zuò yǔ zhuānyè xiāngguān gōngzuò de rén bútài duō. Wǒ shēnbiān de péngyou, yǒu de rén dàxué xuéxí de shì yīnyuè zhuānyè, dànshì wàiyǔ shuō de hěn hǎo, xiànzài zài jīchǎng gōngzuò. Yǒu de rén dàxué de shíhou xuéxí diànzǐ gōngxué, shì lǐkē zhuānyè, dànshì xiànzài zài zuò kèhù fúwù gōngzuò. Wǒ juéde zhè shì yīnwèi zài xuǎnzé zhíyè de shíhou, chúle zhuānyè, háiyǒu hěn duō qítā yīnsù de yǐngxiǎng. | 제 주위에는 전공과 관련된 일을 하는 사람이 그다지 많지 않습니다. 제 주위의 친구 중에 어떤 사람은 대학교에서 공부한 것이 음악 전공이지만, 외국어를 잘 해서, 지금은 공항에서 일을 합니다. 어떤 사람은 대학교 때 전자공학을 공부했고, 이과 전공이지만, 지금은 고객 서비스 일을 하고 있습니다. 직업을 선택할 때, 전공 이외에도 많은 다른 원인이 영향을 줍니다. |

단어 1 周围 zhōuwéi 명 주위 与 yǔ 전 ~와 专业 zhuānyè 명 전공 相关 xiāngguān 동 관련되다 销售 xiāoshòu 동 판매하다 身边 shēnbiān 명 신변, 곁 同事 tóngshì 명 동료 大部分 dàbùfen 부 대부분 市场营销 shìchǎng yíngxiāo 명 마케팅 企业 qǐyè 명 기업 管理 guǎnlǐ 동 관리하다 基本上 jīběnshang 부 대체로 一定 yídìng 형 어느 정도의 联系 liánxì 명 관련

단어 2 音乐 yīnyuè 명 음악 外语 wàiyǔ 명 외국어 机场 jīchǎng 명 공항 电子工学 diànzǐ gōngxué 명 전자 공학 理科 lǐkē 명 이과 客户服务 kèhù fúwù 명 고객 서비스 选择 xuǎnzé 동 선택하다 职业 zhíyè 명 직업 除了 chúle 접 ~외에 또 其他 qítā 명 그 외 因素 yīnsù 명 원인, 요소 影响 yǐngxiǎng 동 영향을 주다

### ★ 고득점 비법 전공 학과

예 文学 wénxué 문학
法学 fǎxué 법학
经济学 jīngjìxué 경제학
医学 yīxué 의학
工学 gōngxué 공학
教育学 jiàoyùxué 교육학

33

# 第五部分

## 문제 1

### 比起传统市场，有些人更喜欢去大型超市买东西。你认为理由是什么？

Bǐqǐ chuántǒng shìchǎng, yǒuxiē rén gèng xǐhuan qù dàxíng chāoshì mǎi dōngxi.
Nǐ rènwéi lǐyóu shì shénme?

전통 시장과 비교했을 때, 어떤 사람들은 대형 마트에 가서 물건 사는 것을 더 좋아합니다. 이유가 무엇이라고 생각하나요?

| Lv. | 답변 | 해석 |
|---|---|---|
| Lv. 3~4 | 我觉得是因为大型超市比较方便。大型超市大部分都在交通环境比较好的地方，比如说地铁站附近，而且有停车场，比较方便。而且购物环境非常好，很干净。传统市场一般出行不太方便，所以人们都喜欢去大型超市购物。<br>Wǒ juéde shì yīnwèi dàxíng chāoshì bǐjiào fāngbiàn. Dàxíng chāoshì dàbùfen dōu zài jiāotōng huánjìng bǐjiào hǎo de dìfang, bǐrú shuō dìtiězhàn fùjìn, érqiě yǒu tíngchēchǎng, bǐjiào fāngbiàn. Érqiě gòuwù huánjìng fēicháng hǎo, hěn gānjìng. Chuántǒng shìchǎng yìbān chūxíng bútài fāngbiàn, suǒyǐ rénmen dōu xǐhuan qù dàxíng chāoshì gòuwù. | 저는 대형 마트가 비교적 편리하기 때문이라고 생각합니다. 대형 마트는 대부분 교통 환경이 비교적 좋은 곳에 있습니다. 예를 들어 지하철역 근처이고, 게다가 주차장이 있어서 비교적 편리합니다. 그리고 쇼핑 환경도 아주 좋고, 깨끗합니다. 전통 시장은 일반적으로 이동이 불편해서 사람들은 대형 마트에 가서 쇼핑하는 것을 좋아합니다. |
| Lv. 5~6 | 我认为人们更喜欢去大型超市购物主要有以下几个原因：首先大型超市购物环境比较好。不仅停车比较方便，而且卖场干净整洁。其次大型超市的商品品种齐全，吃、穿、住、用，一应俱全，什么都能买到。最后大型超市商品价格具有竞争力，会通过特价商品吸引消费者。所以很多人更愿意去大型超市买东西。<br>Wǒ rènwéi rénmen gèng xǐhuan qù dàxíng chāoshì gòuwù zhǔyào yǒu yǐxià jǐ ge yuányīn: Shǒuxiān dàxíng chāoshì gòuwù huánjìng bǐjiào hǎo. Bùjǐn tíngchē bǐjiào fāngbiàn, érqiě màichǎng gānjìng zhěngjié. Qícì dàxíng chāoshì de shāngpǐn pǐnzhǒng qíquán, chī、chuān、zhù、yòng, yìyīngjùquán, shénme dōu néng mǎidào. Zuìhòu dàxíng chāoshì shāngpǐn jiàgé jùyǒu jìngzhēnglì, huì tōngguò tèjià shāngpǐn xīyǐn xiāofèizhě. Suǒyǐ hěn duō rén gèng yuànyì qù dàxíng chāoshì mǎi dōngxi. | 저는 사람들이 대형 마트에 가서 쇼핑하는 것을 더 좋아하는 데는 몇 가지 원인이 있다고 생각합니다. 먼저 대형 마트는 쇼핑 환경이 비교적 좋습니다. 주차하기가 편리할 뿐만 아니라, 게다가 매장도 깨끗합니다. 그다음 대형 마트는 상품의 종류가 잘 갖추어져 있습니다. 식품, 의류, 인테리어, 생활용품 등 모두 갖추어져 있어서, 무엇이든 다 살 수 있습니다. 마지막으로 대형 마트의 상품 가격은 경쟁력이 있어서, 특별 할인 상품을 통해 소비자들을 매료시킵니다. 그래서 많은 사람들이 대형 마트에 가서 물건을 삽니다. |

단어 1 **传统市场** chuántǒng shìchǎng 명 전통 시장 **大型** dàxíng 명 대형 **超市** chāoshì 명 슈퍼마켓 **理由** lǐyóu 명 이유 **方便** fāngbiàn 형 편리하다 **原因** yuányīn 명 원인 **交通** jiāotōng 명 교통 **环境** huánjìng 명 환경 **地方** dìfang 명 장소, 곳 **地铁站** dìtiězhàn 명 지하철역 **附近** fùjìn 명 근처 **停车场** tíngchēchǎng 명 주차장 **购物** gòuwù 동 쇼핑하다 **干净** gānjìng 형 깨끗하다 **出行** chūxíng 동 나다니다, 외출하다

단어 2 **以下** yǐxià 명 그 다음(의 말) **首先** shǒuxiān 명 우선 **卖场** màichǎng 명 매장 **其次** qícì 명 그다음 **商品** shāngpǐn 명 상품 **品种** pǐnzhǒng 명 제품의 종류, 품종 **齐全** qíquán 동 완전히 갖추다 **一应俱全** yìyīngjùquán 성 모두 갖추어져 있다 **价格** jiàgé 명 가격 **具有** jùyǒu 동 구비하다 **竞争力** jìngzhēnglì 명 경쟁력 **特价** tèjià 명 특별 할인 가격 **吸引** xīyǐn 동 매료시키다 **消费者** xiāofèizhě 명 소비자

## 문제 2

# 你认为大学生除了学习还应该多参加社团活动吗? 请谈谈你的想法。

Nǐ rènwéi dàxuéshēng chúle xuéxí hái yīnggāi duō cānjiā shètuán huódòng ma? Qǐng tántan nǐ de xiǎngfǎ.

당신은 대학생이 공부 이외에 동아리 활동에도 많이 참여해야 한다고 생각하나요? 당신의 생각을 말해 보세요.

| | | |
|---|---|---|
| Lv. 3~4 | 我认为大学生除了学习，还应该多参加社团活动。因为在大学里多参加社团活动可以培养自己的社交能力，并且能够丰富自己的课余生活，开阔视野。所以我认为大学生应该多参加社团活动。<br>Wǒ rènwéi dàxuéshēng chúle xuéxí, hái yīnggāi duō cānjiā shètuán huódòng. Yīnwèi zài dàxué lǐ duō cānjiā shètuán huódòng kěyǐ péiyǎng zìjǐ de shèjiāo nénglì, bìngqiě nénggòu fēngfù zìjǐ de kèyú shēnghuó, kāikuò shìyě. Suǒyǐ wǒ rènwéi dàxuéshēng yīnggāi duō cānjiā shètuán huódòng. | 저는 대학생이 공부 이외에 동아리 활동에도 많이 참여해야 한다고 생각합니다. 왜냐하면 대학교 안에서 동아리 활동에 많이 참여하면, 게다가 자신의 사교 능력을 기를 수 있을 뿐만 아니라, 게다가 자신의 문화생활도 풍부하게 하며 시야를 넓혀줍니다. 그래서 저는 대학생이 반드시 동아리 활동에 많이 참여해야 한다고 생각합니다. |
| Lv. 5~6 | 我认为大学生应该多参加社团活动。因为大学和高中不一样，是进入社会前的最后一个阶段。通过社团活动，大学生不仅可以开发自己的兴趣爱好，丰富课余生活，还可以在各种各样的社团活动中了解社会，锻炼自己的社交能力，为进入社会打下基础。<br>Wǒ rènwéi dàxuéshēng yīnggāi duō cānjiā shètuán huódòng. Yīnwèi dàxué hé gāozhōng bù yíyàng, shì jìnrù shèhuì qián de zuìhòu yí ge jiēduàn. Tōngguò shètuán huódòng, dàxuéshēng bùjǐn kěyǐ kāifā zìjǐ de xìngqù àihào, fēngfù kèyú shēnghuó, hái kěyǐ zài gèzhǒng gèyàng de shètuán huódòng zhōng liǎojiě shèhuì, duànliàn zìjǐ de shèjiāo nénglì, wèi jìnrù shèhuì dǎxià jīchǔ. | 저는 대학생이 동아리 활동에 많이 참여해야 한다고 생각합니다. 왜냐하면 대학교는 고등학교와 달리 사회에 진입하기 전의 마지막 단계이기 때문입니다. 동아리 활동을 통해 대학생은 자신의 취미를 개발할 수 있을 뿐만 아니라, 문화생활도 풍부하게 할 수 있습니다. 그리고 각종 동아리 활동을 통해 사회를 이해할 수 있고, 자신의 사교 능력을 단련시켜, 사회에 들어가기 위한 기초를 다질 수 있습니다. |

단어 1 **大学生** dàxuéshēng 명 대학생 **除了** chúle 접 ~외에 **参加** cānjiā 동 참여하다 **社团活动** shètuán huódòng 명 동아리 활동 **培养** péiyǎng 동 기르다 **自己** zìjǐ 명 자신 **社交** shèjiāo 명 사교 **能力** nénglì 명 능력 **并且** bìngqiě 접 또한 **能够** nénggòu 동 ~할 수 있다 **丰富** fēngfù 동 풍부하게 하다 **课余生活** kèyú shēnghuó 명 문화 생활 **开阔** kāikuò 동 넓히다 **视野** shìyě 명 시야

단어 2 **高中** gāozhōng 명 고등학교 **一样** yíyàng 형 같다 **进入** jìnrù 동 진입하다 **社会** shèhuì 명 사회 **阶段** jiēduàn 명 단계 **开发** kāifā 동 개발하다 **兴趣** xìngqù 명 흥미 **爱好** àihào 명 취미 **各种各样** gèzhǒng gèyàng 각양각색, 각종 **了解** liǎojiě 동 이해하다 **锻炼** duànliàn 동 단련하다 **打下** dǎxià 동 기초를 다지다 **基础** jīchǔ 명 기초

**★ 고득점 비법 알아두면 좋은 단어 결합**

예 **培养社交能力** péiyǎng shèjiāo nénglì 사교 능력을 기르다
**开发兴趣爱好** kāifā xìngqù àihào 취미, 흥미를 개발하다
**丰富课余生活** fēngfù kèyú shēnghuó 문화생활을 풍부하게 하다
**打下社会基础** dǎxià shèhuì jīchǔ 사회 기초를 다지다

**문제 3**

# 和在家做饭相比，在外面吃饭有哪些好处和坏处？请谈谈你的想法。

Hé zài jiā zuòfàn xiāngbǐ, zài wàimiàn chīfàn yǒu nǎxiē hǎochù hé huàichù? Qǐng tántan nǐ de xiǎngfǎ.

집에서 밥을 하는 것과 비교했을 때, 밖에서 식사를 하면 어떤 장점과 단점이 있나요? 당신의 생각을 말해 보세요.

| | | |
|---|---|---|
| Lv. 3~4 | 和在家做饭相比，在外面吃饭既有好处，又有坏处。好处是可以节省时间。在家做饭要花很多时间，在外面吃饭比较方便。坏处是常常在外面吃饭，对健康不太好，花钱也比较多。<br>Hé zài jiā zuòfàn xiāngbǐ, zài wàimiàn chīfàn jì yǒu hǎochù, yòu yǒu huàichù. Hǎochù shì kěyǐ jiéshěng shíjiān. Zài jiā zuòfàn yào huā hěn duō shíjiān, zài wàimiàn chīfàn bǐjiào fāngbiàn. Huàichù shì chángcháng zài wàimiàn chīfàn, duì jiànkāng bútài hǎo, huā qián yě bǐjiào duō. | 집에서 밥을 하는 것과 비교했을 때, 밖에서 식사를 하면 장점도 있고, 단점도 있습니다. 장점은 시간을 절약할 수 있다는 것입니다. 집에서 밥을 하면 많은 시간을 써야 하지만, 밖에서 식사를 하면 비교적 편리합니다. 단점은 자주 밖에서 식사를 하면 건강에 그다지 좋지 않고, 돈도 비교적 많이 쓰게 됩니다. |
| Lv. 5~6 | 和在家做饭相比，在外面吃饭有很多好处。比如说，可以节省时间。在家做饭需要很多时间，洗菜做饭比较麻烦，吃完了还要洗碗整理。在外面吃饭非常方便，吃完就走，可以节省很多时间。但是饭店的菜大部分都是高盐高糖高油，常常吃对健康不好，容易得成人病。而且也比较贵，经济压力比较大。<br>Hé zài jiā zuòfàn xiāngbǐ, zài wàimiàn chīfàn yǒu hěn duō hǎochù. Bǐrú shuō, kěyǐ jiéshěng shíjiān. Zài jiā zuòfàn xūyào hěn duō shíjiān, xǐcài zuòfàn bǐjiào máfan, chīwánle hái yào xǐwǎn zhěnglǐ. Zài wàimiàn chīfàn fēicháng fāngbiàn, chīwán jiù zǒu, kěyǐ jiéshěng hěn duō shíjiān. Dànshì fàndiàn de cài dàbùfen dōu shì gāo yán gāo táng gāo yóu, chángcháng chī duì jiànkāng bù hǎo, róngyì dé chéngrénbìng. Érqiě yě bǐjiào guì, jīngjì yālì bǐjiào dà. | 집에서 밥을 하는 것과 비교했을 때, 밖에서 식사를 하면 많은 장점이 있습니다. 예를 들어 시간을 절약할 수 있습니다. 집에서 밥을 하면 많은 시간이 걸립니다. 채소도 씻어야 하고, 밥도 해야 해서 번거롭고, 다 먹고 나면 설거지도 하고, 정리도 해야 합니다. 밖에서 식사를 하면 매우 편리합니다. 다 먹고 가기만 하면 되기 때문에 많은 시간을 절약할 수 있습니다. 하지만 식당의 요리는 대부분 소금, 설탕, 기름이 많이 들어가서 자주 먹으면 건강에 좋지 않고, 성인병에 걸리기 쉽습니다. 게다가 비교적 비싸서 경제적인 스트레스도 비교적 큽니다. |

단어 1 相比 xiāngbǐ 통 비교하다 外面 wàimiàn 명 밖 好处 hǎochù 명 장점 坏处 huàichù 명 단점 既…又… jì…yòu… ~하고 ~하다 节省 jiéshěng 통 절약하다 花 huā 통 쓰다 健康 jiànkāng 명 건강

단어 2 麻烦 máfan 형 번거롭다 洗碗 xǐwǎn 통 설거지하다 整理 zhěnglǐ 통 정리하다 大部分 dàbùfen 명 대부분 盐 yán 명 소금 糖 táng 명 설탕 油 yóu 명 기름 容易 róngyì 형 쉽다 得 dé 통 걸리다 成人病 chéngrénbìng 명 성인병 经济 jīngjì 명 경제

**★ 고득점 비법 'A와 비교했을 때 B가 더 ~하다'라는 표현**

A와 비교했을 때 B가 더 ~하다'라는 표현은 '与A相比，B更…' 혹은 '比起A, B更…'를 사용해야 한다.

예 '与A相比，B更…' (○)　比起A，B更… (○)　比A，B更… (×)

## 문제 4

# 有些地方禁止在街道上吸烟，对此你有什么看法？请谈谈你的意见。

Yǒuxiē dìfang jìnzhǐ zài jiēdào shàng xīyān, duì cǐ nǐ yǒu shénme kànfǎ? Qǐng tántan nǐ de yìjiàn.

어떤 곳에서는 거리에서 흡연하는 것을 금지하는데, 이것에 대해 당신은 어떻게 생각하나요? 당신의 생각을 말해 보세요.

| | | |
|---|---|---|
| Lv. 3~4 | 我非常赞成这个规定。吸烟有害健康，二手烟对健康的危害更大。禁止在街道上吸烟，可以让人们少吸二手烟，保护市民的安全。而且禁止在街道上吸烟也会让街道更干净。<br>Wǒ fēicháng zànchéng zhège guīdìng. Xīyān yǒuhài jiànkāng, èrshǒuyān duì jiànkāng de wēihài gèng dà. Jìnzhǐ zài jiēdào shàng xīyān, kěyǐ ràng rénmen shǎo xī èrshǒuyān, bǎohù shìmín de ānquán. Érqiě jìnzhǐ zài jiēdào shàng xīyān yě huì ràng jiēdào gèng gānjìng. | 저는 이 규정에 매우 찬성합니다. 흡연은 건강에 해롭고, 간접흡연이 건강에게 주는 해로움은 더 큽니다. 거리에서 흡연하는 것을 금지하면, 사람들의 간접흡연을 줄일 수 있고, 시민의 안전을 지킬 수 있습니다. 게다가 거리에서 흡연하는 것을 금지하면 거리도 더 깨끗해질 것입니다. |
| Lv. 5~6 | 我非常赞成这个规定。虽然个人有吸烟的自由，但是街道是公共场所，应该保护大家的利益。在街道上吸烟会让很多人吸到二手烟，对大家的健康造成危害。禁止在街道上吸烟不仅可以解决二手烟的问题，而且会让环境更干净。为了保护大家的利益，我赞成禁止在街道上吸烟。<br>Wǒ fēicháng zànchéng zhège guīdìng. Suīrán gèrén yǒu xīyān de zìyóu, dànshì jiēdào shì gōnggòng chǎngsuǒ, yīnggāi bǎohù dàjiā de lìyì. Zài jiēdào shàng xīyān huì ràng hěn duō rén xīdào èrshǒuyān, duì dàjiā de jiànkāng zàochéng wēihài. Jìnzhǐ zài jiēdào shàng xīyān bùjǐn kěyǐ jiějué èrshǒuyān de wèntí, érqiě huì ràng huánjìng gèng gānjìng. Wèile bǎohù dàjiā de lìyì, wǒ zànchéng jìnzhǐ zài jiēdào shàng xīyān. | 저는 이 규정에 매우 찬성합니다. 비록 개인은 흡연을 할 수 있는 자유가 있지만, 거리는 공공장소이므로 모두의 이익을 마땅히 보호해야 합니다. 거리에서 흡연을 하게 되면 많은 사람들이 간접흡연을 하게 되어서 모두의 건강에 해로움을 줍니다. 거리에서 흡연하는 것을 금지하면 간접흡연 문제도 해결할 수 있고, 게다가 환경을 더 깨끗하게 만들 수 있습니다. 모두의 이익을 보호하기 위해 저는 거리에서의 흡연 금지를 찬성합니다. |

**단어 1** **禁止** jìnzhǐ 동 금지하다 **街道** jiēdào 명 거리 **吸烟** xīyān 동 담배를 피우다 **赞成** zànchéng 동 찬성하다 **规定** guīdìng 명 규정 **有害** yǒuhài 동 유해하다 **二手烟** èrshǒuyān 명 간접흡연 **危害** wēihài 명 위해, 해 **保护** bǎohù 동 보호하다, 지키다 **市民** shìmín 명 시민 **安全** ānquán 명 안전 **干净** gānjìng 형 깨끗하다

**단어 2** **自由** zìyóu 명 자유 **公共场所** gōnggòng chǎngsuǒ 명 공공장소 **利益** lìyì 명 이익 **造成** zàochéng 동 야기하다, 초래하다 **解决** jiějué 동 해결하다 **环境** huánjìng 명 환경

### ★ 고득점 비법 흡연과 관련된 단어

예 戒烟 jièyān 금연하다
二手烟 èrshǒuyān 간접흡연
电子香烟 diànzǐ xiāngyān 전자 담배
吸烟室 xīyānshì 흡연실
禁烟区 jìnyānqū 금연 구역
有害健康 yǒuhài jiànkāng 건강에 해롭다

34

# 第六部分

**문제 1**

## 你跟朋友约好周日一起去看演唱会。请你给朋友打电话约定见面的时间和地点。

Nǐ gēn péngyou yuēhǎo zhōurì yìqǐ qù kàn yǎnchànghuì.
Qǐng nǐ gěi péngyou dǎ diànhuà yuēdìng jiànmiàn de shíjiān hé dìdiǎn.

당신은 친구와 일요일에 콘서트를 보러 가기로 약속했습니다.
친구에게 전화를 걸어 만나는 시간과 장소를 정해보세요.

| | | |
|---|---|---|
| Lv. 3~4 | **喂，玲玲，你好。我是小张。这个星期天咱们不是约好一起去看演唱会吗？那天中午12点在你家附近的麦当劳见面怎么样？演唱会下午两点开始，咱们一起吃了午饭以后出发，时间刚好。你看怎么样？**<br>Wéi, Línglíng, nǐ hǎo. Wǒ shì Xiǎo Zhāng. Zhège xīngqītiān zánmen búshì yuēhǎo yìqǐ qù kàn yǎnchànghuì ma? Nàtiān zhōngwǔ shí èr diǎn zài nǐ jiā fùjìn de Màidāngláo jiànmiàn zěnme yàng? Yǎnchànghuì xiàwǔ liǎng diǎn kāishǐ, zánmen yìqǐ chīle wǔfàn yǐhòu chūfā, shíjiān gāng hǎo. Nǐ kàn zěnmeyàng? | 여보세요, 링링, 안녕. 나 샤오장이야. 이번 주 일요일에 우리 콘서트 보러 가기로 했잖아? 그날 점심 12시에 너희 집 근처에 있는 맥도날드에서 만나는 거 어때? 콘서트는 오후 2시에 시작하니까, 같이 점심 먹고 나서 출발하면 시간이 딱 맞을 거야. 네가 보기에는 어때? |
| Lv. 5~6 | **喂，玲玲，你好。我是小张。上个星期咱们约好明天去看防弹少年团的演出，你没忘了吧？演出是晚上8点开始，咱们下午4点在江南站2号出口前见面怎么样？见面以后我们一起吃个饭，然后去排队等着入场就可以了。好，那就明天见吧。不见不散！**<br>Wéi, Línglíng, nǐ hǎo. Wǒ shì Xiǎo Zhāng. Shàng ge xīngqī zánmen yuēhǎo míngtiān qù kàn Fángdàn shàoniántuán de yǎnchū, nǐ méi wàngle ba? Yǎnchū shì wǎnshang bā diǎn kāishǐ, zánmen xiàwǔ sì diǎn zài Jiāngnánzhàn èr hào chūkǒu qián jiànmiàn zěnmeyàng? Jiànmiàn yǐhòu wǒmen yìqǐ chī ge fàn, ránhòu qù páiduì děngzhe rùchǎng jiù kěyǐ le. Hǎo, nà jiù míngtiān jiàn ba. Bújiàn búsàn! | 여보세요, 링링, 안녕. 나 샤오장이야. 지난주에 우리 내일 방탄소년단 공연 보러 가기로 약속했었는데, 잊어버리지 않았지? 공연은 저녁 8시에 시작하니까 우리 오후 4시에 강남역 2번 출구 앞에서 만나는 거 어때? 만나서 같이 밥 먹고, 줄 서서 기다리다가 입장하면 돼. 좋아, 그럼 내일 보자. 올 때까지 기다릴게! |

단어 1 **约** yuē 동 약속하다 **周日** zhōurì 명 일요일 **演唱会** yǎnchànghuì 명 콘서트 **约定** yuēdìng 동 약속하다 **地点** dìdiǎn 명 장소
**演唱会** yǎnchànghuì 명 콘서트 **麦当劳** Màidāngláo 명 맥도날드 **出发** chūfā 동 출발하다 **刚** gāng 부 마침, 딱

단어 2 **防弹少年团** Fángdàn shàoniántuán 명 방탄소년단 **演出** yǎnchū 명 공연 **忘** wàng 동 잊다 **江南站** Jiāngnánzhàn 명 강남역
**出口** chūkǒu 명 출구 **排队** páiduì 동 줄을 서다 **入场** rùchǎng 동 입장하다 **不见不散** bújiàn búsàn 만날 때까지 기다리다

**★ 고득점 비법 콘서트와 관련된 단어**

예 **粉丝** fěnsī 팬 　**排队** páiduì 줄을 서다 　**演出** yǎnchū 공연
**公演** gōngyǎn 공연 　**偶像** ǒuxiàng 우상, 아이돌 　**预订门票** yùdìng ménpiào 입장권을 예매하다

**문제 2**

## 你的同屋常把宿舍弄得又脏又乱却不打扫卫生。请你表示不满，并要求他改掉这个坏习惯。

Nǐ de tóngwū cháng bǎ sùshè nòng de yòu zāng yòu luàn què bù dǎsǎo wèishēng. Qǐng nǐ biǎoshì bùmǎn, bìng yāoqiú tā gǎidiào zhège huài xíguàn.

당신의 룸메이트가 자주 기숙사를 더럽히고 어지럽히는데, 청소를 하지 않습니다. 불만을 표시하고, 나쁜 습관을 고치도록 요구하세요.

| | | |
|---|---|---|
| Lv. 3~4 | 王刚，你怎么常常把宿舍弄得又脏又乱？宿舍是我们一起生活的地方，你每次这样不打扫卫生，我非常生气。请你以后一定要整理好你的东西，改掉这个乱扔东西的坏习惯。<br>Wáng Gāng, nǐ zěnme chángcháng bǎ sùshè nòng de yòu zāng yòu luàn? Sùshè shì wǒmen yìqǐ shēnghuó de dìfang, nǐ měi cì zhèyàng bù dǎsǎo wèishēng, wǒ fēicháng shēngqì. Qǐng nǐ yǐhòu yídìng yào zhěnglǐ hǎo nǐ de dōngxi, gǎidiào zhège luàn rēng dōngxi de huài xíguàn. | 왕깡, 너 기숙사를 어떻게 이렇게 자주 더럽히고, 어지럽혀 놓니? 기숙사는 우리가 함께 생활하는 곳인데 매번 이렇게 청소도 안 하니, 나 정말 화가 나. 앞으로는 네 물건을 반드시 잘 정리하고, 물건을 아무 데나 버리는 나쁜 습관도 좀 고쳤으면 해. |
| Lv. 5~6 | 王刚，你看看这些垃圾，都是你干的吧？你不收拾碗筷，换下来的衣服随便乱扔，把房间弄得又脏又乱。我都给你打扫过几次了，真让人受不了。宿舍是我们一起生活的地方，不是你一个人住。所以请你以后每天打扫房间，改掉不整理的坏习惯好吗？<br>Wáng Gāng, nǐ kànkan zhèxiē lājī, dōu shì nǐ gàn de ba? Nǐ bù shōushi wǎnkuài, huàn xiàlái de yīfu suíbiàn luàn rēng, bǎ fángjiān nòng de yòu zāng yòu luàn. Wǒ dōu gěi nǐ dǎsǎoguo jǐ cì le, zhēn ràng rén shòu bu liǎo. Sùshè shì wǒmen yìqǐ shēnghuó de dìfang, búshì nǐ yí ge rén zhù. Suǒyǐ qǐng nǐ yǐhòu měitiān dǎsǎo fángjiān, gǎidiào bù zhěnglǐ de huài xíguàn hǎo ma? | 왕깡, 이 쓰레기들 좀 봐. 다 네가 한 거지? 그릇과 젓가락도 치우지 않고, 갈아입은 옷은 아무 데나 던져놓고, 방을 더럽히고, 어지럽혀놨잖아. 내가 청소를 몇 번이나 해 줬는데, 정말 못 참겠어. 기숙사는 우리가 함께 생활하는 곳이지 네가 혼자 사는 곳이 아니야. 앞으로는 매일 방을 청소하고, 정리하지 않는 나쁜 습관을 좀 고쳐줄래? |

**단어 1** 同屋 tóngwū 명 룸메이트 把 bǎ 전 ~을 宿舍 sùshè 명 기숙사 弄 nòng 동 하다 又…又… yòu…yòu… ~하면서 ~하다 脏 zāng 형 더럽다 乱 luàn 부 제멋대로 扔 rēng 동 내버리다 却 què 부 오히려 打扫 dǎsǎo 동 청소하다 卫生 wèishēng 명 위생 형 깨끗하다 表示 biǎoshì 동 표시하다 不满 bùmǎn 명 불만 要求 yāoqiú 동 요구하다 改掉 gǎidiào 동 고쳐버리다 坏习惯 huài xíguàn 나쁜 습관 每次 měi cì 매번 生气 shēngqì 동 화내다 整理 zhěnglǐ 동 정리하다 东西 dōngxi 명 물건 扔 rēng 동 던지다

**단어 2** 垃圾 lājī 명 쓰레기 收拾 shōushi 동 치우다 碗筷 wǎnkuài 명 그릇과 젓가락 换 huàn 동 바꾸다 随便 suíbiàn 부 마음대로, 제멋대로 受不了 shòu bu liǎo 참을 수 없다 住 zhù 동 살다

### ★ 고득점 비법 불만을 나타내는 표현

예 太过分了 tài guòfèn le 너무 심하다
真让人无语 zhēn ràng rén wúyǔ 정말 어이가 없다
真让人受不了 zhēn ràng rén shòu bu liǎo 정말 참을 수가 없다

**문제 3**

## 你在书店买了几本书，但回家后才发现其中有一本买错了。请你去书店说明情况，并要求解决问题。

Nǐ zài shūdiàn mǎile jǐ běn shū, dàn huíjiā hòu cái fāxiàn qízhōng yǒu yì běn mǎicuòle. Qǐng nǐ qù shūdiàn shuōmíng qíngkuàng, bìng yāoqiú jiějué wèntí.

당신이 서점에서 책을 몇 권 샀는데, 집에 와서야 그중 한 권을 잘못 샀다는 것을 발견했습니다. 서점에 가서 상황을 설명하고, 문제 해결을 요구하세요.

| | | |
|---|---|---|
| Lv. 3~4 | 你好，我今天上午在您的书店买了几本汉语书。回家以后才发现有一本买错了。我应该买会话1，结果买了会话2。请问，这个可以换吗？这是我的购物小票，请帮我解决一下。谢谢！<br>Nǐ hǎo, wǒ jīntiān shàngwǔ zài nín de shūdiàn mǎile jǐ běn Hànyǔshū. Huíjiā yǐhòu cái fāxiàn yǒu yì běn mǎi cuò le. Wǒ yīnggāi mǎi huìhuà yī, jiéguǒ mǎile huìhuà èr. Qǐngwèn, zhège kěyǐ huàn ma? Zhè shì wǒ de gòuwù xiǎopiào, qǐng bāng wǒ jiějué yíxià. Xièxie! | 안녕하세요. 제가 오늘 오전에 여기 서점에서 중국어 책을 몇 권 샀는데 집에 와서야 한 권을 잘못 샀다는 것을 발견했어요. 제가 회화 1을 샀어야 했는데, 회화 2를 샀더라고요. 실례지만, 교환할 수 있나요? 이게 저의 구매 영수증인데, 해결 좀 부탁드려요. 감사합니다! |
| Lv. 5~6 | 你好，我今天下午在这儿买了四本英语书，这是发票。我要买的是英语会话，但是回家以后发现有一本买错了，买了英语语法。这本书还没有开封，请问，我能退这本书吗？如果不能退的话，可不可以换成其他的书？谢谢，请一定帮我解决一下。<br>Nǐ hǎo, wǒ jīntiān xiàwǔ zài zhèr mǎile sì běn Yīngyǔshū, zhè shì fāpiào. Wǒ yào mǎi de shì Yīngyǔ huìhuà, dànshì huíjiā yǐhòu fāxiàn yǒu yì běn mǎi cuò le, mǎile Yīngyǔ yǔfǎ. Zhè běn shū hái méiyǒu kāifēng, qǐngwèn, wǒ néng tuì zhè běn shū ma? Rúguǒ bùnéng tuì dehuà, kě bu kěyǐ huànchéng qítā de shū? Xièxie, qǐng yídìng bāng wǒ jiějué yíxià. | 안녕하세요. 제가 오늘 오후에 여기에서 네 권의 영어책을 샀습니다. 영수증 여기 있습니다. 제가 사려고 한 것은 영어 회화였는데, 집에 와서야 한 권을 영어 문법 책으로 잘못 샀다는 것을 발견했어요. 이 책을 아직 개봉하지 않았는데, 실례지만, 이 책을 환불할 수 있을까요? 만약 환불해 주실 수 없다면, 다른 책으로 교환해도 될까요? 감사합니다. 꼭 해결 좀 부탁드립니다. |

단어 1 **书店** shūdiàn 명 서점 **发现** fāxiàn 동 발견하다 **其中** qízhōng 명 그 중 **错** cuò 형 틀리다 **会话** huìhuà 명 회화 **结果** jiéguǒ 명 결과 **购物** gòuwù 동 쇼핑하다 **小票** xiǎopiào 명 영수증

단어 2 **发票** fāpiào 명 영수증 **语法** yǔfǎ 명 문법 **开封** kāifēng 동 개봉하다 **退** tuì 동 무르다, 환불하다

**문제 1**

①

②

③

④

|  |  |  |
|---|---|---|
| Lv.<br>3~4 | ① 小王英语只考了20分，他很担心妈妈会生气。<br>Xiǎo Wáng Yīngyǔ zhǐ kǎole èrshí fēn, tā hěn dānxīn māma huì shēngqì. | ① 샤오왕은 영어 시험에서 20점을 받아 엄마가 화를 낼까 봐 걱정스러웠습니다. |
| | ② 这时，他看到房间里的小狗，想到了一个好办法，他把成绩单撕碎了。<br>Zhèshí, tā kàndào fángjiān lǐ de xiǎo gǒu, xiǎngdàole yí ge hǎo bànfǎ, Tā bǎ chéngjìdān sīsuì le. | ② 이때, 그는 방 안의 강아지를 보고, 좋은 방법이 생각나 성적표를 갈기갈기 찢었습니다. |
| | ③ 然后告诉妈妈，是小狗把成绩单咬破了。<br>ránhòu gàosu māma, shì xiǎo gǒu bǎ chéngjìdān yǎopò le. | ③ 그리고 나서 엄마에게 강아지가 성적표를 물어뜯었다고 했습니다. |
| | ④ 但是没想到妈妈把成绩单用胶带粘好了，知道了他只考了20分。妈妈很生气，小王不知道该怎么办。<br>Dànshì méi xiǎngdào māma bǎ chéngjìdān yòng jiāodài zhān hǎo le, zhīdao le tā zhǐ kǎole èrshí fēn. Māma hěn shēngqì, Xiǎo Wáng bù zhīdào gāi zěnme bàn. | ④ 그러나 생각지도 못했는데 엄마가 성적표를 테이프를 사용해서 붙였고, 그가 겨우 20점 맞았다는 것을 알게 되었습니다. 엄마는 매우 화가 났고, 샤오왕은 어떻게 해야 할지 몰랐습니다. |

| | | |
|---|---|---|
| Lv. 5~6 | ① 小王今天在学校参加了考试，但是成绩非常不好，只考了20分。回家以后他很担心妈妈看到他的成绩以后会生气。<br>Xiǎo Wáng jīntiān zài xuéxiào cānjiā le kǎoshì, dànshì chéngjì fēicháng bù hǎo, zhǐ kǎole èrshí fēn. Huíjiā yǐhòu tā hěn dānxīn māma kàndào tā de chéngjì yǐhòu huì shēngqì.<br><br>② 所以他想了个办法，趁妈妈不注意的时候，把成绩单撕碎了。<br>suǒyǐ tā xiǎng le ge bànfǎ, chèn māma bú zhùyì de shíhou, bǎ chéngjìdān sīsuì le.<br><br>③ 然后他对妈妈说，是家里的小狗把他的成绩单咬破了。<br>Ránhòu tā duì māma shuō, shì jiā lǐ de xiǎo gǒu bǎ tā de chéngjìdān yǎopò le.<br><br>④ 但是没想到妈妈找来了胶带，把撕碎的成绩单粘了起来。看到小王只考了20分，妈妈气得火冒三丈。小王满脸通红，尴尬得不知道说什么才好。<br>Dànshì méi xiǎngdào māma zhǎo lái le jiāodài, bǎ sīsuì de chéngjìdān zhānle qǐlái. Kàndào Xiǎo Wáng zhǐ kǎole èrshí fēn, māma qì de huǒmàosānzhàng. Xiǎo Wáng mǎnliǎn tōnghóng, gāngà de bù zhīdào shuō shénme cái hǎo. | ① 샤오왕은 오늘 학교에서 시험을 봤는데, 성적이 매우 좋지 않았고 겨우 20점을 받았습니다. 집에 도착한 이후에 그는 엄마가 그의 성적을 보고 화를 낼까 봐 걱정했습니다.<br><br>② 그래서 그는 한 가지 방법을 생각해 냈고, 엄마가 부주의한 틈을 타서 성적표를 갈기갈기 찢었습니다.<br><br>③ 그리고 나서 엄마에게 집에 있는 강아지가 성적표를 물어뜯었다고 말했습니다.<br><br>④ 그러나 생각지도 못했는데 엄마가 테이프를 찾아와서 찢어진 성적표를 붙이기 시작했습니다. 샤오왕이 겨우 20점을 받았다는 것을 보고 엄마는 화가 머리끝까지 치밀었습니다. 샤오왕은 얼굴이 새빨개지고, 난처해서 무슨 말을 해야 좋을지 몰랐습니다. |

단어 1 担心 dānxīn 동 걱정하다 生气 shēngqì 동 화내다 办法 bànfǎ 명 방법 成绩单 chéngjìdān 명 성적표 撕碎 sīsuì 동 산산조각으로 찢다 然后 ránhòu 접 그리고 나서 告诉 gàosu 동 알려주다 咬破 yǎopò 동 물어 뜯다 没想到 méi xiǎngdào 동 생각지 못하다 胶带 jiāodài 명 테이프 粘 zhān 동 붙이다 考试 kǎoshì 명 시험

단어 2 趁 chèn 전 틈타서 注意 zhùyì 동 주의하다 火冒三丈 huǒmàosānzhàng 성 화가 머리끝까지 치밀다 低 dī 동 (머리를)숙이다 满脸 mǎnliǎn 명 온 얼굴 通红 tōnghóng 형 새빨갛다 尴尬 gāngà 형 난처하다

**★ 고득점 비법 7부분에서 난처한 감정이나 상황에 쓰이는 표현**

예 尴尬 gāngà 난처하다
哭笑不得 kūxiàobùdé 이러지도 저러지도 못하다
不知如何是好 bù zhī rúhé shì hǎo 어떻게 해야 좋을지 모르겠다
不知道该怎么办 bù zhīdào gāi zěnme bàn 어떻게 해야 할지 모르겠다

# 06

TSC 기출 문제
**06**회

www.ybmbooks.com
온라인 영상 테스트 제공

**문제 1**

## 你叫什么名字?

Nǐ jiào shénme míngzi?

당신의 이름은 무엇입니까?

| | | |
|---|---|---|
| Lv. 3~4 | **我的名字叫李敏镐。**<br>Wǒ de míngzi jiào Lǐ Mǐnhào. | 저의 이름은 이민호라고 합니다. |
| Lv. 5~6 | **我叫李敏镐，还有个外号叫大象。**<br>Wǒ jiào Lǐ Mǐnhào, háiyǒu ge wàihào jiào dàxiàng. | 저는 이민호라고 하고, 별명은 코끼리입니다. |

**단어** **叫** jiào 동 (이름을)~라고 하다 **名字** míngzi 명 이름 **外号** wàihào 명 별명 **大象** dàxiàng 명 코끼리

**문제 2**

## 请说出你的出生年月日。

Qǐng shuōchū nǐ de chūshēng nián yuè rì.

당신의 생년월일을 말해 보세요.

| | | |
|---|---|---|
| Lv. 3~4 | **我是1981年7月25日出生的。**<br>Wǒ shì yī jiǔ bā yī nián qī yuè èrshíwǔ rì chūshēng de. | 저는 1981년 7월 25일에 태어났습니다. |
| Lv. 5~6 | **我(出)生于1981年8月15日，这一天也是光复节。**<br>Wǒ (chū)shēngyú yī jiǔ bā yī nián bā yuè shíwǔ rì, zhè yì tiān yě shì Guāngfùjié. | 저는 1981년 8월 15일에 태어났고, 이 날은 광복절이기도 합니다. |

**단어** **出生** chūshēng 동 태어나다 **生于** shēngyú ~에 태어나다 **光复节** Guāngfùjié 명 광복절

**문제 3**

## 你家有几口人?

Nǐ jiā yǒu jǐ kǒu rén?

당신의 가족은 몇 명입니까?

| | | |
|---|---|---|
| Lv. 3~4 | 我家有三口人，爸爸妈妈只有我一个孩子。<br>Wǒ jiā yǒu sān kǒu rén, bàba māma zhǐ yǒu wǒ yí ge háizi. | 저희 집은 세 식구이고, 아빠 엄마는 아이가 저 밖에 없습니다. |
| Lv. 5~6 | 我家现在只有我和爱人两口人，<br>不过明年我就要当爸爸了。<br>Wǒ jiā xiànzài zhǐ yǒu wǒ hé àiren liǎng kǒu rén,<br>búguò míngnián wǒ jiù yào dāng bàba le. | 우리 집은 현재 저와 배우자 두 식구이지만, 내년에는 제가 아빠가 됩니다. |

단어 **口** kǒu 양 식구(사람을 세는데 쓰임) **只** zhǐ 부 단지 **孩子** háizi 명 아이 **爱人** àiren 명 배우자(아내, 남편) **和** hé 전 ~와 **不过** búguò 접 그러나 **明年** míngnián 명 내년 **当** dāng 동 ~이 되다

**문제 4**

## 你在什么地方工作? 或者你在哪个学校上学?

Nǐ zài shénme dìfang gōngzuò? Huòzhě nǐ zài nǎge xuéxiào shàngxué?

당신은 어디에서 근무합니까? 또는 어느 학교에 다니나요?

| | | |
|---|---|---|
| Lv. 3~4 | 我在一家航空公司工作，是空姐。<br>Wǒ zài yì jiā hángkōng gōngsī gōngzuò, shì kōngjiě. | 저는 항공사에서 일하며, 스튜어디스입니다. |
| Lv. 5~6 | 我在免税店工作。最近有很多中国客人，<br>所以我在学汉语。<br>Wǒ zài miǎnshuìdiàn gōngzuò. Zuìjìn yǒu hěn duō Zhōngguó kèrén,<br>suǒyǐ wǒ zài xué Hànyǔ. | 저는 면세점에서 일을 합니다. 요즘 중국 손님이 많아서 저는 중국어를 공부하고 있습니다. |

단어 **地方** dìfang 명 장소 **工作** gōngzuò 명 일 동 일하다 **或者** huòzhě 접 또는, 혹은 **学校** xuéxiào 명 학교 **家** jiā 양 가정, 가게, 기업 따위를 세는 단위 **航空公司** hángkōng gōngsī 명 항공사 **空姐** kōngjiě 명 스튜어디스 **免税店** miǎnshuìdiàn 명 면세점 **最近** zuìjìn 명 요즘 **客人** kèrén 명 손님 **在** zài 부 ~하고 있는 중이다 **学** xué 동 공부하다 **汉语** Hànyǔ 명 중국어

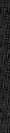

37

# 第二部分

**문제 1**

## 哪种东西比较大?

Nǎ zhǒng dōngxi bǐjiào dà?

어떤 물건이 비교적 큰 가요?

| | | |
|---|---|---|
| Lv. 3~4 | 书包比较大。<br>Shūbāo bǐjiào dà. | 책가방이 비교적 큽니다. |
| Lv. 5~6 | 书包比较大，帽子比较小。<br>Shūbāo bǐjiào dà, màozi bǐjiào xiǎo. | 책가방은 비교적 크고, 모자는 비교적 작습니다. |

단어 **种** zhǒng 양 종류 **东西** dōngxi 명 물건, 것 **比较** bǐjiào 부 비교적 **书包** shūbāo 명 책가방 **帽子** màozi 명 모자

**★ 고득점 비법 답변 요령**

'哪种东西比较重?，哪种东西比较多?，谁的雨伞比较长?'등은 제2부분에서 자주 출제되는 문제 형식이다. 대답할 때는 '…比较…'를 사용해서 대답하면 된다.

**문제 2**

## 花瓶的旁边有什么?

Huāpíng de pángbiān yǒu shénme?

꽃병 옆에는 무엇이 있나요?

| | | |
|---|---|---|
| Lv. 3~4 | 花瓶的旁边有电话。<br>Huāpíng de pángbiān yǒu diànhuà. | 꽃병 옆에는 전화기가 있습니다. |
| Lv. 5~6 | 花瓶的旁边是一部白色的电话。<br>Huāpíng de pángbiān shì yí bù báisè de diànhuà. | 꽃병 옆에는 흰색 전화기 한 대가 있습니다. |

단어 **花瓶** huāpíng 명 꽃병 **电话** diànhuà 명 전화기 **部** bù 양 대(기계를 세는데 쓰임) **白色** báisè 명 흰색

**★ 고득점 비법 방위사**

'…的旁边是什么?，… 的旁边有什么? '는 제2부분에서 자주 출제되는 방위사와 위치를 묻는 질문이다. 아래의 단어를 같이 외워두자.

예 上面 shàngmian 위 下面 xiàmian 아래 旁边 pángbiān 옆
左边 zuǒbiān 왼쪽 右边 yòubiān 오른쪽 附近 fùjìn 근처

**문제 3**

## 水多少钱?

Shuǐ duōshao qián?
물은 얼마인가요?

| Lv. | | |
|---|---|---|
| Lv. 3~4 | 水(是)两块三。<br>Shuǐ(shì)liǎng kuài sān. | 물은 2.3위안입니다. |
| Lv. 5~6 | 水(是)两块三一瓶。旁边的咖啡(是)四块七。<br>Shuǐ(shì)liǎng kuài sān yì píng. Pángbiān de kāfēi (shì) sì kuài qī. | 물은 한 병에 2.3위안입니다. 옆의 커피는 4.7위안입니다. |

단어 水 shuǐ 명 물 块 kuài 양 중국의 화폐 단위 瓶 píng 양 병 咖啡 kāfēi 명 커피

★ **고득점 비법** '二'과 '两'의 차이

숫자 십 앞 또는 서수, 분수, 소수, 기수 앞뒤에는 모두 '二'을 쓰며, 양사 앞 또는 百(백), 千(천), 万(만), 亿(억) 앞에는 습관처럼 '两'을 주로 쓴다.

**문제 4**

## 他们在散步吗?

Tāmen zài sànbù ma?
그들은 산책을 하고 있나요?

| Lv. | | |
|---|---|---|
| Lv. 3~4 | 不是，他们在踢足球。<br>Búshì, tāmen zài tī zúqiú. | 아니요, 그들은 축구를 하고 있습니다. |
| Lv. 5~6 | 不是，他们正在操场踢足球，看起来很高兴。<br>Búshì, tāmen zhèng zài cāochǎng tī zúqiú, kàn qǐlái hěn gāoxìng. | 아니요, 그들은 운동장에서 축구를 하고 있고, 즐거워 보입니다. |

단어 在 zài 부 ~하고 있는 중이다 散步 sànbù 동 산책하다 操场 cāochǎng 명 운동장 踢 tī 동 차다 足球 zúqiú 명 축구
正 zhèng 부 (마침) ~하고 있는 중이다 在 zài 전 ~에서 看起来 kàn qǐlái 보기에 高兴 gāoxìng 형 즐거워하다

★ **고득점 비법** 운동 장소와 관련된 단어

예 足球场 zúqiúchǎng 축구장 篮球场 lánqiúchǎng 농구장
棒球场 bàngqiúchǎng 야구장 冰球场 bīngqiúchǎng 아이스하키 경기장

**문제 1**

## 你常看电视剧吗?

Nǐ cháng kàn diànshìjù ma?
너는 드라마를 자주 보니?

| | | |
|---|---|---|
| Lv. 3~4 | 我不常看电视剧，我没有时间。<br>Wǒ bù cháng kàn diànshìjù, wǒ méiyǒu shíjiān. | 나는 드라마를 자주 보지 않아. 시간이 없어. |
| Lv. 5~6 | 我不常看电视剧。因为我工作太忙了，根本没时间看电视。<br>Wǒ bù cháng kàn diànshìjù. Yīnwèi wǒ gōngzuò tài máng le, gēnběn méi shíjiān kàn diànshì. | 나는 드라마를 자주 보지 않아. 왜냐하면 나는 일이 너무 바빠서 텔레비전을 볼 시간이 전혀 없어. |

단어 **常** cháng 부 자주 **电视剧** diànshìjù 명 드라마 **时间** shíjiān 명 시간 **工作** gōngzuò 명 일 **忙** máng 형 바쁘다 **根本** gēnběn 부 전혀

**★ 고득점 비법 그림의 인물이 성인인지 학생인지 파악해라**

그림에서 두 사람이 성인이라면 '工作很忙，没有时间。'이라고 대답할 수 있다. 만약 학생이라면, '学习很忙，没有时间看。' 등으로 대답할 수 있다.

**문제 2**

## 下课后跟我一起去美术馆怎么样?

Xiàkè hòu gēn wǒ yìqǐ qù měishùguǎn zěnmeyàng?
수업 마친 후 나랑 같이 미술관 가는 거 어때?

| | | |
|---|---|---|
| Lv. 3~4 | 对不起，我要回家学习，准备考试。<br>Duìbuqǐ, wǒ yào huíjiā xuéxí, zhǔnbèi kǎoshì. | 미안해. 나 집에 가서 공부해야 돼. 시험 준비해야 하거든. |
| Lv. 5~6 | 好啊。我对美术特别感兴趣，早就想去美术馆看展览了。<br>Hǎo a. Wǒ duì měishù tèbié gǎn xìngqù, zǎojiù xiǎng qù měishùguǎn kàn zhǎnlǎn le. | 좋아. 나는 미술에 관심이 아주 많아서 훨씬 전부터 전시를 보러 미술관에 가고 싶었어. |

단어 **下课** xiàkè 동 수업을 마치다 **美术馆** měishùguǎn 명 미술관 **准备** zhǔnbèi 동 준비하다 **考试** kǎoshì 명 시험 **美术** měishù 명 미술 **特别** tèbié 부 아주 **感兴趣** gǎn xìngqù 동 관심을 갖다 **早就** zǎojiù 부 훨씬 전에 **展览** zhǎnlǎn 명 동 전시(하다)

**★ 고득점 비법 '早就'의 쓰임**

'早就'는 '훨씬 전에, 일찍이, 이미, 진작'의 뜻으로 이미 어떤 일이 발생했다는 것을 뜻한다.

예 我早就知道这件事了。나는 훨씬 전에 이 일을 알고 있었다.
Wǒ zǎojiù zhīdao zhè jiàn shì le.

**문제 3**

## 你喜欢什么样的天气?

Nǐ xǐhuan shénmeyàng de tiānqì?

너는 어떤 날씨를 좋아하니?

| | | |
|---|---|---|
| Lv. 3~4 | 我喜欢晴天。晴天的时候心情很愉快。<br>Wǒ xǐhuan qíngtiān. Qíngtiān de shíhou xīnqíng hěn yúkuài. | 나는 맑은 날을 좋아해. 맑은 날에는 기분이 좋아. |
| Lv. 5~6 | 我喜欢晴朗的天气，<br>阴天或者下雨的时候我的心情很郁闷。<br>Wǒ xǐhuan qínglǎng de tiānqì,<br>yīntiān huòzhě xiàyǔ de shíhou wǒ de xīnqíng hěn yùmèn. | 나는 맑은 날씨를 좋아해. 날이 흐리거나 비가 올 때 나는 기분이 우울해. |

**단어** **喜欢** xǐhuan 동 좋아하다 **天气** tiānqì 명 날씨 **晴天** qíngtiān 명 맑은 날씨 **心情** xīnqíng 명 기분 **愉快** yúkuài 형 기분이 좋다, 유쾌하다 **晴朗** qínglǎng 형 구름 한 점 없이 쾌청하다, 맑다 **阴天** yīntiān 명 흐린 날씨 **或者** huòzhě 접 혹은 **郁闷** yùmèn 형 우울하다, 마음이 답답하고 괴롭다

**★ 고득점 비법** 기분과 관련된 단어

예 开心 kāixīn 즐겁다　　心烦 xīnfán 귀찮다, 짜증나다

扫兴 sǎoxìng 흥이 깨지다　　伤心 shāngxīn 슬퍼하다

**문제 4**

## 最近葡萄很甜，要不要买一点儿?

Zuìjìn pútao hěn tián, yào bu yào mǎi yìdiǎnr?

요즘 포도가 달아요. 좀 사시겠어요?

| | | |
|---|---|---|
| Lv. 3~4 | 是吗? 那给我来两斤吧。我很喜欢吃葡萄。<br>Shì ma? Nà gěi wǒ lái liǎng jīn ba. Wǒ hěn xǐhuan chī pútao. | 그래요? 그럼 2근만 주세요. 저는 포도 먹는 걸 좋아해요. |
| Lv. 5~6 | 好的。那就给我来三斤葡萄。<br>我们家的人都喜欢吃葡萄。另外再来一个西瓜。<br>Hǎode. Nà jiù gěi wǒ lái sān jīn pútao.<br>Wǒmen jiā de rén dōu xǐhuan chī pútao. Lìngwài zài lái yí ge xīguā. | 좋아요. 그럼 포도 3근 주세요. 우리 가족들은 다 포도 먹는 걸 좋아하거든요. 이외에 수박도 하나 주세요. |

**단어** **最近** zuìjìn 명 요즘, 최근 **葡萄** pútao 명 포도 **甜** tián 형 달다 **给** gěi 동 주다 **斤** jīn 양 근 **另外** lìngwài 부 이 외에 **西瓜** xīguā 명 수박

**★ 고득점 비법** '给我来…'

음료나 술을 주문할 때도 '给我来…'를 사용해서 给我来一杯拿铁。, 请给我来一瓶烧酒。처럼 말할 수 있다.

**문제 5**

## 这件大衣看起来很适合你。

Zhè jiàn dàyī kàn qǐlái hěn shìhé nǐ.

이 코트가 너한테 잘 어울리는 것 같아.

| | | |
|---|---|---|
| Lv. 3~4 | **是吗？那我来试一下吧。**<br>Shì ma? Nà wǒ lái shì yíxià ba. | 그래? 그럼 내가 한 번 입어 볼게. |
| Lv. 5~6 | **我也觉得这件大衣很适合我，而且正好是我喜欢的蓝色。**<br>Wǒ yě juéde zhè jiàn dàyī hěn shìhé wǒ, érqiě zhènghǎo shì wǒ xǐhuan de lánsè. | 나도 이 코트가 나한테 잘 어울린다고 생각해. 게다가 마침 내가 좋아하는 파란색이야. |

단어　**大衣** dàyī 명 코트, 외투　**适合** shìhé 동 어울리다, 적합하다　**试** shì 동 시험 삼아 해 보다　**而且** érqiě 접 게다가　**正好** zhènghǎo 부 마침　**蓝色** lánsè 명 파란색

**★ 고득점 비법　'适合'와 '合适'의 차이**

适合는 '这双鞋很适合我。' 문장처럼 동사로 뒤에 목적어를 동반할 수 있지만, 合适는 '这双鞋穿起来很合适。' 처럼 형용사로 뒤에 목적어를 동반할 수 없다.

**문제 1**

## 你平时睡多长时间？请简单谈一谈。

Nǐ píngshí shuì duōcháng shíjiān? Qǐng jiǎndān tán yi tán.

당신은 평소에 몇 시간 자나요? 간단히 말해 보세요.

| | | |
|---|---|---|
| Lv. 3~4 | 我平时工作比较忙，周一到周五一般12点睡觉，6点半起床。大概睡6个小时左右。但是周末不上班的时候，我会睡懒觉。一般睡到中午十二点左右才起床。<br>Wǒ píngshí gōngzuò bǐjiào máng, zhōuyī dào zhōuwǔ yìbān shí'èr diǎn shuìjiào, liù diǎn bàn qǐchuáng. Dàgài shuì liù ge xiǎoshí zuǒyòu. Dànshì zhōumò bú shàngbān de shíhou, wǒ huì shuì lǎnjiào. Yìbān shuì dào zhōngwǔ shí'èr diǎn zuǒyòu cái qǐchuáng. | 저는 평소에 일이 비교적 바빠서 월요일부터 금요일까지는 보통 12시에 자고, 6시 반에 일어납니다. 대략 6시간 정도 잡니다. 하지만 주말에 출근하지 않을 때는 늦잠을 잡니다. 보통 12시 정도가 돼야 일어납니다. |
| Lv. 5~6 | 我平时工作特别多，常常加班，回到家已经十点多了。然后洗个澡，刷刷手机，最早也是12点才睡觉。第二天早上6点就起床了。所以平时我最多能睡5、6个小时。周末的时候我会补补觉，睡到自然醒。<br>Wǒ píngshí gōngzuò tèbié duō, chángcháng jiābān, huí dào jiā yǐjing shí diǎn duō le. Ránhòu xǐ ge zǎo, shuāshua shǒujī, zuì zǎo yě shì shí'èr diǎn cái shuìjiào. Dì èr tiān zǎoshang liù diǎn jiù qǐchuáng le. Suǒyǐ píngshí wǒ zuì duō néng shuì wǔ、liù ge xiǎoshí. Zhōumò de shíhou wǒ huì bǔbu jiào, shuì dào zìrán xǐng. | 저는 평소에 일이 아주 많아서 자주 야근을 하고, 집에 돌아오면 이미 10시가 넘습니다. 그리고 나서 샤워를 하고, 휴대폰을 가지고 놀면, 빨라야 12시에나 잠을 잡니다. 이튿날은 아침 6시에는 일어납니다. 그래서 평소에는 많이 자야 5, 6시간입니다. 주말에는 잠을 보충하려고 저절로 잠에서 깰 때까지 잡니다. |

단어 1 平时 píngshí 명 평소 睡觉 shuìjiào 동 자다 起床 qǐchuáng 동 일어나다 大概 dàgài 명 대략 左右 zuǒyòu 명 가량 周末 zhōumò 명 주말 睡懒觉 shuì lǎnjiào 동 늦잠을 자다

단어 2 加班 jiābān 동 야근을 하다 已经 yǐjing 부 이미 洗澡 xǐzǎo 동 목욕하다 刷手机 shuā shǒujī 동 휴대폰으로 놀거나 검색하다 补觉 bǔjiào 동 잠을 보충하다 自然 zìrán 부 저절로, 자연히 醒 xǐng 동 잠에서 깨다

**★ 고득점 비법** 수면과 관련된 단어

예 失眠 shīmián 불면증, 잠을 이루지 못하다
睡懒觉 shuì lǎnjiào 늦잠을 자다
早睡早起 zǎoshuì zǎoqǐ 일찍 자고 일찍 일어난다
补觉 bǔjiào 잠을 보충하다
自然醒 zìrán xǐng 저절로 잠에서 깨다
睡眠不足 shuìmián bùzú 수면 부족

**문제 2**

## 教师节时，你给老师写过信或者送过礼物吗？请简单谈谈。

Jiàoshījié shí, nǐ gěi lǎoshī xiěguo xìn huòzhě sòngguo lǐwù ma? Qǐng jiǎndān tántan.

스승의 날에 당신은 선생님께 편지를 쓰거나 선물을 준 적 있나요? 간단히 말해 보세요.

| | | |
|---|---|---|
| Lv. 3~4 | 教师节的时候，我给老师写过信。韩国的教师节是5月15号。我高中一年级的时候给班主任写过一封信，还送了她一朵花。老师很高兴，我也很开心。<br>Jiàoshījié de shíhou, wǒ gěi lǎoshī xiěguo xìn. Hánguó de Jiàoshījié shì wǔ yuè shíwǔ hào. Wǒ gāozhōng yī niánjí de shíhou gěi bānzhǔrèn xiěguo yì fēng xìn, hái sòngle tā yì duǒ huā. Lǎoshī hěn gāoxìng, wǒ yě hěn kāixīn. | 스승의 날에 저는 선생님께 편지를 쓴 적이 있습니다. 한국의 스승의 날은 5월 15일입니다. 저는 고등학교 1학년 때 담임 선생님께 편지 한 통을 써서 드린 적이 있고, 꽃 한 송이도 드렸습니다. 선생님께서는 매우 기뻐하셨고, 저도 매우 기분이 좋았습니다. |
| Lv. 5~6 | 教师节的时候，我给老师写过信，但是没有送过礼物，我想我的信可以算是给老师的礼物吧。我高三的时候数学成绩不太好，数学老师总是耐心地给我说明。在他的帮助下，我的成绩提高了。我非常感谢他，所以在教师节给他写了一封信。<br>Jiàoshījié de shíhou, wǒ gěi lǎoshī xiěguo xìn, dànshì méiyǒu sòngguo lǐwù, wǒ xiǎng wǒ de xìn kěyǐ suànshì gěi lǎoshī de lǐwù ba. Wǒ gāosān de shíhou shùxué chéngjì bútài hǎo, shùxué lǎoshī zǒngshì nàixīn de gěi wǒ shuōmíng. Zài tā de bāngzhù xià, wǒ de chéngjì tígāo le. Wǒ fēicháng gǎnxiè tā, suǒyǐ zài Jiàoshījié gěi tā xiěle yì fēng xìn. | 스승의 날에 저는 선생님께 편지를 쓴 적이 있지만, 선물은 드리지 않았고, 저는 저의 편지가 선생님께 드리는 선물이라고 생각합니다. 저는 고3 때 수학 성적이 그다지 좋지 않았었는데, 수학 선생님이 언제나 인내심을 가지고 저에게 설명해 주셨습니다. 선생님의 도움으로 인해 저의 성적은 향상되었습니다. 저는 선생님께 매우 감사했고, 그래서 스승의 날에 선생님께 편지 한 통을 썼습니다. |

**단어 1** **教师节** Jiàoshījié 명 스승의 날 **过** guo 조 ~한 적이 있다 **信** xìn 명 편지 **送** sòng 동 선물하다 **礼物** lǐwù 명 선물 **高中** gāozhōng 명 고등학교 **年级** niánjí 명 학년 **班主任** bānzhǔrèn 명 학급 담임 **封** fēng 양 통 (편지를 세는데 쓰임) **朵** duǒ 양 송이

**단어 2** **算是** suànshì 동 ~라 할 수 있다, ~인 셈이다 **高三** gāosān 명 고등학교 3학년 **数学** shùxué 명 수학 **成绩** chéngjì 명 성적 **总是** zǒngshì 부 언제나 **耐心** nàixīn 형 인내심이 강하다 **说明** shuōmíng 동 설명하다 **帮助** bāngzhù 명 도움 **提高** tígāo 동 향상시키다 **感谢** gǎnxiè 동 감사하다

**★ 고득점 비법 '给'의 용법**

1. 동사 给: ~에게 ~을 주다
   예 给他礼物 Gěi tā lǐwù 그에게 선물을 주다
2. 전치사: ~에게
   예 给老师写信 Gěi lǎoshī xiě xìn 선생님에게 편지를 쓰다
3. 전치사: ~을 위하여
   예 给他说明 Gěi tā shuōmíng 그를 위해 설명하다

**문제 3**

## 过节假日时，你一般在家休息还是出去玩儿？请简单谈谈看。

Guò jiéjiàrì shí, nǐ yìbān zài jiā xiūxi háishi chūqù wánr? Qǐng jiǎndān tántan kàn.

명절과 휴일을 보낼 때, 당신은 보통 집에서 쉬나요? 아니면 놀러 나가나요? 간단히 말해 보세요.

| | | |
|---|---|---|
| Lv. 3~4 | 过节假日的时候，我一般都会在家休息，不会出去玩儿。因为平时工作比较忙，没有时间休息。所以会利用节假日在家里好好儿休息一下，或者做一些家务。<br>Guò jiéjiàrì de shíhou, wǒ yìbān dōu huì zài jiā xiūxi, búhuì chūqù wánr. Yīnwèi píngshí gōngzuò bǐjiào máng, méiyǒu shíjiān xiūxi. Suǒyǐ huì lìyòng jiéjiàrì zài jiā lǐ hǎohāor xiūxi yíxià, huòzhě zuò yìxiē jiāwù. | 명절과 휴일을 보낼 때, 저는 보통 집에서 쉬며, 놀러 나가지 않습니다. 왜냐하면 평소에 일이 비교적 바빠서 쉴 시간이 없기 때문입니다. 그래서 명절과 휴일을 이용해 집에서 푹 쉬거나, 집안일을 합니다. |
| Lv. 5~6 | 过节假日的时候，我一般都会出去玩儿。我喜欢旅游，但平时工作太忙没有时间，所以一般会趁节假日去旅行。旅行可以释放工作的压力，给自己换换心情。如果有比较长的假期，我就会去外国旅行。去年中秋节我跟家人一起去了欧洲，玩得很开心。<br>Guò jiéjiàrì de shíhou, wǒ yìbān dōu huì chūqù wánr. Wǒ xǐhuan lǚyóu, dàn píngshí gōngzuò tài máng méiyǒu shíjiān, suǒyǐ yìbān huì chèn jiéjiàrì qù lǚxíng. Lǚxíng kěyǐ shìfàng gōngzuò de yālì, gěi zìjǐ huànhuan xīnqíng. Rúguǒ yǒu bǐjiào cháng de jiàqī, wǒ jiù huì qù wàiguó lǚxíng. Qùnián Zhōngqiūjié wǒ gēn jiārén yìqǐ qùle Ōuzhōu, wán de hěn kāixīn. | 명절과 휴일을 보낼 때, 저는 보통 놀러 나갑니다. 저는 여행을 좋아하지만, 평소에는 일이 바쁘고, 시간이 없어서 명절과 휴일을 이용해 여행을 갑니다. 여행은 업무 스트레스를 풀 수 있고, 기분 전환도 할 수 있습니다. 만약 휴일이 비교적 길면 저는 외국으로 여행을 갑니다. 작년 추석에 저는 가족들과 함께 유럽을 갔었는데, 매우 즐겁게 놀았습니다. |

단어 1 **节假日** jiéjiàrì 명 명절과 휴일 **休息** xiūxi 동 휴식하다 **玩儿** wánr 동 놀다 **利用** lìyòng 동 이용하다 **家务** jiāwù 명 집안 일

단어 2 **旅游** lǚyóu 동 여행하다 **趁** chèn 전 이용해서, 틈타서 **释放** shìfàng 동 방출하다, 풀다 **压力** yālì 명 스트레스 **换** huàn 동 바꾸다 **心情** xīnqíng 명 기분 **假期** jiàqī 명 휴일 **外国** wàiguó 명 외국 **中秋节** Zhōngqiūjié 명 추석 **欧洲** Ōuzhōu 명 유럽

★ **고득점 비법 여행의 장점과 관련된 단어**

예 **增长见识** zēngzhǎng jiànshi 식견을 넓히다 **开阔眼界** kāikuò yǎnjiè 견문을 넓히다
**放松身心** fàngsōng shēnxīn 몸과 마음을 편안하게 하다 **消除压力** xiāochú yālì 스트레스를 해소하다

**문제 4**

## 你有节约的习惯吗？请简单说一说。

Nǐ yǒu jiéyuē de xíguàn ma? Qǐng jiǎndān shuō yi shuō.

당신은 절약하는 습관이 있나요? 간단히 말해 보세요.

| | | |
|---|---|---|
| Lv. 3~4 | 我有节约的习惯。从小爸爸妈妈就告诉我不要乱花钱。所以我买东西的时候，常常买二手货。因为二手货比较便宜，可以省不少钱。<br>Wǒ yǒu jiéyuē de xíguàn. Cóngxiǎo bàba māma jiù gàosu wǒ búyào luàn huā qián. Suǒyǐ wǒ mǎi dōngxi de shíhou, chángcháng mǎi èrshǒuhuò. Yīnwèi èrshǒuhuò bǐjiào piányi, kěyǐ shěng bùshǎo qián. | 저는 절약하는 습관이 있습니다. 어렸을 때부터 아빠, 엄마가 저에게 돈을 함부로 쓰지 말라고 알려주셨습니다. 그래서 저는 물건을 살 때, 자주 중고품을 삽니다. 왜냐하면 중고품은 비교적 싸기 때문에 많은 돈을 절약할 수 있습니다. |
| Lv. 5~6 | 我有节约的习惯。从小我的父母就教育我生活中要节约，不能大手大脚。所以我一般买东西的时候都会三思而后行，考虑自己是不是真的需要，尽量理性消费。而且我不光节约金钱，在生活中也会节约用水，节约用电。<br>Wǒ yǒu jiéyuē de xíguàn. Cóngxiǎo wǒ de fùmǔ jiù jiàoyù wǒ shēnghuó zhōng yào jiéyuē, bùnéng dàshǒudàjiǎo. Suǒyǐ wǒ yìbān mǎi dōngxi de shíhou dōu huì sān sī ér hòu xíng, kǎolǜ zìjǐ shì bu shì zhēn de xūyào, jǐnliàng lǐxìng xiāofèi. Érqiě wǒ bùguāng jiéyuē jīnqián, zài shēnghuó zhōng yě huì jiéyuē yòng shuǐ, jiéyuē yòng diàn. | 저는 절약하는 습관이 있습니다. 어렸을 때부터 부모님이 생활 속에서 절약을 해야하며, 돈이나 물건을 헤프게 쓰면 안 된다고 교육하셨습니다. 그래서 저는 물건을 살 때 신중하게 자신에게 정말로 필요한지 아닌지를 고려해서, 최대한 이성적인 소비를 하려고 합니다. 게다가 저는 돈만 절약할 뿐만 아니라, 생활 속에서 물이나 전기도 절약합니다. |

단어 1　**节约** jiéyuē 동 절약하다　**习惯** xíguàn 명 습관　**从小** cóngxiǎo 부 어릴 때부터　**告诉** gàosu 동 알리다, 말하다　**乱** luàn 부 함부로
**花钱** huāqián 동 돈을 쓰다　**二手货** èrshǒuhuò 명 중고품　**省** shěng 동 아끼다

단어 2　**教育** jiàoyù 동 교육하다　**生活** shēnghuó 명 생활　**大手大脚** dàshǒudàjiǎo 성 돈이나 물건을 마구 헤프게 쓰다
**三思而后行** sān sī ér hòu xíng 성 신중하게 고려한 다음 움직이다　**考虑** kǎolǜ 동 고려하다　**自己** zìjǐ 명 자신　**需要** xūyào 동 필요로 하다
**尽量** jǐnliàng 부 최대한, 가능한 한　**理性** lǐxìng 형 이성적이다　**消费** xiāofèi 동 소비하다　**不光** bùguāng 접 ~뿐 아니라　**金钱** jīnqián 명 돈

**★ 고득점 비법**　**절약과 관련된 단어**

예　**节约用水** jiéyuē yòng shuǐ 물을 아껴 쓰다
**性价比高** xìngjiàbǐ gāo 가성비가 높다
**省吃俭用** shěngchījiǎnyòng 절약해서 생활하다
**不大手大脚** bú dàshǒu dàjiǎo 돈이나 물건을 헤프게 쓰지 않는다

## 문제 5

# 你希望你家附近有什么公共设施？请简单说说看。

Nǐ xīwàng nǐ jiā fùjìn yǒu shénme gōnggòng shèshī? Qǐng jiǎndān shuōshuo kàn.

당신은 집 근처에 어떤 공공시설이 있었으면 하나요? 간단히 말해 보세요.

| | | |
|---|---|---|
| Lv. 3~4 | 我家附近没有什么文化设施。我很喜欢看音乐剧，所以我希望我家附近有一个音乐厅，那样我就可以经常去看音乐剧演出了。<br>Wǒ jiā fùjìn méiyǒu shénme wénhuà shèshī. Wǒ hěn xǐhuan kàn yīnyuèjù, suǒyǐ wǒ xīwàng wǒ jiā fùjìn yǒu yí ge yīnyuètīng, nàyàng wǒ jiù kěyǐ jīngcháng qù kàn yīnyuèjù yǎnchū le. | 저희 집 근처에는 문화 시설이 별로 없습니다. 저는 뮤지컬 보는 것을 좋아해서 저희 집 근처에 콘서트 홀이 하나 있으면 합니다. 그렇게 된다면 저는 자주 뮤지컬 공연을 보러 갈 수 있습니다. |
| Lv. 5~6 | 我家附近不仅有地铁站、图书馆，还有公园、音乐厅等公共设施。不过我非常喜欢游泳，可是我家附近没有室内游泳馆。我要游泳的话，要坐公共汽车去比较远的地方，很不方便。所以我希望我家附近有一个公共室内游泳馆，那样的话我就可以常常去游泳了。<br>Wǒ jiā fùjìn bùjǐn yǒu dìtiězhàn、túshūguǎn, háiyǒu gōngyuán、yīnyuètīng děng gōnggòng shèshī. Búguò wǒ fēicháng xǐhuan yóuyǒng, kěshì wǒ jiā fùjìn méiyǒu shìnèi yóuyǒngguǎn. Wǒ yào yóuyǒng dehuà, yào zuò gōnggòngqìchē qù bǐjiào yuǎn de dìfang, hěn bù fāngbiàn. Suǒyǐ wǒ xīwàng wǒ jiā fùjìn yǒu yí ge gōnggòng shìnèi yóuyǒngguǎn, nàyàng dehuà wǒ jiù kěyǐ chángcháng qù yóuyǒng le. | 저희 집 근처에는 지하철역, 도서관뿐만 아니라, 공원, 콘서트 홀 등의 공공시설이 있습니다. 하지만 저는 수영을 매우 좋아하는데 저희 집 근처에는 실내 수영장이 없습니다. 수영을 하려면, 버스를 타고 비교적 먼 곳까지 가야 해서 매우 불편합니다. 그래서 저는 저희 집 근처에 공공 실내 수영장이 있었으면 합니다. 그렇게 된다면, 저는 자주 수영을 하러 갈 수 있습니다. |

단어 1　**希望** xīwàng 동 희망하다　**附近** fùjìn 명 근처　**公共设施** gōnggòng shèshī 명 공공 시설　**音乐剧** yīnyuèjù 명 뮤지컬　**音乐厅** yīnyuètīng 명 콘서트 홀　**演出** yǎnchū 명 공연

단어 2　**不仅** bùjǐn 접 ~일 뿐만 아니라　**地铁站** dìtiězhàn 명 지하철 역　**图书馆** túshūguǎn 명 도서관　**公园** gōngyuán 명 공원　**不过** búguò 접 그러나　**游泳** yóuyǒng 명 수영 동 수영하다　**室内** shìnèi 명 실내　**游泳馆** yóuyǒngguǎn 명 수영장　**公共汽车** gōnggòngqìchē 명 버스　**远** yuǎn 형 멀다　**方便** fāngbiàn 형 편리하다

40

# 第五部分

**문제 1**

## 与个人旅行相比，你认为跟团旅行好处多还是坏处多？请谈谈你的想法。

Yǔ gèrén lǚxíng xiāngbǐ, nǐ rènwéi gēntuánlǚxíng hǎochù duō háishi huàichù duō? Qǐng tántan nǐ de xiǎngfǎ.

개인 여행과 비교했을 때, 당신은 패키지여행이 장점이 많다고 생각하나요? 아니면 단점이 많다고 생각하나요? 당신의 생각을 말해 보세요.

| | | |
|---|---|---|
| Lv. 3~4 | 与个人旅行相比，我认为跟团旅行有好处也有坏处。好处是跟团旅行比较方便，比较安全，而且也比较便宜。但是跟团旅行也有一些缺点。比如说不能自由安排时间，日程比较紧张等等。<br>Yǔ gèrén lǚxíng xiāngbǐ, wǒ rènwéi gēntuánlǚxíng yǒu hǎochù yě yǒu huàichù. Hǎochù shì gēntuánlǚxíng bǐjiào fāngbiàn, bǐjiào ānquán, érqiě yě bǐjiào piányi. Dànshì gēntuánlǚxíng yě yǒu yìxiē quēdiǎn. Bǐrú shuō bùnéng zìyóu ānpái shíjiān, rìchéng bǐjiào jǐnzhāng děngděng. | 개인 여행과 비교했을 때, 저는 패키지여행이 장점도 있고, 단점도 있다고 생각합니다. 장점은 패키지여행은 비교적 편리하고, 비교적 안전하며 게다가 비교적 저렴하기까지 합니다. 하지만 패키지여행은 예를 들어 시간을 자유롭게 배정할 수 없으며, 일정이 비교적 빡빡하다는 등의 단점도 있습니다. |
| Lv. 5~6 | 与个人旅行相比，我认为跟团旅行既有好处也有坏处。跟团旅行比较省心，旅行社会安排路线，预订酒店，买机票什么的，可以节省时间和金钱。但是跟个人旅行相比，跟团旅行缺少个性，千篇一律，自由时间比较少。所以如果我有时间可以自己安排，我会选择个人旅行；如果没有时间或者去语言不通的外国，我会选择跟团旅行。<br>Yǔ gèrén lǚxíng xiāngbǐ, wǒ rènwéi gēntuánlǚxíng jì yǒu hǎochù yě yǒu huàichù. Gēntuánlǚxíng bǐjiào shěngxīn, lǚxíngshè huì ānpái lùxiàn, yùdìng jiǔdiàn, mǎi jīpiào shénme de, kěyǐ jiéshěng shíjiān hé jīnqián. Dànshì gēn gèrén lǚxíng xiāngbǐ, gēntuánlǚxíng quēshǎo gèxìng, qiānpiānyílǜ, zìyóu shíjiān bǐjiào shǎo. Suǒyǐ rúguǒ wǒ yǒu shíjiān kěyǐ zìjǐ ānpái, wǒ huì xuǎnzé gèrén lǚxíng; rúguǒ méiyǒu shíjiān huòzhě qù yǔyán bùtōng de wàiguó, wǒ huì xuǎnzé gēntuánlǚxíng. | 개인 여행과 비교했을 때, 저는 패키지여행이 장점도 있고, 단점도 있다고 생각합니다. 패키지여행은 비교적 걱정을 줄여주며, 여행사에서 노선을 안배하고, 호텔을 예약하고, 비행기 표를 사는 등 시간과 돈을 절약할 수 있습니다. 하지만 개인 여행과 비교했을 때, 패키지여행은 개성이 부족하고 천편일률적이며 자유 시간이 비교적 적습니다. 그래서 만약에 스스로 계획을 짤 수 있는 시간이 있다면, 저는 개인 여행을 선택할 것입니다. 만약 시간이 없거나 언어가 통하지 않는 외국에 간다면 저는 패키지여행을 선택할 것입니다. |

**단어 1** **与** yǔ 전 ~와(과) **个人** gèrén 명 개인 **相比** xiāngbǐ 동 비교하다 **跟团旅行** gēntuánlǚxíng 명 패키지여행 **好处** hǎochù 명 장점 **坏处** huàichù 명 단점 **安全** ānquán 형 안전하다 **缺点** quēdiǎn 명 단점 **比如** bǐrú 접 예컨대 **自由** zìyóu 명 자유 **安排** ānpái 동 배정하다, 안배하다 **时间** shíjiān 명 시간 **日程** rìchéng 명 일정 **紧张** jǐnzhāng 형 타이트하다 **等等** děngděng 명 등등

**단어 2** **省心** shěngxīn 동 걱정을 덜다 **旅行社** lǚxíngshè 명 여행사 **路线** lùxiàn 명 노선 **预订** yùdìng 동 예약하다 **酒店** jiǔdiàn 명 호텔 **机票** jīpiào 명 비행기표 **什么的** shénme de ~등등 **缺少** quēshǎo 동 모자라다, 부족하다 **个性** gèxìng 명 개성 **千篇一律** qiānpiānyílǜ 성 조금도 변화가 없다, 천편일률 **选择** xuǎnzé 동 선택하다 **语言** yǔyán 명 언어 **不通** bùtōng 동 통하지 않다 **外国** wàiguó 명 외국

## 문제 2

# 你认为在你们国家公务员这种职业受欢迎吗？请谈谈你的看法。

Nǐ rènwéi zài nǐmen guójiā gōngwùyuán zhè zhǒng zhíyè shòu huānyíng ma? Qǐng tántan nǐ de kànfǎ.

당신의 나라에서는 공무원이라는 직업이 인기가 많나요? 당신의 생각을 말해 보세요.

| | | |
|---|---|---|
| Lv. 3~4 | **我生活在韩国，在韩国公务员这种职业非常受欢迎。因为公务员工作稳定，可以一直工作到退休，而且退休金也不少。所以现在有很多大学生想当公务员，在准备公务员考试。**<br>Wǒ shēnghuó zài Hánguó, zài Hánguó gōngwùyuán zhè zhǒng zhíyè fēicháng shòu huānyíng. Yīnwèi gōngwùyuán gōngzuò wěndìng, kěyǐ yìzhí gōngzuò dào tuìxiū, érqiě tuìxiūjīn yě bùshǎo. Suǒyǐ xiànzài yǒu hěn duō dàxuéshēng xiǎng dāng gōngwùyuán, zài zhǔnbèi gōngwùyuán kǎoshì. | 저는 한국에서 생활하고 있고, 한국에서 공무원이란 직업은 매우 인기가 많습니다. 왜냐하면 공무원은 일이 안정적이고, 퇴직할 때까지 일을 할 수 있으며, 게다가 퇴직연금도 많습니다. 그래서 요즘 많은 대학생들이 공무원이 되고 싶어하고 공무원 시험을 준비를 하고 있습니다. |
| Lv. 5~6 | **我是韩国人，在韩国公务员是最受欢迎的职业之一。这有几个原因，首先公务员工作比较稳定。一旦通过考试，当上了公务员，基本就可以工作到退休。而一般企业竞争激烈，很难工作到退休年龄。其次公务员福利比较好，除了工资以外，还有各种补贴、育儿休假等制度比较完善。所以在韩国公务员非常受欢迎。**<br>Wǒ shì Hánguórén, zài Hánguó gōngwùyuán shì zuì shòu huānyíng de zhíyè zhīyī. Zhè yǒu jǐ ge yuányīn, shǒuxiān gōngwùyuán gōngzuò bǐjiào wěndìng. Yídàn tōngguò kǎoshì, dāng shàngle gōngwùyuán, jīběn jiù kěyǐ gōngzuò dào tuìxiū. Ér yìbān qǐyè jìngzhēng jīliè, hěn nán gōngzuò dào tuìxiū niánlíng. Qícì gōngwùyuán fúlì bǐjiào hǎo, chúle gōngzī yǐwài, háiyǒu gèzhǒng bǔtiē、yù'ér xiūjià děng zhìdù bǐjiào wánshàn. Suǒyǐ zài Hánguó gōngwùyuán fēicháng shòu huānyíng. | 저는 한국인이고, 한국에서 공무원은 가장 인기 있는 직업 중에 하나입니다. 몇 가지 원인이 있는데, 먼저 공무원은 일이 비교적 안정적입니다. 일단 시험에 통과해서 공무원이 되면 기본적으로 퇴직할 때까지 일을 할 수 있습니다. 그러나 일반 기업은 경쟁이 치열해서 퇴직 연령까지 일하기 어렵습니다. 그다음은 공무원은 복지가 비교적 좋습니다. 월급 이외에도 각종 수당이 있고, 육아휴직 등의 제도가 비교적 완벽합니다. 때문에 한국에서는 공무원이 인기가 아주 많습니다. |

단어 1 **公务员** gōngwùyuán 명 공무원 **职业** zhíyè 명 직업 **受欢迎** shòu huānyíng 환영을 받다, 인기가 있다 **稳定** wěndìng 형 안정적이다 **退休** tuìxiū 동 퇴직하다 **退休金** tuìxiūjīn 명 퇴직연금, 퇴직금 **当** dāng 동 ~이 되다 **准备** zhǔnbèi 동 준비하다 **考试** kǎoshì 명 시험

단어 2 **之一** zhīyī 명 ~중의 하나 **原因** yuányīn 명 원인 **首先** shǒuxiān 명 먼저 **一旦** yídàn 명 일단 **通过** tōngguò 동 통과하다 **基本** jīběn 부 기본적으로, 대체로 **企业** qǐyè 명 기업 **竞争** jìngzhēng 명 경쟁 **激烈** jīliè 형 치열하다 **年龄** niánlíng 명 연령 **其次** qícì 명 그 다음 **福利** fúlì 명 복지 **除了…以外…** chúle…yǐwài… ~이외에도 **工资** gōngzī 명 임금, 월급 **补贴** bǔtiē 명 보조금, 수당 **育儿休假** yù'ér xiūjià 육아휴직 **制度** zhìdù 명 제도 **完善** wánshàn 형 완벽하다

### ★ 고득점 비법 직업과 관련된 단어

예 **福利** fúlì 복지
**退休** tuìxiū 퇴직하다
**工资** gōngzī 임금, 월급
**待遇** dàiyù 대우
**补贴** bǔtiē 보조금, 수당
**育儿休假** yù'ér xiūjià 육아휴직

**문제 3**

# 跟过去相比，你认为在家做“全职爸爸”的男人变多了吗？请说说你的想法。

Gēn guòqù xiāngbǐ, nǐ rènwéi zài jiā zuò “quánzhí bàba” de nánrén biàn duō le ma? Qǐng shuōshuo nǐ de xiǎngfǎ.

과거와 비교했을 때, 당신은 집에서 '가사를 전담하는 아빠'가 많아졌다고 생각하나요? 당신의 생각을 말해 보세요.

| Lv. | 답변 | 해석 |
| --- | --- | --- |
| Lv. 3~4 | 我认为最近在家做“全职爸爸”的男人变多了。以前女性的工作机会比较少，生了孩子以后就会在家里做全职妈妈。但是现在工作的女性越来越多，在家照顾孩子的男性也越来越多，“全职爸爸”也变多了。<br>Wǒ rènwéi zuìjìn zài jiā zuò “quánzhí bàba” de nánrén biàn duō le. Yǐqián nǚxìng de gōngzuò jīhuì bǐjiào shǎo, shēngle háizi yǐhòu jiù huì zài jiā lǐ zuò quánzhí māma. Dànshì xiànzài gōngzuò de nǚxìng yuè lái yuè duō, zài jiā zhàogù háizi de nánxìng yě yuè lái yuè duō, “quánzhí bàba” yě biàn duō le. | 저는 요즘 '집에서 '가사를 전담하는 아빠'가 많아졌다고 생각합니다. 예전에는 여성이 일할 수 있는 기회가 적어서 아이를 낳고 난 이후에는 집에서 전업주부를 했습니다. 하지만 지금은 일하는 여성이 점점 많아졌고, 집에서 아이를 돌보는 남자도 점점 많아져서, '가사를 전담하는 아빠'도 많아졌습니다. |
| Lv. 5~6 | 我认为跟过去相比，在家做“全职爸爸”的男人变多了。随着人们观念的变化，男女在家庭中扮演的角色也有了变化。以前的传统观念是男人在外面工作，女人在家照顾孩子。但是现在人们观念有了很大的变化。无论男女，根据家庭和个人的需要，可以选择在家，也可以选择出去工作。所以在家做“全职爸爸”的男人也变多了。<br>Wǒ rènwéi gēn guòqù xiāngbǐ, zài jiā zuò “quánzhí bàba” de nánrén biàn duō le. Suízhe rénmen guānniàn de biànhuà, nánnǚ zài jiātíng zhōng bànyǎn de juésè yě yǒule biànhuà. Yǐqián de chuántǒng guānniàn shì nánrén zài wàimiàn gōngzuò, nǚrén zài jiā zhàogù háizi. Dànshì xiànzài rénmen guānniàn yǒule hěn dà de biànhuà. Wúlùn nánnǚ, gēnjù jiātíng hé gèrén de xūyào, kěyǐ xuǎnzé zài jiā, yě kěyǐ xuǎnzé chūqù gōngzuò. Suǒyǐ zài jiā zuò “quánzhí bàba” de nánrén yě biàn duō le. | 저는 과거와 비교했을 때, 집에서 '가사를 전담하는 아빠'가 많아졌다고 생각합니다. 사람들의 관념이 변화되면서 남녀가 가정에서 맡은 역할에도 변화가 생겼습니다. 예전의 전통 관념으로는 남자는 밖에서 일을 하고, 여자는 집에서 아이를 돌봅니다. 하지만 요즘 사람들의 관념에 큰 변화가 생겼습니다. 남녀 관계없이 가정과 개인의 필요에 따라 집에 있는 것을 선택할 수 있고, 일하러 나가는 것을 선택할 수도 있습니다. 때문에 집에서 '가사를 전담하는 아빠'도 많아졌습니다. |

**단어 1** **过去** guòqù 명 과거 **全职** quánzhí 형 전담의, 전직의 **变** biàn 동 변화하다 **女性** nǚxìng 명 여성 **机会** jīhuì 명 기회 **生** shēng 동 낳다 **孩子** háizi 명 아이 **以后** yǐhòu 명 이후 **越来越** yuè lái yuè 부 점점 **照顾** zhàogù 동 돌보다 **男性** nánxìng 명 남성

**단어 2** **随着** suízhe 전 ~따라서 **观念** guānniàn 명 관념, 생각 **变化** biànhuà 명 변화 **家庭** jiātíng 명 가정 **扮演** bànyǎn 동 ~의 역을 맡아 하다 **角色** juésè 명 배역 **传统** chuántǒng 명 전통 **无论** wúlùn 접 ~에 관계없이 **根据** gēnjù 동 근거하다 **选择** xuǎnzé 동 선택하다

**문제 4**

# 你认为学校在选择获得奖学金的学生时，首先应该考虑哪些因素？请谈谈你的看法。

Nǐ rènwéi xuéxiào zài xuǎnzé huòdé jiǎngxuéjīn de xuésheng shí, shǒuxiān yīnggāi kǎolǜ nǎxiē yīnsù? Qǐng tántan nǐ de kànfǎ.

학교에서 장학금을 받을 학생을 선택할 때, 먼저 어떤 요소를 고려해야 한다고 생각하나요? 당신의 생각을 말해 보세요.

| | | |
|---|---|---|
| Lv. 3~4 | 我觉得学校在选择获得奖学金的学生时，首先应该考虑学生的学习成绩。因为学生最主要的任务就是学习。一个学生如果学习成绩很好，说明他非常认真努力。所以学校应该奖励学习成绩好的学生。<br>Wǒ juéde xuéxiào zài xuǎnzé huòdé jiǎngxuéjīn de xuésheng shí, shǒuxiān yīnggāi kǎolǜ xuésheng de xuéxí chéngjì. Yīnwèi xuésheng zuì zhǔyào de rènwù jiùshì xuéxí. Yí ge xuésheng rúguǒ xuéxí chéngjì hěn hǎo, shuōmíng tā fēicháng rènzhēn nǔlì. Suǒyǐ xuéxiào yīnggāi jiǎnglì xuéxí chéngjì hǎo de xuésheng. | 저는 학교에서 장학금을 받을 학생을 선택할 때, 먼저 학생의 학업 성적을 마땅히 고려해야 한다고 생각합니다. 왜냐하면 학생의 가장 주된 임무는 바로 공부입니다. 한 학생이 만약 학업 성적이 좋다는 것은 매우 성실히 노력했다는 것을 말합니다. 그래서 학교는 성적이 좋은 학생을 장려해야 합니다. |
| Lv. 5~6 | 我认为学校在选择获得奖学金的学生时，首先应该考虑学生的家庭情况。奖学金的目的是鼓励并帮助学生好好儿学习。如果一个学生家庭经济条件不好，他没有良好的学习环境，不能安心学习的话，奖学金可以帮助他解决这方面的问题。奖学金发给这样的学生是雪中送炭，可以真正起到奖学金的作用。<br>Wǒ rènwéi xuéxiào zài xuǎnzé huòdé jiǎngxuéjīn de xuésheng shí, shǒuxiān yīnggāi kǎolǜ xuésheng de jiātíng qíngkuàng. Jiǎngxuéjīn de mùdì shì gǔlì bìng bāngzhù xuésheng hǎohāor xuéxí. Rúguǒ yí ge xuésheng jiātíng jīngjì tiáojiàn bù hǎo, tā méiyǒu liánghǎo de xuéxí huánjìng, bùnéng ānxīn xuéxí dehuà, jiǎngxuéjīn kěyǐ bāngzhù tā jiějué zhè fāngmiàn de wèntí. Jiǎngxuéjīn fā gěi zhèyàng de xuésheng shì xuězhōngsòngtàn, kěyǐ zhēnzhèng qǐ dào jiǎngxuéjīn de zuòyòng. | 저는 학교가 장학금을 받는 학생을 선택할 때, 먼저 학생의 가정 상황을 마땅히 고려해야 한다고 생각합니다. 장학금의 목적은 학생이 공부를 잘 할 수 있도록 장려하고 도와주는 것입니다. 만약 한 학생의 가정 경제 조건이 좋지 않아서, 좋은 학습 환경이 없고, 전념해서 공부를 할 수 없다면 장학금이 이 방면의 문제를 해결해 줄 수 있습니다. 장학금을 이러한 학생에게 주는 것은 급할 때 도움을 주는 것으로 장학금의 효과가 진정으로 미칠 수 있습니다. |

**단어 1** 学校 xuéxiào 명 학교　选择 xuǎnzé 동 선택하다　获得 huòdé 동 획득하다, 얻다　奖学金 jiǎngxuéjīn 명 장학금　考虑 kǎolǜ 동 고려하다　因素 yīnsù 명 원인, 요소　成绩 chéngjì 명 성적　主要 zhǔyào 형 주요하다　任务 rènwù 명 임무　认真 rènzhēn 형 성실하다　努力 nǔlì 동 노력하다　奖励 jiǎnglì 동 장려하다

**단어 2** 情况 qíngkuàng 명 상황　目的 mùdì 명 목적　鼓励 gǔlì 동 격려하다　并 bìng 접 그리고　经济 jīngjì 명 경제　条件 tiáojiàn 명 조건　良好 liánghǎo 형 좋다　环境 huánjìng 명 환경　安心 ānxīn 동 전념하다　解决 jiějué 동 해결하다　方面 fāngmiàn 명 방면　发 fā 동 주다　雪中送炭 xuězhōngsòngtàn 성 눈 속에 탄을 보내다, 다른 사람이 급할 때 도움을 주다　真正 zhēnzhèng 형 진정한　作用 zuòyòng 명 작용

문제 1

## 你跟朋友约好下周一起去动物园，你的表妹说她也想去。请你向朋友说明情况，并询问是否可以带她一起去。

Nǐ gēn péngyou yuēhǎo xiàzhōu yìqǐ qù dòngwùyuán, nǐ de biǎomèi shuō tā yě xiǎng qù. Qǐng nǐ xiàng péngyou shuōmíng qíngkuàng, bìng xúnwèn shìfǒu kěyǐ dài tā yìqǐ qù.

친구와 다음 주에 동물원에 가기로 약속했는데, 당신의 사촌 여동생도 가고 싶다고 말합니다. 친구에게 상황을 설명하고, 그녀를 데리고 함께 가도 되는지 물어보세요.

| | | |
|---|---|---|
| Lv. 3~4 | 小芳，我们下个星期天不是约好去动物园吗？我的表妹听说我们要去动物园，说她也想去。我的表妹特别喜欢看动物，你看能不能带她一起去啊？我们三个人一起去的话，一定会更有意思。可以吗？<br>Xiǎo Fāng, wǒmen xiàge xīngqītiān búshì yuēhǎo qù dòngwùyuán ma? Wǒ de biǎomèi tīngshuō wǒmen yào qù dòngwùyuán, shuō tā yě xiǎng qù. Wǒ de biǎomèi tèbié xǐhuan kàn dòngwù, nǐ kàn néng bu néng dài tā yìqǐ qù a? Wǒmen sān ge rén yìqǐ qù dehuà, yídìng huì gèng yǒu yìsi. Kěyǐ ma? | 샤오팡, 우리 다음 주 일요일에 동물원 가기로 약속했잖아? 내 사촌 여동생이 우리가 동물원 간다는 것을 듣고서는 그녀도 가고 싶다고 하더라고. 내 사촌 여동생이 동물 보는 것을 아주 좋아하는데 데리고 같이 가도 될까? 우리 셋이 함께 간다면 분명히 더 재미있을 거야. 그래도 될까? |
| Lv. 5~6 | 小芳，我跟你商量个事儿。我们不是约好下周六一起去动物园玩吗？我有一个表妹，今年上高中一年级，下个星期正好放假。她听说我们要去动物园，也想一起去。你看我们能不能带她一起去啊？她平时上学太忙了，没时间去动物园玩，这次正好有时间。咱们带她一起去，好不好？<br>Xiǎo Fāng, wǒ gēn nǐ shāngliang ge shìr. Wǒmen búshì yuēhǎo xiàzhōuliù yìqǐ qù dòngwùyuán wán ma? Wǒ yǒu yí ge biǎomèi, jīnnián shàng gāozhōng yī niánjí, xiàge xīngqī zhènghǎo fàngjià. Tā tīngshuō wǒmen yào qù dòngwùyuán, yě xiǎng yìqǐ qù. Nǐ kàn wǒmen néng bu néng dài tā yìqǐ qù a? Tā píngshí shàngxué tài máng le, méi shíjiān qù dòngwùyuán wán, zhècì zhènghǎo yǒu shíjiān. Zánmen dài tā yìqǐ qù, hǎo bu hǎo? | 샤오팡, 너랑 상의할 일이 있어. 우리 다음 주 토요일에 함께 동물원에 놀러 가기로 했잖아? 올해 고등학교 1학년인 사촌 여동생이 한 명 있는데, 다음 주가 마침 방학이야. 우리가 동물원에 간다는 것을 듣고서는 같이 가고 싶어 하더라고. 우리가 그녀를 같이 데리고 가도 될까? 그녀는 평소에 공부하느라 너무 바빠서 동물원에 놀러 갈 시간이 없는데 이번에 마침 시간이 돼서. 우리가 그녀를 데리고 같이 가는 게 어때? |

단어 1 **约** yuē 동 약속하다 **下周** xiàzhōu 명 다음 주 **动物园** dòngwùyuán 명 동물원 **表妹** biǎomèi 명 사촌 여동생 **向** xiàng 전 ~에게 **询问** xúnwèn 동 문의하다, 물어보다 **是否** shìfǒu ~인지 아닌지 **带** dài 동 데리다 **一定** yídìng 부 반드시 **更** gèng 부 더 **有意思** yǒu yìsi 형 재미있다

단어 2 **商量** shāngliang 동 상의하다 **高中** gāozhōng 명 고등학교 **年级** niánjí 명 학년 **正好** zhènghǎo 부 마침 **放假** fàngjià 동 방학하다

**문제 2**

## 你的同屋是刚来留学不久的中国人，她向你打听哪儿有书店。请你告诉她最近的书店怎么走。

Nǐ de tóngwū shì gāng lái liúxué bùjiǔ de Zhōngguórén, tā xiàng nǐ dǎtīng nǎr yǒu shūdiàn. Qǐng nǐ gàosu tā zuì jìn de shūdiàn zěnme zǒu.

당신의 룸메이트는 유학 온 지 얼마 안 된 중국인입니다. 그녀가 당신에게 서점이 어디 있는지 묻습니다. 그녀에게 가장 가까운 서점을 어떻게 가는지 알려 주세요.

| | | |
|---|---|---|
| Lv. 3~4 | 小王，你要去书店吗？我们学校里面就有一家书店。你从宿舍出去往左拐，一直走。走五分钟就能看到学生食堂，书店就在学生食堂的旁边。我现在正好要去吃饭，你跟我一起去吧。<br>Xiǎo Wáng, nǐ yào qù shūdiàn ma? Wǒmen xuéxiào lǐmiàn jiù yǒu yì jiā shūdiàn. Nǐ cóng sùshè chūqù wǎng zuǒ guǎi, yìzhí zǒu. Zǒu wǔ fēnzhōng jiù néng kàndào xuésheng shítáng, shūdiàn jiù zài xuésheng shítáng de pángbiān. Wǒ xiànzài zhènghǎo yào qù chīfàn, nǐ gēn wǒ yìqǐ qù ba. | 샤오왕, 너 서점 가려고 해? 우리 학교 안에 바로 서점이 하나 있어. 기숙사에서 나가서 좌회전해서 쭉 걸어가. 5분 동안 걷다 보면, 학생 식당을 볼 수 있는데 서점은 바로 학생 식당 옆에 있어. 나도 마침 밥 먹으러 가려고 하는데, 우리 같이 가자. |
| Lv. 5~6 | 小王，你要买什么书呢？要是想买教材什么的，学校里面就有一家书店。就在食堂旁边。你要是想买新出的小说什么的，就要去学校外面的书店了。那家书店也不远，在学校正门旁边。你出了校门，往左边走500米左右就能看到。你刚来，还不知道路，要不我陪你一起去吧。<br>Xiǎo Wáng, nǐ yào mǎi shénme shū ne? Yàoshi xiǎng mǎi jiàocái shénme de, xuéxiào lǐmiàn jiù yǒu yì jiā shūdiàn. Jiù zài shítáng pángbiān. Nǐ yàoshi xiǎng mǎi xīn chū de xiǎoshuō shénme de, jiù yào qù xuéxiào wàimiàn de shūdiàn le. Nà jiā shūdiàn yě bù yuǎn, zài xuéxiào zhèngmén pángbiān. Nǐ chūle xiàomén, wǎng zuǒbiān zǒu wǔ bǎi mǐ zuǒyòu jiù néng kàndào. Nǐ gāng lái, hái bù zhīdào lù, yàobù wǒ péi nǐ yìqǐ qù ba. | 샤오왕, 너 무슨 책 사려고 해? 만약 교재 등을 사는 거라면, 학교 안에 서점이 하나 있어. 바로 식당 옆이야. 만약 새로 출간된 소설 등을 사는 거라면 학교 밖에 있는 서점에 가야 해. 그 서점도 멀지 않아. 학교 정문 옆에 있어. 교문을 나가서 왼쪽으로 500미터쯤 걸어가면 보일 거야. 네가 온 지 얼마 안 돼서 아직 길을 잘 모르지 아니면 내가 같이 가 줄게. |

단어 1 **同屋** tóngwū 명 룸메이트 **刚** gāng 부 방금 **留学** liúxué 동 유학하다 **不久** bùjiǔ 부 곧 **打听** dǎtīng 동 물어보다 **书店** shūdiàn 명 서점 **近** jìn 형 가깝다 **宿舍** sùshè 명 기숙사 **往** wǎng 전 ~을 향해 **左** zuǒ 명 왼쪽 **拐** guǎi 동 방향을 바꾸다 **一直** yìzhí 부 곧바로 **食堂** shítáng 명 구내 식당 **旁边** pángbiān 명 옆

단어 2 **要是** yàoshi 접 만약 ~하면 **教材** jiàocái 명 교재 **什么的** shénme de 등등 **新** xīn 형 새롭다 **小说** xiǎoshuō 명 소설 **远** yuǎn 형 멀다 **正门** zhèngmén 명 정문 **校门** xiàomén 명 교문 **左右** zuǒyòu 명 가량, 쯤 **路** lù 명 길 **要不** yàobù 접 그렇지 않으면 **陪** péi 동 동반하다

**★ 고득점 비법 답변 요령**

어떤 장소를 어떻게 가야 하는지 상대방에게 대답할 때는 좌회전, 우회전 등의 방향 이외에도, '走5分钟就能到。(zǒu wǔ fēnzhōng jiù néng dào), 走500米左右就能到。(zǒu wǔbǎi mǐ zuǒyòu jiù néng dào)'처럼 얼마만큼 걸어가야 하는지에 대해 대략적으로 설명해 주는 것이 좋다.

**문제 3**

## 你收到了在网上订购的雨伞，却发现不是你要的那款。请你给商家打电话表示不满，并要求解决问题。

Nǐ shōudàole zài wǎngshàng dìnggòu de yǔsǎn, què fāxiàn búshì nǐ yào de nà kuǎn. Qǐng nǐ gěi shāngjiā dǎ diànhuà biǎoshì bùmǎn, bìng yāoqiú jiějué wèntí.

인터넷으로 주문한 우산을 받았는데, 당신이 원하던 디자인이 아니라는 것을 발견했습니다. 상점에 전화를 걸어 불만을 표시하고, 문제 해결을 요구하세요.

| | | |
|---|---|---|
| Lv. 3~4 | 你好，是雨伞店吗？我在你们网站订购了一把白色的雨伞，今天收到以后我发现是红色的，不是我要的那款。你们也太马虎了吧？我把这把雨伞给你们寄回去，请马上给我换一把白色的雨伞寄过来。<br>Nǐ hǎo, shì yǔsǎndiàn ma? Wǒ zài nǐmen wǎngzhàn dìnggòule yì bǎ báisè de yǔsǎn, jīntiān shōudào yǐhòu wǒ fāxiàn shì hóngsè de, búshì wǒ yào de nà kuǎn. Nǐmen yě tài mǎhǔ le ba? Wǒ bǎ zhè bǎ yǔsǎn gěi nǐmen jì huíqù, qǐng mǎshàng gěi wǒ huàn yì bǎ báisè de yǔsǎn jì guòlái. | 안녕하세요. 우산 가게인가요? 제가 사이트에서 흰색 우산을 주문했는데, 오늘 받아서 보니 빨간색이더라고요. 제가 원했던 스타일이 아닙니다. 너무 무책임한 거 아닌가요? 제가 우산을 그쪽으로 돌려보낼 테니까, 바로 저에게 흰색 우산으로 바꿔 보내주세요. |
| Lv. 5~6 | 你好，是明明雨伞店吗？我在你们网站订购了一把白色的阳伞，准备当生日礼物送给我妈妈。可是今天打开包裹以后我发现是一把红色的雨伞，你们到底是怎么回事？怎么能发错了呢！后天就是我妈妈的生日了，请马上给我重新发货。如果今天不能解决问题的话，我会给你差评的。<br>Nǐ hǎo, shì Míngmíng yǔsǎndiàn ma? Wǒ zài nǐmen wǎngzhàn dìnggòule yì bǎ báisè de yángsǎn, zhǔnbèi dàng shēngrì lǐwù sòng gěi wǒ māma. Kěshì jīntiān dǎkāi bāoguǒ yǐhòu wǒ fāxiàn shì yì bǎ hóngsè de yǔsǎn, Nǐmen dàodǐ shì zěnme huí shì? zěnme néng fācuò le ne! Hòutiān jiùshì wǒ māma de shēngrì le, qǐng mǎshàng gěi wǒ chóngxīn fāhuò. Rúguǒ jīntiān bùnéng jiějué wèntí dehuà, wǒ huì gěi nǐ chàpíng de. | 안녕하세요. 밍밍 우산 가게인가요? 제가 사이트에서 흰색 양산을 주문했어요. 엄마께 생신 선물로 드리려고요. 그런데 오늘 소포를 열어 보고 나서야 빨간색 우산이라는 것을 발견했어요. 도대체 어떻게 된 일입니까? 어떻게 잘못 보낼 수가 있죠! 모레가 저의 엄마 생신인데 바로 다시 보내주세요. 만약 오늘 문제를 해결해 주지 않으시면 비추천 후기를 남길 겁니다. |

**단어 1** **收到** shōudào 동 받다 **网上** wǎngshàng 명 인터넷 **订购** dìnggòu 동 주문해서 구매하다 **雨伞** yǔsǎn 명 우산 **却** què 부 오히려 **发现** fāxiàn 동 발견하다 **款** kuǎn 명 스타일 **商家** shāngjiā 명 상점 **表示** biǎoshì 동 표시하다 **不满** bùmǎn 명 불만 **要求** yāoqiú 동 요구하다 **网站** wǎngzhàn 명 사이트 **把** bǎ 양 자루가 있는 것을 세는데 쓰임 **白色** báisè 명 흰색 **红色** hóngsè 명 빨간 색 **马虎** mǎhǔ 형 대충대충하다 **寄** jì 동 부치다 **马上** mǎshàng 부 바로 **换** huàn 동 바꾸다

**단어 2** **阳伞** yángsǎn 명 양산 **准备** zhǔnbèi 동 준비하다 **当** dāng 동 ~로 삼다 **生日** shēngrì 명 생일 **礼物** lǐwù 명 선물 **打开** dǎkāi 동 열다 **包裹** bāoguǒ 명 소포 **到底** dàodǐ 부 도대체 **发错** fācuò 동 잘못 보내다 **重新** chóngxīn 부 다시 **发货** fāhuò 동 발송하다 **差评** chàpíng 비추천 후기, 나쁜 구매평

**문제 1**

①

②

③

④

Lv. 3~4

① 小王请朋友们来家里吃饭。他对朋友们说自己的妻子做菜做得非常好。小王的妻子从市场买了很多菜回来，朋友们都很期待。

Xiǎo Wáng qǐng péngyoumen lái jiā lǐ chīfàn. Tā duì péngyoumen shuō zìjǐ de qīzi zuòcài zuò de fēicháng hǎo. Xiǎo Wáng de qīzi cóng shìchǎng mǎile hěn duō cài huílái, péngyoumen dōu hěn qīdài.

② 过了一会儿菜做好了。

Guòle yíhuìr cài zuòhǎo le.

③ 朋友们吃得非常高兴，都说小王的妻子手艺特别好。

Péngyoumen chī de fēicháng gāoxìng, dōu shuō Xiǎo Wáng de qīzi shǒuyì tèbié hǎo.

④ 这时，小王家的狗突然跑去咬厨房的门帘。朋友们看到厨房里有一个厨师，原来菜是厨师做的。小王和妻子觉得很不好意思。

Zhèshí, Xiǎo Wáng jiā de gǒu tūrán pǎo qù yǎo chúfáng de ménlián. Péngyoumen kàndào chúfáng lǐ yǒu yí ge chúshī, yuánlái cài shì chúshī zuò de. Xiǎo Wáng hé qīzi juéde hěn bù hǎoyìsi.

① 샤오왕은 친구들을 집으로 불러 식사 초대를 했습니다. 그는 친구들에게 아내가 요리를 매우 잘 한다고 말했습니다. 샤오왕의 아내가 시장에서 많은 채소를 사 와서 친구들은 모두 기대했습니다.

② 잠시 뒤에 요리가 완성되었습니다.

③ 친구들은 매우 즐겁게 먹었고, 모두들 샤오왕 아내의 요리 솜씨가 보통이 아니라고 말했습니다.

④ 이때, 샤오왕 집의 개가 갑자기 뛰어가서 주방의 커튼을 물었습니다. 친구들은 주방에 요리사가 있다는 것을 보게 되었고, 알고 보니 요리는 요리사가 한 것이었습니다. 샤오왕과 아내는 매우 부끄러워했습니다.

Lv. 5~6

① 小王搬了新家，所以请朋友到他家做客。他平时常常说妻子做菜做得特别好吃，所以大家都很期待。小王的妻子对朋友们说，她刚从市场买菜回来，今天要给大家露一手。

Xiǎo Wáng bānle xīnjiā, suǒyǐ qǐng péngyou dào tā jiā zuòkè. Tā píngshí chángcháng shuō qīzi zuòcài zuò de tèbié hǎochī, suǒyǐ dàjiā dōu hěn qīdài. Xiǎo Wáng de qīzi duì péngyoumen shuō, tā gāng cóng shìchǎng mǎi cài huílái, jīntiān yào gěi dàjiā lòu yìshǒu.

① 샤오왕이 새 집으로 이사를 해서 친구들을 집으로 초대했습니다. 그는 평소에 자주 아내가 요리를 아주 맛있게 잘 한다고 말했습니다. 그래서 모두 매우 기대했습니다. 샤오왕의 아내는 친구들에게 방금 시장에서 채소를 사왔고, 오늘 모두에게 솜씨를 뽐내 보겠다고 말했습니다.

② 不一会儿，菜做好了。小王和妻子把菜端给客人们。

Bù yíhuìr, cài zuòhǎo le. Xiǎo Wáng hé qīzl bǎ cài duān gěi kèrénmen.

② 잠시 후 요리가 완성되었습니다. 샤오왕과 아내가 요리를 두 손으로 손님에게 주었습니다.

③ 大家都说和饭店做的一样，非常好吃。小王和妻子非常高兴。

Dàjiā dōu shuō hé fàndiàn zuò de yíyàng, fēicháng hǎochī. Xiǎo Wáng hé qīzi fēicháng gāoxìng.

③ 모두들 식당에서 한 것처럼 너무 맛있다고 말했습니다. 샤오왕과 아내는 매우 기뻤습니다.

④ 小王家有一只狗，它听到厨房有声音，就去咬厨房的门帘。大家发现有一位厨师在里面，原来这些菜都是厨师做的。朋友们都笑了，小王的妻子脸红了，小王也觉得很不好意思。

Xiǎo Wáng jiā yǒu yì zhī gǒu, tā tīngdào chúfáng yǒu shēngyīn, jiù qù yǎo chúfáng de ménlián. Dàjiā fāxiàn yǒu yí wèi chúshī zài lǐmiàn, yuánlái zhèxiē cài dōu shì chúshī zuò de. Péngyoumen dōu xiàole, Xiǎo Wáng de qīzi liǎn hóng le, Xiǎo Wáng yě juéde hěn bù hǎoyìsi.

④ 샤오왕의 집에는 개가 한 마리 있는데, 개가 주방에서 소리가 나는 것을 듣고, 주방 커튼을 가서 물어뜯었습니다. 모두들 주방에 요리사가 있는 것을 발견했고, 알고 보니 이 요리들은 모두 요리사가 한 것이었습니다. 친구들은 모두 웃었습니다. 샤오왕의 아내는 매우 놀랐고, 샤오왕도 매우 부끄러워했습니다.

단어 1 **妻子** qīzi 명 아내 **做菜** zuòcài 동 요리를 하다 **市场** shìchǎng 명 시장 **期待** qīdài 동 기대하다 **手艺** shǒuyì 명 솜씨 **特别** tèbié 형 보통이 아니다 부 아주 **狗** gǒu 명 개, 강아지 **突然** tūrán 부 갑자기 **跑** pǎo 동 뛰다 **咬** yǎo 동 물다 **厨房** chúfáng 명 주방 **门帘** ménlián 명 문발, 커튼 **厨师** chúshī 명 요리사 **原来** yuánlái 부 알고보니 **不好意思** bù hǎoyìsi 부끄럽다

단어 2 **搬** bān 동 이사하다 **做客** zuòkè 동 손님이 되다, 방문하다 **露一手** lòu yìshǒu 솜씨를 한 번 보이다 **不一会儿** bù yíhuìr 부 곧, 얼마 안 있어 **端** duān 동 두 손으로 들어 나르다 **客人** kèrén 명 손님 **只** zhī 양 마리 **声音** shēngyīn 명 소리 **笑** xiào 동 웃다 **脸红** liǎnhóng 형 얼굴이 빨갛다, 부끄러워하다

**★ 고득점 비법 '露一手' 재능을 보여주다**

예 我最近新学了一道菜，一会儿给你露一手。
Wǒ zuìjìn xīn xuéle yí dào cài, yíhuìr gěi nǐ lòu yìshǒu.
나는 요즘 요리 하나를 새로 배웠어. 잠시 뒤에 너에게 보여 줄게.

# 기출 문제 해설 07

TSC 기출 문제
07회

www.ybmbooks.com
온라인 영상 테스트 제공

# 第一部分

**문제 1**

## 你叫什么名字?

Nǐ jiào shénme míngzi?

당신의 이름은 무엇입니까?

| | | |
|---|---|---|
| Lv. 3~4 | 我的名字叫曹智慧。<br>Wǒ de míngzi jiào Cáo Zhìhuì. | 제 이름은 조지혜라고 합니다. |
| Lv. 5~6 | 我叫曹智慧，爸爸希望我是个聪明的孩子，所以取了这个名字。<br>Wǒ jiào Cáo Zhìhuì, bàba xīwàng wǒ shì ge cōngmíng de háizi, suǒyǐ qǔle zhège míngzi. | 저는 조지혜라고 합니다. 아빠는 제가 총명한 아이가 되기를 바라셔서 이 이름으로 지어주셨습니다. |

단어 **叫** jiào 동 (이름을)~라고 하다 **名字** míngzi 명 이름 **希望** xīwàng 동 희망하다 **聪明** cōngmíng 형 총명하다 **孩子** háizi 명 아이 **所以** suǒyǐ 접 그래서 **取** qǔ 동 (이름을) 짓다

**문제 2**

## 请说出你的出生年月日。

Qǐng shuōchū nǐ de chūshēng nián yuè rì.

당신의 생년월일을 말해 보세요.

| | | |
|---|---|---|
| Lv. 3~4 | 我是1999年3月25日出生的。<br>Wǒ shì yī jiǔ jiǔ jiǔ nián sān yuè èrshíwǔ rì chūshēng de. | 저는 1999년 3월 25일에 태어났습니다. |
| Lv. 5~6 | 我(出)生于1990年6月12号，属马，今年三十一岁了。<br>Wǒ (chū)shēngyú yī jiǔ jiǔ líng nián liù yuè shí'èr hào, shǔ mǎ, jīnnián sānshíyī suì le. | 저는 1990년 6월 12일에 태어났고, 말띠이며, 올해 31살입니다. |

단어 **出生** chūshēng 동 태어나다 **生于** shēngyú ~에 태어나다 **属** shǔ 동 ~띠이다 **马** mǎ 명 말 **岁** suì 양 살

**문제 3**

## 你家有几口人?

Nǐ jiā yǒu jǐ kǒu rén?

당신의 가족은 몇 명입니까?

| | | |
|---|---|---|
| Lv. 3~4 | 我家有四口人，奶奶、爸爸、妈妈还有我。<br>Wǒ jiā yǒu sì kǒu rén, nǎinai、bàba、māma háiyǒu wǒ. | 저희 집은 네 식구로, 할머니, 아빠, 엄마 그리고 저입니다. |
| Lv. 5~6 | 我家是个大家庭，爷爷、奶奶、爸爸、妈妈还有我和妹妹三代人住在一起。<br>Wǒ jiā shì ge dàjiātíng, yéye、nǎinai、bàba、māma háiyǒu wǒ hé mèimei sāndài rén zhù zài yìqǐ. | 우리 집은 대가족입니다. 할아버지, 할머니, 아빠, 엄마 그리고 저와 여동생 3대가 함께 삽니다. |

단어 口 kǒu 양 식구(사람을 세는데 쓰임) 奶奶 nǎinai 명 할머니 大家庭 dàjiātíng 명 대가족 爷爷 yéye 명 할아버지 妹妹 mèimei 명 여동생 三代 sāndài 명 3대 住 zhù 동 살다

**문제 4**

## 你在什么地方工作? 或者你在哪个学校上学?

Nǐ zài shénme dìfang gōngzuò? Huòzhě nǐ zài nǎge xuéxiào shàngxué?

당신은 어디에서 근무합니까? 또는 어느 학교에 다니나요?

| | | |
|---|---|---|
| Lv. 3~4 | 我在一家韩中贸易公司工作。<br>Wǒ zài yì jiā Hánzhōng màoyì gōngsī gōngzuò. | 저는 한중 무역 회사에서 일합니다. |
| Lv. 5~6 | 我还没有工作，正在准备公务员考试。<br>Wǒ hái méiyǒu gōngzuò, zhèngzài zhǔnbèi gōngwùyuán kǎoshì. | 저는 아직 일을 하고 있지 않고, 공무원 시험을 준비하고 있는 중입니다. |

단어 地方 dìfang 명 장소 工作 gōngzuò 명 일 동 일하다 或者 huòzhě 접 또는, 혹은 学校 xuéxiào 명 학교 家 jiā 양 가정, 가게, 기업 따위를 세는 단위 贸易 màoyì 명 무역 公司 gōngsī 명 회사 正在 zhèngzài 부 마침 ~하고 있는 중이다 准备 zhǔnbèi 동 준비하다 公务员 gōngwùyuán 명 공무원 考试 kǎoshì 명 시험

# 第二部分

## 문제 1

### 女的在做什么?

Nǚ de zài zuò shénme?

여자는 무엇을 하고 있나요?

| Lv. | 답변 | 해석 |
|---|---|---|
| Lv. 3~4 | 她在骑自行车。<br>Tā zài qí zìxíngchē. | 그녀는 자전거를 타고 있습니다. |
| Lv. 5~6 | 她正在公园骑自行车，看起来很高兴。<br>Tā zhèng zài gōngyuán qí zìxíngchē, kàn qǐlái hěn gāoxìng. | 그녀는 공원에서 자전거를 타고 있고, 즐거워 보입니다. |

**단어** 骑 qí 통 타다 自行车 zìxíngchē 명 자전거 正 zhèng 부 마침 ~하고 있는 중이다 在 zài 전 ~에서 公园 gōngyuán 명 공원 看起来 kàn qǐlái 통 보기에 高兴 gāoxìng 형 즐거워하다

**★ 고득점 비법 동사 '骑'**

'자전거를 타다'라는 표현은 '骑自行车'이다. '坐自行车'는 틀린 표현이므로 주의해야 한다. 동물이나 자전거 등에 올라 탈 때는 동사 '骑'를 사용한다. 예를 들어 '骑马 말을 타다, 骑摩托车 오토바이를 타다' 등이 있다.

## 문제 2

### 哪种动物比较多?

Nǎ zhǒng dòngwù bǐjiào duō?

어떤 동물이 비교적 많은 가요?

| Lv. | 답변 | 해석 |
|---|---|---|
| Lv. 3~4 | 鸡比较多。<br>Jī bǐjiào duō. | 닭이 비교적 많습니다. |
| Lv. 5~6 | 鸡比较多，有三只鸡。<br>Jī bǐjiào duō, yǒu sān zhī jī. | 닭이 비교적 많고, 3마리 있습니다. |

**단어** 种 zhǒng 양 종류 动物 dòngwù 명 동물 比较 bǐjiào 부 비교적 多 duō 형 많다 鸡 jī 명 닭 只 zhī 양 마리

**★ 고득점 비법 제2부분에서 자주 출제되는 동물**

예 猫 māo 고양이 狗 gǒu 개
鸡 jī 닭 牛 niú 소

**문제 3**

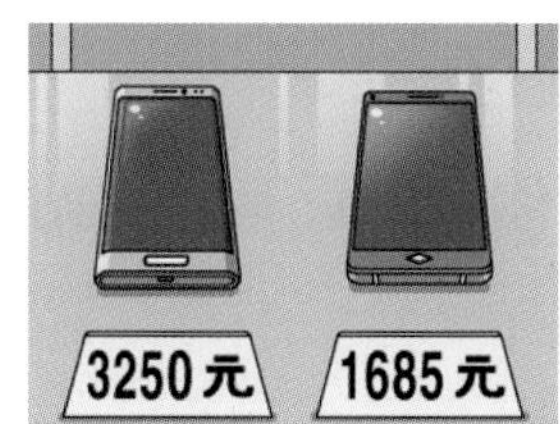


## 便宜的手机多少钱?

Piányi de shǒujī duōshao qián?

저렴한 휴대폰은 얼마인가요?

| | | |
|---|---|---|
| Lv. 3~4 | 便宜的手机一千六百八十五元(块)。<br>Piányi de shǒujī yìqiān liùbǎi bāshíwǔ yuán(kuài). | 저렴한 휴대폰은 1,685위안입니다. |
| Lv. 5~6 | 蓝色的手机更便宜，是一千六百八十五元(块)。<br>Lánsè de shǒujī gèng piányi, shì yìqiān liùbǎi bāshíwǔ yuán(kuài). | 파란색 휴대폰이 더 저렴합니다. 1,685위안입니다. |

단어 **便宜** piányi 형 싸다, 저렴하다 **手机** shǒujī 명 휴대폰 **元** yuán 양 위안 **块** kuài 양 중국의 화폐 단위 **蓝色** lánsè 명 파란색 **更** gèng 부 더

**★ 고득점 비법 숫자 관련 문제**

제2부분에서 '~多少钱?', '便宜的~多少钱? 등 가격을 물어보는 문제가 출제되기는 하지만, 'A比B便宜多少?', 'A和B一共多少钱?' 등 수험자에게 직접 계산을 요구하는 문제는 자주 출제되지 않으므로, 문제를 정확히 파악하고 답해야 한다.

**문제 4**

## 书店在餐厅的旁边吗?

Shūdiàn zài cāntīng de pángbiān ma?

서점은 식당 옆에 있습니까?

| | | |
|---|---|---|
| Lv. 3~4 | 不是，书店在餐厅的对面。<br>Búshì, shūdiàn zài cāntīng de duìmiàn. | 아니요. 서점은 식당 맞은 편에 있습니다. |
| Lv. 5~6 | 不是，书店在餐厅的对面，学校的旁边。<br>Búshì, shūdiàn zài cāntīng de duìmiàn, xuéxiào de pángbiān. | 아니요. 서점은 식당 맞은 편, 학교 옆에 있습니다. |

단어 **书店** shūdiàn 명 서점 **餐厅** cāntīng 명 식당 **旁边** pángbiān 명 옆 **对面** duìmiàn 명 맞은 편 **学校** xuéxiào 명 학교

**★ 고득점 비법 위치와 방향을 묻는 문제**

제2부분에서는 그림에 몇 개의 사물이 나오고, 그것들의 위치를 묻는데, '前面 / 旁边 (앞 / 옆)'이외에도 '东西南北 (동서남북)'등 방향과 위치에 관한 문제가 자주 출제되니 이러한 단어들을 잘 파악해서 문제에 답할 수 있도록 해야 한다.

45

# 第三部分

**문제 1**

## 你家附近有地铁站吗?

Nǐ jiā fùjìn yǒu dìtiězhàn ma?

집 근처에 지하철역이 있나요?

| | | |
|---|---|---|
| Lv. 3~4 | 是的，我家附近有地铁站。<br>从我家到地铁站大概要五分钟。<br>Shìde, wǒ jiā fùjìn yǒu dìtiězhàn.<br>Cóng wǒ jiā dào dìtiězhàn dàgài yào wǔ fēnzhōng. | 네, 저희 집 근처에는 지하철역이 있습니다. 저희 집에서 지하철역까지는 대략 5분 정도 걸립니다. |
| Lv. 5~6 | 我家附近没有地铁站，<br>不过我家离公共汽车站很近，走一分钟就到。<br>Wǒ jiā fùjìn méiyǒu dìtiězhàn,<br>búguò wǒ jiā lí gōnggòngqìchēzhàn hěn jìn, zǒu yì fēnzhōng jiù dào. | 저희 집 근처에는 지하철역이 없지만, 버스정류장이 가까워서, 1분만 걸어가면 도착합니다. |

단어 附近 fùjìn 명 근처 地铁站 dìtiězhàn 명 지하철역 大概 dàgài 부 대략 不过 búguò 접 그러나 离 lí 전 ~에서
公共汽车站 gōnggòngqìchēzhàn 명 버스정류장 近 jìn 형 가깝다 到 dào 동 도착하다

**★ 고득점 비법 '离'와 '从'의 차이**

'离'는 '~에서'라는 뜻으로 두 사물 간의 거리가 멀고 가까운 것을 나타낼 때 사용한다. '从'은 '~에서부터'라는 뜻으로 동작이나 상태의 시간, 공간의 시작점을 나타낼 때 사용한다.

예 离公司很(远 / 近)。Lí gōngsī hěn (yuǎn / jìn). 회사에서 (멀어요 / 가까워요).
从我家到地铁站很远。Cóng wǒ jiā dào dìtiězhàn hěn yuǎn. 우리집에서 전철역까지는 멀어요.

**문제 2**

## 一周中，你星期几最忙?

Yìzhōu zhōng, nǐ xīngqī jǐ zuì máng?

일주일 중에서 당신은 무슨 요일이 가장 바쁜가요?

| | | |
|---|---|---|
| Lv. 3~4 | 我星期一最忙，因为星期一要开很多会。<br>Wǒ xīngqīyī zuì máng, yīnwèi xīngqīyī yào kāi hěn duō huì. | 저는 월요일이 가장 바쁩니다. 왜냐하면 월요일에는 많은 회의를 열어야 합니다. |
| Lv. 5~6 | 一周中我星期五最忙。星期五要总结一周的工作，<br>还要定下周的工作计划。<br>Yìzhōu zhōng wǒ xīngqīwǔ zuì máng. Xīngqīwǔ yào zǒngjié<br>yìzhōu de gōngzuò, hái yào dìng xiàzhōu de gōngzuò jìhuà. | 일주일 중에서 저는 금요일이 가장 바쁩니다. 금요일에는 일주일 간의 업무를 총결산해야 하고, 다음 주의 업무 계획도 세워야 합니다. |

단어 一周 yìzhōu 명 일주간 最 zuì 부 가장 忙 máng 형 바쁘다 开会 kāihuì 동 회의를 열다 总结 zǒngjié 동 총결산하다 定 dìng 동 만들다, 세우다
下周 xiàzhōu 명 다음 주 计划 jìhuà 명 계획

**문제 3**

## 您想买什么颜色的鞋子?

Nín xiǎng mǎi shénme yánsè de xiézi?

당신은 어떤 색의 신발을 사려고 하나요?

| | | |
|---|---|---|
| Lv. 3~4 | 我想买一双蓝色的运动鞋，我喜欢跑步。<br>Wǒ xiǎng mǎi yì shuāng lánsè de yùndòngxié, wǒ xǐhuan pǎobù. | 저는 파란색 운동화 한 켤레를 사려고요. 저는 달리기하는 것을 좋아합니다. |
| Lv. 5~6 | 我还没想好，<br>您觉得什么颜色的运动鞋上班穿比较好?<br>Wǒ hái méi xiǎnghǎo,<br>nín juéde shénme yánsè de yùndòngxié shàngbān chuān bǐjiào hǎo? | 아직 못 정했어요. 어떤 색의 운동화가 출근할 때 신기 비교적 좋을까요? |

**단어** 颜色 yánsè 명 색깔 鞋子 xiézi 명 신발 双 shuāng 양 쌍, 켤레 运动鞋 yùndòngxié 명 운동화 跑步 pǎobù 명 달리기
上班 shàngbān 동 출근하다 穿 chuān 동 신다

**★ 고득점 비법** 신발과 관련된 단어

예 皮鞋 píxié 구두
高跟鞋 gāogēnxié 하이힐
运动鞋 yùndòngxié 운동화
平底鞋 píngdǐxié 굽이 낮은 구두, 플랫슈즈

**문제 4**

## 对面新开了一家咖啡店，你知道吗?

Duìmiàn xīn kāile yì jiā kāfēidiàn, nǐ zhīdao ma?

맞은 편에 커피숍을 새로 오픈 했던데, 너 알아?

| | | |
|---|---|---|
| Lv. 3~4 | 是吗? 我还不知道呢。我们去喝杯咖啡吧。<br>Shì ma? Wǒ hái bù zhīdào ne. Wǒmen qù hē bēi kāfēi ba. | 그래? 나는 몰랐어. 우리 커피 마시러 가자. |
| Lv. 5~6 | 来的时候我也看到了。吃饭以后我们去那儿喝杯拿铁吧，尝尝味道怎么样?<br>Lái de shíhou wǒ yě kàndào le. Chīfàn yǐhòu wǒmen qù nàr hē bēi nátiě ba, chángchang wèidao zěnmeyàng? | 올 때 나도 봤어. 밥 먹고 난 후에 우리 거기 가서 라떼 마시자. 맛이 어떤지 볼까? |

**단어** 新 xīn 형 새롭다 开 kāi 동 열다 咖啡店 kāfēidiàn 명 커피숍 知道 zhīdao 동 알다 杯 bēi 양 잔 咖啡 kāfēi 명 커피
…的时候 …de shíhou ~할 때 以后 yǐhòu 명 이후 拿铁 nátiě 명 라떼 尝 cháng 동 맛보다 味道 wèidao 명 맛

**★ 고득점 비법** 커피와 관련된 단어

예 拿铁 nátiě 라떼
美式咖啡 měishì kāfēi 아메리카노
摩卡 mókǎ 모카
卡布奇诺 kǎbùqínuò 카푸치노

**문제 5**

## 吃完午饭，我肚子有点儿疼。

Chīwán wǔfàn, wǒ dùzi yǒudiǎnr téng.

점심 먹고 나서, 배가 좀 아파.

| | | |
|---|---|---|
| Lv. 3~4 | 是吗？很疼吗？我送你去医院吧。<br>Shì ma? Hěn téng ma? Wǒ sòng nǐ qù yīyuàn ba. | 그래? 많이 아파? 내가 병원 데려다줄게. |
| Lv. 5~6 | 你是不是吃了什么变质的东西了？<br>疼得厉害的话，我送你去医院吧。<br>Nǐ shì bu shì chīle shénme biànzhì de dōngxi le?<br>Téng de lìhai dehuà, wǒ sòng nǐ qù yīyuàn ba. | 무슨 상한 음식 먹은 거 아니야? 심하게 아프면 내가 병원 데려다 줄게. |

**단어** 午饭 wǔfàn 명 점심 肚子 dùzi 명 배 疼 téng 동 아프다 送 sòng 동 바래(다) 주다 医院 yīyuàn 명 병원 变质 biànzhì 동 변질하다 东西 dōngxi 명 음식, 물건 厉害 lìhai 형 심하다 的话 dehuà 조 ~하다면

**★ 고득점 비법 아픈 사람에게 제안하기**

그림의 인물이 배나 머리 등 신체가 불편하다고 할 때는 먼저 심각한지 아닌지를 묻고, 다음의 의견들을 제시할 수 있다.

예 你吃点儿药吧。Nǐ chī diǎnr yào ba. 약을 좀 먹어.
你去打一针吧。Nǐ qù dǎ yì zhēn ba. 주사를 좀 맞으러 가.
你休息一会儿吧。Nǐ xiūxi yíhuìr ba. 좀 쉬어.
你去医院看病吧。Nǐ qù yīyuàn kàn bìng ba. 병원에 가서 진찰을 좀 받아 봐.

**문제 1**

## 你常在网上买衣服吗？请简单谈一谈。

Nǐ cháng zài wǎngshàng mǎi yīfu ma? Qǐng jiǎndān tán yi tán.

당신은 자주 인터넷에서 옷을 삽니까? 간단히 말해 보세요.

| | | |
|---|---|---|
| Lv. 3~4 | 我常在网上买衣服。因为网上的衣服价格比较便宜，而且式样很多。我工作比较忙，没有时间逛街。在网上买衣服还可以节省时间，所以我常常在网上买衣服。<br>Wǒ cháng zài wǎngshàng mǎi yīfu. Yīnwèi wǎngshàng de yīfu jiàgé bǐjiào piányi, érqiě shìyàng hěn duō. Wǒ gōngzuò bǐjiào máng, méiyǒu shíjiān guàngjiē. Zài wǎngshàng mǎi yīfu hái kěyǐ jiéshěng shíjiān, suǒyǐ wǒ chángcháng zài wǎngshàng mǎi yīfu. | 저는 자주 인터넷에서 옷을 삽니다. 왜냐하면 인터넷에서 파는 옷의 가격이 비교적 저렴하고, 게다가 스타일도 다양합니다. 저는 일이 비교적 바빠서 쇼핑을 할 시간이 없습니다. 인터넷에서 옷을 사면 시간을 절약할 수 있어서 저는 자주 인터넷에서 옷을 삽니다. |
| Lv. 5~6 | 我不常在网上买衣服。虽然网上的衣服比一般实体店便宜一些，但是有的衣服质量不太好。照片上的衣服和实际上收到的衣服有的时候有很大的色差。而且在网上买衣服如果大小不合适，退货也比较麻烦。所以我很少在网上买衣服。<br>Wǒ bù cháng zài wǎngshàng mǎi yīfu. Suīrán wǎngshàng de yīfu bǐ yìbān shítǐdiàn piányi yìxiē, dànshì yǒu de yīfu zhìliàng bútài hǎo. Zhàopiàn shàng de yīfu hé shíjìshàng shōudào de yīfu yǒu de shíhou yǒu hěn dà de sèchā. Érqiě zài wǎngshàng mǎi yīfu rúguǒ dàxiǎo bù héshì, tuìhuò yě bǐjiào máfan. Suǒyǐ wǒ hěn shǎo zài wǎngshàng mǎi yīfu. | 저는 자주 인터넷에서 옷을 사지 않습니다. 비록 인터넷에서 파는 옷이 보통 실제 상점보다 조금 싸지만, 어떤 옷은 품질이 그다지 좋지 않습니다. 사진상에서의 옷과 실제로 받은 옷의 색깔 차이가 어떤 때는 매우 큽니다. 게다가 인터넷에서 산 옷이 만약 사이즈가 맞지 않는다면, 반품하는 것도 비교적 번거롭습니다. 그래서 저는 인터넷에서 옷을 잘 사지 않습니다. |

단어 1 **网上** wǎngshàng 명 인터넷 **衣服** yīfu 명 옷 **价格** jiàgé 명 가격 **式样** shìyàng 명 스타일 **时间** shíjiān 명 시간 **逛街** guàngjiē 동 쇼핑하다 **节省** jiéshěng 동 절약하다

단어 2 **虽然** suīrán 접 비록 ~일지라도 **比** bǐ 전 ~보다 **实体** shítǐ 명 실체 **一些** yìxiē 조금 **质量** zhìliàng 명 품질 **照片** zhàopiàn 명 사진 **实际上** shíjìshàng 실제로 **收到** shōudào 동 받다 **色差** sèchā 명 색깔의 차이 **大小** dàxiǎo 명 크기, 사이즈 **合适** héshì 형 적당하다 **退货** tuìhuò 동 반품하다 **麻烦** máfan 형 번거롭다

**★ 고득점 비법 인터넷 쇼핑의 단점**

예 **有色差** yǒu sèchā 색깔의 차이가 있다
**退换不方便** tuìhuàn bù fāngbiàn 환불, 교환이 불편하다
**支付不安全** zhīfù bù ānquán 지불이 안전하지 않다
**图片和实物不符** túpiàn hé shíwù bù fú 사진과 실물이 일치하지 않다

## 문제 2

# 你一般在业余时间做什么？请简单说说。

Nǐ yìbān zài yèyú shíjiān zuò shénme? Qǐng jiǎndān shuōshuo.

당신은 보통 여가 시간에 무엇을 하나요? 간단히 말해 보세요.

| | | |
|---|---|---|
| Lv. 3~4 | 业余时间我喜欢做运动。平时有时间的话，我会去公园散步或者骑自行车。周末有时间的话，我会去爬山。做运动不仅能让人身体健康，而且可以缓解压力。<br>Yèyú shíjiān wǒ xǐhuan zuò yùndòng. Píngshí yǒu shíjiān de huà, wǒ huì qù gōngyuán sànbù huòzhě qí zìxíngchē. Zhōumò yǒu shíjiān dehuà, wǒ huì qù páshān. Zuò yùndòng bùjǐn néng ràng rén shēntǐ jiànkāng, érqiě kěyǐ huǎnjiě yālì. | 여가 시간에 저는 운동하는 것을 좋아합니다. 평소에 시간이 있으면, 저는 공원에 산책하러 가거나 자전거를 탑니다. 주말에 시간이 있으면, 등산을 하러 갑니다. 운동하는 것은 몸을 건강하게 해 줄 뿐만 아니라, 게다가 스트레스도 풀 수 있습니다. |
| Lv. 5~6 | 业余时间我做很多事情。我喜欢看电影，所以常和朋友一起去电影院看电影。有的时候和朋友喝喝咖啡、聊聊天，一起吐槽工作或者生活。或者一个人在家里打扫房间，洗洗衣服。有的时候我也去图书馆看书。总之，我把我的业余时间安排得丰富多彩。<br>Yèyú shíjiān wǒ zuò hěn duō shìqing. Wǒ xǐhuan kàn diànyǐng, suǒyǐ cháng hé péngyou yìqǐ qù diànyǐngyuàn kàn diànyǐng. Yǒu de shíhou hé péngyou hēhe kāfēi、liáoliao tiān, yìqǐ tǔcáo gōngzuò huòzhě shēnghuó. Huòzhě yí ge rén zài jiā lǐ dǎsǎo fángjiān, xǐxi yīfu. Yǒu de shíhou wǒ yě qù túshūguǎn kàn shū. Zǒngzhī, wǒ bǎ wǒ de yèyú shíjiān ānpái de fēngfùduōcǎi. | 여가 시간에 저는 많은 일을 합니다. 저는 영화 보는 것을 좋아해서 자주 친구와 함께 영화관에 영화를 보러 갑니다. 어떤 때는 친구와 커피를 마시고, 수다를 떨며 함께 일이나 생활에 대해 하소연하기도 합니다. 혹은 혼자 집에서 청소를 하거나 빨래를 합니다. 어떤 때는 책을 보러 도서관에도 갑니다. 아무튼 저는 여가 시간을 풍부하고 다채롭게 안배합니다. |

**단어 1** **业余时间** yèyú shíjiān 여가 시간 **运动** yùndòng 명 운동 동 운동하다 **公园** gōngyuán 명 공원 **散步** sànbù 동 산책하다 **或者** huòzhě 접 혹은 **周末** zhōumò 명 주말 **爬山** páshān 동 등산하다 **不仅** bùjǐn 접 ~일 뿐만 아니라 **健康** jiànkāng 명 건강 **缓解** huǎnjiě 동 완화시키다 **压力** yālì 명 스트레스

**단어 2** **事情** shìqing 명 일 **电影院** diànyǐngyuàn 명 영화관 **聊天** liáotiān 동 수다를 떨다 **吐槽** tǔcáo 동 하소연하다 **打扫** dǎsǎo 동 청소하다 **洗** xǐ 동 씻다 **图书馆** túshūguǎn 명 도서관 **总之** zǒngzhī 접 아무튼, 한마디로 말하면 **安排** ānpái 동 안배하다 **丰富多彩** fēngfùduōcǎi 형 풍부하고 다채롭다

### ★ 고득점 비법 연동문

주어 + 동사1 + (목적어1) + 동사2 + (목적어2)의 문장구조로, 주어 하나에 동사가 2개 또는 2개 이상으로 이루어진 문장이다. 동사는 일이 발생한 순서로 배열하는데, 동사1은 수단, 방법을 동사2는 목적을 나타낸다.

예 **我回家吃饭。** 나는 집에 가서 밥을 먹는다.
Wǒ huíjiā chīfàn.

**我去健身房做运动。** 나는 헬스장가서 운동한다.
Wǒ qù jiànshēnfáng zuò yùndòng.

## 문제 3

# 你平时跟外国人交流多不多？请简单谈谈。

Nǐ píngshí gēn wàiguórén jiāoliú duō bu duō? Qǐng jiǎndān tántan.

당신은 평소에 외국인과 교류가 많나요? 간단히 말해 보세요.

| | | |
|---|---|---|
| Lv. 3~4 | 我平时和外国人交流不太多，因为我身边没有外国人。不过我很喜欢交外国朋友。要是有机会，我希望能和外国人交流。所以我努力学习汉语，希望以后能有中国朋友。<br>Wǒ píngshí hé wàiguórén jiāoliú bútài duō, yīnwèi wǒ shēnbiān méiyǒu wàiguórén. Búguò wǒ hěn xǐhuan jiāo wàiguó péngyou. Yàoshi yǒu jīhuì, wǒ xīwàng néng hé wàiguórén jiāoliú. Suǒyǐ wǒ nǔlì xuéxí Hànyǔ, xīwàng yǐhòu néng yǒu Zhōngguó péngyou. | 저는 평소에 외국인과 교류가 그다지 많지 않습니다. 왜냐하면 제 주변에 외국인이 없기 때문입니다. 하지만 저는 외국 친구를 사귀는 것을 좋아합니다. 만약 기회가 있다면 저는 외국인과 교류를 하고 싶습니다. 그래서 저는 앞으로 중국 친구가 생기길 바라며 열심히 중국어를 공부합니다. |
| Lv. 5~6 | 我平时跟外国人交流的机会还是挺多的。我在贸易公司工作，常常和外国客户打交道。我会说英语和汉语。我的英语水平还可以，但是我的汉语水平还不太好。所以我最近在公司附近的补习班学习汉语，希望提高自己的汉语水平。<br>Wǒ píngshí gēn wàiguórén jiāoliú de jīhuì háishi tǐng duō de. Wǒ zài màoyì gōngsī gōngzuò, chángcháng hé wàiguó kèhù dǎjiāodao. Wǒ huì shuō Yīngyǔ hé Hànyǔ. Wǒ de Yīngyǔ shuǐpíng hái kěyǐ, dànshì wǒ de Hànyǔ shuǐpíng hái bútài hǎo. Suǒyǐ wǒ zuìjìn zài gōngsī fùjìn de bǔxíbān xuéxí Hànyǔ, xīwàng tígāo zìjǐ de Hànyǔ shuǐpíng. | 저는 평소에 외국인과 교류할 기회가 매우 많습니다. 저는 무역 회사에서 일을 해서 자주 외국인 고객과 왕래를 합니다. 저는 영어와 중국어를 할 수 있습니다. 저의 영어 실력은 그런대로 괜찮지만, 중국어 실력은 그다지 좋지 않습니다. 그래서 저는 요즘 회사 근처의 학원에서 중국어 실력을 향상시키기 위해 중국어를 배웁니다. |

**단어 1** 外国人 wàiguórén 명 외국인 交流 jiāoliú 동 교류하다 身边 shēnbiān 명 신변 交 jiāo 동 사귀다 要是 yàoshi 접 만약 ~하면 机会 jīhuì 명 기회 希望 xīwàng 동 바라다 努力 nǔlì 동 노력하다

**단어 2** 挺 tǐng 부 매우 贸易 màoyì 명 무역 公司 gōngsī 명 회사 客户 kèhù 명 고객 打交道 dǎjiāodao 동 왕래하다, 상대하다 水平 shuǐpíng 명 수준, 실력 补习班 bǔxíbān 명 학원 提高 tígāo 동 향상시키다

★ **고득점 비법** '打交道' 왕래하다, 상대하다, 사귀다

예 我英语不好，最怕跟外国人打交道。
Wǒ Yīngyǔ bù hǎo, zuì pà gēn wàiguórén dǎjiāodao.
나는 영어를 잘 못해서, 외국인을 사귀는 것이 가장 두렵다.

## 문제 4

# 在你送给朋友的生日礼物中，给你留下印象最深刻的是什么？请简单说说看。

Zài nǐ sòng gěi péngyou de shēngrì lǐwù zhōng, gěi nǐ liúxià yìnxiàng zuì shēnkè de shì shénme? Qǐng jiǎndān shuōshuo kàn.

당신이 친구에게 준 생일 선물 중에, 인상에 가장 깊이 남았던 것은 무엇인가요? 간단히 말해 보세요.

| | | |
|---|---|---|
| Lv. 3~4 | 在我送给朋友的礼物中，给我留下印象最深刻的是一顶帽子。高中的时候，我送给好朋友一顶棒球帽。他非常喜欢，每次见我的时候都戴着那顶帽子，让我很感动。<br>Zài wǒ sòng gěi péngyou de lǐwù zhōng, gěi wǒ liúxià yìnxiàng zuì shēnkè de shì yì dǐng màozi. Gāozhōng de shíhou, wǒ sòng gěi hǎo péngyou yì dǐng bàngqiúmào. Tā fēicháng xǐhuan, měicì jiàn wǒ de shíhou dōu dàizhe nà dǐng màozi, ràng wǒ hěn gǎndòng. | 제가 친구에게 준 생일 선물 중에, 인상에 가장 깊이 남았던 것은 모자입니다. 고등학교 때, 저는 친한 친구에게 야구 모자를 선물했습니다. 그는 매우 좋아했고, 저를 만날 때마다 그 모자를 쓰고 있어서 저는 매우 감동했습니다. |
| Lv. 5~6 | 在我送给朋友的生日礼物中，给我印象最深刻的是一张画。之所以印象深刻，是因为这张画是我自己画的。虽然用钱可以买到很多很好的礼物，但是我觉得自己画的画更有意义，是用钱买不到的。我的朋友也非常喜欢这幅画，一直挂在她房间的墙上。<br>Zài wǒ sòng gěi péngyou de shēngrì lǐwù zhōng, gěi wǒ yìnxiàng zuì shēnkè de shì yì zhāng huà. Zhīsuǒyǐ yìnxiàng shēnkè, shì yīnwèi zhè zhāng huà shì wǒ zìjǐ huà de. Suīrán yòng qián kěyǐ mǎidào hěn duō hěn hǎo de lǐwù, dànshì wǒ juéde zìjǐ huà de huà gèng yǒu yìyì, shì yòng qián mǎi bu dào de. Wǒ de péngyou yě fēicháng xǐhuan zhè fú huà, yìzhí guà zài tā fángjiān de qiáng shang. | 제가 친구에게 준 생일 선물 중에, 인상에 가장 깊이 남았던 것은 한 장의 그림입니다. 인상에 깊이 남았던 이유는 그 그림을 제가 직접 그렸기 때문입니다. 비록 돈으로 좋은 선물을 많이 살 수 있지만, 제가 직접 그린 그림은 더 의미가 있고, 돈으로도 살 수 없습니다. 저의 친구도 그 그림을 매우 좋아해서 그녀의 방 벽에 계속 걸어두었습니다. |

단어 1 **礼物** lǐwù 명 선물 **留下** liúxià 동 남기다 **印象** yìnxiàng 명 인상 **深刻** shēnkè 형 깊다 **顶** dǐng 양 모자를 세는데 쓰임 **帽子** màozi 명 모자 **高中** gāozhōng 명 고등학교 **棒球帽** bàngqiúmào 명 야구 모자 **戴** dài 동 쓰다 **感动** gǎndòng 동 감동하다

단어 2 **画** huà 명 그림 **之所以** zhīsuǒyǐ ~의 이유, ~한 까닭은 **意义** yìyì 명 의미 **买不到** mǎi bu dào 살 수 없다 **幅** fú 양 그림, 종이, 옷감을 세는데 쓰임 **挂** guà 동 걸다 **墙** qiáng 명 벽

**★ 고득점 비법** '之所以… 是因为…' ~한 이유는 ~이기 때문이다

之所以…是因为…구조는 앞부분에서 먼저 결과를 설명하고, 뒷부분에서 원인을 설명한다.

예 爸爸之所以这么生气，是因为孩子撒了谎。
Bàba zhīsuǒyǐ zhème shēngqì, shì yīnwèi háizi sā le huǎng.
아빠가 이렇게 화난 이유는 아이가 거짓말을 했기 때문이다.

## 문제 5

# 你周围通过个人网页和博客等公开自己生活的人多吗?请简单谈谈看。

Nǐ zhōuwéi tōngguò gèrén wǎngyè hé bókè děng gōngkāi zìjǐ shēnghuó de rén duō ma? Qǐng jiǎndān tántan kàn.

주위에 개인 홈페이지와 블로그 등을 통해 자신의 생활을 공개하는 사람이 많나요? 간단히 말해 보세요.

| | | |
|---|---|---|
| Lv. 3~4 | 我周围通过个人网页和博客公开自己生活的人很多。朋友们、同事们常常在网上上传自己的照片。去哪儿玩了,看了什么漂亮的风景,吃了什么好吃的菜等等。我也很喜欢在个人网页上跟别人分享。<br>Wǒ zhōuwéi tōngguò gèrén wǎngyè hé bókè gōngkāi zìjǐ shēnghuó de rén hěn duō. Péngyoumen、tóngshìmen chángcháng zài wǎngshàng shàngchuán zìjǐ de zhàopiàn. Qù nǎr wánle, kànle shénme piàoliang de fēngjǐng, chīle shénme hǎochī de cài děngděng. Wǒ yě hěn xǐhuan zài gèrén wǎngyè shàng gēn biéren fēnxiǎng. | 제 주위에는 개인 홈페이지와 블로그를 통해 자신의 생활을 공개하는 사람이 많습니다. 친구들과 회사 동료들은 자주 인터넷에 자신의 사진을 업로드를 합니다. 어디에 놀러를 갔는지, 어떤 예쁜 풍경을 봤는지, 어떤 맛있는 요리를 먹었는지 등을 올립니다. 저도 개인 홈페이지에서 다른 사람과 공유하는 것을 좋아합니다. |
| Lv. 5~6 | 以前我周围通过个人网页和博客公开自己生活的人很多。在脸书等社交媒体刚刚出现的时候,我和朋友们常常上传自己的照片,大家看了以后互相留言点赞。但是最近网络传播速度越来越快,在网上公开自己的生活会有危险,所以现在这么做的人越来越少了。<br>Yǐqián wǒ zhōuwéi tōngguò gèrén wǎngyè hé bókè gōngkāi zìjǐ shēnghuó de rén hěn duō. Zài liǎnshū děng shèjiāo méitǐ gānggāng chūxiàn de shíhou, wǒ hé péngyoumen chángcháng shàngchuán zìjǐ de zhàopiàn, dàjiā kànle yǐhòu hùxiāng liúyán diǎnzàn. Dànshì zuìjìn wǎngluò chuánbō sùdù yuè lái yuè kuài, zài wǎngshàng gōngkāi zìjǐ de shēnghuó huì yǒu wēixiǎn, suǒyǐ xiànzài zhème zuò de rén yuè lái yuè shǎo le. | 예전에 제 주위에는 개인 홈페이지와 블로그를 통해 자신의 생활을 공개하는 사람이 많았습니다. 페이스북 등 소셜 미디어가 막 나왔을 때 저와 친구들은 자주 자신의 사진을 업로드를 했고, 본 후에 서로 메시지를 남기거나 좋아요를 눌렀습니다. 하지만 요즘에는 네트워크 전파 속도가 점점 빨라지고, 인터넷에서 자신의 생활을 공개하면 위험이 있어, 지금은 이렇게 하는 사람이 점점 줄었습니다. |

단어 1 **周围** zhōuwéi 명 주위 **通过** tōngguò 전 ~을 통하여 **个人** gèrén 명 개인 **网页** wǎngyè 명 인터넷 홈페이지 **博客** bókè 명 블로그 **公开** gōngkāi 동 공개하다 **同事** tóngshì 명 동료 **上传** shàngchuán 동 업로드하다 **风景** fēngjǐng 명 풍경 **分享** fēnxiǎng 동 공유하다

단어 2 **脸书** liǎnshū 명 페이스북 **社交媒体** shèjiāo méitǐ 소셜 미디어 **出现** chūxiàn 동 출현하다 **互相** hùxiāng 부 서로 **留言** liúyán 동 메모를 남기다 **点赞** diǎnzàn 좋아요를 누르다 **网络** wǎngluò 명 네트워크 **传播** chuánbō 동 전파하다 **速度** sùdù 명 속도 **越来越** yuè lái yuè 부 점점 **危险** wēixiǎn 명 위험

**★ 고득점 비법 소셜 미디어와 관련된 단어**

| | | |
|---|---|---|
| 예 脸书 liǎnshū 페이스북 | 抖音 dǒuyīn 틱톡 | 微信 wēixìn 위챗 |
| 博客 bókè 블로그 | 推特 tuītè 트위터 | 微博 wēibó 미니 블로그 |

47

문제 1

## 你觉得有兄弟姐妹的话有哪些好处？请谈谈你的想法。

Nǐ juéde yǒu xiōngdì jiěmèi dehuà yǒu nǎxiē hǎochù? Qǐng tántan nǐ de xiǎngfǎ.

형제자매가 있다면 어떤 좋은 점이 있다고 생각하나요? 당신의 생각을 말해 보세요.

| | | |
|---|---|---|
| Lv. 3~4 | 我认为有姐姐的话有很多好处。我有两个姐姐。我小时候做作业的时候，有不知道的问题都会去问她们。长大了以后工作了，姐姐们也给了我很多职场建议。所以我觉得有姐姐的话，会得到很多帮助。<br>Wǒ rènwéi yǒu jiějie dehuà yǒu hěn duō hǎochù. Wǒ yǒu liǎng ge jiějie. Wǒ xiǎo shíhou zuò zuòyè de shíhou, yǒu bù zhīdào de wèntí dōu huì qù wèn tāmen. Zhǎngdàle yǐhòu gōngzuò le, jiějiemen yě gěi le wǒ hěn duō zhíchǎng jiànyì. Suǒyǐ wǒ juéde yǒu jiějie dehuà, huì dédào hěn duō bāngzhù. | 저는 언니(누나)가 있다면 좋은 점이 많다고 생각합니다. 저는 두 명의 언니(누나)가 있는데, 어렸을 때 숙제를 하다가 모르는 문제가 있으면 언니(누나)들에게 물어봤었습니다. 커서 일을 하고도 언니(누나)들은 저에게 많은 직장의 조언들을 해주었습니다. 그래서 저는 언니(누나)가 있으면 많은 도움을 받을 수 있다고 생각합니다. |
| Lv. 5~6 | 我认为有兄弟姐妹的话会有很多好处。首先如果有哥哥的话，他可以照顾你，给你很多关心。如果有妹妹的话，你可以照顾她。这样在家庭中就可以体会到很多亲情的温暖，学会怎样处理好人际关系，对以后进入社会有很大的帮助。而且有困难的时候，兄弟姐妹都可以帮助你。所以我认为有兄弟姐妹的话会有很多好处。<br>Wǒ rènwéi yǒu xiōngdì jiěmèi dehuà huì yǒu hěn duō hǎochù. Shǒuxiān rúguǒ yǒu gēge dehuà, tā kěyǐ zhàogù nǐ, gěi nǐ hěn duō guānxīn. Rúguǒ yǒu mèimei dehuà, nǐ kěyǐ zhàogù tā. Zhèyàng zài jiātíng zhōng jiù kěyǐ tǐhuì dào hěn duō qīnqíng de wēnnuǎn, xuéhuì zěnyàng chǔlǐ hǎo rénjì guānxi, duì yǐhòu jìnrù shèhuì yǒu hěn dà de bāngzhù. Érqiě yǒu kùnnan de shíhou, xiōngdì jiěmèi dōu kěyǐ bāngzhù nǐ. Suǒyǐ wǒ rènwéi yǒu xiōngdì jiěmèi dehuà huì yǒu hěn duō hǎochù. | 저는 형제자매가 있다면 좋은 점이 많다고 생각합니다. 먼저 만약 형(오빠)가 있다면 그가 당신을 돌봐주고, 당신에게 많은 관심을 줄 수 있습니다. 만약 여동생이 있다면 당신이 그녀를 돌볼 수 있습니다. 이렇게 하면 가정에서 혈육 간의 따뜻함을 많이 체험할 수 있게 되고, 어떻게 인간관계를 처리할지도 배울 수 있게 되어서 나중에 사회에 들어가는데 큰 도움이 됩니다. 게다가 어려움이 있을 때 형제자매들이 당신을 도울 수 있습니다. 그래서 저는 형제자매가 있다면 좋은 점이 많다고 생각합니다. |

단어 1 **兄弟姐妹** xiōngdì jiěmèi 명 형제자매 **好处** hǎochù 명 좋은 점 **作业** zuòyè 명 숙제 **长大** zhǎngdà 동 자라다 **职场** zhíchǎng 명 직장 **建议** jiànyì 명 건의, 조언 **得到** dédào 동 얻다 **帮助** bāngzhù 명 도움

단어 2 **首先** shǒuxiān 명 우선 **照顾** zhàogù 동 돌보다 **关心** guānxīn 명 관심 **家庭** jiātíng 명 가정 **体会** tǐhuì 동 체험하여 터득하다 **亲情** qīnqíng 명 혈육간의 정 **温暖** wēnnuǎn 명 따뜻함 **学会** xuéhuì 동 배워서 알다 **处理** chǔlǐ 동 처리하다 **人际关系** rénjì guānxi 명 인간 관계 **进入** jìnrù 동 들다 **社会** shèhuì 명 사회 **困难** kùnnan 명 어려움

**★ 고득점 비법** 한국식 한자 표현을 쓰지 말자

'인간관계'라는 표현은 '人际关系'라고 해야 한다. '人间关系'는 틀린 표현임을 기억해두자.

예 人际关系 (○) 人间关系 (×)

**문제 2**

## 你觉得健康跟睡眠有关系吗？请说说你的想法。

Nǐ juéde jiànkāng gēn shuìmián yǒu guānxi ma? Qǐng shuōshuo nǐ de xiǎngfǎ.

당신은 건강과 수면이 관계가 있다고 생각하나요? 당신의 생각을 말해 보세요.

| | | |
|---|---|---|
| Lv. 3~4 | 我觉得健康和睡眠有很大的关系。如果一个人睡眠不足，休息不好，他的健康当然不好。一个人的睡眠很充分，好好儿休息的话，他的健康也会很好。所以我们都要重视睡眠，按时睡觉。<br>Wǒ juéde jiànkāng hé shuìmián yǒu hěn dà de guānxi. Rúguǒ yí ge rén shuìmián bùzú, xiūxi bù hǎo, tā de jiànkāng dāngrán bù hǎo. Yí ge rén de shuìmián hěn chōngfèn, hǎohāor xiūxi dehuà, tā de jiànkāng yě huì hěn hǎo. Suǒyǐ wǒmen dōu yào zhòngshì shuìmián, ànshí shuìjiào. | 저는 건강과 수면이 큰 관계가 있다고 생각합니다. 만약 한 사람의 수면이 부족하고, 잘 쉬지 못한다면, 그의 건강은 당연히 좋지 않을 것입니다. 한 사람의 수면이 충분하고 잘 쉰다면, 그의 건강도 좋을 것입니다. 그래서 우리는 수면을 중요시해야 하며, 제시간에 자야 합니다. |
| Lv. 5~6 | 我觉得健康和睡眠有密切的关系，健康和睡眠互相影响。现代社会人们的工作压力很大，睡眠时间不足，不能得到充分的休息，所以健康也出现了很多问题。很多人有失眠症，失眠又会导致精神紧张，焦虑等等精神方面的问题。这些问题反过来又会影响睡眠，造成恶性循环。所以我们要重视睡眠，保持良好的睡眠习惯。<br>Wǒ juéde jiànkāng hé shuìmián yǒu mìqiè de guānxi, jiànkāng hé shuìmián hùxiāng yǐngxiǎng. Xiàndài shèhuì rénmen de gōngzuò yālì hěn dà, shuìmián shíjiān bùzú, bùnéng dédào chōngfèn de xiūxi, suǒyǐ jiànkāng yě chūxiànle hěn duō wèntí. Hěn duō rén yǒu shīmiánzhèng, shīmián yòu huì dǎozhì jīngshén jǐnzhāng, jiāolǜ děngděng jīngshén fāngmiàn de wèntí. Zhèxiē wèntí fǎn guòlái yòu huì yǐngxiǎng shuìmián, zàochéng èxìng xúnhuán. Suǒyǐ wǒmen yào zhòngshì shuìmián, bǎochí liánghǎo de shuìmián xíguàn. | 저는 건강과 수면이 밀접한 관계가 있어서 서로 영향을 준다고 생각합니다. 현대 사회의 사람들은 업무 스트레스가 크고, 수면 시간이 부족하며, 충분한 휴식을 취할 수가 없습니다. 그래서 건강에도 많은 문제가 생겼습니다. 많은 사람들이 불면증이 있고, 잠을 자지 못하면 정신을 긴장하게 하고, 초조하게 하는 등 정신적인 문제를 야기할 수 있습니다. 이런 문제는 반대로 다시 수면에 영향을 주게 되고 악순환을 초래합니다. 그래서 우리는 수면을 중요시해야 하며, 좋은 수면 습관을 유지해야 합니다. |

단어 1 **睡眠** shuìmián 명 수면 **不足** bùzú 형 부족하다 **当然** dāngrán 부 당연히 **充分** chōngfèn 형 충분하다 **重视** zhòngshì 동 중요시하다 **按时** ànshí 부 제시간에

단어 2 **密切** mìqiè 형 밀접하다 **互相** hùxiāng 부 서로 **影响** yǐngxiǎng 동 영향을 주다 **现代** xiàndài 명 현대 **出现** chūxiàn 동 출현하다 **失眠症** shīmiánzhèng 명 불면증 **失眠** shīmián 동 잠을 이루지 못하다 **导致** dǎozhì 동 초래하다, 야기하다 **精神** jīngshén 명 정신 **紧张** jǐnzhāng 형 긴장해 있다 **焦虑** jiāolǜ 동 초조해하다 **反过来** fǎn guòlái 동 반대로 하다 **造成** zàochéng 동 초래하다, 야기하다 **恶性循环** èxìng xúnhuán 명 악순환 **保持** bǎochí 동 유지하다 **良好** liánghǎo 형 좋다 **习惯** xíguàn 명 습관

**★ 고득점 비법 수면과 관련된 단어**

예 **失眠** shīmián 잠을 이루지 못하다 **失眠症** shīmiánzhèng 불면증

**睡眠不足** shuìmián bùzú 수면 부족 **深度睡眠** shēndù shuìmián 숙면하다, 깊이 잠들다

## 문제 3

# 你认为年纪大的人更适合在城市生活还是在农村生活？为什么？

Nǐ rènwéi niánjì dà de rén gèng shìhé zài chéngshì shēnghuó háishi zài nóngcūn shēnghuó? Wèishénme?

나이가 많은 사람은 도시에서 생활하는 것이 더 적합하다고 생각하나요? 아니면 농촌에서 생활하는 것이 더 적합하다고 생각하나요? 왜 그런가요?

| | | |
|---|---|---|
| Lv. 3~4 | 我认为年纪大的人更适合在城市生活。因为年纪大的人一般会有各种疾病，城市里的医院比较多，就医很容易。而且城市里有很多便利设施、文化设施，生活也很方便。所以年纪大的人更适合生活在城市。<br>Wǒ rènwéi niánjì dà de rén gèng shìhé zài chéngshì shēnghuó. Yīnwèi niánjì dà de rén yìbān huì yǒu gèzhǒng jíbìng, chéngshì lǐ de yīyuàn bǐjiào duō, jiùyī hěn róngyì. Érqiě chéngshì lǐ yǒu hěn duō biànlì shèshī、wénhuà shèshī, shēnghuó yě hěn fāngbiàn. Suǒyǐ niánjì dà de rén gèng shìhé shēnghuó zài chéngshì. | 저는 나이가 많은 사람은 도시에서 생활하는 것이 더 적합하다고 생각합니다. 왜냐하면 나이가 많은 사람들은 일반적으로 각종 질병을 가지고 있고, 도시에는 병원이 비교적 많고, 치료를 받기 쉽기 때문입니다. 게다가 도시에는 많은 편의 시설과 문화 시설이 있으며 생활하기도 매우 편리합니다. 그래서 나이가 많은 사람은 도시에서 생활하는 것이 더 적합합니다. |
| Lv. 5~6 | 我认为年纪大的人更适合生活在农村。在韩国有很多人退休以后到农村去生活。首先农村的自然环境比较好。在农村生活，每天呼吸新鲜的空气，对老年人的身体健康非常好。其次是农村的生活成本比较低，对收入减少的老年人来说，经济上的压力会小一些。所以我认为年纪大的人更适合在农村生活。<br>Wǒ rènwéi niánjì dà de rén gèng shìhé shēnghuó zài nóngcūn. Zài Hánguó yǒu hěn duō rén tuìxiū yǐhòu dào nóngcūn qù shēnghuó. Shǒuxiān nóngcūn de zìrán huánjìng bǐjiào hǎo. Zài nóngcūn shēnghuó, měitiān hūxī xīnxiān de kōngqì, duì lǎoniánrén de shēntǐ jiànkāng fēicháng hǎo. Qícì shì nóngcūn de shēnghuó chéngběn bǐjiào dī, duì shōurù jiǎnshǎo de lǎoniánrén láishuō, jīngjì shàng de yālì huì xiǎo yìxiē. Suǒyǐ wǒ rènwéi niánjì dà de rén gèng shìhé zài nóngcūn shēnghuó. | 저는 나이가 많은 사람은 농촌에서 생활하는 것이 더 적합하다고 생각합니다. 한국에서는 많은 사람들이 퇴직한 후에 농촌에 가서 생활합니다. 첫째, 농촌은 자연환경이 비교적 좋습니다. 농촌에서 생활하면 매일 신선한 공기를 마실 수 있어서, 노인의 건강에 매우 좋습니다. 둘째, 농촌에서는 생활비가 비교적 적게 들어서, 수입이 줄어든 노인에게는 경제적인 스트레스가 조금 줄게 됩니다. 그래서 저는 나이가 많은 사람은 농촌에서 생활하는 것이 더 적합하다고 생각합니다. |

**단어 1** **年纪** niánjì 명 연령, 나이 **更** gèng 부 더 **适合** shìhé 동 적합하다 **城市** chéngshì 명 도시 **农村** nóngcūn 명 농촌 **疾病** jíbìng 명 질병 **就医** jiùyī 동 치료를 받다 **容易** róngyì 형 쉽다 **便利设施** biànlì shèshī 명 편의 시설 **文化设施** wénhuà shèshī 명 문화 시설 **方便** fāngbiàn 형 편리하다

**단어 2** **退休** tuìxiū 동 퇴직하다 **自然** zìrán 명 자연 **环境** huánjìng 명 환경 **呼吸** hūxī 동 호흡하다 **新鲜** xīnxiān 형 신선하다 **空气** kōngqì 명 공기 **老年人** lǎoniánrén 명 노인 **其次** qícì 명 두 번째, 그다음 **成本** chéngběn 명 원가 **低** dī 형 낮다 **收入** shōurù 명 수입 **减少** jiǎnshǎo 동 감소하다 **经济** jīngjì 명 경제

## 문제 4

# 你认为看历史电视剧对了解历史有帮助吗？请谈谈你的想法。

Nǐ rènwéi kàn lìshǐ diànshìjù duì liǎojiě lìshǐ yǒu bāngzhù ma? Qǐng tántan nǐ de xiǎngfǎ.

역사 드라마를 보는 것이 역사를 이해하는데 도움이 된다고 생각하나요? 당신의 생각을 말해 보세요.

| | | |
|---|---|---|
| Lv. 3~4 | 我认为是有帮助的。因为电视剧很有故事性，特别是对孩子们来说，通过看电视剧可以很容易地了解历史。还有对历史不太关心的人，也可以通过历史电视剧很轻松地了解当时的情况。所以我认为有很大帮助。<br>Wǒ rènwéi shì yǒu bāngzhù de. Yīnwèi diànshìjù hěn yǒu gùshixìng, tèbié shì duì háizimen láishuō, tōngguò kàn diànshìjù kěyǐ hěn róngyì de liǎojiě lìshǐ. Háiyǒu duì lìshǐ bútài guānxīn de rén, yě kěyǐ tōngguò lìshǐ diànshìjù hěn qīngsōng de liǎojiě dāngshí de qíngkuàng. Suǒyǐ wǒ rènwéi yǒu hěn dà bāngzhù. | 저는 도움이 된다고 생각합니다. 왜냐하면 드라마는 스토리로 되어 있어서, 특히 아이들에게 있어서는 드라마를 봄으로써 쉽게 역사를 이해할 수 있게 됩니다. 그리고 역사에 대해 관심이 그다지 없는 사람도 역사 드라마를 통해 당시의 상황을 쉽게 이해할 수 있습니다. 그래서 저는 큰 도움이 된다고 생각합니다. |
| Lv. 5~6 | 任何事物都有正反两面。看历史电视剧对了解历史有一定的帮助，因为电视剧非常有意思，可以让人通过有趣的故事来了解以前的历史。但是电视剧毕竟是电视剧，不是历史书，内容和真实的历史会有不同，因此通过历史剧了解到的历史很可能是片面的甚至错误的。所以不能把电视剧内容等同于历史。<br>Rènhé shìwù dōu yǒu zhèngfǎn liǎngmiàn. Kàn lìshǐ diànshìjù duì liǎojiě lìshǐ yǒu yídìng de bāngzhù, yīnwèi diànshìjù fēicháng yǒuyìsi, kěyǐ ràng rén tōngguò yǒuqù de gùshi lái liǎojiě yǐqián de lìshǐ. Dànshì diànshìjù bìjìng shì diànshìjù, búshì lìshǐshū, nèiróng hé zhēnshí de lìshǐ huì yǒu bùtóng, yīncǐ tōngguò lìshǐjù liǎojiě dào de lìshǐ hěn kěnéng shì piànmiàn de shènzhì cuòwù de. Suǒyǐ bùnéng bǎ diànshìjù nèiróng děngtóng yú lìshǐ. | 어떠한 사물이든 모두 긍정과 부정의 양면성을 가지고 있습니다. 역사 드라마를 보면 역사를 이해하는데 상당한 도움이 됩니다. 왜냐하면 드라마는 매우 재미있고, 재미있는 이야기를 통해 예전의 역사를 이해할 수 있기 때문입니다. 하지만 드라마는 결국 드라마고, 역사 책이 아닙니다. 내용이 실제 역사와 다를 수 있고, 역사 드라마를 통해 이해한 역사는 단편적이고 심지어 틀릴 수도 있습니다. 그래서 드라마의 내용을 역사와 동일시하면 안 됩니다. |

단어 1 **历史** lìshǐ 명 역사 **电视剧** diànshìjù 명 드라마 **了解** liǎojiě 동 이해하다 **故事** gùshi 명 이야기 **通过** tōngguò 동 ~을 통하다 **容易** róngyì 형 쉽다 **关心** guānxīn 동 관심을 갖다 **轻松** qīngsōng 형 수월하다, 가볍다 **当时** dāngshí 명 당시 **情况** qíngkuàng 명 상황

단어 2 **任何** rènhé 대 어떠한 **事物** shìwù 명 사물 **正反** zhèngfǎn 명 긍정과 부정 **两面** liǎngmiàn 명 양면 **一定** yídìng 형 상당한, 꽤 **有意思** yǒuyìsi 형 재미있다 **有趣** yǒuqù 형 재미있다 **毕竟** bìjìng 부 결국 **内容** nèiróng 명 내용 **真实** zhēnshí 형 진실하다 **不同** bùtóng 형 다르다 **因此** yīncǐ 접 그래서 **片面** piànmiàn 형 단편적이다 **甚至** shènzhì 부 심지어 **错误** cuòwù 명 잘못 **等同** děngtóng 동 동일시하다 **于** yú 전 ~에

### ★ 고득점 비법 긍정과 부정 모두 말할 때

긍정과 부정 양면에 대해 의견을 말하고자 할 때는 任何事物都有正反两面，…是一把双刃剑 등으로 이야기를 시작할 수 있다.

## 문제 1

**你的同学邀你一起加入电影社团，但你对别的社团更感兴趣。请你向她说明情况，并委婉地拒绝她。**

Nǐ de tóngxué yāo nǐ yìqǐ jiārù diànyǐng shètuán, dàn nǐ duì biéde shètuán gèng gǎn xìngqù. Qǐng nǐ xiàng tā shuōmíng qíngkuàng, bìng wěiwǎn de jùjué tā.

당신의 학우가 함께 영화 동아리에 가입하자고 하지만 당신은 다른 동아리에 더 관심이 있습니다. 그녀에게 상황을 설명하고, 완곡하게 거절하세요.

| | | |
|---|---|---|
| Lv. 3~4 | 张娟，说实话我不太喜欢看电影。咱们学校不是有一个舞台剧社团嘛，我从小就对演戏特别感兴趣。所以这次我想报名参加那个社团。真是不好意思，你再问问小王吧。<br>Zhāng Juān, shuō shíhuà wǒ bútài xǐhuan kàn diànyǐng. Zánmen xuéxiào búshì yǒu yí ge wǔtáijù shètuán ma, wǒ cóngxiǎo jiù duì yǎnxì tèbié gǎn xìngqù. Suǒyǐ zhècì wǒ xiǎng bàomíng cānjiā nàge shètuán. Zhēn shì bù hǎoyìsi, nǐ zài wènwen Xiǎo Wáng ba. | 장쥐엔, 솔직히 말하면 나는 영화 보는 것을 별로 좋아하지 않아. 우리 학교에 연극 동아리가 있잖아. 나는 어렸을 때부터 연극에 특히 관심이 있었어. 그래서 이번에 나는 그 동아리를 신청하고 싶어. 정말 미안해. 샤오왕한테 한 번 물어봐. |
| Lv. 5~6 | 张娟，谢谢你邀请我加入电影社团，虽然我也很喜欢看电影，但是我已经报名参加了汉语口语社团。我们明年就要大学毕业了，我想赶快提高一下汉语口语水平，这样找工作的时候会有一定的帮助。真抱歉，今天我请你喝咖啡怎么样？<br>Zhāng Juān, xièxie nǐ yāoqǐng wǒ jiārù diànyǐng shètuán, suīrán wǒ yě hěn xǐhuan kàn diànyǐng, dànshì wǒ yǐjing bàomíng cānjiā le Hànyǔ kǒuyǔ shètuán. Wǒmen míngnián jiùyào dàxué bìyè le, wǒ xiǎng gǎnkuài tígāo yíxià Hànyǔ kǒuyǔ shuǐpíng, zhèyàng zhǎo gōngzuò de shíhou huì yǒu yídìng de bāngzhù. Zhēn bàoqiàn, jīntiān wǒ qǐng nǐ hē kāfēi zěnmeyàng? | 장쥐엔, 나를 영화 동아리에 초대해 줘서 고마워. 비록 나도 영화 보는 것을 좋아하지만, 나는 이미 중국어 회화 동아리를 신청했어. 우리 내년에 대학교를 곧 졸업하잖아. 나는 중국어 회화 실력을 빨리 향상시키고 싶어. 그래야 취업할 때 도움이 될 것 같아서. 정말 미안해. 오늘 내가 커피 살게. 어때? |

단어 1 **邀** yāo 동 초청하다 **加入** jiārù 동 가입하다 **社团** shètuán 명 동아리 **感兴趣** gǎn xìngqù 동 관심을 갖다 **委婉** wěiwǎn 형 완곡하다 **拒绝** jùjué 동 거절하다 **实话** shíhuà 명 정말 **舞台剧** wǔtáijù 명 연극, 무대극 **演戏** yǎnxì 명 연극 **报名** bàomíng 동 신청하다, 등록하다 **参加** cānjiā 동 참가하다 **不好意思** bù hǎoyìsi 동 미안하다

단어 2 **虽然** suīrán 접 비록 ~일지라도 **口语** kǒuyǔ 명 회화 **就要** jiùyào 부 곧, 머지않아 **大学** dàxué 명 대학교 **毕业** bìyè 명 졸업 동 졸업하다 **赶快** gǎnkuài 부 빨리 **提高** tígāo 동 향상시키다 **水平** shuǐpíng 명 실력, 수준 **找** zhǎo 동 찾다, 구하다 **抱歉** bàoqiàn 동 미안하게 생각하다 **咖啡** kāfēi 명 커피

**★ 고득점 비법 완곡하게 거절할 때 사용하는 표현**

예 不好意思 bù hǎoyìsi 미안하다
真抱歉 zhēn bàoqiàn 정말 미안하다
很不巧 hěn bù qiǎo 정말 공교롭다
真对不起 zhēn duìbuqǐ 정말 미안하다

**문제 2**

## 你最近想学游泳，正好你的同屋游得很好。请你向他说明情况，并拜托他教你。

Nǐ zuìjìn xiǎng xué yóuyǒng, zhènghǎo nǐ de tóngwū yóu de hěn hǎo. Qǐng nǐ xiàng tā shuōmíng qíngkuàng, bìng bàituō tā jiāo nǐ.

당신은 요즘 수영을 배우고 싶습니다. 마침 당신의 룸메이트가 수영을 잘 합니다. 그에게 상황을 설명하고, 가르쳐달라고 부탁하세요.

| | | |
|---|---|---|
| Lv. 3~4 | 小王，你现在有时间吗？我想拜托你一件事。我最近想学游泳，听说你游泳游得特别好，你能不能教教我？我一定会努力练习的。如果你愿意教我，我请你吃好吃的。<br>Xiǎo Wáng, nǐ xiànzài yǒu shíjiān ma? Wǒ xiǎng bàituō nǐ yí jiàn shì. Wǒ zuìjìn xiǎng xué yóuyǒng, tīngshuō nǐ yóuyǒng yóu de tèbié hǎo, nǐ néng bu néng jiāojiao wǒ? Wǒ yídìng huì nǔlì liànxí de. Rúguǒ nǐ yuànyì jiāo wǒ, wǒ qǐng nǐ chī hǎochī de. | 샤오왕, 너 지금 시간 있어? 나 너에게 한 가지 부탁할 일이 있어. 내가 요즘 수영을 배우고 싶은데, 듣기로는 네가 수영을 정말 잘 한다고 들었어. 나를 좀 가르쳐 줄 수 있을까? 꼭 열심히 연습할게. 만약 네가 나를 가르쳐 준다면, 내가 맛있는 걸 살게. |
| Lv. 5~6 | 小王，我想求你一件事。你知道我是个旱鸭子，夏天到了，我想学学游泳。我知道你游泳游得特别好，你能不能教教我呀？名师出高徒嘛，有你的指导，我一定很快就能学会。你要是答应教我的话，我请你吃大餐。<br>Xiǎo Wáng, wǒ xiǎng qiú nǐ yí jiàn shì. Nǐ zhīdao wǒ shì ge hànyāzi, xiàtiān dào le, wǒ xiǎng xuéxue yóuyǒng. Wǒ zhīdao nǐ yóuyǒng yóu de tèbié hǎo, nǐ néng bu néng jiāojiao wǒ ya? Míngshī chū gāotú ma, yǒu nǐ de zhǐdǎo, wǒ yídìng hěn kuài jiù néng xuéhuì. Nǐ yàoshi dāying jiāo wǒ dehuà, wǒ qǐng nǐ chī dàcān. | 샤오왕, 나 너에게 한 가지 부탁할 일이 있어. 너도 내가 맥주병인 거 알잖아. 여름이 되니까 나도 수영을 배우고 싶어. 네가 수영을 정말 잘 하는 걸 알아. 나 좀 가르쳐 줄 수 있을까? 훌륭한 스승 밑에서 훌륭한 제자가 나오는 거잖아. 너의 가르침이 있으면, 나는 틀림없이 빨리 배울 수 있을 거야. 네가 만약 나를 가르쳐 준다고 승낙만 한다면, 내가 크게 한턱낼게. |

**단어 1** 游泳 yóuyǒng 명 수영 동 수영하다 正好 zhènghǎo 부 마침 同屋 tóngwū 명 룸메이트 拜托 bàituō 동 부탁하다 教 jiāo 동 가르치다 听说 tīngshuō 동 듣자니 ~라고 한다 努力 nǔlì 동 노력하다 练习 liànxí 동 연습하다 愿意 yuànyì 동 ~하기를 바라다

**단어 2** 求 qiú 동 부탁하다 旱鸭子 hànyāzi 명 수영을 못 하는 사람, 맥주병 名师出高徒 míngshī chū gāotú 속 훌륭한 스승 밑에서 훌륭한 제자가 나온다 指导 zhǐdǎo 명 지도 要是 yàoshi 접 만일 ~이라면 答应 dāying 동 승낙하다

### ★ 고득점 비법 알아두면 유용한 표현

우리나라에서는 수영을 못하는 사람을 '맥주병'이라 부르지만, 중국에서는 수영을 못하는 사람 또는 한번도 물에 들어가 본 적 없는 사람을 '旱鸭子'라고 부른다.

## 문제 3

**你打算去中国旅行的时候顺便拜访住在那里的朋友。请你给他打电话说明你的计划，并约好如何见面。**

Nǐ dǎsuan qù Zhōngguó lǚxíng de shíhou shùnbiàn bàifǎng zhù zài nàli de péngyou. Qǐng nǐ gěi tā dǎ diànhuà shuōmíng nǐ de jìhuà, bìng yuēhǎo rúhé jiànmiàn.

중국으로 여행을 가는 김에 그곳에 사는 친구를 방문하려고 합니다.
그에게 전화를 걸어서 당신의 계획을 설명하고, 어떻게 만날지 약속하세요.

| | | |
|---|---|---|
| Lv. 3~4 | 喂，小王你好，我是明明。我打算下个月五号去北京旅行，顺便去看看你，我们见面好好儿聊一聊。我5号到北京，6号给你打电话，我们就在以前常去的那家咖啡店见面吧。<br>Wéi, Xiǎo Wáng nǐ hǎo, wǒ shì Míngmíng. Wǒ dǎsuan xià ge yuè wǔ hào qù Běijīng lǚxíng, shùnbiàn qù kànkan nǐ, wǒmen jiànmiàn hǎohāor liáo yi liáo. Wǒ wǔ hào dào Běijīng, liù hào gěi nǐ dǎ diànhuà, wǒmen jiù zài yǐqián cháng qù de nà jiā kāfēidiàn jiànmiàn ba. | 여보세요. 샤오왕 안녕. 나 밍밍이야. 나 다음 달 5일에 베이징으로 여행 갈 계획인데, 간 김에 너를 만나려고 해. 우리 만나서 제대로 이야기 나누자. 내가 5일에 베이징에 도착하는데, 6일에 전화할게. 우리 예전에 자주 갔던 그 커피숍에서 만나자. |
| Lv. 5~6 | 喂，是小王吗？你好，我是明明。我下个星期一去北京旅行，一共在北京呆四天。你下周二有没有时间？我打算去看看你，我们有三年没有见面了，我很想你呢。你把你家的地址告诉我，我自己打车过去找你。<br>Wéi, shì Xiǎo Wáng ma? Nǐ hǎo, wǒ shì Míngmíng. Wǒ xià ge xīngqīyī qù Běijīng lǚxíng, yígòng zài Běijīng dāi sì tiān. Nǐ xiàzhōu'èr yǒu mei yǒu shíjiān? Wǒ dǎsuan qù kànkan nǐ, wǒmen yǒu sān nián méiyǒu jiànmiàn le, wǒ hěn xiǎng nǐ ne. Nǐ bǎ nǐ jiā de dìzhǐ gàosu wǒ, wǒ zìjǐ dǎchē guòqù zhǎo nǐ. | 여보세요. 샤오왕이니? 안녕. 나 밍밍이야. 내가 다음 주 월요일에 베이징으로 여행을 가게 돼서 베이징에서 총 4일 동안 머무를 거야. 다음 주 화요일에 시간 있니? 내가 너를 보러 가려고 하는데. 우리 3년 동안 못 봤잖아. 네가 정말 보고 싶어. 너희 집 주소를 나에게 알려줘. 내가 직접 택시 타고 너를 찾으러 갈게. |

**단어 1** **打算** dǎsuan 동 ~하려고 하다 **旅行** lǚxíng 동 여행하다 **顺便** shùnbiàn 부 ~하는 김에 **拜访** bàifǎng 동 방문하다 **住** zhù 동 살다 **计划** jìhuà 명 계획 **约** yuē 동 약속하다 **如何** rúhé 대 어떻게 **聊** liáo 동 이야기하다

**단어 2** **一共** yígòng 부 총, 합계 **呆** dāi 동 머무르다 **下周** xiàzhōu 명 다음 주 **地址** dìzhǐ 명 주소 **告诉** gàosu 동 알리다 **打车** dǎchē 동 택시를 타다

**★ 고득점 비법 문제에서 요구한 것 모두 답하기**

문제에서 '计划'와 '约好如何见面'에 대한 답을 요구하고 있다. 이때 2번째 질문인 '어떻게 만날지 약속하다'까지 대답을 해야 높은 점수를 받을 수 있으니 두 가지 모두 대답하는 것을 잊지 말아야 한다.

**문제 1**

① 

② 

③ 

④ 

| Lv. | | |
|---|---|---|
| Lv. 3~4 | ① 小美排队等出租车的时候担心迟到。<br>Xiǎo Měi páiduì děng chūzūchē de shíhou dānxīn chídào. | ① 샤오메이는 줄을 서서 택시를 기다릴 때 지각을 할까 봐 걱정했습니다. |
| | ② 看到出租车来了，她就跑去抢先上了车。<br>kàn dào chūzūchē lái le, tā jiù pǎo qù qiǎngxiān shàngle chē. | ② 택시가 온 것을 보고, 그녀는 뛰어가서 먼저 택시를 탔습니다. |
| | ③ 其他的人都很生气，只有小美很高兴。因为她觉得她不会迟到了。<br>Qítā de rén dōu hěn shēngqì, zhǐyǒu Xiǎo Měi hěn gāoxìng. yīnwèi tā juéde tā búhuì chídào le. | ③ 다른 사람들은 모두 화가 났고, 샤오메이만 기뻤습니다. 왜냐하면 그녀는 지각을 하지 않을 거라 생각했기 때문입니다. |
| | ④ 但是她不知道在上出租车的时候，把雨伞掉在地上了。下车的时候下雨了，小美找不到雨伞，只好跑着去公司，全身都湿了。小美很后悔。<br>Dànshì tā bù zhīdào zài shàng chūzūchē de shíhou, bǎ yǔsǎn diào zài dìshàng le. Xiàchē de shíhou xiàyǔ le, Xiǎo Měi zhǎo bu dào yǔsǎn, zhǐhǎo pǎozhe qù gōngsī, quánshēn dōu shī le. Xiǎo Měi hěn hòuhuǐ. | ④ 하지만 그녀는 택시를 탈 때 우산을 땅에 떨어뜨렸다는 것을 몰랐습니다. 차에서 내릴 때 비가 왔고, 샤오메이는 우산을 찾을 수가 없어서 어쩔 수 없이 회사까지 뛰어가서 온몸이 다 젖었습니다. 샤오메이는 후회했습니다. |

| | | |
|---|---|---|
| Lv. 5~6 | ① 小美打算坐出租车去上班。排队等出租车的时候，她排在最后，前面有三个人。排在最前面的是一个男人。<br>Xiǎo Měi dǎsuan zuò chūzūchē qù shàngbān. Páiduì děng chūzūchē de shíhou, tā pái zài zuìhòu, qiánmiàn yǒu sān ge rén. Pái zài zuì qiánmiàn de shì yí ge nánrén. | ① 샤오메이는 택시를 타고 출근하려고 합니다. 줄을 서서 택시를 기다릴 때, 그녀는 맨 뒤에 있었고, 앞에는 3명이 있었습니다. 맨 앞에 있는 사람은 남자였습니다. |
| | ② 这时，来了一辆出租车，小美担心迟到就跑过去推开那个男人上了车。<br>Zhèshí, láile yí liàng chūzūchē, Xiǎo Měi dānxīn chídào jiù pǎo guòqù tuīkāi nàge nánrén shàngle chē. | ② 이때, 택시 한 대가 왔고, 샤오메이는 지각을 할까 봐 걱정이 되어서 뛰어가서 그 남자를 밀치고 택시에 탔습니다. |
| | ③ 那个男人非常吃惊，别的人也都很生气。小美坐在出租车上很高兴，她觉得自己不会迟到了。<br>Nàge nánrén fēicháng chījīng, biéde rén yě dōu hěn shēngqì. Xiǎo Měi zuò zài chūzūchē shang hěn gāoxìng, tā juéde zìjǐ búhuì chídào le. | ③ 그 남자는 매우 놀랐고, 다른 사람들도 매우 화가 났습니다. 샤오메이는 택시에 타서 매우 기뻐했으며, 그녀는 자신이 지각을 하지 않을 거라고 생각했습니다. |
| | ④ 可是小美插队上车的时候，手提包里的雨伞掉在了地上，她自己却不知道。下车的时候下起了大雨，小美找不到自己的雨伞。浑身都湿透了，成了落汤鸡。<br>Kěshì Xiǎo Měi chāduì shàngchē de shíhou, shǒutíbāo lǐ de yǔsǎn diàozài le dì shàng, tā zìjǐ què bù zhīdào. Xiàchē de shíhou xiàqǐle dàyǔ, Xiǎo Měi zhǎo bu dào zìjǐ de yǔsǎn. Húnshēn dōu shītòu le, chéngle luòtāngjī. | ④ 하지만 샤오메이가 새치기를 해서 택시를 탔을 때, 핸드백 안의 우산이 땅에 떨어진 것을 그녀는 알지 못했습니다. 차에서 내릴 때 비가 많이 내리기 시작했고, 샤오메이는 자신의 우산을 찾을 수가 없었습니다. 온몸이 홀딱 젖어서 물에 빠진 생쥐 꼴이 되었습니다. |

**단어 1** **排队** páiduì 통 줄을 서다 **出租车** chūzūchē 명 택시 **担心** dānxīn 통 걱정하다 **迟到** chídào 통 지각하다 **抢先** qiǎngxiān 통 앞을 다투다 **其他** qítā 명 기타, 그 외 **生气** shēngqì 통 화내다 **雨伞** yǔsǎn 명 우산 **掉** diào 통 떨어뜨리다 **找不到** zhǎo bu dào 통 찾을 수 없다 **只好** zhǐhǎo 부 할 수 없이 **全身** quánshēn 명 온몸 **湿** shī 통 적시다 **后悔** hòuhuǐ 통 후회하다

**단어 2** **前面** qiánmiàn 명 앞 **辆** liàng 양 대(차량을 세는데 쓰임) **推开** tuīkāi 통 밀어내다 **吃惊** chījīng 통 놀라다 **插队** chāduì 통 끼어들다, 새치기하다 **手提包** shǒutíbāo 명 핸드백, 손가방 **却** què 부 오히려 **浑身** húnshēn 명 온몸 **湿透** shītòu 통 흠뻑 젖다 **落汤鸡** luòtāngjī 물에 빠진 병아리[생쥐]

**★ 고득점 비법** 차가 막히거나 줄을 설 때 사용하는 단어

예 **堵车** dǔchē 차가 막히다 **排队** páiduì 줄을 서다
**插队** chāduì 끼어들다, 새치기하다 **抢先** qiǎngxiān 앞을 다투다

TSC® 중국어 말하기 시험
Test of Spoken Chinese

08

TSC 기출 문제
08회

www.ybmbooks.com
온라인 영상 테스트 제공

**문제 1**

## 你叫什么名字?

Nǐ jiào shénme míngzi?
당신의 이름은 무엇입니까?

| Lv. | | |
|---|---|---|
| Lv. 3~4 | **我姓宋，叫恩淑。淑是淑女的淑。**<br>Wǒ xìng sòng, jiào Ēnshū. Shū shì shūnǚ de shū. | 저의 성은 송이고, 은숙이라고 합니다. 숙은 숙녀의 숙입니다. |
| Lv. 5~6 | **我叫李秀珍。我觉得我的名字很好听。**<br>Wǒ jiào Lǐ Xiùzhēn. Wǒ juéde wǒ de míngzi hěn hǎotīng. | 저는 이수진이라고 합니다. 저는 제 이름이 듣기 좋다고 생각합니다. |

단어 **叫** jiào 동 (이름을)~라고 하다 **名字** míngzi 명 이름 **姓** xìng 동 성이 ~이다 **淑女** shūnǚ 명 숙녀 **觉得** juéde 동 ~라고 생각하다 **好听** hǎotīng 형 듣기 좋다

**문제 2**

## 请说出你的出生年月日。

Qǐng shuōchū nǐ de chūshēng nián yuè rì.
당신의 생년월일을 말해 보세요.

| Lv. | | |
|---|---|---|
| Lv. 3~4 | **我的生日是1976年9月10日。**<br>Wǒ de shēngrì shì yī jiǔ qī liù nián jiǔ yuè shí rì. | 저의 생일은 1976년 9월 10일입니다. |
| Lv. 5~6 | **我(出)生于1993年2月12日，前两天刚刚过了生日。**<br>Wǒ (chū)shēngyú yī jiǔ jiǔ sān nián èr yuè shí'èr rì, qián liǎngtiān gānggāng guòle shēngrì. | 저는 1993년 2월 12일에 태어났고, 이틀 전에 막 생일이 지났습니다. |

단어 **出生** chūshēng 동 태어나다 **生日** shēngrì 명 생일 **生于** shēngyú ~에 태어나다 **前** qián 명 전, 이전 **刚刚** gānggāng 부 막 **过** guò 동 지나다

문제 3

## 你家有几口人?

Nǐ jiā yǒu jǐ kǒu rén?
당신의 가족은 몇 명입니까?

| Lv. | 답변 | 해석 |
|---|---|---|
| Lv. 3~4 | 我家有四口人，爸爸、妈妈、我和妹妹。<br>Wǒ jiā yǒu sì kǒu rén, bàba、māma、wǒ hé mèimei. | 저희 집은 네 식구로, 아빠, 엄마, 저 그리고 여동생이 있습니다. |
| Lv. 5~6 | 我家有四口人，丈夫、我和一个儿子，一个女儿。孩子们都上小学了。<br>Wǒ jiā yǒu sì kǒu rén, zhàngfu、wǒ hé yí ge érzi, yí ge nǚ'ér. Háizimen dōu shàng xiǎoxué le. | 저희 집은 네 식구로, 남편, 저 그리고 아들 한 명과 딸 한 명이 있습니다. 아이들은 모두 초등학교에 다닙니다. |

단어 口 kǒu 양 식구(사람을 세는데 쓰임) 和 hé 전 ~와 妹妹 mèimei 명 여동생 丈夫 zhàngfu 명 남편 儿子 érzi 명 아들 女儿 nǚ'ér 명 딸 孩子 háizi 명 아이 小学 xiǎoxué 명 초등학교

문제 4

## 你在什么地方工作？或者你在哪个学校上学?

Nǐ zài shénme dìfang gōngzuò? Huòzhě nǐ zài nǎge xuéxiào shàngxué?
당신은 어디에서 근무합니까? 또는 어느 학교에 다니나요?

| Lv. | 답변 | 해석 |
|---|---|---|
| Lv. 3~4 | 我在一家旅游公司做导游。<br>Wǒ zài yì jiā lǚyóu gōngsī zuò dǎoyóu. | 저는 여행사에서 가이드를 하고 있습니다. |
| Lv. 5~6 | 我现在还是惠化高中的一名学生，明年就要参加高考了。<br>Wǒ xiànzài háishi Huìhuà gāozhōng de yì míng xuésheng, míngnián jiù yào cānjiā gāokǎo le. | 저는 지금은 아직 혜화 고등학교 학생이고, 내년에 대학 입학 시험을 보려고 합니다. |

단어 地方 dìfang 명 장소 工作 gōngzuò 명 일 동 일하다 或者 huòzhě 접 또는, 혹은 学校 xuéxiào 명 학교 家 jiā 양 가정, 가게, 기업 따위를 세는 단위 旅游公司 lǚyóu gōngsī 명 여행사 导游 dǎoyóu 명 가이드 现在 xiànzài 명 지금 高中 gāozhōng 명 고등학교 名 míng 양 사람을 세는데 쓰임 学生 xuésheng 명 학생 明年 míngnián 명 내년 参加 cānjiā 동 참가하다 高考 gāokǎo 명 대학 입학 시험

51

# 第二部分

**문제 1**

## 小狗在哪儿?

Xiǎo gǒu zài nǎr?

강아지는 어디에 있나요?

| | | |
|---|---|---|
| Lv. 3~4 | 小狗在门前面。<br>Xiǎo gǒu zài mén qiánmiàn. | 강아지는 문 앞에 있습니다. |
| Lv. 5~6 | 小狗在门前面，它好像在等着主人回家。<br>Xiǎo gǒu zài mén qiánmiàn, tā hǎoxiàng zài děngzhe zhǔrén huíjiā. | 강아지는 문 앞에 있고, 마치 주인이 집에 돌아오기를 기다리는 것 같습니다. |

단어 **狗** gǒu 명 개 **门** mén 명 문 **前面** qiánmiàn 명 앞 **好像** hǎoxiàng 동 마치 ~과 같다 **等** děng 동 기다리다 **着** zhe 조 ~하고 있다 **主人** zhǔrén 명 주인 **回家** huíjiā 동 집으로 돌아오다

**★ 고득점 비법 방위 명사**

'什么东西在哪儿'은 '어떤 물건이 어디에 있나요?'라는 뜻으로 제2부분에서 자주 출제되는 문제 형식 중의 하나이다. 방위명사는 단독으로 쓰이지 않고, 주로 일반명사나 장소명사 뒤에 온다.

예 在门前面 (○) 在前面们 (×)

**문제 2**

## 男人送给女孩子什么?

Nánrén sònggěi nǚ háizi shénme?

남자는 여자아이에게 무엇을 선물하나요?

| | | |
|---|---|---|
| Lv. 3~4 | 男人送给女孩子一顶帽子。<br>Nánrén sònggěi nǚ háizi yì dǐng màozi. | 남자는 여자아이에게 모자 하나를 선물합니다. |
| Lv. 5~6 | 男人送给女孩子一顶黄色的帽子。今天是女孩子的生日。<br>Nánrén sònggěi nǚ háizi yì dǐng huángsè de màozi. Jīntiān shì nǚ háizi de shēngrì. | 남자는 여자아이에게 노란색 모자 하나를 선물합니다. 오늘은 여자아이의 생일입니다. |

단어 **送给** sònggěi 동 주다 **孩子** háizi 명 아이 **顶** dǐng 양 꼭대기가 있는 물건을 세는데 쓰임 **帽子** màozi 명 모자 **黄色** huángsè 명 노란색 **生日** shēngrì 명 생일

**문제 3**

## 大杯的咖啡多少钱?

Dà bēi de kāfēi duōshao qián?
큰 사이즈의 커피는 얼마예요?

| | | |
|---|---|---|
| Lv. 3~4 | 大杯的咖啡三十二块钱。<br>Dà bēi de kāfēi sānshí'èr kuài qián. | 큰 사이즈의 커피는 32위안입니다. |
| Lv. 5~6 | 大杯的咖啡三十二元，小杯的是27元。<br>Dà bēi de kāfēi sānshí'èr yuán, xiǎo bēi de shì èrshíqī yuán. | 큰 사이의 커피는 32위안이고, 작은 사이즈는 27위안입니다. |

단어 杯 bēi 양 잔 咖啡 kāfēi 명 커피 块 kuài 양 중국의 화폐 단위 元 yuán 양 위안(중국이 화폐 단위)

★ 고득점 비법 중복일 경우 생략하기

앞에 이미 어떤 사물을 소개했고, 그 뒤에 같은 사물이 올 경우에는 '的' 뒤에 오는 사물을 생략할 수 있다.

예 红色的帽子比蓝色的(帽子)贵。Hóngsè de màozi bǐ lánsè de (màozi) guì.
빨간색 모자는 파란색(모자)보다 비쌉니다.

**문제 4**

## 女的在做菜吗?

Nǚ de zài zuòcài ma?
여자는 요리를 하고 있나요?

| | | |
|---|---|---|
| Lv. 3~4 | 不是，她在看报纸。<br>Búshì, tā zài kàn bàozhǐ. | 아니요. 그녀는 신문을 보고 있습니다. |
| Lv. 5~6 | 不是，她正在沙发上坐着看报纸呢。<br>Búshì, tā zhèng zài shāfā shang zuòzhe kàn bàozhǐ ne. | 아니요. 그녀는 마침 소파에 앉아서 신문을 보고 있습니다. |

단어 在 zài 부 ~하고 있는 중이다 做菜 zuòcài 동 요리를 하다 报纸 bàozhǐ 명 신문 正 zhèng 부 마침 在 zài 전 ~에서 沙发 shāfā 명 소파 着 zhe 조 ~한 채로 있다

★ 고득점 비법 동작의 진행

술어 앞에 '~하고 있는 중이다'라는 부사 '在 / 正 / 正在'를 두어 동작이 현재 진행되고 있음을 나타낼 수 있으며, '在와 正在' 뒤에 오는 呢는 생략 가능하다.

52

# 第三部分

**문제 1**

## 你常常看书吗?

Nǐ chángcháng kàn shū ma?

당신은 자주 책을 읽나요?

| | | |
|---|---|---|
| Lv. 3~4 | 是的，我喜欢看书，周末常去图书馆看书。<br>Shìde, wǒ xǐhuan kàn shū, zhōumò cháng qù túshūguǎn kàn shū. | 네. 저는 책을 읽는 것을 좋아해서 주말에 자주 도서관에 책을 보러 갑니다. |
| Lv. 5~6 | 我以前常常看，但是最近太忙了，根本抽不出时间来看书。<br>Wǒ yǐqián chángcháng kàn, dànshì zuìjìn tài máng le, gēnběn chōu bu chū shíjiān lái kàn shū. | 저는 예전에는 자주 읽었지만, 요즘은 너무 바빠서, 책을 볼 시간을 전혀 낼 수 없습니다. |

단어 **常常** chángcháng 부 자주 **周末** zhōumò 명 주말 **图书馆** túshūguǎn 명 도서관 **以前** yǐqián 명 이전 **根本** gēnběn 부 전혀 **抽** chōu 동 꺼내다, 빼내다

**★ 고득점 비법** '抽时间' 시간을 내다

'시간을 내다' 또는 '짬을 내다'라는 표현을 사용하고 싶을 경우 '抽时间，找时间，抽空' 등의 단어를 사용하자.

예 感谢您这么忙还抽时间来看我。Gǎnxiè nín zhème máng hái chōu shíjiān lái kàn wǒ.
이렇게 바쁜 와중에도 시간을 내서 저를 보러 와 주셔서 감사합니다.

**문제 2**

## 跟我一起参加网球队，怎么样?

Gēn wǒ yìqǐ cānjiā wǎngqiú duì, zěnmeyàng?

나와 함께 테니스 팀에 참가한 거 어때?

| | | |
|---|---|---|
| Lv. 3~4 | 好的，正好最近我也想运动运动呢。<br>Hǎode, zhènghǎo zuìjìn wǒ yě xiǎng yùndòng yùndòng ne. | 좋아. 마침 요즘 나도 운동을 좀 하고 싶었어. |
| Lv. 5~6 | 我是很想参加，但我对网球一窍不通，你能不能教教我?<br>Wǒ shì hěn xiǎng cānjiā, dàn wǒ duì wǎngqiú yíqiàobùtōng, nǐ néng bu néng jiāojiao wǒ? | 내가 정말 참가하고 싶은데 나는 테니스에 대해서 아무것도 몰라. 네가 나를 가르쳐 줄 수 있어? |

단어 **参加** cānjiā 동 참가하다 **网球** wǎngqiú 명 테니스 **队** duì 명 팀 **正好** zhènghǎo 부 마침 **运动** yùndòng 동 운동하다 **一窍不通** yíqiàobùtōng 성 아무것도 모르다 **教** jiāo 동 가르치다

**★ 고득점 비법** 一窍不通

아무것도 모른다, 조금도 이해하지 못한다'라는 뜻의 성어 '一窍不通'을 외워두자.

예 我对美术一窍不通。Wǒ duì měishù yíqiàobùtōng.
나는 미술에 대해 아무것도 모른다.

## 문제 3

## 你去过图书馆附近的公园吗?

Nǐ qùguo túshūguǎn fùjìn de gōngyuán ma?
도서관 근처의 공원에 가 본 적 있어?

| | | |
|---|---|---|
| Lv. 3~4 | 还没去过呢，我们一起去看看吧!<br>Hái méi qùguo ne, wǒmen yìqǐ qù kànkan ba! | 아직 가보지 못했어. 우리 같이 가 보자! |
| Lv. 5~6 | 当然去过了。我在图书馆看书看累了的话，常去那儿做运动。<br>Dāngrán qùguo le. Wǒ zài túshūguǎn kàn shū kàn lèi le dehuà, cháng qù nàr zuò yùndòng. | 당연히 가 봤지. 나는 도서관에서 책을 보다가 피곤해졌을 때, 자주 거기 가서 운동해. |

단어 附近 fùjìn 명 근처 公园 gōngyuán 명 공원 当然 dāngrán 부 당연히 累 lèi 형 피곤하다 的话 dehuà 조 ~하다면

★ 고득점 비법 '当然…了' 당연하다

'当然…了'는 당연함을 강조할 때 사용하는 표현이다.

예 这部电影非常有名，我当然看过了。Zhè bù diànyǐng fēicháng yǒumíng, wǒ dāngrán kànguo le.
이 영화는 매우 유명해서 나는 당연히 본 적이 있지.

## 문제 4

## 下个月，我要去补习班学英语!

Xià ge yuè, wǒ yào qù bǔxíbān xué Yīngyǔ!
다음 달에 나는 영어를 배우러 학원에 갈 거야!

| | | |
|---|---|---|
| Lv. 3~4 | 是吗? 你打算去哪家补习班，已经报名了吗?<br>Shì ma? Nǐ dǎsuan qù nǎ jiā bǔxíbān, yǐjing bàomíng le ma? | 그래? 너 어느 학원에 갈 생각인데? 이미 등록했어? |
| Lv. 5~6 | 你已经选好补习班了吗?<br>我现在上的这个补习班收费很合理，你也来吧。<br>Nǐ yǐjing xuǎn hǎo bǔxíbān le ma?<br>Wǒ xiànzài shàng de zhège bǔxíbān shōufèi hěn hélǐ, nǐ yě lái ba. | 너 학원 이미 선택했어? 내가 지금 다니는 이 학원은 비용이 합리적이야. 너도 와. |

단어 下个月 xià ge yuè 명 다음달 补习班 bǔxíbān 명 학원 打算 dǎsuan 동 ~하려고 하다 已经 yǐjing 부 이미 报名 bàomíng 동 등록하다 选 xuǎn 동 선택하다 收费 shōufèi 명 비용 合理 hélǐ 형 합리적이다

★ 고득점 비법 학원과 관련된 단어

예 报名 bàomíng 등록하다
课程 kèchéng 과정, 커리큘럼
学费 xuéfèi 학비
收费合理 shōufèi hélǐ 비용이 합리적이다

**문제 5**

## 这台照相机是什么时候买的?

Zhè tái zhàoxiàngjī shì shénme shíhou mǎi de?

이 카메라는 언제 구매하신 건가요?

| | | |
|---|---|---|
| Lv. 3~4 | 是三个月以前买的，才用了几次就坏了。<br>Shì sān ge yuè yǐqián mǎi de, cái yòngle jǐ cì jiù huài le. | 3개월 전에 샀어요. 몇 번 사용 안 했는데 고장이 났어요. |
| Lv. 5~6 | 是半年前买的，这是发票。<br>照相机的保修期是一年吧?<br>Shì bànnián qián mǎi de, zhè shì fāpiào.<br>Zhàoxiàngjī de bǎoxiūqī shì yì nián ba? | 반년 전에 샀어요. 여기 영수증입니다. 카메라의 보증기간은 1년이죠? |

**단어** **台** tái 양 대 (기계를 세는데 쓰임) **照相机** zhàoxiàngjī 명 카메라 **以前** yǐqián 명 이전 **才** cái 부 겨우 **用** yòng 동 사용하다 **次** cì 양 번, 횟수 **坏** huài 형 고장나다 **发票** fāpiào 명 영수증 **保修期** bǎoxiūqī 명 보증기간

**★ 고득점 비법 헷갈리는 '保修期'와 '保质期'**

'保修期 bǎoxiūqī'는 '보증기간'이란 뜻으로 상품이 판매된 후 일정 기간 동안 무료로 수리할 수 있는 기간을 가리키며, '保质期 bǎozhìqī'는 '품질보증기간, 유효기간'이란 뜻으로 일정의 조건하에 품질 유지가 가능하다는 것을 가리킨다.

**문제 1**

## 你平时睡得怎么样？请简单谈谈。

Nǐ píngshí shuì de zěnmeyàng? Qǐng jiǎndān tántan.

당신은 평소에 잘 자나요? 간단히 말해 보세요.

| | | |
|---|---|---|
| Lv. 3~4 | 我平时睡得比较好。我有早睡早起的好习惯。一般每天晚上11点睡觉，早上6点半起床，差不多每天可以睡7个小时。周末睡的时间更长一些。<br>Wǒ píngshí shuì de bǐjiào hǎo. Wǒ yǒu zǎoshuì zǎoqǐ de hǎo xíguàn. Yìbān měitiān wǎnshang shíyī diǎn shuìjiào, zǎoshang liù diǎn bàn qǐchuáng, chàbuduō měitiān kěyǐ shuì qī ge xiǎoshí. Zhōumò shuì de shíjiān gèng cháng yìxiē. | 저는 평소에 비교적 잘 잡니다. 저는 일찍 자고 일찍 일어나는 좋은 습관이 있습니다. 보통 매일 저녁 11시에 자서 아침 6시 반에 일어납니다. 거의 매일 7시간은 잡니다. 주말에는 잠자는 시간이 조금 더 깁니다. |
| Lv. 5~6 | 我是上班族，平时工作特别忙，压力也很大。大部分时间睡得比较晚，起得又较早，常常感觉睡眠不足，总是很疲劳。所以我周末的时候会睡懒觉，一般都是睡到中午才起床。我想很多现代人都和我差不多吧。<br>Wǒ shì shàngbānzú, píngshí gōngzuò tèbié máng, yālì yě hěn dà. Dàbùfen shíjiān shuì de bǐjiào wǎn, qǐ de yòu jiào zǎo, chángcháng gǎnjué shuìmián bùzú, zǒngshì hěn píláo. Suǒyǐ wǒ zhōumò de shíhou huì shuì lǎnjiào, yìbān dōu shì shuì dào zhōngwǔ cái qǐchuáng. Wǒ xiǎng hěn duō xiàndàirén dōu hé wǒ chàbuduō ba. | 저는 직장인이고, 평소에 일이 너무 바빠 스트레스도 큽니다. 대부분 비교적 늦게 자고, 일찍 일어나서 항상 잠이 부족하고, 늘 피곤하다고 느낍니다. 그래서 저는 주말에는 늦잠을 자는데 보통은 점심때가 돼야 일어납니다. 저는 많은 현대인들이 저와 비슷하다고 생각합니다. |

단어 1 **早睡早起** zǎoshuì zǎoqǐ 일찍 자고 일찍 일어나다 **习惯** xíguàn 명 습관 **睡觉** shuìjiào 동 자다 **起床** qǐchuáng 동 일어나다 **差不多** chàbuduō 부 거의, 대체로 **周末** zhōumò 명 주말

단어 2 **上班族** shàngbānzú 명 직장인 **压力** yālì 명 스트레스 **大部分** dàbùfen 명 대부분 **睡眠** shuìmián 명 수면 **不足** bùzú 형 부족하다 **总是** zǒngshì 부 늘, 언제나 **疲劳** píláo 동 피로해지다 **睡懒觉** shuì lǎnjiào 늦잠을 자다 **现代** xiàndài 명 현대

### ★ 고득점 비법 '差不多'의 쓰임

差不多라는 표현은 중국사람들이 자주 쓰는 언어습관 중에 하나이다. 差不多 부사로 '거의, 대체로'라는 뜻이지만, 실제 회화에서는 '거의 + 수량', '거의 다 됐다'(상태가) 거의 다 되어 가다', '거의 비슷하다' 의 의미로 쓰인다

예 时间差不多了。Shíjiān chàbuduō le. 시간이 거의 다 되었다.
跟这个差不多。Gēn zhège chàbuduō. 이것과 비슷하다.
差不多六点下班了。Chàbuduō liù diǎn xiàbān le. 거의 6시쯤에 퇴근했다.
感冒好得差不多了吧？Gǎnmào hǎo de chàbuduō le ba? 감기는 거의 다 나아가지?

## 문제 2

# 天气很热的时候，你一般做什么？请简单说一说。

Tiānqì hěn rè de shíhou, nǐ yìbān zuò shénme? Qǐng jiǎndān shuō yi shuō.

날씨가 더울 때 당신은 보통 무엇을 하나요? 간단히 말해 보세요.

| | | |
|---|---|---|
| Lv. 3~4 | 天气很热的时候，我一般会喝一些冰的饮料。喝冰的饮料以后，就会非常凉快。所以夏天的时候我常常喝冰美式咖啡，或者下班以后喝一杯冰镇啤酒。<br>Tiānqì hěn rè de shíhou, wǒ yìbān huì hē yìxiē bīng de yǐnliào. Hē bīng de yǐnliào yǐhòu, jiù huì fēicháng liángkuai. Suǒyǐ xiàtiān de shíhou wǒ chángcháng hē bīng měishì kāfēi, huòzhě xiàbān yǐhòu hē yì bēi bīngzhèn píjiǔ. | 날씨가 더울 때, 저는 보통 차가운 음료를 마십니다. 차가운 음료를 마시고 나면 매우 시원해집니다. 그래서 여름에 저는 자주 아이스 아메리카노를 마시거나 퇴근한 후에 아이스 맥주를 한 잔 마십니다. |
| Lv. 5~6 | 天气很热的时候，我一般尽量减少去室外活动。在室内我一般会打开空调，那么就会感觉很凉快。不过夏天开空调电费会比较贵，而且常常吹空调的话，也容易得空调病。所以我会控制开空调的时间，不会开得太久。<br>Tiānqì hěn rè de shíhou, wǒ yìbān jǐnliàng jiǎnshǎo qù shìwài huódòng. Zài shìnèi wǒ yìbān huì dǎkāi kōngtiáo, nàme jiù huì gǎnjué hěn liángkuai. Búguò xiàtiān kāi kōngtiáo diànfèi huì bǐjiào guì, érqiě chángcháng chuī kōngtiáo dehuà, yě róngyì dé kōngtiáobìng. Suǒyǐ wǒ huì kòngzhì kāi kōngtiáo de shíjiān, búhuì kāi de tài jiǔ. | 날씨가 더울 때 저는 실외 활동을 최대한 줄입니다. 실내에 있을 때 저는 보통 에어컨을 틀고 있어서 시원합니다. 하지만 여름에 에어컨을 틀면 전기 요금이 비교적 비싸고, 게다가 자주 에어컨 바람을 쐬면, 쉽게 냉방병에 걸립니다. 그래서 저는 에어컨을 트는 시간을 억제하려고 하며, 너무 오래 틀어 두지 않습니다. |

**단어 1** 天气 tiānqì 명 날씨 热 rè 형 덥다 冰 bīng 형 차다 饮料 yǐnliào 명 음료 凉快 liángkuai 형 시원하다 夏天 xiàtiān 명 여름 冰美式咖啡 bīng měishì kāfēi 명 아이스 아메리카노 或者 huòzhě 접 혹은 冰镇啤酒 bīngzhèn píjiǔ 명 아이스 맥주

**단어 2** 尽量 jǐnliàng 부 최대한 减少 jiǎnshǎo 동 줄이다 室外活动 shìwài huódòng 명 실외 활동 室内 shìnèi 명 실내 打开 dǎkāi 동 틀다 空调 kōngtiáo 명 에어컨 电费 diànfèi 명 전기 요금 吹 chuī 동 불다 容易 róngyì 형 쉽다 空调病 kōngtiáobìng 명 냉방병 控制 kòngzhì 동 억제하다 久 jiǔ 형 오래다

**★ 고득점 비법 무더운 날씨와 관련 단어**

무더운 날씨와 관련된 단어들을 알아두자.

예 冰水 bīngshuǐ 얼음 물
冰镇啤酒 bīngzhèn píjiǔ 아이스 맥주
电风扇 diànfēngshàn 선풍기
冰咖啡 bīngkāfēi 아이스커피
空调 kōngtiáo 에어컨
空调病 kōngtiáobìng 냉방병

**문제 3**

# 如果你有很想得到的东西，你一定会买吗？请简单说说。

Rúguǒ nǐ yǒu hěn xiǎng dédào de dōngxi, nǐ yídìng huì mǎi ma? Qǐng jiǎndān shuōshuo.

만약 당신이 매우 가지고 싶은 물건이 있다면 당신은 꼭 사려고 합니까? 간단히 말해 보세요.

| | | |
|---|---|---|
| Lv. 3~4 | 如果我有很想得到的东西，我一定会买的。我以前上大学的时候，很想买一台苹果手机。所以我去饭店打工，工作了三个月以后终于买到了最新型的苹果手机。<br>Rúguǒ wǒ yǒu hěn xiǎng dédào de dōngxi, wǒ yídìng huì mǎi de. Wǒ yǐqián shàng dàxué de shíhou, hěn xiǎng mǎi yì tái píngguǒ shǒujī. Suǒyǐ wǒ qù fàndiàn dǎgōng, gōngzuòle sān ge yuè yǐhòu zhōngyú mǎidàole zuì xīnxíng de píngguǒ shǒujī. | 만약 저는 매우 가지고 싶은 물건이 있다면 꼭 사려고 합니다. 저는 예전에 대학교를 다닐 때 애플 휴대폰을 한 대 사고 싶었습니다. 그래서 식당에 아르바이트를 하러 갔고, 3개월간 일한 후에 마침내 최신형의 애플 휴대폰을 샀습니다. |
| Lv. 5~6 | 如果我有很想得到的东西，买还是不买，要看我自己的经济能力。如果那个东西不太贵，我的经济能力可以承受，那我会买。可是如果那个东西超出了我的经济能力，我买不起，那我就不会买。我不喜欢打肿脸充胖子。<br>Rúguǒ wǒ yǒu hěn xiǎng dédào de dōngxi, mǎi háishi bù mǎi, yào kàn wǒ zìjǐ de jīngjì nénglì. Rúguǒ nàge dōngxi bútài guì, wǒ de jīngjì nénglì kěyǐ chéngshòu, nà wǒ huì mǎi. Kěshì rúguǒ nàge dōngxi chāochūle wǒ de jīngjì nénglì, wǒ mǎi bu qǐ, nà wǒ jiù búhuì mǎi. Wǒ bù xǐhuan dǎ zhǒng liǎn chōng pàngzi. | 만약 저는 매우 가지고 싶은 물건이 있다면, 살지 안 살지는 제 자신의 경제 능력을 봅니다. 만약 그 물건이 그다지 비싸지 않고, 저의 경제 능력이 감당할 수 있다면, 그러면 저는 살 것입니다. 하지만 만약 그 물건이 저의 경제 능력을 넘어서서 살 수 없다면 저는 사지 않을 것입니다. 저는 능력이 없는 사람이 능력 있는 척을 하는 것을 좋아하지 않습니다. |

단어 1 **得到** dédào 동 얻다 **台** tái 양 대(기계를 세는데 쓰임) **手机** shǒujī 명 휴대폰 **打工** dǎgōng 동 아르바이트하다 **终于** zhōngyú 부 마침내 **新型** xīnxíng 명 신형

단어 2 **经济** jīngjì 명 경제 **能力** nénglì 명 능력 **承受** chéngshòu 동 감당하다 **超出** chāochū 동 초과하다 **买不起** mǎi bu qǐ 동 (돈이 없어서, 너무 비싸서) 살 수 없다 **打肿脸充胖子** dǎ zhǒng liǎn chōng pàngzi 능력이 없는 사람이 능력이 있는 체하다

★ **고득점 비법　알아두면 유용한 속담**

'打肿脸充胖子'는 억지로 허세를 부리다, 실제로는 능력이 없거나 돈이 없는데 있는 척하는 경우를 비유할 때 사용하는 속담이다. 답변 시 속담을 사용해서 말하면 높은 점수를 얻을 수 있다.

## 문제 4

# 你的人生观是什么？请简单谈一谈。

Nǐ de rénshēngguān shì shénme? Qǐng jiǎndān tán yi tán.

당신의 인생관은 무엇인가요? 간단히 말해 보세요.

| | | |
|---|---|---|
| Lv. 3~4 | 我的人生观是"有备无患"。"有备无患"的意思就是有了准备就不必担心。比如我每个月都会把工资存一部分。这样当我遇到困难的时候，就不会因为没钱而头疼了。<br>Wǒ de rénshēngguān shì "yǒubèiwúhuàn'. "yǒubèiwúhuàn 'de yìsi jiùshì yǒule zhǔnbèi jiù búbì dānxīn. Bǐrú wǒ měi ge yuè dōu huì bǎ gōngzī cún yíbùfen. Zhèyàng dāng wǒ yùdào kùnnan de shíhou, jiù búhuì yīnwèi méi qián ér tóuténg le. | 저의 인생관은 "유비무환"입니다. "유비무환"의 뜻은 준비가 되었으면 걱정할 필요가 없다는 뜻입니다. 예를 들어 저는 매달 월급의 일부분을 저축합니다. 이렇게 하면 어려움에 부딪쳤을 때 돈이 없어서 머리가 아플 일은 없기 때문입니다. |
| Lv. 5~6 | 我的人生观是"塞翁失马，焉知非福"。生活中我们会遇到各种各样的事情，所有事情都有两面性。不好的一面，有可能向好的一面转化。相反也是一样。所以我遇到好事不会太得意，遇到坏事也不灰心，努力保持好的心态。<br>Wǒ de rénshēngguān shì "sàiwēngshīmǎ, yānzhīfēifú.' Shēnghuó zhōng wǒmen huì yùdào gèzhǒng gèyàng de shìqing, suǒyǒu shìqing dōu yǒu liǎngmiànxìng. Bù hǎo de yímiàn, yǒu kěnéng xiàng hǎo de yímiàn zhuǎnhuà. Xiāngfǎn yě shì yíyàng. Suǒyǐ wǒ yùdào hǎoshì búhuì tài déyì, yùdào huàishì yě bù huīxīn, nǔlì bǎochí hǎo de xīntài. | 저의 인생관은 "새옹지마, 복인지 아닌지 어찌 알겠는가"입니다. 생활 속에서 우리는 온갖 일들을 마주치게 되는데, 모든 일은 다 양면성이 있습니다. 좋지 않은 면이 좋은 면으로 변할 수도 있습니다. 반대도 마찬가지입니다. 그래서 저는 좋은 일을 마주쳤을 때도 너무 의기양양하지 않으려고 하고, 나쁜 일을 마주쳤을 때도 낙심하지 않으며 좋은 심리 상태를 유지하려고 노력합니다. |

단어 1 **人生观** rénshēngguān 명 인생관 **有备无患** yǒubèiwúhuàn 성 유비무환 **意思** yìsi 명 의미 **准备** zhǔnbèi 동 준비하다 **不必** búbì 부 ~할 필요가 없다 **担心** dānxīn 동 걱정하다 **比如** bǐrú 접 예컨대 **工资** gōngzī 명 임금, 월급 **存** cún 동 저축하다 **一部分** yíbùfen 명 일부분 **当…的时候** dāng…de shíhou ~일 때, ~할 때 **遇到** yùdào 동 만나다, 마주치다 **困难** kùnnan 명 어려움 **头疼** tóuténg 형 머리가 아프다

단어 2 **塞翁失马，焉知非福** sàiwēngshīmǎ, yānzhīfēifú 인생의 길흉화복은 변화가 많아 예측하기 어렵다 **所有** suǒyǒu 형 모든 **两面性** liǎngmiànxìng 명 양면성 **一面** yímiàn 명 한 면 **向** xiàng 전 ~을 향하여 **转化** zhuǎnhuà 동 변하다 **相反** xiāngfǎn 동 반대되다 **一样** yíyàng 형 같다 **得意** déyì 동 득이양양하다 **坏事** huàishì 명 나쁜 일 **灰心** huīxīn 동 낙심하다 **保持** bǎochí 동 유지하다 **心态** xīntài 명 심리상태

## 문제 5

# 如果你是父母的话，你会对子女严格还是宽容？请简单谈谈看。

Rúguǒ nǐ shì fùmǔ dehuà, nǐ huì duì zǐnǚ yángé háishi kuānróng? Qǐng jiǎndān tántan kàn.

만약 당신이 부모라면 당신은 자녀에게 엄격하게 대할 건가요? 아니면 너그럽게 대할 건가요? 간단히 말해 보세요.

| | | |
|---|---|---|
| Lv. 3~4 | 如果我是父母，我会对子女比较宽容。父母太严格的话，孩子会害怕。这会影响父母和孩子的关系，对孩子的心理也不好，所以我会对孩子比较宽容。<br>Rúguǒ wǒ shì fùmǔ, wǒ huì duì zǐnǚ bǐjiào kuānróng. Fùmǔ tài yángé dehuà, háizi huì hàipà. Zhè huì yǐngxiǎng fùmǔ hé háizi de guānxi, duì háizi de xīnlǐ yě bù hǎo, suǒyǐ wǒ huì duì háizi bǐjiào kuānróng. | 만약 제가 부모라면, 저는 자녀에게 너그럽게 대할 것입니다. 부모가 너무 엄격하다면, 아이가 무서워할 것입니다. 이것은 부모와 아이의 관계에 영향을 끼치며 아이의 심리에도 좋지 않아서 저는 아이에게 비교적 너그럽게 대할 것입니다. |
| Lv. 5~6 | 如果我是父母的话，一般情况下我会对孩子比较宽容，因为孩子最需要的是爱，被爱的孩子会比较自信。但是在有些方面我会比较严格，比如说要有礼貌，不可以撒谎等等。这些都是人最重要的品质。<br>Rúguǒ wǒ shì fùmǔ dehuà, yìbān qíngkuàng xià wǒ huì duì háizi bǐjiào kuānróng, yīnwèi háizi zuì xūyào de shì ài, bèi ài de háizi huì bǐjiào zìxìn. Dànshì zài yǒuxiē fāngmiàn wǒ huì bǐjiào yángé, bǐrú shuō yào yǒu lǐmào, bù kěyǐ sāhuǎng děngděng. Zhèxiē dōu shì rén zuì zhòngyào de pǐnzhì. | 만약 제가 부모라면, 일반적인 상황에서는 아이에게 비교적 너그럽게 대할 것입니다. 왜냐하면 아이에게 가장 필요한 것은 사랑이고, 사랑을 받은 아이는 비교적 자신감이 있습니다. 하지만 어떤 방면에서는 비교적 엄격하게 할 것입니다. 예를 들어 예의 바르게 행동하기, 거짓말하지 않기 등입니다. 이런 것들은 모두 사람에게 가장 중요한 인품입니다. |

단어 1 **父母** fùmǔ 명 부모 **子女** zǐnǚ 명 자녀 **严格** yángé 동 엄격하게 하다 **宽容** kuānróng 동 관대하다, 너그럽게 받아들이다 **害怕** hàipà 동 무서워하다 **影响** yǐngxiǎng 동 영향을 주다 **关系** guānxi 명 관계 **心理** xīnlǐ 명 심리

단어 2 **需要** xūyào 동 필요로 하다 **爱** ài 명 사랑 **被** bèi 전 ~에게 ~당하다 **自信** zìxìn 명 자신감 동 자신하다 **礼貌** lǐmào 명 예의 **撒谎** sāhuǎng 동 거짓말을 하다 **重要** zhòngyào 동 중요하다 **品质** pǐnzhì 명 인품

54

## 你觉得你们国家上大学的人多吗？请谈谈你的想法。

Nǐ juéde nǐmen guójiā shàng dàxué de rén duō ma? Qǐng tántan nǐ de xiǎngfǎ.

당신 나라에는 대학에 다니는 사람이 많습니까? 당신의 생각을 말해 보세요.

| | | |
|---|---|---|
| Lv. 3~4 | 我是韩国人，在韩国上大学的人比较多。我觉得高中毕业以后，大部分的人都会上大学。因为现在社会对学历的要求比较高，大学毕业的话找工作会容易一些，所以大部分的人都会上大学。<br>Wǒ shì Hánguórén, zài Hánguó shàng dàxué de rén bǐjiào duō. Wǒ juéde gāozhōng bìyè yǐhòu, dàbùfen de rén dōu huì shàng dàxué. Yīnwèi xiànzài shèhuì duì xuélì de yāoqiú bǐjiào gāo, dàxué bìyè dehuà zhǎo gōngzuò huì róngyì yìxiē, suǒyǐ dàbùfen de rén dōu huì shàng dàxué. | 저는 한국 사람이고, 한국에서는 대학을 다니는 사람은 비교적 많습니다. 고등학교를 졸업한 후에 대부분의 사람들이 대학에 간다고 저는 생각합니다. 왜냐하면 현대 사회에서는 학력에 대한 요구가 비교적 높기 때문에 대학교를 졸업하면, 취업하기가 조금 쉽습니다. 그래서 대부분의 사람들이 대학을 갑니다. |
| Lv. 5~6 | 我是韩国人，在韩国上大学的人很多。我曾经看过一份调查报告，韩国高中毕业生有百分之七十五以上都会上大学。这是因为随着社会的发展，公司对学历的要求越来越高，想找到好工作至少要大学毕业。另外，随着经济水平的提高，大部分家庭已经能够负担大学学费，所以韩国大学生也越来越多了。<br>Wǒ shì Hánguórén, zài Hánguó shàng dàxué de rén hěn duō. Wǒ céngjīng kànguo yí fèn diàochá bàogào, Hánguó gāozhōng bìyèshēng yǒu bǎifēnzhī qīshíwǔ yǐshàng dōu huì shàng dàxué. Zhè shì yīnwèi suízhe shèhuì de fāzhǎn, gōngsī duì xuélì de yāoqiú yuè lái yuè gāo, xiǎng zhǎodào hǎo gōngzuò zhìshǎo yào dàxué bìyè. Lìngwài, suízhe jīngjì shuǐpíng de tígāo, dàbùfen jiātíng yǐjing nénggòu fùdān dàxué xuéfèi, suǒyǐ Hánguó dàxuéshēng yě yuè lái yuè duō le. | 저는 한국 사람이고, 한국에서 대학을 다니는 사람은 많습니다. 제가 예전에 조사 보고서를 본 적이 있는데, 한국 고등학교 졸업생은 75% 이상이 대학을 다닌다고 합니다. 이것은 사회가 발전함에 따라, 회사가 학력에 대한 요구가 점점 높아졌기 때문에 좋은 직장을 구하려면 최소한 대학교를 졸업해야 합니다. 그 밖에 경제 수준이 향상됨에 따라, 대부분의 가정에서 대학교 학비를 부담할 수 있게 되어서 한국에서는 대학생이 점점 많아졌습니다. |

단어 1　**高中** gāozhōng 명 고등학교　**毕业** bìyè 명동 (졸업)하다　**社会** shèhuì 명 사회　**学历** xuélì 명 학력　**要求** yāoqiú 명 요구

단어 2　**曾经** céngjīng 부 일찍이, 이전에　**份** fèn 양 문건을 세는데 쓰임　**调查** diàochá 명 조사　**报告** bàogào 명 보고서　**百分之** bǎifēnzhī 퍼센트　**以上** yǐshàng 명 이상　**随着** suízhe 전 ~따라서　**发展** fāzhǎn 동 발전하다　**越来越** yuè lái yuè 부 점점　**至少** zhìshǎo 부 최소한, 적어도　**另外** lìngwài 대 그 밖의　**家庭** jiātíng 명 가정　**能够** nénggòu 동 ~할 수 있다　**负担** fùdān 명 부담　**学费** xuéfèi 명 학비

**문제 2**

## 在饮食方面，你更注重食物的味道、营养还是外观呢？为什么？

Zài yǐnshí fāngmiàn, nǐ gèng zhùzhòng shíwù de wèidao、yíngyǎng háishi wàiguān ne? Wèishénme?

당신은 음식 방면에 있어서 음식의 맛이나 영양을 중시합니까? 아니면 외관을 중시합니까? 왜 그런가요?

| | | |
|---|---|---|
| Lv. 3~4 | 在饮食方面，我最注重食物的味道。我觉得食物一定要好吃，好吃才会让人心情愉快。所以就算是再有营养，味道不好的话，我也不喜欢吃。我觉得吃好吃的是人生一大乐趣。<br>Zài yǐnshí fāngmiàn, wǒ zuì zhùzhòng shíwù de wèidao. Wǒ juéde shíwù yídìng yào hǎochī, hǎochī cái huì ràng rén xīnqíng yúkuài. Suǒyǐ jiùsuàn shì zài yǒu yíngyǎng, wèidao bù hǎo dehuà, wǒ yě bù xǐhuan chī. Wǒ juéde chī hǎochī de shì rénshēng yí dà lèqù. | 음식 방면에서 제가 가장 중시하는 것은 음식의 맛입니다. 음식은 반드시 맛이 있어야 하고, 맛이 있어야 기분이 즐거워진다고 저는 생각합니다. 그래서 설령 영양가가 있다고 하더라도, 맛이 없다면 저는 먹지 않습니다. 저는 맛있는 것을 먹는 것은 인생의 큰 즐거움이라고 생각합니다. |
| Lv. 5~6 | 我以前比较注重食物的味道，不太注重营养。我喜欢吃甜的和辣的，常常吃冰激淋和麻辣烫。但是常吃甜的让我越来越胖，常吃辣的让我的胃越来越不好。所以最近我越来越注重食物的营养。尽量多吃蔬菜和水果，少吃油腻的东西。为了健康，我要改变饮食习惯。<br>Wǒ yǐqián bǐjiào zhùzhòng shíwù de wèidao, bútài zhùzhòng yíngyǎng. Wǒ xǐhuan chī tián de hé là de, chángcháng chī bīngjīlín hé málàtàng. Dànshì cháng chī tián de ràng wǒ yuè lái yuè pàng, cháng chī là de ràng wǒ de wèi yuè lái yuè bù hǎo. Suǒyǐ zuìjìn wǒ yuè lái yuè zhùzhòng shíwù de yíngyǎng. Jǐnliàng duō chī shūcài hé shuǐguǒ, shǎo chī yóunì de dōngxi. Wèile jiànkāng, wǒ yào gǎibiàn yǐnshí xíguàn. | 저는 예전에는 음식의 맛을 비교적 중시하고, 영양은 그다지 중시하지 않았습니다. 저는 단것과 매운 것을 좋아해서 자주 아이스크림과 마라탕을 먹습니다. 하지만 자주 단 것을 먹으니 점점 뚱뚱해지고, 자주 매운 것을 먹으니 위가 점점 나빠졌습니다. 그래서 요즘에 저는 점점 음식의 영양을 중시하게 되었습니다. 최대한 야채와 과일을 많이 먹고, 기름진 음식은 적게 먹으려고 합니다. 건강을 위해 저는 식습관을 바꾸려고 합니다. |

단어 1 饮食 yǐnshí 명 음식 方面 fāngmiàn 명 방면 注重 zhùzhòng 동 중시하다 食物 shíwù 명 음식 味道 wèidao 명 맛 营养 yíngyǎng 명 영양 外观 wàiguān 명 외관 心情 xīnqíng 명 기분 愉快 yúkuài 형 기분이 좋다, 유쾌하다 就算 jiùsuàn 접 설령 ~이라도 乐趣 lèqù 명 즐거움

단어 2 以前 yǐqián 명 이전 甜 tián 형 달다 辣 là 형 맵다 冰激淋 bīngjīlín 명 아이스크림 麻辣烫 málàtàng 명 마라탕 胖 pàng 형 뚱뚱하다 胃 wèi 명 위 尽量 jǐnliàng 부 가능한 한, 최대한 蔬菜 shūcài 명 채소 水果 shuǐguǒ 명 과일 油腻 yóunì 형 기름지다 为了 wèile 전 ~을 위해 健康 jiànkāng 명 건강 改变 gǎibiàn 동 바꾸다 习惯 xíguàn 명 습관

### ★ 고득점 비법 맛과 관련된 단어

예
- 酸 suān 시다
- 苦 kǔ 쓰다
- 咸 xián 짜다
- 油腻 yóunì 기름지다
- 甜 tián 달다
- 辣 là 맵다
- 清淡 qīngdàn 담백하다
- 刺激性 cìjīxìng 자극적이다

**문제 3**

## 你认为参加团体或者社团活动有什么好处？请谈谈你的看法。

Nǐ rènwéi cānjiā tuántǐ huòzhě shètuán huódòng yǒu shénme hǎochù? Qǐng tántan nǐ de kànfǎ.

당신은 단체 활동이나 동아리 활동에 참여하면 어떤 좋은 점이 있다고 생각하나요? 당신의 생각을 말해 보세요.

| Lv. | 답변 | 해석 |
|---|---|---|
| Lv. 3~4 | 参加团体或者社团活动有很多好处。首先参加社团活动可以培养自己的兴趣爱好。其次参加社团活动可以认识很多新朋友。跟有共同兴趣的朋友在一起活动，不仅开心，还能学到很多东西。<br>Cānjiā tuántǐ huòzhě shètuán huódòng yǒu hěn duō hǎochù. Shǒuxiān cānjiā shètuán huódòng kěyǐ péiyǎng zìjǐ de xìngqù àihào. Qícì cānjiā shètuán huódòng kěyǐ rènshi hěn duō xīn péngyou. Gēn yǒu gòngtóng xìngqù de péngyou zài yìqǐ huódòng, bùjǐn kāixīn, hái néng xuédào hěn duō dōngxi. | 단체 활동이나 동아리 활동에 참여하면 좋은 점들이 많이 있습니다. 첫째, 동아리 활동에 참여하면 자신의 흥미, 취미를 기를 수 있습니다. 두 번째, 동아리 활동에 참여하면 새로운 친구들을 많이 알 수 있게 됩니다. 같은 취미가 있는 친구와 함께 활동을 하면, 즐거울 뿐만 아니라 많은 것들을 배울 수 있습니다. |
| Lv. 5~6 | 参加团体或者社团活动有很多好处。首先可以拓展自己的社交圈。在社团活动中会接触到各行各业的人，可以积累人脉。俗话说多一个朋友，多一条路嘛。其次我们还可以在社团活动中学会怎样与别人沟通和交流，可以锻炼自己的社交能力。这些在今后进入社会后都是非常有用的。<br>Cānjiā tuántǐ huòzhě shètuán huódòng yǒu hěn duō hǎochù. Shǒuxiān kěyǐ tuòzhǎn zìjǐ de shèjiāoquān. Zài shètuán huódòng zhōng huì jiēchù dào gèhánggèyè de rén, kěyǐ jīlěi rénmài. Súhuà shuō duō yí ge péngyou, duō yì tiáo lù ma. Qícì wǒmen hái kěyǐ zài shètuán huódòng zhōng xuéhuì zěnyàng yǔ biéren gōutōng hé jiāoliú, kěyǐ duànliàn zìjǐ de shèjiāo nénglì. Zhèxiē zài jīnhòu jìnrù shèhuì hòu dōu shì fēicháng yǒuyòng de. | 단체 활동이나 동아리 활동에 참여하면 좋은 점들이 많이 있습니다. 첫째, 자신의 사교 범위를 넓힐 수 있습니다. 동아리 활동 중에 각종 직업의 사람들과 접촉할 수 있어서 인맥을 쌓을 수 있습니다. 속담에 친구 하나가 더 생기면 길이 하나 더 생긴다고 합니다. 두 번째, 우리는 또 동아리 활동 중에 어떻게 다른 사람과 소통하고 교류하는지를 배울 수 있어서 자신의 사교 능력을 단련시킬 수 있습니다. 이러한 것들은 앞으로 사회에 들어간 후에 매우 유용하게 사용되는 것들입니다. |

**단어 1** **参加** cānjiā 통 참여하다 **团体** tuántǐ 명 단체 **社团活动** shètuán huódòng 명 동아리 활동 **培养** péiyǎng 통 키우다 **兴趣** xìngqù 명 흥미 **爱好** àihào 명 취미 **认识** rènshi 통 알다 **共同** gòngtóng 형 공동의 **不仅** bùjǐn 접 ~일 뿐만 아니라 **开心** kāixīn 형 즐겁다

**단어 2** **拓展** tuòzhǎn 통 넓히다 **社交圈** shèjiāoquān 명 사교 범위 **接触** jiēchù 통 접촉하다 **各行各业** gèhánggèyè 각종 직업 **积累** jīlěi 통 쌓다 **人脉** rénmài 명 인맥 **俗话** súhuà 명 속담 **多一个朋友，多一条路** duō yí ge péngyou, duō yì tiáo lù 친구 하나가 더 생기면 길이 하나 더 생긴다, 친구가 많을수록 도움을 구할 길이 많아진다 **沟通** gōutōng 통 소통하다 **交流** jiāoliú 통 교류하다 **锻炼** duànliàn 통 단련하다 **社交** shèjiāo 명 사교 **能力** nénglì 명 능력 **今后** jīnhòu 명 앞으로 **进入** jìnrù 통 진입하다 **有用** yǒuyòng 통 유용하다

### ★ 고득점 비법 단체활동과 관련된 문제에서 활용하면 좋은 표현

예 **拓展社交圈** tuòzhǎn shèjiāoquān 사교 범위를 넓히다
**结交新朋友** jiéjiāo xīn péngyou 새 친구를 사귀다
**锻炼社交能力** duànliàn shèjiāo nénglì 사교 능력을 단련하다
**学会沟通交流** xuéhuì gōutōng jiāoliú 소통과 교류를 배우다

문제 4

## 有人说在公共场所禁烟侵犯了吸烟者的权利，你同意这样的意见吗？请说说你的看法。

Yǒu rén shuō zài gōnggòngchǎngsuǒ jìnyān qīnfàn le xīyānzhě de quánlì, nǐ tóngyì zhèyàng de yìjiàn ma? Qǐng shuōshuo nǐ de kànfǎ.

어떤 사람은 공공장소에서의 금연이 흡연자의 권리를 침범했다고 말합니다. 당신은 이런 의견에 동의하나요? 당신의 생각을 말해 보세요.

| | | |
|---|---|---|
| Lv. 3~4 | 我不同意这样的意见。因为在公共场所不仅有吸烟者还有不吸烟的人。如果为了吸烟者允许在公共场所吸烟，就会侵犯更多的不吸烟的人的权利。考虑到所有的人的利益，在公共场所禁烟是正确的选择。<br>Wǒ bù tóngyì zhèyàng de yìjiàn. Yīnwèi zài gōnggòngchǎngsuǒ bùjǐn yǒu xīyānzhě háiyǒu bù xīyān de rén. Rúguǒ wèile xīyānzhě yǔnxǔ zài gōnggòngchǎngsuǒ xīyān, jiù huì qīnfàn gèng duō de bù xīyān de rén de quánlì. Kǎolǜ dào suǒyǒu de rén de lìyì, zài gōnggòngchǎngsuǒ jìnyān shì zhèngquè de xuǎnzé. | 저는 이러한 의견에 동의하지 않습니다. 왜냐하면 공공장소에는 흡연자뿐만 아니라 비흡연자도 있습니다. 만약 흡연자를 위해 공공장소에서 흡연하는 것을 허락한다면, 더 많은 비흡연자의 권리를 침범할 것입니다. 모든 사람의 이익을 고려해서 공공장소의 금연은 올바른 선택입니다. |
| Lv. 5~6 | 我不同意这样的意见。在公共场所禁烟确实给吸烟者带来了不便，但是公共场所是大家一起利用的空间，不仅有一部分吸烟者，还有相当多的不吸烟者。吸烟有害健康，特别是二手烟的危害更大。所以为了保护更多人的利益，应该在公共场所禁烟。如果要保护吸烟者的个人权利，可以为他们另外指定吸烟区。<br>Wǒ bù tóngyì zhèyàng de yìjiàn. Zài gōnggòngchǎngsuǒ jìnyān quèshí gěi xīyānzhě dàiláile búbiàn, dànshì gōnggòngchǎngsuǒ shì dàjiā yìqǐ lìyòng de kōngjiān, bùjǐn yǒu yíbùfen xīyānzhě, háiyǒu xiāngdāng duō de bù xīyānzhě. Xīyān yǒuhài jiànkāng, tèbié shì èrshǒuyān de wēihài gèng dà. Suǒyǐ wèile bǎohù gèng duō rén de lìyì, yīnggāi zài gōnggòngchǎngsuǒ jìnyān. Rúguǒ yào bǎohù xīyānzhě de gèrén quánlì, kěyǐ wèi tāmen lìngwài zhǐdìng xīyānqū. | 저는 이러한 의견에 동의하지 않습니다. 공공장소의 금연은 확실히 흡연자에게 불편을 가져다주었지만, 공공장소는 모두가 함께 이용하는 공간이고, 일부분의 흡연자만 있는 것이 아니라 비흡연자도 상당히 많습니다. 흡연은 건강에 해롭고, 특히 간접흡연의 해로움은 더 큽니다. 그래서 더 많은 사람의 이익을 보호하기 위해 공공장소에서는 금연을 해야 합니다. 만약 흡연자 개인의 권리를 보호하려면 그들을 위해 별도의 흡연구역을 지정하면 됩니다. |

단어 1 **公共场所** gōnggòngchǎngsuǒ 명 공공장소 **禁烟** jìnyān 동 금연하다 **侵犯** qīnfàn 동 침범하다 **吸烟者** xīyānzhě 명 흡연자 **权利** quánlì 명 권리 **同意** tóngyì 동 동의하다 **意见** yìjiàn 명 의견 **允许** yǔnxǔ 동 허락하다 **考虑** kǎolǜ 동 고려하다 **所有** suǒyǒu 형 모든 **利益** lìyì 명 이익 **正确** zhèngquè 형 올바르다 **选择** xuǎnzé 명 선택

단어 2 **确实** quèshí 부 확실히, 정말로 **带来** dàilái 동 가져오다 **不便** búbiàn 형 불편하다 **利用** lìyòng 동 이용하다 **空间** kōngjiān 명 공간 **相当** xiāngdāng 부 상당히 **有害** yǒuhài 동 해롭다 **健康** jiànkāng 명 건강 **二手烟** èrshǒuyān 명 간접흡연 **危害** wēihài 명 위해, 해로움 **保护** bǎohù 동 보호하다 **指定** zhǐdìng 동 지정하다

55

# 第六部分

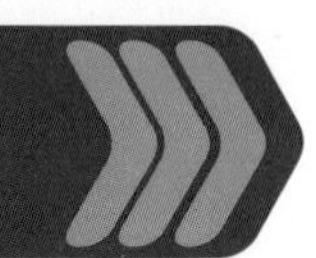

**문제 1**

## 朋友邀你周六一起去看电影，但你得参加奶奶的生日宴会。请你对朋友说明情况，并改约时间。

Péngyou yāo nǐ zhōuliù yìqǐ qù kàn diànyǐng, dàn nǐ děi cānjiā nǎinai de shēngrì yànhuì. Qǐng nǐ duì péngyou shuōmíng qíngkuàng, bìng gǎi yuē shíjiān.

토요일에 함께 영화를 보러 가자고 친구가 당신을 초대했습니다. 하지만 당신은 할머니의 생신 연회에 참석해야 합니다. 친구에게 상황을 설명하고, 약속 시간을 변경하세요.

| | | |
|---|---|---|
| Lv. 3~4 | 小美，谢谢你邀请我周六去看电影，但是这个周六正好是我奶奶的生日，我和父母要去奶奶家参加生日宴会。我们星期天去看电影怎么样？星期天我就回来了。这次的电影票我来买吧。<br>Xiǎo Měi, xièxie nǐ yāoqǐng wǒ zhōuliù qù kàn diànyǐng, dànshì zhège zhōuliù zhènghǎo shì wǒ nǎinai de shēngrì, wǒ hé fùmǔ yào qù nǎinai jiā cānjiā shēngrì yànhuì. Wǒmen xīngqītiān qù kàn diànyǐng zěnmeyàng? Xīngqītiān wǒ jiù huílái le. Zhècì de diànyǐngpiào wǒ lái mǎi ba. | 샤오메이, 나에게 토요일에 영화를 보러 가자고 초대해 줘서 고마운데, 이번 주 토요일이 마침 우리 할머니 생신이어서 나와 부모님은 할머니 댁에 가서 생신 연회에 참석해야 해. 우리 일요일에 영화 보러 가는 거 어때? 일요일에는 내가 돌아올 거야. 이번 영화표는 내가 살게. |
| Lv. 5~6 | 小美，真不巧，我也很想和你去看电影，但是这个星期六是我奶奶八十岁大寿。我家所有亲戚都要参加她的生日宴会，饭店都已经订好了。要不这样吧，我们这个星期天去看电影好不好？我现在就用手机订票，你看星期天下午四点怎么样？<br>Xiǎo Měi, zhēn bùqiǎo, wǒ yě hěn xiǎng hé nǐ qù kàn diànyǐng, dànshì zhège xīngqīliù shì wǒ nǎinai bāshí suì dàshòu. Wǒ jiā suǒyǒu qīnqi dōu yào cānjiā tā de shēngrì yànhuì, fàndiàn dōu yǐjing dìng hǎo le. Yàobù zhèyàng ba, wǒmen zhège xīngqītiān qù kàn diànyǐng hǎo bu hǎo? Wǒ xiànzài jiù yòng shǒujī dìng piào, nǐ kàn xīngqītiān xiàwǔ sì diǎn zěnmeyàng? | 샤오메이, 정말 공교롭게 되었어. 나도 너와 영화를 정말 보러 가고 싶은데, 이번 주 토요일이 우리 할머니 팔순이시거든. 우리 집 모든 친척들이 다 생신 연회에 참석해야 해. 식당도 이미 예약해 놨어. 아니면 이렇게 하자. 우리 이번 주 일요일에 영화 보러 가는 거 어때? 내가 지금 휴대폰으로 바로 표를 예약할게. 일요일 오후 4시 어때? |

단어 1 **邀** yāo 동 초대하다 **周六** zhōuliù 명 토요일 **得** děi 동 ~해야 한다 **奶奶** nǎinai 명 할머니 **生日** shēngrì 명 생일 **宴会** yànhuì 명 연회 **改** gǎi 동 바꾸다 **约** yuē 동 약속하다 **正好** zhènghǎo 부 마침

단어 2 **不巧** bùqiǎo 형 공교롭다 **大寿** dàshòu 명 (50세 이상)노인들의 매 10주년 생일 **亲戚** qīnqi 명 친척 **饭店** fàndiàn 명 식당 **订** dìng 동 예약하다 **要不** yàobù 접 그렇지 않으면

**★ 고득점 비법 유감을 표시하거나 건의할 때 사용하는 표현**

'真不巧'는 '정말 공교롭게 되었다'라는 뜻으로 유감을 표시할 때 사용한다. '要不这样吧 yào bù zhèyàng ba (아니면 이렇게 하자)'나 '你看这样好不好? Nǐ kàn zhèyàng hǎo bu hǎo? (이렇게 하는 게 어때?)'를 사용해서 건의 사항을 제시할 수 있다.

문제 2

## 你的同屋正为假期是去国外短期留学还是找一家公司实习而烦恼。请你给他提出适当的建议。

Nǐ de tóngwū zhèng wèi jiàqī shì qù guówài duǎnqī liúxué háishi zhǎo yì jiā gōngsī shíxí ér fánnǎo. Qǐng nǐ gěi tā tíchū shìdàng de jiànyì.

당신의 룸메이트는 방학에 외국으로 단기 유학을 갈지 아니면 회사를 찾아서 인턴을 할지 고민하고 있습니다. 그에게 적당한 조언을 해주세요.

| | | |
|---|---|---|
| Lv. 3~4 | 小王，我觉得这个假期你去国外短期留学更好。现在是国际化社会，外语能力特别重要。去国外留学可以提高你的口语能力，对以后找工作会很有帮助。还是去留学吧！<br>Xiǎo Wáng, wǒ juéde zhège jiàqī nǐ qù guówài duǎnqī liúxué gèng hǎo. Xiànzài shì guójìhuà shèhuì, wàiyǔ nénglì tèbié zhòngyào. Qù guówài liúxué kěyǐ tígāo nǐ de kǒuyǔ nénglì, duì yǐhòu zhǎo gōngzuò huì hěn yǒu bāngzhù. Háishi qù liúxué ba! | 샤오왕, 나는 이번 방학에 네가 외국으로 단기 유학 가는 것이 더 좋다고 생각해. 지금은 국제화 사회여서 외국어 능력이 매우 중요하잖아. 외국으로 유학을 가면 너의 회화 능력을 향상시킬 수 있고, 앞으로 취업을 하는데도 큰 도움이 될 거야. 유학 가는 게 좋겠어! |
| Lv. 5~6 | 小王，我觉得你还是找一家公司实习比较好。现在公司招聘的时候，都特别注重实习的经历。如果你去公司实习的话，不仅可以提高自己的实际工作能力，还能锻炼社会适应能力。那样的话就可以为以后找工作打一个好基础，所以我建议你去实习。<br>Xiǎo Wáng, wǒ juéde nǐ háishi zhǎo yì jiā gōngsī shíxí bǐjiào hǎo. Xiànzài gōngsī zhāopìn de shíhou, dōu tèbié zhùzhòng shíxí de jīnglì. Rúguǒ nǐ qù gōngsī shíxí dehuà, bùjǐn kěyǐ tígāo zìjǐ de shíjì gōngzuò nénglì, hái néng duànliàn shèhuì shìyìng nénglì. Nàyàng dehuà jiù kěyǐ wèi yǐhòu zhǎo gōngzuò dǎ yí ge hǎo jīchǔ, suǒyǐ wǒ jiànyì nǐ qù shíxí. | 샤오왕, 나는 네가 회사를 찾아서 인턴을 하는 것이 좋다고 생각해. 요즘은 회사에서 모집을 할 때 인턴 경력을 매우 중시하거든. 만약에 네가 회사에 가서 인턴을 한다면, 자신의 실제 업무 능력을 향상시킬 수 있을 뿐만 아니라, 사회 적응 능력도 단련할 수 있어. 그렇게 된다면 앞으로 취업을 위해 좋은 기초를 닦을 수 있어서 나는 네가 인턴을 하기를 권해. |

단어 1 **同屋** tóngwū 명 룸메이트 **假期** jiàqī 명 방학기간, 휴가기간 **国外** guówài 명 외국 **短期** duǎnqī 명 단기 **留学** liúxué 동 유학하다 **实习** shíxí 동 실습하다, 인턴을 하다 **烦恼** fánnǎo 동 걱정하다, 고민하다 **提出** tíchū 동 제의하다 **适当** shìdàng 형 적당하다 **建议** jiànyì 명 건의 **国际化** guójìhuà 명 국제화 **外语** wàiyǔ 명 외국어 **重要** zhòngyào 형 중요하다 **提高** tígāo 동 향상시키다 **口语** kǒuyǔ 명 회화 **帮助** bāngzhù 명 도움

단어 2 **招聘** zhāopìn 동 모집하다 **注重** zhùzhòng 동 중시하다 **经历** jīnglì 명 경력 **实际** shíjì 명 실제 **适应** shìyìng 동 적응하다 **打基础** dǎ jīchǔ 동 기초를 닦다

**★ 고득점 비법** '对…有帮助'와 'A有助于B'

'对…有帮助'는 '~에 도움이 된다'라는 뜻이고, 'A有助于B'는 'A가 B에 도움이 된다'라는 뜻의 구문으로 두 가지 모두 꼭 기억해두자.

**문제 3**

## 你在网上买了礼物送给要结婚的朋友，但过了送货日期朋友还没收到。请你给商家打电话说明情况，并要求解决问题。

Nǐ zài wǎngshàng mǎile lǐwù sònggěi yào jiéhūn de péngyou, dàn guòle sònghuò rìqī péngyou hái méi shōudào. Qǐng nǐ gěi shāngjiā dǎ diànhuà shuōmíng qíngkuàng, bìng yāoqiú jiějué wèntí.

당신이 인터넷에서 결혼할 친구에게 줄 선물을 샀는데, 배송일이 지났는데도 아직 받지 못했습니다. 상점에 전화를 걸어서 상황을 설명하고, 문제 해결을 요구하세요.

| | | |
|---|---|---|
| Lv. 3~4 | 喂，你好，是明天礼品公司吗？我在你们网上订了一个礼物，打算送给要结婚的朋友。送货日期是前天，可是到了今天还没送到。这到底是怎么回事？请你马上确认一下。<br>Wéi, nǐ hǎo, shì Míngtiān lǐpǐn gōngsī ma? Wǒ zài nǐmen wǎngshàng dìngle yí ge lǐwù, dǎsuan sònggěi yào jiéhūn de péngyou. Sònghuò rìqī shì qiántiān, kěshì dàole jīntiān háiméi sòng dào. Zhè dàodǐ shì zěnme huí shì? Qǐng nǐ mǎshàng quèrèn yíxià. | 여보세요, 안녕하세요. 밍티엔 선물 회사인가요? 제가 사이트에서 선물을 하나 주문해서 결혼하는 친구에게 주려고 했어요. 배송일이 그저께였는데, 오늘도 아직 못 받았습니다. 도대체 어떻게 된 일이죠? 바로 확인 좀 해주세요. |
| Lv. 5~6 | 喂，你好，是美美礼品吗？我在你们网上订购了一套床单，5月18号下的单。当时送货日期显示是次日送达，可是今天都已经5月22号了，我还没有收到。请马上确认一下，我的东西是否已经发货了，什么时候能送到。如果明天还不能送到的话，我会投诉你们的。<br>Wéi, nǐ hǎo, shì Měi Měi lǐpǐn ma? Wǒ zài nǐmen wǎngshàng dìnggòule yí tào chuángdān, wǔ yuè shíbā hào xià de dān. Dāngshí sònghuò rìqī xiǎnshì shì cìrì sòngdá, kěshì jīntiān dōu yǐjing wǔ yuè èrshí'èr hào le, wǒ hái méiyǒu shōudào. Qǐng mǎshàng quèrèn yíxià, wǒ de dōngxi shìfǒu yǐjing fāhuò le, shénme shíhou néng sòngdào. Rúguǒ míngtiān hái bùnéng sòngdào dehuà, wǒ huì tóusù nǐmen de. | 여보세요, 안녕하세요. 메이메이 선물이죠? 제가 사이트에서 침대 시트를 5월 18일에 주문했습니다. 그때 배송일이 다음 날에 배송된다고 했는데 오늘이 벌써 5월 22일인데 아직 받지 못했습니다. 제 물건이 발송됐는지, 안됐는지 언제 도착하는지 바로 확인 좀 해주세요. 만약 내일도 배송되지 않는다면 컴플레인을 걸 겁니다. |

**단어 1** **网上** wǎngshàng 명 인터넷 **礼物** lǐwù 명 선물 **结婚** jiéhūn 동 결혼하다 **送货日期** sònghuò rìqī 명 배송일 **收到** shōudào 동 받다 **商家** shāngjiā 명 상점 **礼品** lǐpǐn 명 선물 **前天** qiántiān 명 그저께 **到底** dàodǐ 부 도대체 **马上** mǎshàng 명 바로 **确认** quèrèn 동 확인하다

**단어 2** **订购** dìnggòu 동 주문해서 구입하다 **套** tào 양 세트 **床单** chuángdān 명 침대 시트 **下单** xiàdān 동 주문하다 **显示** xiǎnshì 동 보이다 **次日** cìrì 명 다음날, 이튿날 **送达** sòngdá 동 배달하다 **是否** shìfǒu ~인지 아닌지 **发货** fāhuò 동 발송하다 **投诉** tóusù 동 불평하다, 소송하다

**★ 고득점 비법** **배송과 관련된 단어**

예 **快递** kuàidì 택배 | **发货** fāhuò 발송하다 | **送货** sònghuò 배송하다
**下单** xiàdān 주문하다 | **订购** dìnggòu 주문해서 구입하다 | **当日送达** dāngrì sòngdá 당일 배송

# 第七部分

56

문제 1

①

②

③

④

| Lv. 3~4 | 中文 | 한국어 |
|---|---|---|
| | ① 妈妈带着小明到理发店剪头发。她指着墙上的照片告诉理发师，就要这样的发型。理发师说好的。<br>Māma dàizhe Xiǎo Míng dào lǐfàdiàn jiǎn tóufa. Tā zhǐzhe qiáng shang de zhàopiàn gàosu lǐfàshī, jiùyào zhèyàng de fàxíng. Lǐfàshī shuō hǎo de. | ① 엄마는 샤오밍을 데리고 이발소에 머리를 자르러 갔습니다. 그녀는 벽에 있는 사진을 가리키며 이발사에게 이런 헤어스타일을 원한다고 말했습니다. 이발사는 알겠다고 말했습니다. |
| | ② 剪头发的时候，小明在玩手机，妈妈坐在沙发上睡着了。<br>Jiǎn tóufa de shíhou, Xiǎo Míng zài wán shǒujī, māma zuò zài shāfā shang shuìzháo le. | ② 머리를 자를 때 샤오밍은 휴대폰으로 놀고 있었고, 엄마는 소파에 앉아서 잠이 들었습니다. |
| | ③ 两个小时以后，头发弄好了。小明看了以后大吃一惊，理发师给他烫了头发！<br>Liǎng ge xiǎoshí yǐhòu, tóufa nònghǎo le. Xiǎo Míng kànle yǐhòu dàchīyìjīng, lǐfàshī gěi tā tàngle tóufa! | ③ 2시간 후에 머리가 완성됐습니다. 샤오밍은 보고 나서 매우 놀랐는데, 이발사가 그에게 파마를 한 것입니다! |
| | ④ 原来墙上有两幅画，妈妈要的是左边的，理发师做的是右边的。小明伤心地哭了，理发师很尴尬。<br>Yuánlái qiáng shang yǒu liǎng fú huà, māma yào de shì zuǒbiān de, lǐfàshī zuò de shì yòubiān de. Xiǎo Míng shāngxīn de kūle, lǐfàshī hěn gāngà. | ④ 알고 보니 벽에 2장의 그림이 있었고, 엄마가 원한 것은 왼쪽이었는데 이발사가 한 것은 오른쪽이었던 것입니다. 샤오밍은 상심해서 울었고, 이발사는 난처해했습니다. |

| | | |
|---|---|---|
| Lv. 5~6 | ① 妈妈带小明去理发店剪头发。理发店的墙上有两张照片，妈妈指着一张短发照片说就要这样的发型。理发师说没问题。<br>Māma dài Xiǎo Míng qù lǐfàdiàn jiǎn tóufa. Lǐfàdiàn de qiáng shang yǒu liǎng zhāng zhàopiàn, Māma zhǐzhe yì zhāng duǎnfà zhàopiàn shuō jiù yào zhèyàng de fàxíng. Lǐfàshī shuō méi wèntí. | ① 엄마는 샤오밍을 데리고 이발소에 머리를 자르러 갔습니다. 이발소의 벽에는 2장의 사진이 있었고, 엄마는 짧은 머리의 사진을 가리키며 이런 스타일을 원한다고 말했습니다. 이발사는 문제없다고 말했습니다. |
| | ② 剪头发的时候，小明用手机玩游戏，妈妈坐在沙发上看书，看着看着就睡着了。<br>Jiǎn tóufa de shíhou, Xiǎo Míng yòng shǒujī wán yóuxì, māma zuò zài shāfā shang kàn shū, kànzhe kànzhe jiù shuìzháo le. | ② 머리를 자를 때, 샤오밍은 휴대폰으로 게임을 하고 있었고, 엄마는 소파에서 책을 보고 있다가 잠이 들었습니다. |
| | ③ 两个小时以后，理发师说头发做好了。小明一照镜子吓了一跳，他的头发变成了卷发！<br>Liǎng ge xiǎoshí yǐhòu, lǐfàshī shuō tóufa zuò hǎo le. Xiǎo Míng yí zhào jìngzi xiàle yí tiào, tā de tóufa biàn chéngle juǎnfà! | ③ 2시간 뒤에 이발사는 다 됐다고 말했습니다. 샤오밍은 거울을 보자 깜짝 놀랐습니다. 그의 머리는 파마머리가 되어있었습니다! |
| | ④ 原来理发师误会了妈妈的意思，妈妈说的是左边照片的发型，理发师做的却是右边照片的发型。小明急得哭了起来，理发师非常尴尬。<br>Yuánlái lǐfàshī wùhuìle māma de yìsi, māma shuō de shì zuǒbiān zhàopiàn de fàxíng, lǐfàshī zuò de què shì yòubiān zhàopiàn de fàxíng. Xiǎo Míng jí de kūle qǐlái, lǐfàshī fēicháng gāngà. | ④ 알고 보니 이발사가 엄마의 뜻을 오해한 것이었습니다. 엄마가 말한 것은 왼쪽 사진의 헤어스타일이었는데 이발사가 한 것은 오른쪽 사진의 헤어스타일이었습니다. 샤오밍은 속이 타서 울기 시작했고, 이발사는 매우 난처해했습니다. |

단어 1 **带** dài 동 데리다 **理发店** lǐfàdiàn 명 이발소 **剪** jiǎn 동 자르다 **头发** tóufa 명 머리카락 **指** zhǐ 동 가리키다 **墙** qiáng 명 벽 **照片** zhàopiàn 명 사진 **告诉** gàosu 동 알리다 **理发师** lǐfàshī 명 이발사 **发型** fàxíng 명 헤어스타일 **沙发** shāfā 명 소파 **睡着** shuìzháo 동 잠들다 **弄** nòng 동 하다 **大吃一惊** dàchīyìjīng 몹시 놀라다 **烫** tang 동 파마하다 **原来** yuánlái 부 알고보니 **幅** fú 양 폭(그림을 세는데 쓰임) **伤心** shāngxīn 형 상심하다 **哭** kū 동 울다 **尴尬** gāngà 형 난처하다

단어 2 **短发** duǎnfà 명 짧은 머리 **游戏** yóuxì 명 게임 **照** zhào 동 비추다 **镜子** jìngzi 명 거울 **吓了一跳** xiàle yí tiào 깜짝 놀라다 **卷发** juǎnfà 명 파마 **误会** wùhuì 동 오해하다 **却** què 부 오히려 **急** jí 동 속태우다, 초조해하다

### ★ 고득점 비법 '原来'의 쓰임

어떤 오해로 인해 생긴 재미있는 일이나 이러지도 저러지도 못하는 상황이 발생하는 내용의 소재가 제7부분에서 자주 나온다. 이러한 상황에서는 '알고 보니'의 뜻을 가진 '原来'를 적절히 사용해야 한다.

예 找了半天，原来这儿！
Zhǎole bàntiān, yuánlái zài Zhèr!
한참 찾았는데, 알고 보니 여기 있었구나!

# 기출 문제 해설 09

TSC 기출 문제
09회

www.ybmbooks.com
온라인 영상 테스트 제공

57

# 第一部分

문제 1

## 你叫什么名字?

Nǐ jiào shénme míngzi?

당신의 이름은 무엇입니까?

| | | |
|---|---|---|
| Lv. 3~4 | 我叫张秀敏。<br>Wǒ jiào Zhāng Xiùmǐn. | 저는 장수민이라고 합니다. |
| Lv. 5~6 | 我姓张，叫秀敏。家里人喜欢叫我小敏。<br>Wǒ xìng Zhāng, jiào Xiùmǐn. Jiā lǐ rén xǐhuan jiào wǒ Xiǎo Mǐn. | 저는 성이 장이고, 수민이라고 합니다. 가족들은 저를 소민이라고 부르는 것을 좋아합니다. |

**단어** **叫** jiào 동 (이름을)~라고 하다 **名字** míngzi 명 이름 **姓** xìng 동 성이 ~이다 **喜欢** xǐhuan 동 좋아하다

문제 2

## 请说出你的出生年月日。

Qǐng shuōchū nǐ de chūshēng nián yuè rì.

당신의 생년월일을 말해 보세요.

| | | |
|---|---|---|
| Lv. 3~4 | 我是1987年5月9日出生的。<br>Wǒ shì yī jiǔ bā qī nián wǔ yuè jiǔ rì chūshēng de. | 저는 1987년 5월 9일에 태어났습니다. |
| Lv. 5~6 | 我(出)生于1989年4月27日，属蛇，今年三十二岁了。<br>Wǒ (chū)shēngyú yī jiǔ bā jiǔ nián sì yuè èrshíqī rì, shǔ shé, jīnnián sānshí'èr suì le. | 저는 1989년 4월 27일에 태어났고, 뱀띠이며, 올해 32살입니다. |

**단어** **出生** chūshēng 동 태어나다 **生于** shēngyú ~에 태어나다 **属** shǔ 동 ~띠이다 **蛇** shé 명 뱀 **岁** suì 양 살

**문제 3**

## 你家有几口人?

Nǐ jiā yǒu jǐ kǒu rén?

당신의 가족은 몇 명입니까?

| Lv. | 답변 | 해석 |
| --- | --- | --- |
| Lv. 3~4 | 我家只有三口人，爸爸、妈妈和我。<br>Wǒ jiā zhǐ yǒu sān kǒu rén, bàba、māma hé wǒ. | 저희 집은 세 식구만 있습니다. 아빠, 엄마 그리고 저입니다. |
| Lv. 5~6 | 我家有三口人。爸爸、妈妈和我。<br>我很想有个小妹妹。<br>Wǒ jiā yǒu sān kǒu rén. Bàba、māma hé wǒ.<br>Wǒ hěn xiǎng yǒu ge xiǎo mèimei. | 저희 집은 세 식구입니다. 아빠, 엄마 그리고 저입니다. 저는 여동생이 있으면 정말 좋겠습니다. |

**단어** **口** kǒu 양 식구(사람을 세는데 쓰임) **只** zhǐ 부 단지 **和** hé 전 ~와 **想** xiǎng 동 바라다 **妹妹** mèimei 명 여동생

**문제 4**

## 你在什么地方工作? 或者你在哪个学校上学?

Nǐ zài shénme dìfang gōngzuò? Huòzhě nǐ zài nǎge xuéxiào shàngxué?

당신은 어디에서 근무합니까? 또는 어느 학교에 다니나요?

| Lv. | 답변 | 해석 |
| --- | --- | --- |
| Lv. 3~4 | 我已经大学毕业，现在正在找工作。<br>Wǒ yǐjing dàxué bìyè, xiànzài zhèngzài zhǎo gōngzuò. | 저는 이미 대학교를 졸업했고, 지금 직장을 구하고 있습니다. |
| Lv. 5~6 | 我自己做生意，主要是进出口业务。<br>Wǒ zìjǐ zuò shēngyi, zhǔyào shì jìnchūkǒu yèwù. | 저는 개인 사업을 하는데, 주로 수출입 업무를 합니다. |

**단어** **地方** dìfang 명 장소 **工作** gōngzuò 명 일 동 일하다 **或者** huòzhě 접 또는, 혹은 **学校** xuéxiào 명 학교 **已经** yǐjing 부 이미 **大学** dàxué 명 대학교 **毕业** bìyè 명 졸업 동 졸업하다 **正在** 부 마침 ~하고 있는 중이다 **找** zhǎo 동 구하다, 찾다 **自己** zìjǐ 대 자기, 자신 **生意** shēngyi 명 사업, 장사 **主要** zhǔyào 부 주로 **进出口** jìnchūkǒu 명 수출입 **业务** yèwù 명 업무

58

# 第二部分

## 문제 1

**眼镜的旁边有什么?**
Yǎnjìng de pángbiān yǒu shénme?
안경 옆에는 무엇이 있나요?

| | | |
|---|---|---|
| Lv. 3~4 | 眼镜的旁边有报纸。<br>Yǎnjìng de pángbiān yǒu bàozhǐ. | 안경 옆에는 신문이 있습니다. |
| Lv. 5~6 | 眼镜的旁边有一份报纸，是今天的报纸。<br>Yǎnjìng de pángbiān yǒu yí fèn bàozhǐ, shì jīntiān de bàozhǐ. | 안경 옆에는 신문 한 부가 있고, 오늘 신문입니다. |

**단어** **眼镜** yǎnjìng 명 안경 **旁边** pángbiān 명 옆 **报纸** bàozhǐ 명 신문 **份** fèn 양 신문, 문건을 세는데 쓰임 **今天** jīntiān 명 오늘

## 문제 2

**他们在教室吗?**
Tāmen zài jiàoshì ma?
그들은 교실에 있나요?

| | | |
|---|---|---|
| Lv. 3~4 | 不是，他们在餐厅。<br>Búshì, tāmen zài cāntīng. | 아니요. 그들은 식당에 있습니다. |
| Lv. 5~6 | 不是，他们在食堂。他们正在吃午饭。<br>Búshì, tāmen zài shítáng. Tāmen zhèngzài chī wǔfàn. | 아니요. 그들은 구내식당에 있습니다. 그들은 점심을 먹고 있습니다. |

**단어** **在** zài 동 ~에 있다 **教室** jiàoshì 명 교실 **餐厅** cāntīng 명 식당 **食堂** shítáng 명 구내식당 **正在** zhèngzài 부 마침 ~하고 있는 중이다 **午饭** wǔfàn 명 점심

**★ 고득점 비법** 식당 구분하기

중국어에서 '食堂'은 기관, 회사, 단체 내의 구내식당을 가리키며,
일반적인 식당은 '餐厅、饭馆、饭店'등을 사용해야 한다.

**문제 3**

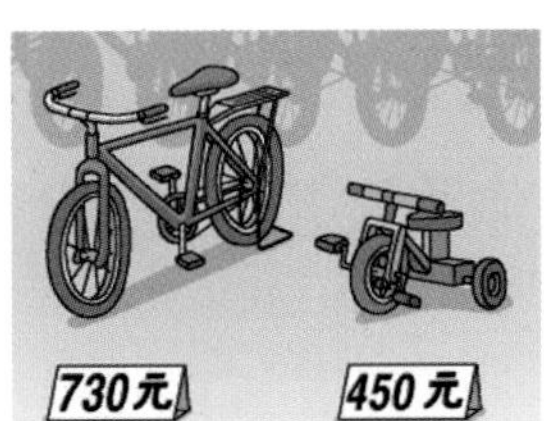


## 大的自行车多少钱?

Dà de zìxíngchē duōshao qián?

큰 자전거는 얼마인가요?

| | | |
|---|---|---|
| Lv. 3~4 | 大的自行车七百三十元。<br>Dà de zìxíngchē qībǎi sānshí yuán. | 큰 자전거는 730위안입니다. |
| Lv. 5~6 | 大的自行车七百三，小的自行车四百五。<br>Dà de zìxíngchē qībǎi sān, xiǎo de zìxíngchē sìbǎi wǔ. | 큰 자전거는 730위안이고, 작은 자전거는 450위안입니다. |

단어 自行车 zìxíngchē 명 자전거 元 yuán 양 위안(중국의 화폐 단위)

**★ 고득점 비법 중국 돈 세는 방법**

730위안인 경우에는 마지막 단위인 '十'는 생략해서 '七百三'이라고 말할 수 있다.

예 350元 - 三百五 920元 - 九百二

**문제 4**

## 男的在做什么?

Nán de zài zuò shénme?

남자는 무엇을 하고 있나요?

| | | |
|---|---|---|
| Lv. 3~4 | 男的在画画儿。<br>Nán de zài huàhuàr. | 남자는 그림을 그리고 있습니다. |
| Lv. 5~6 | 男的正在公园画画儿。他在画风景。<br>Nán de zhèng zài gōngyuán huàhuàr. Tā zài huà fēngjǐng. | 남자는 공원에서 그림을 그리고 있습니다. 그는 풍경을 그리고 있습니다. |

단어 在 zài 부 ~하고 있는 중이다 做 zuò 동 하다 画画儿 huàhuàr 동 그림을 그리다 正 zhèng 부 마침 ~하고 있는 중이다 在 zài 전 ~에서 公园 gōngyuán 명 공원 风景 fēngjǐng 명 풍경

**★ 고득점 비법 얼화 '儿化'**

일반적으로 회화에서 '그림을 그리다 画画'는 끝에 '儿'을 붙여서 '画画儿'이라고도 많이 하며, '그림'이라는 명사를 가리킬 때는 '画' 또는 '画儿'이라고도 한다.

59

# 第三部分

**문제 1**

## 你明天几点有课?

Nǐ míngtiān jǐ diǎn yǒu kè?

너는 내일 몇 시에 수업이 있어?

| Lv. | 답변 | 해석 |
|---|---|---|
| Lv. 3~4 | 我明天上午十点有课，你呢？你明天有课吗？<br>Wǒ míngtiān shàngwǔ shí diǎn yǒu kè, nǐ ne? Nǐ míngtiān yǒu kè ma? | 나는 내일 오전 10시에 수업이 있어. 너는? 너는 내일 수업이 있니? |
| Lv. 5~6 | 我明天上午十点有课。要是你也有课的话，下课后我们一起吃饭吧。<br>Wǒ míngtiān shàngwǔ shí diǎn yǒu kè. Yàoshi nǐ yě yǒu kè dehuà, xiàkè hòu wǒmen yìqǐ chīfàn ba. | 나는 내일 오전 10시에 수업이 있어. 만약 너도 수업이 있으면, 수업 끝난 후에 우리 같이 밥 먹자. |

**단어** 课 kè 명 수업 明天 míngtiān 명 내일 上午 shàngwǔ 명 오전 要是…的话 yàoshi…dehuà 접 만약 ~라면 下课 xiàkè 동 수업이 끝나다 后 hòu 명 뒤, 후

**★ 고득점 비법** 수업과 관련된 단어

예 课程 kèchéng 과정, 커리큘럼　　课表 kèbiǎo 수업 시간표
选课 xuǎnkè 수강 신청을 하다　　排课 páikè 수업 시간표를 짜다

**문제 2**

## 我要去水果店，你想吃什么?

Wǒ yào qù shuǐguǒdiàn, nǐ xiǎng chī shénme?

나는 과일 가게에 가려고 해. 너 뭐 먹고 싶어?

| Lv. | 답변 | 해석 |
|---|---|---|
| Lv. 3~4 | 是吗？那你能帮我买两斤苹果吗？<br>Shì ma? Nà nǐ néng bāng wǒ mǎi liǎng jīn píngguǒ ma? | 그래? 그럼 사과 2근 좀 사다 줄 수 있어? |
| Lv. 5~6 | 麻烦你帮我买一串香蕉，再买几个桃子吧。谢谢。<br>Máfan nǐ bāng wǒ mǎi yí chuàn xiāngjiāo, zài mǎi jǐ ge táozi ba. Xièxie. | 바나나 한 뭉치하고, 복숭아 몇 개 좀 사다 줘. 고마워. |

**단어** 水果店 shuǐguǒdiàn 명 과일 가게 帮 bāng 동 돕다 斤 jīn 양 근(500g) 苹果 píngguǒ 명 사과 麻烦 máfan 동 귀찮게 하다 串 chuàn 양 꾸러미, 송이, 줄 香蕉 xiāngjiāo 명 바나나 桃子 táozi 명 복숭아

**★ 고득점 비법** 양사 '根'과 '串'

바나나의 양사는 '根'과 '串'이다. '根'은 바나나 하나를 셀 때 쓰는 양사이고, 한 뭉치를 셀 때는 '串'을 사용한다.

## 문제 3

### 我今天第一次来这儿，你呢?

Wǒ jīntiān dìyīcì lái zhèr, nǐ ne?

나는 오늘 여기에 처음 와봐. 너는?

| | | |
|---|---|---|
| Lv. 3~4 | 我也是第一次来，这里风景不错。<br>Wǒ yě shì dìyīcì lái, zhèli fēngjǐng búcuò. | 나도 처음 왔는데, 여기 경치가 좋네. |
| Lv. 5~6 | 你是第一次来吗? 我家就在这个公园旁边，所以我常来这儿散步。<br>Nǐ shì dìyīcì lái ma? Wǒ jiā jiù zài zhège gōngyuán pángbiān, suǒyǐ wǒ cháng lái zhèr sànbù. | 처음 온 거야? 우리 집이 바로 이 공원 옆이라서 나는 자주 산책하러 와. |

단어 第一次 dìyīcì 명 맨 처음 风景 fēngjǐng 명 경치 不错 búcuò 형 좋다 公园 gōngyuán 명 공원 常 cháng 부 자주 散步 sànbù 동 산책하다

**★ 고득점 비법 '第一次' 응용하기**

'第一次'는 '맨 처음'이란 뜻으로 동사 앞에 와야 한다.

예 第一次听 dìyīcì tīng 처음 들어본다　第一次玩 dìyīcì wán 처음 놀아본다

第一次来韩国 dìyīcì lái Hánguó 처음 한국에 왔다　第一次考满分 dìyīcì kǎo mǎnfēn 처음 만점을 받았다

## 문제 4

### 我很担心这次考试考不好。

Wǒ hěn dānxīn zhècì kǎoshì kǎo bù hǎo.

나는 이번 시험을 못 볼까 봐 걱정이 돼.

| | | |
|---|---|---|
| Lv. 3~4 | 哎呀，别担心。你下次努力学习，一定能考好。<br>Āiyā, bié dānxīn. Nǐ xiàcì nǔlì xuéxí, yídìng néng kǎohǎo. | 아이고, 걱정하지 마. 네가 다음에 열심히 공부하면, 꼭 잘 볼 수 있을 거야. |
| Lv. 5~6 | 你别担心了。要是这次考不好的话，下次努力学习考好了就行了。<br>Nǐ bié dānxīn le. Yàoshi zhècì kǎo bù hǎo dehuà, xiàcì nǔlì xuéxí kǎohǎole jiù xíng le. | 걱정하지 마. 만약 이번 시험을 잘 못 본다면, 다음에 열심히 공부해서 잘 보면 돼. |

단어 担心 dānxīn 동 걱정하다 考试 kǎoshì 명 시험 考 kǎo 동 시험을 보다 哎呀 āiyā 감 놀람, 원망, 불만, 아쉬움 따위를 나타냄 别 bié 부 ~하지 마라 努力 nǔlì 동 노력하다 一定 yídìng 부 꼭, 반드시 这次 zhècì 명 이번 下次 xiàcì 명 다음 번 行 xíng 형 좋다, 괜찮다

## 문제 5

### 您提前预约了吗?

Nín tíqián yùyuēle ma?

미리 예약하셨나요?

| | | |
|---|---|---|
| Lv. 3~4 | 对不起，我没有预约。要等很长时间吗?<br>Duìbuqǐ, wǒ méiyǒu yùyuē. Yào děng hěn cháng shíjiān ma? | 죄송하지만, 저는 예약하지 않았습니다. 오랫동안 기다려야 하나요? |
| Lv. 5~6 | 是的。我昨天打电话预约了。<br>我叫王明，预约的是今天下午三点。<br>Shìde. Wǒ zuótiān dǎ diànhuà yùyuē le.<br>Wǒ jiào Wáng Míng, yùyuē de shì jīntiān xiàwǔ sān diǎn. | 네. 저는 어제 전화로 예약했습니다. 저는 왕밍이라고 하고 예약은 오늘 오후 3시로 했습니다. |

**단어** **提前** tíqián 동 앞당기다 **预约** yùyuē 동 예약하다 **等** děng 동 기다리다 **时间** shíjiān 명 시간 **电话** diànhuà 명 전화

**★ 고득점 비법** 예약과 관련된 단어

예 **电话预约** diànhuà yùyuē 전화 예약　**在线预约** zàixiàn yùyuē 온라인 예약
**网上预约** wǎngshàng yùyuē 인터넷 예약　**实名预约** shímíng yùyuē 실명 예약

**문제 1**

## 你喜欢一个人看电影吗？请简单谈谈看。

Nǐ xǐhuan yí ge rén kàn diànyǐng ma? Qǐng jiǎndān tántan kàn.

당신은 혼자서 영화 보는 것을 좋아하나요? 간단히 말해 보세요.

| | | |
|---|---|---|
| Lv. 3~4 | 我喜欢一个人看电影，一个人看电影很自由。我想什么时候看就什么时候看，想看什么电影就看什么电影。和朋友一起看的话，要考虑他的时间和爱好什么的，太麻烦了。<br>Wǒ xǐhuan yí ge rén kàn diànyǐng, yí ge rén kàn diànyǐng hěn zìyóu. Wǒ xiǎng shénme shíhou kàn jiù shénme shíhou kàn, xiǎng kàn shénme diànyǐng jiù kàn shénme diànyǐng. Hé péngyou yìqǐ kàn dehuà, yào kǎolǜ tā de shíjiān hé àihào shénme de, tài máfan le. | 저는 혼자서 영화 보는 것을 좋아하고, 혼자서 영화를 보면 매우 자유롭습니다. 제가 보고 싶을 때 볼 수 있고, 보고 싶은 영화를 볼 수 있습니다. 친구와 함께 본다면 그의 시간과 기호 등을 고려해야 해서 너무 번거롭습니다. |
| Lv. 5~6 | 我喜欢和朋友一起看电影，一个人看电影很无聊。和朋友一起去电影院看电影的时候，可以买一大桶爆米花，一边吃一边看，很开心。看完电影和朋友一起讨论电影的情节也很有意思，所以我喜欢和朋友一起看电影。<br>Wǒ xǐhuan hé péngyou yìqǐ kàn diànyǐng, yí ge rén kàn diànyǐng hěn wúliáo. Hé péngyou yìqǐ qù diànyǐngyuàn kàn diànyǐng de shíhou, kěyǐ mǎi yí dà tǒng bàomǐhuā, yìbiān chī yìbiān kàn, hěn kāixīn. Kànwán diànyǐng hé péngyou yìqǐ tǎolùn diànyǐng de qíngjié yě hěn yǒu yìsi, suǒyǐ wǒ xǐhuan hé péngyou yìqǐ kàn diànyǐng. | 저는 친구와 함께 영화 보는 것을 좋아하고, 혼자서 영화를 보면 너무 지루합니다. 친구와 함께 영화를 보러 극장에 갈 때는 큰 팝콘 한 통을 살 수 있고, 먹으면서 보면 매우 즐겁습니다. 영화를 다 보고 나서 친구와 함께 영화의 줄거리에 대해 이야기하는 것도 재미있습니다. 그래서 저는 친구와 함께 영화 보는 것을 좋아합니다. |

**단어 1** **电影** diànyǐng 명 영화 **自由** zìyóu 명 자유 형 자유롭다 **考虑** kǎolǜ 동 고려하다 **爱好** àihào 명 기호, 취미 **什么的** shénme de 등등 **麻烦** máfan 형 번거롭다

**단어 2** **无聊** wúliáo 형 심심하다, 지루하다 **桶** tǒng 양 통 **爆米花** bàomǐhuā 명 팝콘 **一边…一边…** yìbiān…yìbiān… ~하면서 ~하다 **开心** kāixīn 형 즐겁다 **讨论** tǎolùn 동 토론하다 **情节** qíngjié 명 줄거리 **有意思** yǒu yìsi 재미있다

**★ 고득점 비법 표현 응용하기**

제4부분과 제5부분에서 '혼자 ~하는 것을 좋아하나요?' 아니면 '다른 사람과 ~하는 것을 좋아하나요?'라는 문제가 자주 출제되는데, 만약 혼자서 무언가를 하는 것을 더 좋아한다면 아래와 같은 표현을 응용해서 대답해보자.

예 **一个人的自由** yí ge rén de zìyóu 혼자의 자유
**不必考虑别人** búbì kǎolǜ biéren 다른 사람을 고려할 필요가 없다
**想做什么就做什么** xiǎng zuò shénme jiù zuò shénme 하고 싶은 대로 하다
**不必看别人的脸色** búbì kàn biéren de liǎnsè 다른 사람의 눈치를 볼 필요가 없다

**문제 2**

## 你们国家有父母节吗？请简单说说。

Nǐmen guójiā yǒu Fùmǔjié ma? Qǐng jiǎndān shuōshuo.

당신의 나라에는 어버이 날이 있나요? 간단히 말해 보세요.

| | | |
|---|---|---|
| Lv. 3~4 | 我是韩国人，每年的5月8号是韩国的父母节。这一天孩子会给爸爸妈妈送花表示感谢。我去年父母节的时候就给父母送了花，还请他们吃了一顿大餐，大家过得都很开心。<br>Wǒ shì Hánguórén, měinián de wǔ yuè bā hào shì Hánguó de Fùmǔjié. Zhè yì tiān háizi huì gěi bàba māma sòng huā biǎoshì gǎnxiè. Wǒ qùnián Fùmǔjié de shíhou jiù gěi fùmǔ sòngle huā, hái qǐng tāmen chīle yí dùn dàcān, dàjiā guò de dōu hěn kāixīn. | 저는 한국 사람입니다. 매년 5월 8일은 한국의 어버이 날입니다. 이 날은 아이들이 아빠, 엄마께 꽃을 드리며 감사를 표시합니다. 저는 작년 어버이 날에 부모님께 꽃을 드리고, 큰 식사를 대접해 모두 매우 즐겁게 보냈습니다. |
| Lv. 5~6 | 韩国的父母节是每年的5月8号。这一天孩子们会给父母送花表达对父母养育之恩的感谢。以前上学的时候我没有什么钱，父母节的时候会给父母写一封信表示感谢。工作以后我每年都送他们康乃馨和其他礼物。看到他们收到花以后高兴的样子，我也很高兴。<br>Hánguó de Fùmǔjié shì měinián de wǔ yuè bā hào. Zhè yì tiān háizimen huì gěi fùmǔ sòng huā biǎodá duì fùmǔ yǎngyùzhī'ēn de gǎnxiè. Yǐqián shàngxué de shíhou wǒ méiyǒu shénme qián, fùmǔjié de shíhou huì gěi fùmǔ xiě yì fēng xìn biǎoshì gǎnxiè. Gōngzuò yǐhòu wǒ měinián dōu sòng tāmen kāngnǎixīn hé qítā lǐwù. Kàndào tāmen shōudào huā yǐhòu gāoxìng de yàngzi, wǒ yě hěn gāoxìng. | 한국의 어버이 날은 매년 5월 8일입니다. 이 날 아이들은 부모님께 꽃을 드리며 길러주신 은혜에 대한 감사를 표현합니다. 예전에 학교에 다닐 때 저는 돈이 없어서, 어버이날에 부모님께 편지를 써서 감사를 표시했습니다. 일을 한 이후에는 매년 부모님께 카네이션과 그 외의 다른 선물을 드립니다. 부모님께서 꽃을 받고 기뻐하시는 모습을 보면 저도 매우 기쁩니다. |

**단어 1** **国家** guójiā 명 나라 **父母节** Fùmǔjié 명 어버이 날 **花** huā 명 꽃 **表示** biǎoshì 동 나타내다 **感谢** gǎnxiè 동 감사하다 **顿** dùn 양 끼니(식사의 횟수를 세는데 쓰임) **大餐** dàcān 명 성찬

**단어 2** **表达** biǎodá 동 표현하다 **养育之恩** yǎngyùzhī'ēn 길러준 은혜 **封** fēng 양 통 **信** xìn 명 편지 **康乃馨** kāngnǎixīn 명 카네이션 **其他** qítā 명 그 외, 기타 **收到** shōudào 동 받다 **样子** yàngzi 명 모양, 모습

**★ 고득점 비법** **기념일, 명절에 관한 단어**

예 春节 Chūnjié 춘절, 음력 설 | 中秋节 Zhōngqiūjié 추석 | 儿童节 Értóngjié 어린이 날
父母节 Fùmǔjié 어버이 날 | 劳动节 Láodòngjié 근로자의 날 | 教师节 Jiàoshījié 스승의 날
圣诞节 Shèngdànjié 성탄절 | 情人节 Qíngrénjié 밸런타인데이

## 문제 3

# 为了健康你平时调整饮食吗？请简单谈谈。

Wèile jiànkāng nǐ píngshí tiáozhěng yǐnshí ma? Qǐng jiǎndān tántan.

건강을 위해 당신은 평소에 음식을 조절하나요? 간단히 말해 보세요.

| | | |
|---|---|---|
| Lv. 3~4 | 为了健康，我平时会调整饮食。我以前很喜欢吃肉，不喜欢吃蔬菜，常吃汉堡这种高热量的食物，结果越来越胖。所以为了健康，我现在注意多吃蔬菜，少吃油腻的东西。<br>Wèile jiànkāng, wǒ píngshí huì tiáozhěng yǐnshí. Wǒ yǐqián hěn xǐhuan chī ròu, bù xǐhuan chī shūcài, cháng chī hànbǎo zhè zhǒng gāorèliàng de shíwù, jiéguǒ yuè lái yuè pàng. Suǒyǐ wèile jiànkāng, wǒ xiànzài zhùyì duō chī shūcài, shǎo chī yóunì de dōngxi. | 건강을 위해 저는 평소에 음식을 조절합니다. 저는 예전에는 고기 먹는 걸 좋아했고, 채소 먹는 걸 좋아하지 않았습니다. 자주 햄버거와 같은 고열량의 음식을 먹어, 결국 점점 뚱뚱해졌습니다. 그래서 건강을 위해 지금은 채소를 많이 먹고 기름진 음식은 적게 먹으려고 주의합니다. |
| Lv. 5~6 | 为了健康，我平时会调整饮食。我以前不吃早饭，晚饭吃得比较多，还很喜欢吃夜宵。医生说我轻度肥胖。后来我按照"早吃饱，午吃好，晚吃少"的原则调整了自己的饮食习惯，再加上适当的运动，现在体重已经降下来了。所以说健康的饮食习惯很重要。<br>Wèile jiànkāng, wǒ píngshí huì tiáozhěng yǐnshí. Wǒ yǐqián bù chī zǎofàn, wǎnfàn chī de bǐjiào duō, hái hěn xǐhuan chī yèxiāo. Yīshēng shuō wǒ qīngdù féipàng. Hòulái wǒ ànzhào "zǎo chībǎo, wǔ chīhǎo, wǎn chīshǎo" de yuánzé tiáozhěngle zìjǐ de yǐnshí xíguàn, zàijiāshàng shìdàng de yùndòng, xiànzài tǐzhòng yǐjing jiàng xiàlái le. Suǒyǐ shuō jiànkāng de yǐnshí xíguàn hěn zhòngyào. | 건강을 위해 저는 평소에 음식을 조절합니다. 저는 예전에는 아침을 먹지 않고, 저녁을 비교적 많이 먹었으며, 야식 먹는 것을 좋아했습니다. 의사 선생님이 저에게 경도 비만이라고 말했습니다. 그 후에 저는 '아침은 배불리 먹고, 점심은 잘 먹고, 저녁은 적게 먹는다'는 원칙에 따라 스스로의 음식 습관을 조절했습니다. 게다가 적당한 운동도 해서 지금은 체중이 이미 줄었습니다. 그래서 건강한 식습관은 매우 중요합니다. |

단어 1 为了 wèile 전 ~을 위하여 健康 jiànkāng 명 건강 平时 píngshí 명 평소 调整 tiáozhěng 동 조절하다 饮食 yǐnshí 명 음식 肉 ròu 명 고기 蔬菜 shūcài 명 채소 汉堡 hànbǎo 명 햄버거 高热量 gāorèliàng 명 고열량 食物 shíwù 명 음식물 结果 jiéguǒ 부 결국 越来越 yuè lái yuè 부 점점 胖 pàng 형 뚱뚱하다 注意 zhùyì 동 주의하다 油腻 yóunì 형 기름지다

단어 2 夜宵 yèxiāo 명 야식 轻度 qīngdù 형 경미한 肥胖 féipàng 형 뚱뚱하다 按照 ànzhào 부 ~에 따라, ~대로 原则 yuánzé 명 원칙 再加上 zàijiāshàng 접 게다가, 그 위에 适当 shìdàng 형 적당하다 体重 tǐzhòng 명 체중 降 jiàng 동 떨어지다, 내리다 重要 zhòngyào 형 중요하다

### ★ 고득점 비법 알아두면 유용한 속담

중국 속담에 '早吃饱，午吃好，晚吃少'는 '아침은 배불리 먹고, 점심은 잘 먹고, 저녁은 적게 먹는다'는 뜻으로 '什么样的饮食习惯比较好(어떤 식습관이 좋습니까?)'나 '吃早饭是否很重要(아침을 먹는 것이 중요합니까?)'와 같은 질문에 대답을 할 때 사용할 수 있으므로 꼭 기억해두자.

**문제 4**

## 你会比较早开始使用最新电子产品吗？请简单说说看。

Nǐ huì bǐjiào zǎo kāishǐ shǐyòng zuìxīn diànzǐ chǎnpǐn ma? Qǐng jiǎndān shuōshuo kàn.

당신은 최신 전자 제품을 비교적 일찍 사용하나요? 간단히 말해 보세요.

| | | |
|---|---|---|
| Lv. 3~4 | 我不会比较早开始使用最新的电子产品。因为最新的电子产品刚刚上市的时候价格都比较贵。但是过一段时间以后，同样的产品价格会便宜很多。所以我会过一段时间再用。<br>Wǒ búhuì bǐjiào zǎo kāishǐ shǐyòng zuìxīn de diànzǐ chǎnpǐn. Yīnwèi zuìxīn de diànzǐ chǎnpǐn gānggāng shàngshì de shíhou jiàgé dōu bǐjiào guì. Dànshì guò yí duàn shíjiān yǐhòu, tóngyàng de chǎnpǐn jiàgé huì piányi hěn duō. Suǒyǐ wǒ huì guò yí duàn shíjiān zài yòng. | 저는 최신 전자 제품을 비교적 일찍 사용하지 않습니다. 왜냐하면 최신 전자 제품이 막 출시되었을 때는 가격이 다 비교적 비쌉니다. 하지만 시간이 좀 지난 후에는 동일한 제품이라도 가격이 훨씬 저렴합니다. 그래서 저는 시간이 좀 지나고 나서 사용합니다. |
| Lv. 5~6 | 我会比较早开始使用最新的电子产品，因为我对电子产品很感兴趣。电子产品上市的话，我都会第一时间购买。我很想知道新的产品有什么新的功能，有什么新的突破。而且用了以后我还会把使用感受发到网上，和大家一起讨论。<br>Wǒ huì bǐjiào zǎo kāishǐ shǐyòng zuìxīn de diànzǐ chǎnpǐn, yīnwèi wǒ duì diànzǐ chǎnpǐn hěn gǎn xìngqù. Diànzǐ chǎnpǐn shàngshì dehuà, wǒ dōu huì dìyī shíjiān gòumǎi. Wǒ hěn xiǎng zhīdao xīn de chǎnpǐn yǒu shénme xīn de gōngnéng, yǒu shénme xīn de tūpò. Érqiě yòngle yǐhòu wǒ hái huì bǎ shǐyòng gǎnshòu fādào wǎngshàng, hé dàjiā yìqǐ tǎolùn. | 저는 최신 전자 제품을 비교적 일찍 사용합니다. 왜냐하면 저는 전자 제품에 대해 관심이 많습니다. 전자 제품이 출시되면, 저는 가장 빨리 구매합니다. 저는 신제품에 어떤 새로운 기능이 있는지, 어떤 새로운 진전을 이루었는지 매우 알고 싶습니다. 그리고 저는 사용한 후에 사용한 후기를 인터넷에 올려서 다른 사람들과 함께 토론합니다. |

단어 1 **开始** kāishǐ 동 시작하다 **使用** shǐyòng 동 사용하다 **最新** zuìxīn 형 최신의 **电子产品** diànzǐ chǎnpǐn 명 전자제품 **上市** shàngshì 동 출시되다 **价格** jiàgé 명 가격 **贵** guì 형 비싸다 **一段时间** yí duàn shíjiān 어느 시기, 어느 시간 **同样** tóngyàng 형 같다

단어 2 **感兴趣** gǎn xìngqù 동 흥미를 느끼다 **第一时间** dìyī shíjiān 가장 빠른 시간 **购买** gòumǎi 동 구매하다 **功能** gōngnéng 명 기능 **突破** tūpò 동 새로운 진전을 이루다 **感受** gǎnshòu 명 느낌, 체험 **发** fā 동 보내다 **网上** wǎngshàng 명 인터넷 **讨论** tǎolùn 동 토론하다

### ★ 고득점 비법 第一时间

'第一时间'은 '가장 빠른 시간, 골든타임'이란 뜻으로 어떤 일을 가장 먼저 할 때 사용한다.

예 等成绩出来，我会第一时间告诉你。
Děng chéngjì chūlái, wǒ huì dìyī shíjiān gàosu nǐ.
성적이 나오면 내가 가장 먼저 너에게 알려 줄게.

## 문제 5

# 旅行时，在景点、美食和住宿等方面，你最重视的是什么？请简单谈一谈。

Lǚxíng shí, zài jǐngdiǎn、měishí hé zhùsù děng fāngmiàn, nǐ zuì zhòngshì de shì shénme? Qǐng jiǎndān tán yi tán.

여행할 때 명소, 맛있는 음식과 숙소 등의 방면에서 당신이 가장 중시하는 것은 무엇인가요? 간단히 말해 보세요.

| | | |
|---|---|---|
| Lv. 3~4 | 旅游时，我最重视的是住宿。出去旅游的时候会比较累，一定要休息好。如果住的地方不干净或者是不舒服的话，整个旅行也不会愉快。所以出去旅行我都会选择比较好的酒店。<br>Lǚyóu shí, wǒ zuì zhòngshì de shì zhùsù. Chūqù lǚyóu de shíhou huì bǐjiào lèi, yídìng yào xiūxi hǎo. Rúguǒ zhù de dìfang bù gānjìng huòzhě shì bù shūfu dehuà, zhěngge lǚxíng yě búhuì yúkuài. Suǒyǐ chūqù lǚxíng wǒ dōu huì xuǎnzé bǐjiào hǎo de jiǔdiàn. | 여행을 할 때, 제가 가장 중시하는 것은 숙소입니다. 여행을 할 때는 비교적 피곤할 수 있기 때문에 반드시 잘 쉬어야 합니다. 만약 머무는 곳이 깨끗하지 않거나 편안하지 않다면, 모든 여행이 즐겁지 않을 것입니다. 그래서 여행을 갈 때 저는 비교적 좋은 호텔을 선택합니다. |
| Lv. 5~6 | 旅行时，我最重视的是景点和美食，对住宿的要求不高。旅行时我觉得最重要的是欣赏美景，吃当地的美食，感受当地独一无二的文化。这些在旅行之后会深深地留在记忆里。而住宿只是睡觉的地方，我觉得只要干净安全就可以了。<br>Lǚxíng shí, wǒ zuì zhòngshì de shì jǐngdiǎn hé měishí, duì zhùsù de yāoqiú bù gāo. Lǚxíng shí wǒ juéde zuì zhòngyào de shì xīnshǎng měijǐng, chī dāngdì de měishí, gǎnshòu dāngdì dúyīwú'èr de wénhuà. Zhèxiē zài lǚxíng zhīhòu huì shēnshēn de liú zài jìyì lǐ. Ér zhùsù zhǐ shì shuìjiào de dìfang, wǒ juéde zhǐ yào gānjìng ānquán jiù kěyǐ le. | 여행할 때 제가 가장 중시하는 것은 명소와 맛있는 음식입니다. 숙소에 대한 요구는 높지 않습니다. 여행할 때 가장 중요한 것은 아름다운 경치를 감상하고, 그 지역의 맛있는 음식을 먹으며, 현지의 유일무이한 문화를 감상하는 것이라고 생각합니다. 이러한 것들은 여행을 한 후에 기억에 깊이 남게 됩니다. 그리고 숙소는 단지 자는 곳이어서 저는 깨끗하고, 안전하기만 하면 된다고 생각합니다. |

**단어 1** 旅行 lǚxíng 명 여행하다 景点 jǐngdiǎn 명 명소 美食 měishí 명 맛있는 음식 住宿 zhùsù 동 숙박하다 方面 fāngmiàn 명 방면 重视 zhòngshì 동 중시하다 累 lèi 형 피곤하다 干净 gānjìng 형 깨끗하다 或者 huòzhě 접 혹은 舒服 shūfu 형 편안하다 整个 zhěngge 형 모든 愉快 yúkuài 형 유쾌하다 选择 xuǎnzé 동 선택하다 酒店 jiǔdiàn 명 호텔

**단어 2** 要求 yāoqiú 명 요구 欣赏 xīnshǎng 동 감상하다 美景 měijǐng 명 아름다운 풍경 当地 dāngdì 명 그 지역, 현지 感受 gǎnshòu 명 감상, 느낌 동 받다 独一无二 dúyīwú'èr 성 유일무이하다 文化 wénhuà 명 문화 深深 shēnshēn 부 매우 깊이 留 liú 동 남기다 记忆 jìyì 명 기억 安全 ānquán 형 안전하다

## 문제 1

## 你认为在学习上花的时间和成绩有关吗？请谈谈你的想法。

Nǐ rènwéi zài xuéxí shàng huā de shíjiān hé chéngjì yǒuguān ma? Qǐng tántan nǐ de xiǎngfǎ.

당신은 학업에 소비한 시간과 성적이 관련 있다고 생각하나요? 당신의 생각을 말해 보세요.

| | | |
|---|---|---|
| Lv. 3~4 | 我认为在学习上花的时间和成绩当然有关。现在的人大部分智力水平都差不多，没有特别聪明也没有特别笨的人。在学习上花的时间多的话，学习的内容比较全面，印象也比较深刻，考试的时候成绩自然会比较好。<br>Wǒ rènwéi zài xuéxí shàng huā de shíjiān hé chéngjì dāngrán yǒuguān. Xiànzài de rén dàbùfen zhìlì shuǐpíng dōu chàbuduō, méiyǒu tèbié cōngmíng yě méiyǒu tèbié bèn de rén. Zài xuéxí shàng huā de shíjiān duō dehuà, xuéxí de nèiróng bǐjiào quánmiàn, yìnxiàng yě bǐjiào shēnkè, kǎoshì de shíhou chéngjì zìrán huì bǐjiào hǎo. | 저는 학업에 소비한 시간과 성적이 당연히 관련이 있다고 생각합니다. 요즘 사람들은 대부분 지적 수준이 비슷해서, 매우 총명하거나 매우 우둔한 사람은 없습니다. 학업에 투자한 시간이 많다면 공부를 비교적 전체적으로 할 수 있고, 인상도 비교적 깊어서 시험을 볼 때 성적이 당연히 잘 나올 것입니다. |
| Lv. 5~6 | 我认为在学习上花的时间和成绩有一定的关系，但不是绝对的。在学习上花的时间比较多，认真学习的话，成绩可能会比较好。但是学习成绩和很多方面都有关系。比如说个人智力水平、学习方法、学习环境等等，都会对学习成绩产生一定的影响。所以不能绝对地说学习时间多，学习成绩就一定好。<br>Wǒ rènwéi zài xuéxí shàng huā de shíjiān hé chéngjì yǒu yídìng de guānxi, dàn búshì juéduì de. Zài xuéxí shàng huā de shíjiān bǐjiào duō, rènzhēn xuéxí dehuà, chéngjì kěnéng huì bǐjiào hǎo. Dànshì xuéxí chéngjì hé hěn duō fāngmiàn dōu yǒu guānxi. Bǐrú shuō gèrén zhìlì shuǐpíng、xuéxí fāngfǎ、xuéxí huánjìng děngděng, dōu huì duì xuéxí chéngjì chǎnshēng yídìng de yǐngxiǎng. Suǒyǐ bùnéng juéduì de shuō xuéxí shíjiān duō, xuéxí chéngjì jiù yídìng hǎo. | 저는 학업에 소비한 시간과 성적이 어느 정도 관계는 있지만, 절대적이지는 않다고 생각합니다. 학업에 소비한 시간이 비교적 많고, 성실히 공부한다면, 성적이 비교적 좋을 것입니다. 하지만 학업 성적은 여러 방면과 관계가 있습니다. 예를 들어 개인의 지적 수준, 학습 방법, 학습 환경 등이 모두 학업 성적에 상당한 영향을 끼칩니다. 그래서 절대적으로 학업 시간이 많으면, 성적이 반드시 좋을 거라고 말할 수는 없습니다. |

단어 1 **花** huā 동 쓰다, 소비하다 **成绩** chéngjì 명 성적 **有关** yǒuguān 동 관계가 있다 **大部分** dàbùfen 부 대부분 **智力** zhìlì 명 지능, 지력 **水平** shuǐpíng 명 수준 **差不多** chàbuduō 형 거의 비슷하다 **特别** tèbié 부 특히, 매우 **聪明** cōngmíng 형 총명하다 **笨** bèn 형 어리석다 **内容** nèiróng 명 내용 **全面** quánmiàn 형 전반적이다 **印象** yìnxiàng 명 인상 **深刻** shēnkè 형 깊다 **考试** kǎoshì 명 시험 동 시험을 치다 **自然** zìrán 부 자연히, 저절로

단어 2 **一定** yídìng 형 상당한, 어느 정도의 **绝对** juéduì 형 절대적인 **认真** rènzhēn 형 성실하다 **环境** huánjìng 명 환경 **产生** chǎnshēng 동 생기다 **影响** yǐngxiǎng 동 영향을 주다

## 문제 2

# 和在公司工作相比，你认为自己做生意有哪些好处和坏处？请谈谈你的看法。

Hé zài gōngsī gōngzuò xiāngbǐ, nǐ rènwéi zìjǐ zuò shēngyi yǒu nǎxiē hǎochù hé huàichù? Qǐng tántan nǐ de kànfǎ.

회사에서 일하는 것과 비교했을 때, 직접 사업을 하면 어떤 좋은 점과 나쁜 점이 있다고 생각하나요? 당신의 생각을 말해 보세요.

| | | |
|---|---|---|
| Lv. 3~4 | 和公司相比，自己做生意有好处也有坏处。好处是自己做生意的话，比较自由，不用看老板和同事的脸色。坏处是压力比较大，要考虑的事情很多，遇到问题只能一个人去解决。所以我觉得自己做生意有好处也有坏处。<br>Hé gōngsī xiāngbǐ, zìjǐ zuò shēngyi yǒu hǎochù yě yǒu huàichù. Hǎochù shì zìjǐ zuò shēngyi dehuà, bǐjiào zìyóu, bú yòng kàn lǎobǎn hé tóngshì de liǎnsè. Huàichù shì yālì bǐjiào dà, yào kǎolǜ de shìqing hěn duō, yùdào wèntí zhǐ néng yí ge rén qù jiějué. Suǒyǐ wǒ juéde zìjǐ zuò shēngyi yǒu hǎochù yě yǒu huàichù. | 회사와 비교했을 때, 자신이 직접 사업을 하면 좋은 점도 있고, 나쁜 점도 있습니다. 좋은 점은 직접 사업을 한다면, 비교적 자유롭고, 사장과 동료의 눈치를 볼 필요가 없습니다. 나쁜 점은 스트레스가 비교적 크며, 고려해야 할 일들이 많고, 문제에 맞닥뜨렸을 때 혼자서 해결해야 합니다. 그래서 저는 직접 사업을 하면 좋은 점도 있고, 나쁜 점도 있다고 생각합니다. |
| Lv. 5~6 | 我觉得和在公司工作相比，自己做生意有利有弊。好处是自己做生意，自己就是老板，什么事情都可以全权决定，但在公司工作是要听上司的命令的。不过自己做生意压力比较大，如果失败了，要一个人承受全部的损失。所以很多人会先在公司工作一段时间，积累了经验以后才出来创业。我觉得这也是个好方法。<br>Wǒ juéde hé zài gōngsī gōngzuò xiāngbǐ, zìjǐ zuò shēngyi yǒulì yǒubì. Hǎochù shì zìjǐ zuò shēngyi, zìjǐ jiùshì lǎobǎn, shénme shìqing dōu kěyǐ quánquán juédìng, dàn zài gōngsī gōngzuò shì yào tīng shàngsi de mìnglìng de. Búguò zìjǐ zuò shēngyi yālì bǐjiào dà, rúguǒ shībàile, yào yí ge rén chéngshòu quánbù de sǔnshī. Suǒyǐ hěn duō rén huì xiān zài gōngsī gōngzuò yí duàn shíjiān, jīlěile jīngyàn yǐhòu cái chūlái chuàngyè. Wǒ juéde zhè yě shì ge hǎo fāngfǎ. | 저는 회사와 비교했을 때, 직접 사업을 하면 장점도 있고, 단점도 있다고 생각합니다. 장점은 직접 사업을 하면, 자신이 바로 사장이라서 모든 일을 자신이 전적으로 결정할 수 있지만, 회사에서 일을 하면 상사의 명령을 들어야 합니다. 하지만 직접 사업을 하면 스트레스가 비교적 크고, 만약 실패를 한다면, 혼자서 모든 손실을 감수해야 합니다. 그래서 많은 사람들이 먼저 회사에서 한동안 일을 하면서 경험을 쌓은 후에야 나와서 창업을 합니다. 저는 이것도 좋은 방법이라고 생각합니다. |

**단어 1** 相比 xiāngbǐ 동 비교하다 自己 zìjǐ 대 자기, 자신 做生意 zuò shēngyi 사업을 하다, 장사를 하다 好处 hǎochù 명 장점 坏处 huàichù 명 단점 自由 zìyóu 형 자유롭다 老板 lǎobǎn 명 사장 同事 tóngshì 명 동료 脸色 liǎnsè 명 안색, 눈치 压力 yālì 명 스트레스 考虑 kǎolǜ 동 고려하다 事情 shìqing 명 일 遇到 yùdào 동 마주치다 解决 jiějué 동 해결하다

**단어 2** 利 lì 명 이로움, 장점 弊 bì 명 폐해, 단점 全权 quánquán 명 전권 决定 juédìng 동 결정하다 上司 shàngsi 명 상사 命令 mìnglìng 명 명령 失败 shībài 동 실패하다 承受 chéngshòu 동 감당하다 全部 quánbù 부 전부 损失 sǔnshī 명 손실 积累 jīlěi 동 쌓이다 经验 jīngyàn 명 경험 创业 chuàngyè 동 창업하다 方法 fāngfǎ 명 방법

## 문제 3

# 有人说第一印象很难改变，你同意这种说法吗？请说说你的意见。

Yǒu rén shuō dì yī yìnxiàng hěn nán gǎibiàn, nǐ tóngyì zhè zhǒng shuōfǎ ma? Qǐng shuōshuo nǐ de yìjiàn.

어떤 사람은 첫인상은 바꾸기 어렵다고 말합니다. 당신은 이 의견에 동의하나요? 당신의 생각을 말해 보세요.

| | | |
|---|---|---|
| Lv. 3~4 | 我不同意这种说法。第一印象是比较深刻，但也不是不能改变。我有一个朋友，我第一次见他的时候，觉得他很内向，不爱说话。后来成了好朋友以后发现他的性格其实很活泼很外向。所以我觉得经过了解，第一印象是可以改变的。<br>Wǒ bù tóngyì zhè zhǒng shuōfǎ. Dì yī yìnxiàng shì bǐjiào shēnkè, dàn yě búshì bùnéng gǎibiàn. Wǒ yǒu yí ge péngyou, wǒ dìyīcì jiàn tā de shíhou, juéde tā hěn nèixiàng, bú ài shuōhuà. Hòulái chéngle hǎo péngyou yǐhòu fāxiàn tā de xìnggé qíshí hěn huópō hěn wàixiàng. Suǒyǐ wǒ juéde jīngguò liǎojiě, dì yī yìnxiàng shì kěyǐ gǎibiàn de. | 저는 이 말에 동의하지 않습니다. 첫인상이 비교적 깊긴 하지만, 바꿀 수 없는 것은 아닙니다. 저에게 한 친구가 있는데, 그를 처음 만났을 때 저는 그가 내성적이고 말하는 것을 좋아하지 않는다고 생각했습니다. 나중에 친한 친구가 되고 나서 그의 성격이 사실은 매우 활발하고, 외향적인 것을 발견했습니다. 그래서 저는 이해를 통해, 첫인상은 바꿀 수 있다고 생각합니다. |
| Lv. 5~6 | 我同意这样的说法，第一印象确实很难改变。因为第一印象往往让人记忆深刻，一旦形成，很难改变。我看过一份报道，两个陌生人见面之后，7秒钟的时间就会形成第一印象。而第一印象会很大程度上影响对对方的行为和态度。所以在生活中我们要注意自己的行为和仪表，争取给别人留下好的第一印象。<br>Wǒ tóngyì zhèyàng de shuōfǎ, dì yī yìnxiàng quèshí hěn nán gǎibiàn. Yīnwèi dì yī yìnxiàng wǎngwǎng ràng rén jìyì shēnkè, yídàn xíngchéng, hěn nán gǎibiàn. Wǒ kànguo yí fèn bàodào, liǎng ge mòshēngrén jiànmiàn zhīhòu, qī miǎozhōng de shíjiān jiù huì xíngchéng dì yī yìnxiàng. Ér dì yī yìnxiàng huì hěn dà chéngdù shàng yǐngxiǎng duì duìfāng de xíngwéi hé tàidù. Suǒyǐ zài shēnghuó zhōng wǒmen yào zhùyì zìjǐ de xíngwéi hé yíbiǎo, zhēngqǔ gěi biéren liúxià hǎo de dì yī yìnxiàng. | 저는 이 말에 동의합니다. 첫인상은 확실히 바꾸기 어렵습니다. 왜냐하면 첫인상은 종종 사람의 기억에 깊게 남기 때문에 일단 형성이 된다면 바꾸기 어렵습니다. 저는 두 명의 낯선 사람이 만난 후에 7초 만에 첫인상이 형성된다는 것을 보도에서 본 적이 있습니다. 그리고 첫인상은 상대방의 행동과 태도에 큰 영향을 줍니다. 그래서 생활 속에서 우리는 자신의 행동과 풍채에 주의해야 하고, 다른 사람에게 좋은 첫인상을 줄 수 있도록 해야 합니다. |

**단어 1** 第一印象 dì yī yìnxiàng 명 첫 인상 难 nán 형 어렵다 改变 gǎibiàn 동 바뀌다 同意 tóngyì 동 동의하다 说法 shuōfǎ 명 의견 深刻 shēnkè 형 깊다 内向 nèixiàng 형 내성적이다 后来 hòulái 부 그 뒤에 成 chéng 동 되다 发现 fāxiàn 동 발견하다 性格 xìnggé 명 성격 其实 qíshí 부 사실은 活泼 huópō 형 활발하다 外向 wàixiàng 형 외향적이다 经过 jīngguò 동 통하다, 경험하다 了解 liǎojiě 동 알다, 이해하다

**단어 2** 确实 quèshí 부 확실히 往往 wǎngwǎng 부 왕왕, 자주 记忆 jìyì 명 기억 一旦 yídàn 명 일단, 어느 때 形成 xíngchéng 동 형성하다, 이루다 份 fèn 양 문건을 세는데 쓰임 报道 bàodào 명 보도 陌生人 mòshēngrén 명 낯선 사람 秒钟 miǎozhōng 명 초 程度 chéngdù 명 정도 对方 duìfāng 명 상대방 行为 xíngwéi 명 행동, 행위 态度 tàidù 명 태도 注意 zhùyì 동 주의하다 仪表 yíbiǎo 명 용모, 풍채 争取 zhēngqǔ 동 쟁취하다, ~을 실현하기 위해 노력하다 留下 liúxià 동 남기다

## 문제 4

# 成年人和孩子们之间总是会有一些矛盾。你认为造成这些矛盾的原因是什么？

Chéngniánrén hé háizimen zhījiān zǒngshì huì yǒu yìxiē máodùn.
Nǐ rènwéi zàochéng zhèxiē máodùn de yuányīn shì shénme?

어른과 아이들 사이에는 언제나 갈등이 조금 있습니다. 당신은 이러한 갈등이 생기게 되는 원인이 무엇이라고 생각하나요?

| | | |
|---|---|---|
| Lv. 3~4 | 我觉得造成这些矛盾的原因有很多。比如年龄不一样，看问题的角度也会不一样。成年人看问题比较实际，孩子们看问题会比较理想。还有就是成年人和孩子们成长的时代也不一样，对同一个问题有不同的感受，所以也会产生矛盾。<br>Wǒ juéde zàochéng zhèxiē máodùn de yuányīn yǒu hěn duō. Bǐrú niánlíng bù yíyàng, kàn wèntí de jiǎodù yě huì bù yíyàng. Chéngniánrén kàn wèntí bǐjiào shíjì, háizimen kàn wèntí huì bǐjiào lǐxiǎng. Háiyǒu jiùshì chéngniánrén hé háizimen chéngzhǎng de shídài yě bù yíyàng, duì tóng yí ge wèntí yǒu bùtóng de gǎnshòu, suǒyǐ yě huì chǎnshēng máodùn. | 저는 이러한 갈등이 생기는 원인은 여러 가지가 있다고 생각합니다. 예를 들어 연령이 다르기 때문에 문제를 보는 각도도 다릅니다. 어른은 문제를 볼 때 비교적 현실적이고, 아이들은 문제를 볼 때 비교적 이상적입니다. 그리고 어른과 아이들은 성장한 시대가 다르고, 같은 문제라도 느끼는 게 달라서 갈등이 생기게 됩니다. |
| Lv. 5~6 | 我认为造成这些矛盾主要有两个原因。首先他们的生活经历不一样。成年人生活经验丰富，看问题的时候会比较全面；而孩子们比较单纯，往往只考虑眼前，这就容易产生矛盾。其次成年人的价值观和孩子们的价值观不一样。成年人觉得好的东西，孩子们不一定会觉得好，相反也一样。所以为了避免产生矛盾，需要双方多沟通，多交流。<br>Wǒ rènwéi zàochéng zhèxiē máodùn zhǔyào yǒu liǎng ge yuányīn. Shǒuxiān tāmen de shēnghuó jīnglì bù yíyàng. Chéngniánrén shēnghuó jīngyàn fēngfù, kàn wèntí de shíhou huì bǐjiào quánmiàn; ér háizimen bǐjiào dānchún, wǎngwǎng zhǐ kǎolǜ yǎnqián, zhè jiù róngyì chǎnshēng máodùn. Qícì chéngniánrén de jiàzhíguān hé háizimen de jiàzhíguān bù yíyàng. Chéngniánrén juéde hǎo de dōngxi, háizimen bù yídìng huì juéde hǎo, xiāngfǎn yě yíyàng. Suǒyǐ wèile bìmiǎn chǎnshēng máodùn, xūyào shuāngfāng duō gōutōng, duō jiāoliú. | 저는 이러한 갈등이 생기는 데 두 가지 원인이 있다고 생각합니다. 우선 그들은 생활 경험이 다릅니다. 어른은 생활 경험이 풍부해서 문제를 볼 때 비교적 전반적으로 봅니다. 그러나 아이들은 비교적 단순하고, 종종 눈앞의 것만 고려하기 때문에 갈등이 쉽게 생길 수 있습니다. 그다음으로 어른의 가치관과 아이들의 가치관이 다릅니다. 어른이 좋다고 생각하는 것을 아이들이 반드시 좋다고 하지 않을 수 있고, 반대의 경우도 마찬가지입니다. 그래서 갈등이 생기는 것을 피하기 위해서는 서로 소통과 교류가 많이 필요합니다. |

단어 1 成年人 chéngniánrén 명 성인, 어른 之间 zhījiān 명 사이 总是 zǒngshì 부 자주 矛盾 máodùn 명 모순, 갈등 认为 rènwéi 동 생각하다 造成 zàochéng 동 발생시키다, 야기하다 原因 yuányīn 명 원인 年龄 niánlíng 명 연령 角度 jiǎodù 명 각도 实际 shíjì 형 현실적이다 理想 lǐxiǎng 형 이상적이다 成长 chéngzhǎng 동 성장하다

단어 2 首先 shǒuxiān 명 우선, 맨 먼저 经历 jīnglì 명 경험, 경력 经验 jīngyàn 명 경험 丰富 fēngfù 형 풍부하다 全面 quánmiàn 형 전반적이다 单纯 dānchún 형 단순하다 考虑 kǎolǜ 동 고려하다 眼前 yǎnqián 명 눈앞 其次 qícì 명 다음 价值观 jiàzhíguān 명 가치관 相反 xiāngfǎn 동 상반되다 避免 bìmiǎn 동 피하다 沟通 gōutōng 동 소통하다 交流 jiāoliú 동 교류하다

**문제 1**

## 你的同屋常常不打招呼就使用你的东西，你对此很不高兴。请你向他表示不满，并要求他改掉这个坏习惯。

Nǐ de tóngwū chángcháng bù dǎ zhāohu jiù shǐyòng nǐ de dōngxi, nǐ duì cǐ hěn bù gāoxìng. Qǐng nǐ xiàng tā biǎoshì bùmǎn, bìng yāoqiú tā gǎidiào zhège huài xíguàn.

당신의 룸메이트가 자주 알리지 않고, 당신의 물건을 사용해서 이것에 대해 기분이 좋지 않습니다. 당신은 그에게 불만을 토로하고, 이런 나쁜 습관을 고치도록 요구하세요.

| | | |
|---|---|---|
| Lv. 3~4 | 小王，你有时间吗？我想跟你说一件事。你常常不打招呼就用我的东西，我很生气。你用我的东西应该先和我说一声。如果我不打招呼就用你的东西，你也不会高兴吧？你以后不要这样了。<br>Xiǎo Wáng, nǐ yǒu shíjiān ma? Wǒ xiǎng gēn nǐ shuō yí jiàn shì. Nǐ chángcháng bù dǎ zhāohu jiù yòng wǒ de dōngxi, wǒ hěn shēngqì. Nǐ yòng wǒ de dōngxi yīnggāi xiān hé wǒ shuō yì shēng. Rúguǒ wǒ bù dǎ zhāohu jiù yòng nǐ de dōngxi, nǐ yě búhuì gāoxìng ba? Nǐ yǐhòu búyào zhèyàng le. | 샤오왕, 너 시간 있어? 나 너랑 할 얘기가 있어. 네가 자주 알리지 않고, 나의 물건을 사용해서 나는 너무 화가 나. 네가 나의 물건을 사용할 때는 마땅히 먼저 나에게 알려 줘야지. 만약 내가 너에게 알리지 않고, 너의 물건을 사용한다면 너도 기분이 나쁘지 않을까? 앞으로 이렇게 하지 말아 줘. |
| Lv. 5~6 | 小王，你常常不打招呼就用我的东西，这让我觉得你很不尊重我。用别人的东西以前要和主人打招呼，得到允许以后才能使用，这是最起码的礼貌。如果换做你是我，你会高兴吗？我希望你能改掉这个坏习惯，要不然我只好换房间了。请你一定记住，下不为例。<br>Xiǎo Wáng, nǐ chángcháng bù dǎ zhāohu jiù yòng wǒ de dōngxi, zhè ràng wǒ juéde nǐ hěn bù zūnzhòng wǒ. Yòng biéren de dōngxi yǐqián yào hé zhǔrén dǎ zhāohu, dédào yǔnxǔ yǐhòu cái néng shǐyòng, zhè shì zuì qǐmǎ de lǐmào. Rúguǒ huàn zuò nǐ shì wǒ, nǐ huì gāoxìng ma? Wǒ xīwàng nǐ néng gǎidiào zhège huài xíguàn, yàobùrán wǒ zhǐhǎo huàn fángjiān le. Qǐng nǐ yídìng jìzhù, xiàbùwéilì. | 샤오왕, 네가 자주 알리지 않고 나의 물건을 사용하는 것은 나를 매우 존중하지 않는 것이라고 생각해. 다른 사람의 물건을 사용하기 전에 주인에게 알리고, 허락을 받은 후에 사용하는 것이 가장 기본적인 예의잖아. 만약 네가 나라면 너는 기분 좋겠어? 나는 네가 이 나쁜 습관을 바꾸길 바라. 그렇지 않으면 나는 방을 바꿀 수밖에 없어. 꼭 기억해. 이번이 마지막이야. |

단어 1 **打招呼** dǎ zhāohu 동 알리다, 인사하다 **使用** shǐyòng 동 사용하다 **此** cǐ 대 이것 **表示** biǎoshì 동 표시하다 **不满** bùmǎn 명 불만 **要求** yāoqiú 동 요구하다 **改掉** gǎidiào 동 고쳐버리다 **坏** huài 형 나쁘다 **习惯** xíguàn 명 습관 **生气** shēngqì 동 화내다 **应该** yīnggāi 동 마땅히 ~해야 한다 **先** xiān 부 먼저 **声** shēng 양 마디 **如果** rúguǒ 접 만약 ~한다면

단어 2 **尊重** zūnzhòng 동 존중하다 **主人** zhǔrén 명 주인 **得到** dédào 동 얻다 **允许** yǔnxǔ 동 허가하다 **起码** qǐmǎ 형 기본적인, 최소한의 **礼貌** lǐmào 명 예의 **换** huàn 동 바꾸다 **希望** xīwàng 동 바라다 **要不然** yàobùrán 그렇지 않으면 **只好** zhǐhǎo 부 할 수 없이 **记住** jìzhù 동 확실히 기억해 두다 **下不为例** xiàbùwéilì 성 이번에만 이렇게 하는 것을 허락한다

**문제 2**

## 最近你想组一个小组学习英语。
## 请你对有兴趣的朋友说明情况，并提出你的建议。

Zuìjìn nǐ xiǎng zǔ yí ge xiǎozǔ xuéxí Yīngyǔ.
Qǐng nǐ duì yǒu xìngqù de péngyou shuōmíng qíngkuàng, bìng tíchū nǐ de jiànyì.
요즘 당신은 소그룹을 구성해서 영어 공부를 하고 싶습니다.
관심 있는 친구에게 상황을 설명하고, 당신의 의견을 제시하세요.

| | | |
|---|---|---|
| Lv. 3~4 | 玲玲，听说你对英语很感兴趣，我要组一个英语口语学习小组，你要不要一起参加啊？时间就定在每个星期六的下午3点。我还认识一位外教，他会帮助我们。你看怎么样？<br>Línglíng, tīngshuō nǐ duì Yīngyǔ hěn gǎn xìngqù, wǒ yào zǔ yí ge Yīngyǔ kǒuyǔ xuéxí xiǎozǔ, nǐ yào bu yào yìqǐ cānjiā a? Shíjiān jiù dìng zài měige xīngqīliù de xiàwǔ sān diǎn. Wǒ hái rènshi yí wèi wàijiào, tā huì bāngzhù wǒmen. Nǐ kàn zěnmeyàng? | 링링, 듣자 하니 네가 영어에 관심이 많다고 하던데 내가 영어 회화 스터디그룹을 구성하려고 하거든. 너도 함께 참가할래? 시간은 매주 토요일 오후 3시로 정했어. 내가 원어민 강사를 한 분 아는데, 그분이 우리를 도와주실 거야. 네가 볼 땐 어때? |
| Lv. 5~6 | 玲玲，我想要组织一个英语会话小组。我听说你对英语也很感兴趣，你也参加吧。我觉得练好口语，不仅找工作的时候能用得上，以后去外国旅游也会非常方便。咱们一个星期活动一次，每次找一个主题一起讨论怎么样？我觉得一起学习效果一定会更好。<br>Línglíng, wǒ xiǎng yào zǔzhī yí ge Yīngyǔ huìhuà xiǎozǔ. Wǒ tīngshuō nǐ duì Yīngyǔ yě hěn gǎn xìngqù, nǐ yě cānjiā ba. Wǒ juéde liànhǎo kǒuyǔ, bùjǐn zhǎo gōngzuò de shíhou néng yòng de shàng, yǐhòu qù wàiguó lǚyóu yě huì fēicháng fāngbiàn. Zánmen yí ge xīngqī huódòng yí cì, měicì zhǎo yí ge zhǔtí yìqǐ tǎolùn zěnmeyàng? Wǒ juéde yìqǐ xuéxí xiàoguǒ yídìng huì gèng hǎo. | 링링, 내가 영어 회화 스터디 그룹을 구성하려고 해. 내가 듣기로는 네가 영어에도 관심이 많다고 하던데, 너도 함께 하자. 회화를 연습해두면 취업할 때도 사용할 수 있을 뿐만 아니라, 나중에 외국 여행 갈 때도 매우 편리하다고 생각해. 우리 일주일에 한 번 활동하고, 매번 하나의 주제를 정해서 함께 토론하는 거 어때? 나는 함께 공부하면 효과가 분명히 더 좋을 거라고 생각해. |

**단어 1** **组** zǔ 동 구성하다 **小组** xiǎozǔ 명 소그룹 **兴趣** xìngqù 명 흥미, 관심 **提出** tíchū 동 제기하다 **建议** jiànyì 명 건의 **口语** kǒuyǔ 명 회화 **参加** cānjiā 동 참가하다 **定** dìng 동 정하다 **认识** rènshi 동 알다 **外教** wàijiào 명 원어민 강사 **帮助** bāngzhù 동 돕다

**단어 2** **练** liàn 동 연습하다 **用得上** yòng de shàng 동 사용할 수 있다, 쓸모 있다 **外国旅游** wàiguólǚyóu 명 외국 여행 **主题** zhǔtí 명 주제 **讨论** tǎolùn 동 토론하다 **效果** xiàoguǒ 명 효과

**★ 고득점 비법 취미 동아리(동호회)**

아래의 단어를 활용하여 동아리나 동호회를 표현해 보자.
☐ + 兴趣小组 취미 동아리 / ☐ + 爱好小组 취미 동호회

예 摄影 shèyǐng 촬영 书法 shūfǎ 서예 围棋 wéiqí 바둑
绘画 huìhuà 회화 篮球 lánqiú 농구 乐器演奏 yuèqì yǎnzòu 악기 연주

## 문제 3

### 你收到了在网上订购的鞋子，却发现不是你要的那款。请你给商家打电话说明情况，并要求解决问题。

Nǐ shōudàole zài wǎngshàng dìnggòu de xiézi,
què fāxiàn búshì nǐ yào de nà kuǎn.
Qǐng nǐ gěi shāngjiā dǎ diànhuà shuōmíng qíngkuàng, bìng yāoqiú jiějué wèntí.

인터넷에서 구매한 신발을 받았는데, 당신이 원했던 디자인이 아니라는 것을 발견하게 되었습니다. 상점에 전화를 걸어서 상황을 설명하고, 문제 해결을 요구하세요.

| | | |
|---|---|---|
| Lv. 3~4 | 喂，你好，我在你们网站上买了一双鞋，可是今天收到以后发现不是我要的那款。我订的是黑色的皮鞋，你们给我发的是白色的运动鞋。请你们确认一下，尽快重新发货给我。<br>Wéi, nǐ hǎo, wǒ zài nǐmen wǎngzhàn shàng mǎile yì shuāng xié, kěshì jīntiān shōudào yǐhòu fāxiàn búshì wǒ yào de nà kuǎn. Wǒ dìng de shì hēisè de píxié, nǐmen gěi wǒ fā de shì báisè de yùndòngxié. Qǐng nǐmen quèrèn yíxià, jǐnkuài chóngxīn fāhuò gěi wǒ. | 여보세요. 안녕하세요. 제가 사이트에서 신발 한 켤레를 샀는데, 오늘 받고 난 후에 제가 원했던 디자인이 아니라는 것을 발견했습니다. 제가 주문한 것은 검은색 구두였는데, 당신들이 보내준 것은 흰색 운동화입니다. 확인해 보시고, 최대한 빨리 다시 배송해 주세요. |
| Lv. 5~6 | 喂，你好。我在你们网站上买了一双鞋，送到以后发现这不是我要的那款。我要的是高跟的凉鞋，你们给我发的是平底的凉鞋。你们发货的时候也太不小心了吧！现在这双鞋我给你们寄回去，请马上给我发送原来我订的那双鞋，并且你们要负担我退货的邮费。<br>Wéi, nǐ hǎo. Wǒ zài nǐmen wǎngzhàn shàng mǎile yì shuāng xié, sòngdào yǐhòu fāxiàn zhè búshì wǒ yào de nà kuǎn. Wǒ yào de shì gāogēn de liángxié, nǐmen gěi wǒ fā de shì píngdǐ de liángxié. Nǐmen fāhuò de shíhou yě tài bù xiǎoxīn le ba! Xiànzài zhè shuāng xié wǒ gěi nǐmen jì huíqù, qǐng mǎshàng gěi wǒ fāsòng yuánlái wǒ dìng de nà shuāng xié, bìngqiě nǐmen yào fùdān wǒ tuìhuò de yóufèi. | 여보세요. 안녕하세요. 제가 사이트에서 신발 한 켤레를 샀는데 배송된 후에 제가 원했던 디자인이 아니라는 것을 발견했습니다. 제가 원했던 것은 하이힐의 샌들인데, 당신들이 저에게 보내준 것은 낮은 굽의 샌들입니다. 발송할 때 너무 부주의하신 것 같네요! 지금 제가 이 신발을 당신들에게 부칠 테니, 바로 저에게 원래 제가 주문한 그 신발을 발송해 주세요. 그리고 반품에 드는 우편요금은 당신들이 부담해야 합니다. |

**단어 1** 收到 shōudào 동 받다 网上 wǎngshàng 명 인터넷 订购 dìnggòu 동 주문하여 구입하다 鞋子 xiézi 명 신발 却 què 부 오히려 发现 fāxiàn 동 발견하다 款 kuǎn 명 디자인 商家 shāngjiā 명 상점 网站 wǎngzhàn 명 사이트 黑色 hēisè 명 검은색 皮鞋 píxié 명 구두 白色 báisè 명 흰색 运动鞋 yùndòngxié 명 운동화 确认 quèrèn 동 확인하다 尽快 jǐnkuài 부 되도록 빨리 重新 chóngxīn 부 다시 发货 fāhuò 동 발송하다

**단어 2** 高跟 gāogēn 명 하이힐 凉鞋 liángxié 명 샌들 平底 píngdǐ 형 바닥이 얇은 小心 xiǎoxīn 형 조심하다 寄 jì 동 부치다 原来 yuánlái 명 원래 并且 bìngqiě 접 그리고, 또한 负担 fùdān 동 부담하다 退货 tuìhuò 동 반품하다 邮费 yóufèi 명 우편요금

문제 1

①

②

③

④

|  |  |  |
|---|---|---|
| Lv. 3~4 | ① 我看到商店里有一顶蓝色的帽子，觉得非常漂亮。<br>Wǒ kàndào shāngdiàn lǐ yǒu yì dǐng lánsè de màozi, juéde fēicháng piàoliang. | ① 저는 상점 안의 파란 모자를 보았고, 매우 예쁘다고 생각했습니다. |
| | ② 我走进商店，把自己戴着的粉色帽子摘下来，戴上那顶蓝色的帽子照镜子。<br>Wǒ zǒujìn shāngdiàn, bǎ zìjǐ dàizhe de fěnsè màozi zhāi xiàlái, dàishàng nà dǐng lánsè de màozi zhào jìngzi. | ② 저는 상점에 들어가서 제가 썼던 분홍색 모자를 벗고, 그 파란 모자를 쓰고 거울을 봤습니다. |
| | ③ 我觉得这帽子很适合自己，就去结账。这个时候，有个女孩看到我的粉色帽子，试了一下，觉得很满意。<br>Wǒ juéde zhè màozi hěn shìhé zìjǐ, jiù qù jiézhàng. Zhège shíhou, yǒu ge nǚhái kàndào wǒ de fěnsè màozi, shìle yíxià, juéde hěn mǎnyì. | ③ 저는 이 모자가 저한테 잘 어울린다고 생각해서 바로 가서 계산을 했습니다. 이때, 어떤 여자아이가 저의 분홍색 보자를 보고는 한 번 써 보더니 매우 만족해했습니다. |
| | ④ 我结账以后，看到她打算买我的帽子，感到哭笑不得。<br>Wǒ jiézhàng yǐhòu, kàndào tā dǎsuan mǎi wǒ de màozi, gǎndào kūxiàobùdé. | ④ 제가 계산한 후에 그녀가 저의 모자를 사려고 하는 것을 보고 이러지도 저러지도 못했습니다. |

| | | |
|---|---|---|
| Lv. 5~6 | ① 我今天去逛街，在一家商店的橱窗里看到一顶蓝色的帽子，正好是我要找的款式。<br>Wǒ jīntiān qù guàngjiē, zài yì jiā shāngdiàn de chúchuāng lǐ kàndào yì dǐng lánsè de màozi, zhènghǎo shì wǒ yào zhǎo de kuǎnshì.<br><br>② 我走进店里，把原来戴着的粉色棒球帽摘下来放在货架上，戴上蓝色的帽子照镜子。我觉得很适合自己，决定买下来。<br>Wǒ zǒujìn diàn lǐ, bǎ yuánlái dàizhe de fěnsè bàngqiúmào zhāi xiàlái fàng zài huòjià shang, dàishàng lánsè de màozi zhào jìngzi. Wǒ juéde hěn shìhé zìjǐ, juédìng mǎi xiàlái.<br><br>③ 我去收银台付款时，一个女孩进来了。她看到我放在货架上的粉色棒球帽好像很喜欢，戴起来试了试。<br>Wǒ qù shōuyíntái fùkuǎn shí, yí ge nǚhái jìnlái le. Tā kàndào wǒ fàng zài huòjià shang de fěnsè bàngqiúmào hǎoxiàng hěn xǐhuan, dài qǐlái shìle shì.<br><br>④ 我付完款打算去拿自己的帽子，却发现那个女孩正拿着我的帽子要结账。我赶快告诉她那帽子是我的，不是店里的商品。<br>Wǒ fùwán kuǎn dǎsuan qù ná zìjǐ de màozi, què fāxiàn nàge nǚhái zhèng názhe wǒ de màozi yào jiézhàng. Wǒ gǎnkuài gàosu tā nà màozi shì wǒ de, búshì diàn lǐ de shāngpǐn. | ① 저는 오늘 쇼핑을 하러 갔는데, 한 상점의 쇼윈도 안에 있는 파란색 모자를 봤습니다. 마침 제가 찾던 디자인이었습니다.<br><br>② 저는 상점으로 들어가서 원래 쓰고 있던 분홍색 야구 모자를 벗어 진열대에 놓고, 파란색 모자를 쓰고 거울을 봤습니다. 저는 저에게 잘 어울린다고 생각해서 구매하기로 결정했습니다.<br><br>③ 제가 계산대로 가서 계산을 할 때, 한 여자아이가 들어왔습니다. 그녀는 제가 진열대 위에 놓은 분홍색 야구 모자를 보고는 마음에 들었는지 써봤습니다.<br><br>④ 저는 계산을 마치고 제 모자를 가지러 가려고 했는데, 그 여자아이가 저의 모자를 들고 계산을 하려는 것을 발견했습니다. 저는 서둘러 그녀에게 그 모자는 저의 것이고, 상점의 상품이 아니라는 것을 알려주었습니다. |

단어 1 顶 dǐng 양 모자를 세는데 쓰임 蓝色 lánsè 명 파란색 帽子 màozi 명 모자 戴 dài 동 쓰다 粉色 fěnsè 명 분홍색 摘 zhāi 동 벗다 照 zhào 동 비추다 镜子 jìngzi 명 거울 适合 shìhé 동 알맞다 结账 jiézhàng 동 계산하다 试 shì 동 시험 삼아 해 보다 满意 mǎnyì 형 만족하다 哭笑不得 kūxiàobùdé 성 이러지도 저러지도 못하다

단어 2 逛街 guàngjiē 동 쇼핑하다 橱窗 chúchuāng 명 쇼윈도, 진열대 正好 zhènghǎo 부 마침 款式 kuǎnshì 명 디자인 棒球帽 bàngqiúmào 명 야구모자 货架 huòjià 명 진열대 决定 juédìng 동 결정하다 收银台 shōuyíntái 명 계산대 付款 fùkuǎn 동 돈을 지불하다 赶快 gǎnkuài 부 빨리 告诉 gàosu 동 알려주다 商品 shāngpǐn 명 상품

**★ 고득점 비법** **상점과 관련된 단어**

예 逛街 guàngjiē 쇼핑하다 橱窗 chúchuāng 쇼윈도 货架 huòjià 진열대
结账 jiézhàng 계산하다 付款 fùkuǎn 돈을 지불하다 收银台 shōuyíntái 계산대

# 10

TSC 기출 문제
**10회**

www.ybmbooks.com
온라인 영상 테스트 제공

**문제 1**

## 你叫什么名字?

Nǐ jiào shénme míngzi?
당신의 이름은 무엇입니까?

| | | |
|---|---|---|
| Lv. 3~4 | 我叫蔡妍，我很喜欢我的名字。<br>Wǒ jiào Cài Yán, wǒ hěn xǐhuan wǒ de míngzi. | 저는 채연이라고 합니다. 저는 제 이름을 좋아합니다. |
| Lv. 5~6 | 我叫郑英雄，就是英雄豪杰的那个英雄。<br>这名字很棒吧?<br>Wǒ jiào Zhèng Yīngxióng, jiùshì yīngxióngháojié de nàge yīngxióng.<br>Zhè míngzi hěn bàng ba? | 저는 정영웅이라고 합니다. 바로 영웅호걸의 그 영웅입니다. 이 이름 정말 좋죠? |

**단어** **叫** jiào 동 (이름을)~라고 하다 **名字** míngzi 명 이름 **喜欢** xǐhuan 동 좋아하다 **英雄豪杰** yīngxióngháojié 영웅호걸 **棒** bàng 형 좋다, 훌륭하다

**문제 2**

## 请说出你的出生年月日。

Qǐng shuōchū nǐ de chūshēng nián yuè rì.
당신의 생년월일을 말해 보세요.

| | | |
|---|---|---|
| Lv. 3~4 | 我出生在1973年的第一天，1月1日。<br>Wǒ chūshēng zài yī jiǔ qī sān nián de dì yī tiān, yī yuè yī rì. | 저는 1973년 첫 번째 날인 1월 1일에 태어났습니다. |
| Lv. 5~6 | 我(出)生于1999年5月5日。<br>这一天是韩国的儿童节。<br>Wǒ (chū)shēngyú yī jiǔ jiǔ jiǔ nián wǔ yuè wǔ rì.<br>Zhè yì tiān shì Hánguó de Értóngjié. | 저는 1999년 5월 5일에 태어났습니다. 이 날은 한국의 어린이날입니다. |

**단어** **出生** chūshēng 동 태어나다 **生于** shēngyú ~에 태어나다 **韩国** Hánguó 명 한국 **儿童节** Értóngjié 명 어린이날

**문제 3**

## 你家有几口人?

Nǐ jiā yǒu jǐ kǒu rén?
당신의 가족은 몇 명입니까?

| | | |
|---|---|---|
| Lv. 3~4 | 我家有六口人，外公、外婆、爸爸、妈妈、我和弟弟。<br>Wǒ jiā yǒu liù kǒu rén, wàigōng、wàipó、bàba、māma、wǒ hé dìdi. | 저희 집은 여섯 식구로, 외할아버지, 외할머니, 아빠, 엄마, 저 그리고 남동생이 있습니다. |
| Lv. 5~6 | 我家有三口人，不过现在我一个人住在韩国，爸爸妈妈在美国。<br>Wǒ jiā yǒu sān kǒu rén, búguò xiànzài wǒ yí ge rén zhù zài Hánguó, bàba māma zài Měiguó. | 저희 집은 세 식구이지만, 지금 저는 혼자서 한국에서 살고 있고, 아빠, 엄마는 미국에 계십니다. |

단어 **口** kǒu 양 식구(사람을 세는데 쓰임) **外公** wàigōng 명 외할아버지 **外婆** wàipó 명 외할머니 **和** hé 전 ~와 **弟弟** dìdi 명 남동생
**不过** búguò 접 그러나 **住** zhù 동 살다 **美国** Měiguó 명 미국

**문제 4**

## 你在什么地方工作? 或者你在哪个学校上学?

Nǐ zài shénme dìfang gōngzuò? Huòzhě nǐ zài nǎge xuéxiào shàngxué?
당신은 어디에서 근무합니까? 또는 어느 학교에 다니나요?

| | | |
|---|---|---|
| Lv. 3~4 | 我在酒店工作，最近特别忙。<br>Wǒ zài jiǔdiàn gōngzuò, zuìjìn tèbié máng. | 저는 호텔에서 일을 하는데, 요즘 매우 바쁩니다. |
| Lv. 5~6 | 我是韩国大学中文系三年级的学生，我特别喜欢这个专业。<br>Wǒ shì Hánguó dàxué Zhōngwénxì sān niánjí de xuésheng, wǒ tèbié xǐhuan zhège zhuānyè. | 저는 한국대학교 중문과 3학년 학생이고, 저는 이 전공을 매우 좋아합니다. |

단어 **地方** dìfang 명 장소 **工作** gōngzuò 명 일 동 일하다 **或者** huòzhě 접 또는, 혹은 **学校** xuéxiào 명 학교 **酒店** jiǔdiàn 명 호텔
**特别** tèbié 부 매우, 특히 **忙** máng 형 바쁘다 **中文系** Zhōngwénxì 명 중문과 **年级** niánjí 명 학년 **专业** zhuānyè 명 전공

65

**문제 1**

## 哪种东西比较贵?

Nǎ zhǒng dōngxi bǐjiào guì?

어느 물건이 비교적 비싼가요?

| Lv. | 답변 | 해석 |
|---|---|---|
| Lv. 3~4 | 照相机比较贵。<br>Zhàoxiàngjī bǐjiào guì. | 카메라가 비교적 비쌉니다. |
| Lv. 5~6 | 照相机比较贵，旁边的手机便宜一些。<br>Zhàoxiàngjī bǐjiào guì, pángbiān de shǒujī piányi yìxiē. | 카메라가 비교적 비싸고, 옆의 휴대폰은 조금 쌉니다. |

단어 种 zhǒng 양 종류 东西 dōngxi 명 물건 比较 bǐjiào 부 비교적 贵 guì 형 비싸다 照相机 zhàoxiàngjī 명 카메라 旁边 pángbiān 명 옆 手机 shǒujī 명 휴대폰 便宜 piányi 형 싸다 一些 yìxiē 조금, 약간

**★ 고득점 비법** 제2부분에서 자주 출제되는 반의어

예 贵 guì 비싸다 ↔ 便宜 piányi 싸다
(个子 gèzi 키) 高 gāo 크다 ↔ 矮 ǎi 작다
重 zhòng 무겁다 ↔ 轻 qīng 가볍다
(年龄 niánlíng 나이) 大 dà 많다 ↔ 小 xiǎo 적다

**문제 2**

## 他们在哪儿?

Tāmen zài nǎr?

그들은 어디에 있나요?

| Lv. | 답변 | 해석 |
|---|---|---|
| Lv. 3~4 | 他们在超市。<br>Tāmen zài chāoshì. | 그들은 슈퍼마켓에 있습니다. |
| Lv. 5~6 | 他们在超市，妈妈要买苹果。<br>Tāmen zài chāoshì, māma yào mǎi píngguǒ. | 그들은 슈퍼마켓에 있고, 엄마는 사과를 사려고 합니다. |

단어 在 zài 동 ~에 있다 超市 chāoshì 명 슈퍼마켓 要 yào 동 ~하려고 한다 买 mǎi 동 사다 苹果 píngguǒ 명 사과

**★ 고득점 비법** 상점과 관련된 단어

예 超市 chāoshì 슈퍼마켓
便利店 biànlìdiàn 편의점
水果店 shuǐguǒdiàn 과일 가게
传统市场 chuántǒng shìchǎng 전통 시장

**문제 3**

## 狗有多重?

Gǒu yǒu duō zhòng?

개는 얼마나 무겁나요?

| | | |
|---|---|---|
| Lv. 3~4 | 狗6公斤。<br>Gǒu liù gōngjīn. | 개는 6Kg입니다. |
| Lv. 5~6 | 狗6公斤，比猫重两公斤。<br>Gǒu liù gōngjīn, bǐ māo zhòng liǎng gōngjīn. | 개는 6Kg이고, 고양이보다 2Kg이 더 무겁습니다. |

**단어** 狗 gǒu 명 개 重 zhòng 형 무겁다 公斤 gōngjīn 양 킬로그램, kg 比 bǐ 전 ~보다 猫 māo 명 고양이

**★ 고득점 비법 '多 + 형용사' 형식의 의문문**

예 多远 duō yuǎn 거리를 물을 때 사용
多长 duō cháng 길이를 물을 때 사용
多高 duō gāo 키나 높이를 물을 때 사용
多重 duō zhòng 무게를 물을 때 사용

**문제 4**

## 他在游泳吗?

Tā zài yóuyǒng ma?

그는 수영을 하고 있나요?

| | | |
|---|---|---|
| Lv. 3~4 | 不是，他在打篮球。<br>Búshì, tā zài dǎ lánqiú. | 아니요. 그는 농구를 하고 있습니다. |
| Lv. 5~6 | 不是，他在打篮球。他篮球打得很好。<br>Búshì, tā zài dǎ lánqiú. Tā lánqiú dǎ de hěn hǎo. | 아니요. 그는 농구를 하고 있습니다. 그는 농구를 잘 합니다. |

**단어** 在 zài 부 ~하고 있는 중이다 游泳 yóuyǒng 동 수영하다 打篮球 dǎ lánqiú 농구를 하다

**★ 고득점 비법 정도보어**

정도보어가 올 때는 '동사 + 목적어 + 동사 + 得 + 정도보어' 혹은 '목적어 + 동사 + 得 + 정도보어'로 사용해야 한다.

예 他踢足球踢得很好。(O)
他踢足球得很好。(×)
他足球踢得很好。(O)
他踢足球很好。(×)

문제 1

## 这本书很有意思。

Zhè běn shū hěn yǒu yìsi.
이 책은 재미있어.

| Lv. | | |
|---|---|---|
| Lv. 3~4 | 是吗？那我也买一本看看吧。<br>Shì ma? Nà wǒ yě mǎi yì běn kànkan ba. | 그래? 그럼 나도 한 권 사서 봐야겠다. |
| Lv. 5~6 | 的确如此，我也看过这本小说，故事情节特别有意思。<br>Díquè rúcǐ, wǒ yě kànguo zhè běn xiǎoshuō, gùshi qíngjié tèbié yǒu yìsi. | 정말 그래. 나도 이 소설을 본 적이 있는데, 이야기의 줄거리가 특히 재미있더라고. |

단어 有意思 yǒu yìsi 형 재미있다 的确 díquè 부 확실히 如此 rúcǐ 이와 같다 小说 xiǎoshuō 명 소설 故事 gùshi 명 이야기 情节 qíngjié 명 줄거리 特别 tèbié 부 특히, 아주

★ 고득점 비법 的确如此

'的确如此'는 동의나 긍정을 나타낼 때 사용하므로 꼭 기억해두자.

예 A: 我觉得这家饭店饭菜特别好吃。
Wǒ juéde zhè jiā fàndiàn fàncài tèbié hǎochī.
나는 이 식당의 음식이 정말 맛있다고 생각해.

B: 的确如此，所以总是有很多客人。
Díquè rúcǐ, suǒyǐ zǒngshì yǒu hěn duō kèrén.
정말 그래. 그래서 늘 손님이 많아.

문제 2

## 这次旅游你准备得怎么样了？

Zhècì lǚyóu nǐ zhǔnbèi de zěnmeyàng le?
이번 여행 준비는 어떻게 돼가?

| Lv. | | |
|---|---|---|
| Lv. 3~4 | 我都准备好了，就等着周末上飞机了。<br>Wǒ dōu zhǔnbèi hǎo le, jiù děngzhe zhōumò shàng fēijī le. | 준비 다 해서 주말에 비행기 타기만을 기다리고 있어. |
| Lv. 5~6 | 别提了，我一点儿也没准备呢，最近公司工作特别忙。<br>Bié tí le, wǒ yìdiǎnr yě méi zhǔnbèi ne, zuìjìn gōngsī gōngzuò tèbié máng. | 말도 마. 나 아직 하나도 준비 못 했어. 요즘 회사 일이 너무 바빠. |

단어 次 cì 양 번, 횟수 旅游 lǚyóu 명 여행 准备 zhǔnbèi 동 준비하다 周末 zhōumò 명 주말 上 shàng 동 타다, 오르다 飞机 fēijī 명 비행기 提 tí 동 언급하다, 말하다

문제 3

## 请问，这附近哪儿有花店?

Qǐngwèn, zhè fùjìn nǎr yǒu huādiàn?

말씀 좀 여쭐게요. 이 근처에 꽃집이 어디에 있나요?

| | | |
|---|---|---|
| Lv. 3~4 | 往前走五百米，然后往右拐就有一家花店。<br>Wǎng qián zǒu wǔ bǎi mǐ, ránhòu wǎng yòu guǎi jiù yǒu yì jiā huādiàn. | 앞쪽으로 500미터 걸어가신 후에 우회전하시면 바로 꽃집이 있습니다. |
| Lv. 5~6 | 你看到前面那家超市了吗?<br>在超市左拐，再走大概三百米左右就有一家花店。<br>Nǐ kàndào qiánmiàn nà jiā chāoshì le ma? Zài chāoshì zuǒ guǎi, zài zǒu dàgài sān bǎi mǐ zuǒyòu jiù yǒu yì jiā huādiàn. | 앞에 저 슈퍼마켓 보이시나요? 슈퍼마켓에서 좌회전하시고, 대략 300미터쯤 더 걸어가시면 꽃집이 있습니다. |

단어 附近 fùjìn 명 근처 花店 huādiàn 명 꽃집 往 wǎng 전 ~쪽으로 米 mǐ 양 미터 然后 ránhòu 접 그리고 나서 拐 guǎi 동 방향을 바꾸다 大概 dàgài 부 대략 左右 zuǒyòu 명 가량, 쯤

문제 4

## 你知道班长的手机号码吗?

Nǐ zhīdao bānzhǎng de shǒujī hàomǎ ma?

너는 반장의 전화번호를 아니?

| | | |
|---|---|---|
| Lv. 3~4 | 知道，班长的手机号码是010-0456-6672。<br>Zhīdao, bānzhǎng de shǒujī hàomǎ shì líng yāo líng líng sì wǔ liù liù liù qī èr. | 알아. 반장의 전화번호는 010-0456-6672이야. |
| Lv. 5~6 | 知道，我手机里存着呢，你需要的话我发给你。<br>Zhīdao, wǒ shǒujī lǐ cúnzhe ne, nǐ xūyào dehuà wǒ fā gěi nǐ. | 알아. 내 휴대폰에 저장되어 있어. 네가 필요하면 내가 너에게 보내줄게. |

단어 知道 zhīdao 동 알다 班长 bānzhǎng 명 반장 手机 shǒujī 명 휴대폰 号码 hàomǎ 명 번호 存 cún 동 저장하다 需要 xūyào 동 필요로하다 的话 dehuà 조 ~하다면 发 fā 동 보내다

**문제 5**

## 我们坐什么去电影院好呢?

Wǒmen zuò shénme qù diànyǐngyuàn hǎo ne?

우리 무엇을 타고 영화관에 가는 게 좋을까?

| Lv. | | |
|---|---|---|
| Lv. 3~4 | 我们坐公共汽车去吧，坐两站就到了。<br>Wǒmen zuò gōnggòngqìchē qù ba, zuò liǎng zhàn jiù dào le. | 우리 버스 타고 가자. 두 정거장만 가면 도착해. |
| Lv. 5~6 | 今天是星期六，堵车堵得厉害，我们坐地铁去吧。<br>Jīntiān shì xīngqīliù, dǔchē dǔ de lìhai, wǒmen zuò dìtiě qù ba. | 오늘은 토요일이라서 차가 많이 막히니까, 우리 지하철 타고 가자. |

**단어** **坐** zuò 동 타다 **电影院** diànyǐngyuàn 명 영화관 **公共汽车** gōnggòngqìchē 명 버스 **站** zhàn 명 정거장, 역 **堵车** dǔchē 명 교통 체증 **厉害** lìhai 형 굉장하다, 심하다 **地铁** dìtiě 명 지하철

**★ 고득점 비법 문제를 제대로 파악하자**

여기에서 '坐什么'는 '乘坐什么交通工具'로 '어떤 교통 수단을 타나요?'라는 뜻으로 '做什么 무엇을 하다'의 의미가 아니므로 주의해야 한다.

**문제 1**

## 你常吃水果吗？请简单说一说。

Nǐ cháng chī shuǐguǒ ma? Qǐng jiǎndān shuō yi shuō.

당신은 과일을 자주 먹나요? 간단히 말해 보세요.

| | | |
|---|---|---|
| Lv. 3~4 | 我常吃水果。因为大家都说吃水果可以补充各种维生素，对身体健康很有帮助。所以我每天吃完晚饭以后，都会吃一些水果。我最喜欢的是苹果、香蕉什么的。<br>Wǒ cháng chī shuǐguǒ. Yīnwèi dàjiā dōu shuō chī shuǐguǒ kěyǐ bǔchōng gèzhǒng wéishēngsù, duì shēntǐ jiànkāng hěn yǒu bāngzhù. Suǒyǐ wǒ měitiān chīwán wǎnfàn yǐhòu, dōu huì chī yìxiē shuǐguǒ. Wǒ zuì xǐhuan de shì píngguǒ、xiāngjiāo shénme de. | 저는 과일을 자주 먹습니다. 왜냐하면 과일을 먹으면 각종 비타민을 보충하고 건강에 도움이 된다고 모두들 말하기 때문입니다. 그래서 저는 매일 저녁을 먹고 나서 약간의 과일을 먹습니다. 제가 가장 좋아하는 것은 사과, 바나나 등입니다. |
| Lv. 5~6 | 我不太常吃水果。因为我一个人住，三餐基本都在公司食堂吃，在家里很少吃东西，更不用说水果了。再说买水果、洗水果、切水果都很麻烦，所以我除了偶尔在便利店买些小包装水果，很少吃水果。<br>Wǒ bútài cháng chī shuǐguǒ. Yīnwèi wǒ yí ge rén zhù, sāncān jīběn dōu zài gōngsī shítáng chī, zài jiā lǐ hěn shǎo chī dōngxi, gèng bú yòng shuō shuǐguǒ le. Zàishuō mǎi shuǐguǒ、xǐ shuǐguǒ、qiē shuǐguǒ dōu hěn máfan, suǒyǐ wǒ chúle ǒu'ěr zài biànlìdiàn mǎi xiē xiǎo bāozhuāng shuǐguǒ, hěn shǎo chī shuǐguǒ. | 저는 과일을 그다지 자주 먹지 않습니다. 왜냐하면 저는 혼자 살아서 세 끼를 기본적으로 모두 회사 식당에서 먹고, 집에서는 거의 먹지 않기 때문에 과일은 당연히 말할 것도 없습니다. 게다가 과일을 사고, 씻고, 자르고 모두 매우 번거롭습니다. 그래서 가끔 편의점에서 작게 포장된 과일을 사는 것 이외에는 과일을 먹는 것은 매우 드뭅니다. |

단어 1 **水果** shuǐguǒ 명 과일 **补充** bǔchōng 동 보충하다 **各种** gèzhǒng 형 각종(의) **维生素** wéishēngsù 명 비타민 **健康** jiànkāng 명 건강 **帮助** bāngzhù 동 돕다 **苹果** píngguǒ 명 사과 **香蕉** xiāngjiāo 명 바나나 **什么的** shénme de 등등

단어 2 **住** zhù 동 살다 **三餐** sāncān 명 세 끼 **基本** jīběn 형 기본적으로 **食堂** shítáng 명 식당 **更不用说** gèng bú yòng shuō 더욱 말할 필요가 없다 **切** qiē 동 자르다 **麻烦** máfan 형 번거롭다 **除了** chúle 접 ~을 제외하고는 **偶尔** ǒu'ěr 부 간혹 **便利店** biànlìdiàn 명 편의점 **包装** bāozhuāng 동 포장하다

**★ 고득점 비법** 更不用说

'更不用说'는 '더욱 말할 필요도 없다, 더 말할 나위도 없다'의 뜻으로 꼭 기억해두자.

예 我们公司平时都很忙，更不用说年底了。
Wǒmen gōngsī píngshí dōu hěn máng, gèng bú yòng shuō niándǐ le.
우리 회사는 평소에도 바쁜데, 연말은 말할 것도 없다.

## 문제 2

# 你平时用香水吗？请简单说说看。

Nǐ píngshí yòng xiāngshuǐ ma? Qǐng jiǎndān shuōshuo kàn.

당신은 평소에 향수를 사용합니까? 간단히 말해 보세요.

| | | |
|---|---|---|
| Lv. 3~4 | 平时我用香水。每天使用香水不仅能给自己带来好的心情，也会让身边的人心情愉快。我有三瓶不同气味的香水，会根据每天的心情选择不同的香水用。<br>Píngshí wǒ yòng xiāngshuǐ. Měitiān shǐyòng xiāngshuǐ bùjǐn néng gěi zìjǐ dàilái hǎo de xīnqíng, yě huì ràng shēnbiān de rén xīnqíng yúkuài. Wǒ yǒu sān píng bùtóng qìwèi de xiāngshuǐ, huì gēnjù měitiān de xīnqíng xuǎnzé bùtóng de xiāngshuǐ yòng. | 평소에 저는 향수를 사용합니다. 매일 향수를 사용하면 스스로에게도 좋은 기분을 가져다줄 뿐만 아니라, 주위 사람의 기분도 좋게 할 수 있습니다. 저에게 향이 다른 3병의 향수가 있는데, 매일 기분에 따라 다른 향수를 사용합니다. |
| Lv. 5~6 | 我平时很喜欢用香水。香水有一种神奇的力量。如果一个人身上香味宜人，会让别人产生好感。尤其是在一些重要的公众场合，能够更加得体地表现自己。有人说香水是一种品位的象征，是一个人的名片，我觉得非常有道理。<br>Wǒ píngshí hěn xǐhuan yòng xiāngshuǐ. Xiāngshuǐ yǒu yì zhǒng shénqí de lìliàng. Rúguǒ yí ge rén shēn shang xiāngwèi yírén, huì ràng biéren chǎnshēng hǎogǎn. Yóuqí shì zài yìxiē zhòngyào de gōngzhòng chǎnghé, nénggòu gèngjiā détǐ de biǎoxiàn zìjǐ. Yǒu rén shuō xiāngshuǐ shì yì zhǒng pǐnwèi de xiàngzhēng, shì yí ge rén de míngpiàn, wǒ juéde fēicháng yǒu dàolǐ. | 저는 평소에 향수를 사용하는 것을 매우 좋아합니다. 향수는 신기한 능력이 있습니다. 만약 어떤 사람의 몸에서 마음에 드는 향기가 난다면, 다른 사람에게 호감을 갖게 할 수 있습니다. 특히 중요한 공공장소에서는 더 걸맞게 자신을 표현할 수 있게 됩니다. 어떤 사람은 향수가 품위의 상징이고, 한 사람의 명함이라고 말합니다. 저는 매우 일리가 있다고 생각합니다. |

**단어 1** **平时** píngshí 명 평소 **香水** xiāngshuǐ 명 향수 **不仅** bùjǐn 접 ~일 뿐만 아니라 **自己** zìjǐ 명 자신 **带来** dàilái 동 가져오다 **心情** xīnqíng 명 기분 **身边** shēnbiān 명 신변 **愉快** yúkuài 형 기분이 좋다 **瓶** píng 양 병 **不同** bùtóng 형 다르다 **气味** qìwèi 명 냄새 **根据** gēnjù 동 근거하다 **选择** xuǎnzé 동 선택하다

**단어 2** **神奇** shénqí 형 신기하다 **力量** lìliàng 명 힘, 능력 **香味** xiāngwèi 명 향기 **宜人** yírén 동 사람의 마음에 들다 **产生** chǎnshēng 동 생기다 **好感** hǎogǎn 명 호감 **尤其** yóuqí 부 특히 **重要** zhòngyào 형 중요하다 **公众场合** gōngzhòng chǎnghé 공공장소 **能够** nénggòu 동 ~할 수 있다 **更加** gèngjiā 부 한층 더 **得体** détǐ 형 제격이다 **表现** biǎoxiàn 동 표현하다 **品位** pǐnwèi 명 품위 **象征** xiàngzhēng 명 상징 **名片** míngpiàn 명 명함 **道理** dàolǐ 명 도리, 일리

**★ 고득점 비법** 알아두면 유용한 표현

'有道理'는 '일리가 있다, 근거가 있다'라는 뜻으로 꼭 알아두자.

예 "失败是成功之母"，这句话太有道理了。
"Shībài shì chénggōng zhī mǔ", zhè jù huà tài yǒu dàolǐ le.
'실패는 성공의 어머니'라는 이 말은 정말 일리가 있다.

문제 3

## 在做选择学校或工作等重大决定时，谁的意见对你影响最大？请简单谈谈看。

Zài zuò xuǎnzé xuéxiào huò gōngzuò děng zhòngdà juédìng shí, shéi de yìjiàn duì nǐ yǐngxiǎng zuì dà? Qǐng jiǎndān tántan kàn.

학교나 직업을 선택하는 등 중대한 결정을 할 때, 누구의 의견이 당신에게 가장 큰 영향을 끼치나요? 간단히 말해 보세요.

| | | |
|---|---|---|
| Lv. 3~4 | 在做选择学校或工作等重大决定的时候，我父母的意见对我影响最大。因为父母比较有经验，他们看问题比我全面，而且是真心为我着想。所以我一般会问父母的意见。<br>Zài zuò xuǎnzé xuéxiào huò gōngzuò děng zhòngdà juédìng de shíhou, wǒ fùmǔ de yìjiàn duì wǒ yǐngxiǎng zuì dà. Yīnwèi fùmǔ bǐjiào yǒu jīngyàn, tāmen kàn wèntí bǐ wǒ quánmiàn, érqiě shì zhēnxīn wèi wǒ zhuóxiǎng. Suǒyǐ wǒ yìbān huì wèn fùmǔ de yìjiàn. | 학교나 직업을 선택하는 등 중대한 결정을 할 때, 저는 부모님의 의견이 저에게 가장 큰 영향을 끼칩니다. 왜냐하면 부모님은 비교적 경험이 있고, 문제를 볼 때 저보다 전반적으로 보시며, 게다가 진심으로 저를 위해 생각하십니다. 그래서 저는 보통 부모님의 의견을 묻습니다. |
| Lv. 5~6 | 在做选择学校或者工作等重大决定的时候，我一般会参考家人的意见。因为家人是我最亲近的人，他们对我比较了解，知道我擅长什么。而且父母的人生阅历比我多，社会经验也比我丰富，所以他们的意见对我影响最大。<br>Zài zuò xuǎnzé xuéxiào huòzhě gōngzuò děng zhòngdà juédìng de shíhou, wǒ yìbān huì cānkǎo jiārén de yìjiàn. Yīnwèi jiārén shì wǒ zuì qīnjìn de rén, tāmen duì wǒ bǐjiào liǎojiě, zhīdao wǒ shàncháng shénme. Érqiě fùmǔ de rénshēng yuèlì bǐ wǒ duō, shèhuì jīngyàn yě bǐ wǒ fēngfù, suǒyǐ tāmen de yìjiàn duì wǒ yǐngxiǎng zuì dà. | 학교나 직업을 선택하는 등 중대한 결정을 할 때, 저는 보통 가족의 의견을 참고합니다. 왜냐하면 가족은 저한테 가장 가까운 사람이고, 그들은 저에 대해 비교적 잘 알고 있고, 제가 무엇을 잘 하는지 알고 있습니다. 게다가 보모님은 인생에서 얻은 지식이 저보다 많고, 사회 경험도 저보다 풍부해서 부모님의 의견이 저에게 가장 큰 영향을 끼칩니다. |

단어 1 在 zài 전 ~에서 做 zuò 동 ~하다 选择 xuǎnzé 동 선택하다 或 huò 부 혹은 重大 zhòngdà 형 중대하다 决定 juédìng 동 결정하다 意见 yìjiàn 명 의견 影响 yǐngxiǎng 명 영향 父母 fùmǔ 명 부모 经验 jīngyàn 명 경험 全面 quánmiàn 형 전반적이다 真心 zhēnxīn 명 진심 着想 zhuóxiǎng 동 생각하다

단어 2 参考 cānkǎo 동 참고하다 家人 jiārén 명 식구 亲近 qīnjìn 형 가깝다 了解 liǎojiě 동 이해하다 擅长 shàncháng 동 장기가 있다, 뛰어나다 人生 rénshēng 명 인생 阅历 yuèlì 명 경력에서 얻은 지식, 경험 社会 shèhuì 명 사회 丰富 fēngfù 형 풍부하다

★ 고득점 비법 알아두면 유용한 표현

'为…着想'은 '~을 위해 생각하다'라는 뜻으로 꼭 기억해두자.

예 你不能光想自己，要多为父母着想。
Nǐ bùnéng guāng xiǎng zìjǐ, yào duō wèi fùmǔ zhuóxiǎng.
너는 단지 너만을 생각하면 안 되고, 부모님을 위해 많이 생각해야 한다.

## 문제 4

# 如果有机会的话，你想尝试新的兴趣爱好吗？请简单谈一谈。

Rúguǒ yǒu jīhuì dehuà, nǐ xiǎng chángshì xīn de xìngqù àihào ma? Qǐng jiǎndān tán yi tán.

만약 기회가 있다면, 당신은 새로운 취미를 해보고 싶습니까? 간단히 말해 보세요.

| | | |
|---|---|---|
| Lv. 3~4 | 如果有机会的话，我会尝试新的兴趣爱好。我比较喜欢运动，一直对打网球很感兴趣。但是因为工作比较忙，一直都没有机会学习。所以如果有机会的话，我很想尝试一下打网球。<br>Rúguǒ yǒu jīhuì dehuà, wǒ huì chángshì xīn de xìngqù àihào. Wǒ bǐjiào xǐhuan yùndòng, yìzhí duì dǎ wǎngqiú hěn gǎn xìngqù. Dànshì yīnwèi gōngzuò bǐjiào máng, yìzhí dōu méiyǒu jīhuì xuéxí. Suǒyǐ rúguǒ yǒu jīhuì dehuà, wǒ hěn xiǎng chángshì yíxià dǎ wǎngqiú. | 만약 기회가 있다면 저는 새로운 취미를 해보고 싶습니다. 저는 운동을 비교적 좋아해서 줄곧 테니스에 관심이 있었습니다. 하지만 일이 비교적 바빠서 계속 배울 기회가 없었습니다. 그래서 만약 기회가 있다면 저는 테니스를 쳐 보고 싶습니다. |
| Lv. 5~6 | 如果有机会的话，我很希望尝试新的兴趣爱好。我是个好奇心很强的人，喜欢各种新鲜事物。兴趣爱好也一样。尝试新的兴趣爱好，可以开发自己的潜力，让生活变得更加丰富多彩。所以如果有机会的话，我很想尝试各种各样新的兴趣爱好。<br>Rúguǒ yǒu jīhuì dehuà, wǒ hěn xīwàng chángshì xīn de xìngqù àihào. Wǒ shì ge hàoqíxīn hěn qiáng de rén, xǐhuan gèzhǒng xīnxiān shìwù. Xìngqù àihào yě yíyàng. Chángshì xīn de xìngqù àihào, kěyǐ kāifā zìjǐ de qiánlì, ràng shēnghuó biàn de gèngjiā fēngfù duōcǎi. Suǒyǐ rúguǒ yǒu jīhuì dehuà, wǒ hěn xiǎng chángshì gèzhǒng gèyàng xīn de xìngqù àihào. | 만약 기회가 있다면 저는 새로운 취미를 해보고 싶습니다. 저는 호기심이 강한 사람이라서 각종 새로운 것을 좋아합니다. 취미도 마찬가지입니다. 새로운 취미를 시도해보면, 자신의 잠재력을 개발할 수 있고, 생활을 더욱 풍부하고, 다채롭게 할 수 있습니다. 그래서 만약 기회가 있다면, 저는 다양한 취미를 해보고 싶습니다. |

단어 1 **如果…的话** rúguǒ…dehuà 만약 ~하다면 **机会** jīhuì 명 기회 **尝试** chángshì 동 시험해 보다 **新** xīn 형 새롭다 **兴趣** xìngqù 명 취미 **爱好** àihào 명 취미 **一直** yìzhí 부 줄곧 **网球** wǎngqiú 명 테니스

단어 2 **希望** xīwàng 동 바라다 **好奇心** hàoqíxīn 명 호기심 **强** qiáng 형 강하다 **新鲜** xīnxiān 형 신선하다, 새롭다 **事物** shìwù 명 사물, 일 **一样** yíyàng 형 같다 **开发** kāifā 동 개발하다 **潜力** qiánlì 명 잠재력 **丰富多彩** fēngfù duōcǎi 성 풍부하고 다채롭다 **各种各样** gèzhǒng gèyàng 각양각색, 여러 종류

**★ 고득점 비법** 취미와 관련된 단어

예 充电 chōngdiàn 충전하다 / 自我开发 zìwǒ kāifā 자기 개발하다
挑战自我 tiǎozhàn zìwǒ 자신에게 도전하다 / 开发潜力 kāifā qiánlì 잠재력을 개발하다

## 문제 5

# 在市中心和郊区中，你更希望住在哪个地方？请简单说说。

Zài shì zhōngxīn hé jiāoqū zhōng, nǐ gèng xīwàng zhù zài nǎ ge dìfang? Qǐng jiǎndān shuōshuo.

시내 중심과 교외 지역 중에 당신은 어디에서 더 살고 싶은가요? 간단히 말해 보세요.

| | | |
|---|---|---|
| Lv. 3~4 | 我更希望住在市中心。因为市中心交通便利，有各种各样的便利设施。郊区虽然空气好，但是我是个上班族，住在市中心对我来说工作生活都比较方便，所以我更希望住在市中心。<br>Wǒ gèng xīwàng zhù zài shì zhōngxīn. Yīnwèi shì zhōngxīn jiāotōng biànlì, yǒu gèzhǒng gèyàng de biànlì shèshī. Jiāoqū suīrán kōngqì hǎo, dànshì wǒ shì ge shàngbānzú, zhù zài shì zhōngxīn duì wǒ láishuō gōngzuò shēnghuó dōu bǐjiào fāngbiàn, suǒyǐ wǒ gèng xīwàng zhù zài shì zhōngxīn. | 저는 시내 중심에서 살기를 더 바랍니다. 왜냐하면 시내 중심은 교통이 편리하고, 여러 종류의 편의 시설이 있기 때문입니다. 교외 지역은 비록 공기가 좋지만, 저는 직장인이라서 시내 중심에 사는 것이 일하는데 편리합니다. 그래서 저는 시내 중심에서 살기를 더 바랍니다. |
| Lv. 5~6 | 我觉得对我来说不同的年纪，会有不同的选择。现在我还是个上班族，更希望住在市中心。因为市中心交通比较便利，各种生活设施完备。但是我想到了退休的年纪，我会更希望住在空气质量好，自然环境优美的郊区。<br>Wǒ juéde duì wǒ láishuō bùtóng de niánjì, huì yǒu bùtóng de xuǎnzé. Xiànzài wǒ háishi ge shàngbānzú, gèng xīwàng zhù zài shì zhōngxīn. Yīnwèi shì zhōngxīn jiāotōng bǐjiào biànlì, gèzhǒng shēnghuó shèshī wánbèi. Dànshì wǒ xiǎng dàole tuìxiū de niánjì, wǒ huì gèng xīwàng zhù zài kōngqì zhìliàng hǎo, zìrán huánjìng yōuměi de jiāoqū. | 저는 나이에 따라서 다르게 선택할 거라고 생각합니다. 현재 저는 아직 직장인이라서 시내 중심에서 살기를 더 바랍니다. 왜냐하면 시내 중심은 교통이 비교적 편리하고, 각종 생활 설비가 갖추어져 있기 때문입니다. 하지만 제가 퇴직할 나이를 생각했을 때는 공기가 좋고 자연환경이 아름다운 교외 지역에서 더 살고 싶습니다. |

단어 1 **市中心** shì zhōngxīn 명 시내 중심 **郊区** jiāoqū 명 교외 지역 **交通** jiāotōng 명 교통 **便利** biànlì 형 편리하다 **设施** shèshī 명 시설 **虽然** suīrán 접 비록 ~일지라도 **空气** kōngqì 명 공기 **上班族** shàngbānzú 명 직장인 **方便** fāngbiàn 형 편리하다

단어 2 **年纪** niánjì 명 나이 **完备** wánbèi 동 모두 갖추다 **退休** tuìxiū 동 퇴직하다 **质量** zhìliàng 명 품질 **自然环境** zìrán huánjìng 명 자연환경 **优美** yōuměi 형 우아하고 아름답다

### ★ 고득점 비법 직장인과 관련된 단어

예 上班族 shàngbānzú 직장인
职场人士 zhíchǎng rénshì 직장인
工薪阶层 gōngxīn jiēcéng 샐러리맨 계층
双薪家庭 shuāngxīn jiātíng 맞벌이 부부 가정

문제 1

## 你认为你们国家的人喜欢用国产品吗？请说说你的想法。

Nǐ rènwéi nǐmen guójiā de rén xǐhuan yòng guóchǎnpǐn ma? Qǐng shuōshuo nǐ de xiǎngfǎ.

당신 나라의 사람들은 국산품을 사용하는 것을 좋아하나요? 당신의 생각을 말해 보세요.

| | | |
|---|---|---|
| Lv. 3~4 | 我是韩国人，我觉得我们国家的人都很喜欢用韩国的产品。因为韩国人都很爱国，而且韩国的产品质量比较好，性价比也比较高。比如说生活中常常使用的冰箱、洗衣机、手机等，不仅韩国人，连外国人也都很喜欢。<br>Wǒ shì Hánguórén, wǒ juéde wǒmen guójiā de rén dōu hěn xǐhuan yòng Hánguó de chǎnpǐn. Yīnwèi Hánguórén dōu hěn àiguó, érqiě Hánguó de chǎnpǐn zhìliàng bǐjiào hǎo, xìngjiàbǐ yě bǐjiào gāo. Bǐrú shuō shēnghuó zhōng chángcháng shǐyòng de bīngxiāng、xǐyījī、shǒujī děng, bùjǐn Hánguórén, lián wàiguórén yě dōu hěn xǐhuan. | 저는 한국인입니다. 저는 우리나라 사람들이 한국 제품을 사용하는 것을 좋아한다고 생각합니다. 왜냐하면 한국인은 모두 애국을 하고, 게다가 한국의 제품은 질이 비교적 좋고, 가성비도 비교적 높기 때문입니다. 예를 들어 생활 속에서 자주 사용하는 냉장고, 세탁기, 휴대폰 등을 한국인 뿐만 아니라 외국인도 좋아합니다. |
| Lv. 5~6 | 我是韩国人，我认为我们国家的人还是比较喜欢用本国的产品的。首先韩国的产品无论是在质量上，还是在设计上都比较好，有很多世界一流的产品。比如说家用电器等方面，三星的电视和LG的洗衣机都是世界第一。其次韩国人都有很强的爱国心，再加上政府也鼓励使用本国产品，所以韩国人比较喜欢用国产品。<br>Wǒ shì Hánguórén, wǒ rènwéi wǒmen guójiā de rén háishi bǐjiào xǐhuan yòng běnguó de chǎnpǐn de. Shǒuxiān Hánguó de chǎnpǐn wúlùn shì zài zhìliàng shang, háishi zài shèjì shang dōu bǐjiào hǎo, yǒu hěn duō shìjiè yīliú de chǎnpǐn. Bǐrú shuō jiāyòng diànqì děng fāngmiàn, sānxīng de diànshì hé LG de xǐyījī dōu shì shìjiè dì yī. Qícì Hánguórén dōu yǒu hěn qiáng de àiguóxīn, zàijiāshàng zhèngfǔ yě gǔlì shǐyòng běnguó chǎnpǐn, suǒyǐ Hánguórén bǐjiào xǐhuan yòng guóchǎnpǐn. | 저는 한국인입니다. 저는 우리나라 사람들이 국산품을 사용하는 것을 좋아한다고 생각합니다. 먼저 한국의 제품은 질이나 디자인에 관계없이 모두 비교적 좋고, 세계 일류의 제품이 많습니다. 예를 들어 가전제품 등의 방면에서 삼성의 텔레비전과 LG의 세탁기는 모두 세계 제일입니다. 그다음으로 한국인들은 모두 애국심이 강합니다. 게다가 정부도 국산품 사용하는 것을 격려해서 한국인은 국산품을 사용하는 것을 비교적 좋아합니다. |

단어 1 认为 rènwéi 동 ~라고 생각하다 国家 guójiā 명 나라 国产品 guóchǎnpǐn 명 국산품 爱国 àiguó 동 애국하다 质量 zhìliàng 명 품질 性价比 xìngjiàbǐ 명 가성비 使用 shǐyòng 동 사용하다 冰箱 bīngxiāng 명 냉장고 洗衣机 xǐyījī 명 세탁기 连 lián 전 ~조차도 外国人 wàiguórén 명 외국인

단어 2 本国 běnguó 명 이 나라, 본국 首先 shǒuxiān 명 먼저 无论 wúlùn 접 ~에 관계없이 设计 shèjì 명 디자인 世界 shìjiè 명 세계 一流 yīliú 명 일류 家用电器 jiāyòng diànqì 명 가전제품 方面 fāngmiàn 명 방면 其次 qícì 명 다음 强 qiáng 형 강하다 爱国心 àiguóxīn 명 애국심 再加上 zàijiāshàng 접 게다가 政府 zhèngfǔ 명 정부 鼓励 gǔlì 동 격려하다

문제 2

## 你认为跟别人组成小组一起学习的好处多还是坏处多？请谈谈你的看法。

Nǐ rènwéi gēn biéren zǔchéng xiǎozǔ yìqǐ xuéxí de hǎochù duō háishi huàichù duō? Qǐng tántan nǐ de kànfǎ.

당신은 다른 사람과 소그룹을 만들어서 함께 공부하는 것이 장점이 많다고 생각하나요? 아니면 단점이 많다고 생각하나요? 당신의 생각을 말해 보세요.

| | | |
|---|---|---|
| Lv. 3~4 | 我认为跟别人组成小组一起学习好处比较多。和别人组成小组一起学习的话，大家一起讨论，一起整理资料，学习的效率比较高。能在同样的时间内学习更多的内容，所以我认为好处比较多。<br>Wǒ rènwéi gēn biéren zǔchéng xiǎozǔ yìqǐ xuéxí hǎochù bǐjiào duō. Hé biéren zǔchéng xiǎozǔ yìqǐ xuéxí dehuà, dàjiā yìqǐ tǎolùn, yìqǐ zhěnglǐ zīliào, xuéxí de xiàolǜ bǐjiào gāo. Néng zài tóngyàng de shíjiān nèi xuéxí gèng duō de nèiróng, suǒyǐ wǒ rènwéi hǎochù bǐjiào duō. | 저는 다른 사람과 소그룹을 만들어서 함께 공부하는 것은 장점이 비교적 많다고 생각합니다. 다른 사람과 소그룹을 만들어서 함께 공부하면 다 같이 토론하고, 같이 자료를 정리해서 학습 효율이 비교적 높습니다. 같은 시간 내에 더 많은 내용을 공부할 수 있어서 저는 장점이 많다고 비교적 생각합니다. |
| Lv. 5~6 | 我认为跟别人组成小组一起学习有利有弊，不能一概而论。组成小组一起学习的话，遇到问题大家可以一起解决，可以分工整理需要学习的范围，有什么最新的信息也可以共享。但是和别人一起学习的话，有时候不能完全集中在自己的学习上，会受到一些干扰。不过总的来说我觉得还是好处多。<br>Wǒ rènwéi gēn biéren zǔchéng xiǎozǔ yìqǐ xuéxí yǒulì yǒubì, bùnéng yígài'érlùn. Zǔchéng xiǎozǔ yìqǐ xuéxí dehuà, yùdào wèntí dàjiā kěyǐ yìqǐ jiějué, kěyǐ fēngōng zhěnglǐ xūyào xuéxí de fànwéi, yǒu shénme zuì xīn de xìnxī yě kěyǐ gòngxiǎng. Dànshì hé biéren yìqǐ xuéxí dehuà, yǒu shíhou bùnéng wánquán jízhōng zài zìjǐ de xuéxí shàng, huì shòudào yìxiē gānrǎo. Búguò zǒng de láishuō wǒ juéde háishi hǎochù duō. | 저는 다른 사람과 소그룹을 만들어서 함께 공부하면 장점도 있고, 단점도 있어서 일률적으로 말할 수는 없다고 생각합니다. 소그룹을 만들어서 함께 공부하면, 문제에 부딪쳤을 때 다 같이 해결할 수 있고, 공부해야 할 범위를 나누어서 정리할 수 있으며, 최신의 정보가 어떤 것이 있는지도 공유할 수 있습니다. 하지만 다른 사람과 함께 공부하면, 어떤 때는 자신의 공부에 완전히 집중할 수 없고, 약간의 방해를 받을 수 있습니다. 하지만 전반적으로 말해서 저는 장점이 더 많다고 생각합니다. |

단어 1 **别人** biéren 명 다른 사람 **组成** zǔchéng 동 구성하다, 조직하다 **小组** xiǎozǔ 명 소그룹 **好处** hǎochù 명 장점 **坏处** huàichù 명 단점 **讨论** tǎolùn 동 토론하다 **整理** zhěnglǐ 동 정리하다 **资料** zīliào 명 자료 **效率** xiàolǜ 명 효율 **同样** tóngyàng 형 같다 **时间** shíjiān 명 시간 **内** nèi 명 안 **内容** nèiróng 명 내용

단어 2 **利** lì 명 이로움 **弊** bì 명 해로움 **一概而论** yígài'érlùn 성 일률적으로 논하다 **遇到** yùdào 동 마주치다 **解决** jiějué 동 해결하다 **分工** fēngōng 동 분담하다 **范围** fànwéi 명 범위 **信息** xìnxī 명 정보 **共享** gòngxiǎng 동 함께 누리다, 공유하다 **完全** wánquán 부 완전히 **集中** jízhōng 동 집중하다 **受到** shòudào 동 받다 **干扰** gānrǎo 명 방해 **总的来说** zǒng de láishuō 전반적으로 말하면

## 문제 3

# 最近越来越多的人跟外国人结婚。你觉得出现这种现象的原因是什么?

Zuìjìn yuè lái yuè duō de rén gēn wàiguórén jiéhūn.
Nǐ juéde chūxiàn zhè zhǒng xiànxiàng de yuányīn shì shénme?

최근 점점 더 많은 사람들이 외국인과 결혼을 합니다. 당신은 이러한 현상이 나타나게 된 원인이 무엇이라고 생각하나요?

| | | |
|---|---|---|
| Lv. 3~4 | 我觉得出现这种现象的原因是国际交流越来越多了。以前大家出国的机会比较少，认识外国人的机会也比较少。现在去外国留学、工作的人越来越多，来韩国的外国人也越来越多了，所以和外国人结婚的人慢慢多了起来。<br>Wǒ juéde chūxiàn zhè zhǒng xiànxiàng de yuányīn shì guójì jiāoliú yuè lái yuè duō le. Yǐqián dàjiā chūguó de jīhuì bǐjiào shǎo, rènshi wàiguórén de jīhuì yě bǐjiào shǎo. Xiànzài qù wàiguó liúxué、gōngzuò de rén yuè lái yuè duō, lái Hánguó de wàiguórén yě yuè lái yuè duō le, suǒyǐ hé wàiguórén jiéhūn de rén mànmàn duō le qǐlái. | 저는 이러한 현상이 나타나게 된 원인은 국제 교류가 점점 많아졌기 때문이라고 생각합니다. 예전에는 사람들이 외국에 갈 기회가 비교적 적어서 외국인을 알 수 있는 기회도 비교적 적었습니다. 지금은 외국으로 유학, 일을 하러 가는 사람이 점점 더 많아졌고, 한국에 오는 외국인도 점점 많아졌습니다. 그래서 외국인과 결혼하는 사람도 차츰 많아졌습니다. |
| Lv. 5~6 | 我觉得出现这种现象的原因是人们的想法有了很大的变化。以前如果和外国人结婚的话，父母或者身边的人大部分会反对。但是现在随着社会的发展，和外国的交流越来越多，人们的想法和意识也有了很大的变化。人们对多元文化接受能力越来越高，和外国人结婚的人也就越来越多了。<br>Wǒ juéde chūxiàn zhè zhǒng xiànxiàng de yuányīn shì rénmen de xiǎngfǎ yǒule hěn dà de biànhuà. Yǐqián rúguǒ hé wàiguórén jiéhūn dehuà, fùmǔ huòzhě shēnbiān de rén dàbùfen huì fǎnduì. Dànshì xiànzài suízhe shèhuì de fāzhǎn, hé wàiguó de jiāoliú yuè lái yuè duō, rénmen de xiǎngfǎ hé yìshi yě yǒule hěn dà de biànhuà. Rénmen duì duōyuánwénhuà jiēshòu nénglì yuè lái yuè gāo, hé wàiguórén jiéhūn de rén yě jiù yuè lái yuè duō le. | 저는 이러한 현상이 나타나게 된 원인은 사람들의 생각에 큰 변화가 생겼기 때문이라고 생각합니다. 예전에는 만약에 외국인과 결혼을 한다면, 부모님이나 주위의 사람들이 대부분 반대를 했습니다. 하지만 지금은 사회 발전에 따라 외국인과의 교류가 점점 많아졌고, 사람들의 생각과 의식에도 큰 변화가 생겼습니다. 사람들이 다문화를 받아들이는 능력이 점점 높아졌고, 외국인과 결혼하는 사람들도 점점 많아졌습니다. |

단어 1 **最近** zuìjìn 명 최근 **越来越** yuè lái yuè 부 점점 **外国人** wàiguórén 명 외국인 **结婚** jiéhūn 동 결혼하다 **出现** chūxiàn 동 출현하다 **现象** xiànxiàng 명 현상 **原因** yuányīn 명 원인 **国际** guójì 명 국제 **交流** jiāoliú 동 교류하다 **出国** chūguó 동 외국에 가다 **机会** jīhuì 명 기회 **认识** rènshi 동 알다 **留学** liúxué 동 유학하다 **慢慢** mànmàn 부 천천히, 차츰

단어 2 **想法** xiǎngfǎ 명 생각 **变化** biànhuà 명 변화 **以前** yǐqián 명 예전, 이전 **父母** fùmǔ 명 부모 **或者** huòzhě 접 혹은 **身边** shēnbiān 명 신변 **大部分** dàbùfen 부 대부분 **反对** fǎnduì 동 반대하다 **随着** suízhe 전 ~에 따라 **社会** shèhuì 명 사회 **发展** fāzhǎn 명 발전 **意识** yìshi 명 의식 **多元文化** duōyuánwénhuà 명 다문화 **接受** jiēshòu 동 받아들이다 **能力** nénglì 명 능력

## 문제 4

# 有些国家大学学费不是由个人负担而是由国家负担，对此你有什么看法?

Yǒu xiē guójiā dàxué xuéfèi búshì yóu gèrén fùdān érshì yóu guójiā fùdān, duì cǐ nǐ yǒu shénme kànfǎ?

일부 나라는 대학교 학비를 개인이 부담하는 것이 아니라 국가에서 부담합니다. 이것에 대해 당신은 어떻게 생각하나요?

| | | |
|---|---|---|
| Lv. 3~4 | 我觉得这个方法有利有弊。学费由国家来负担的话，个人没有经济压力，想学习的人都可以进入大学学习，对个人来说很有好处。但是对国家来说会有很大的经济压力，所以我觉得这个方法有利有弊。<br>Wǒ juéde zhège fāngfǎ yǒulì yǒubì. Xuéfèi yóu guójiā lái fùdān dehuà, gèrén méiyǒu jīngjì yālì, xiǎng xuéxí de rén dōu kěyǐ jìnrù dàxué xuéxí, duì gèrén láishuō hěn yǒu hǎochù. Dànshì duì guójiā láishuō huì yǒu hěn dà de jīngjì yālì, suǒyǐ wǒ juéde zhège fāngfǎ yǒulì yǒubì. | 저는 이 방법은 장점도 있고, 단점도 있다고 생각합니다. 학비를 국가에서 부담한다면, 개인에게는 경제적인 압박이 없고, 공부를 하고 싶은 사람은 모두 다 대학교에 들어가서 공부를 할 수 있어 개인에게는 장점이 많습니다. 하지만 국가에 매우 큰 경제적인 압박이 있을 수 있기 때문에 저는 이 방법은 장점도 있고, 단점도 있다고 생각합니다. |
| Lv. 5~6 | 我觉得这种做法不一定适用每一个国家。在欧洲等一些国家，职业技术教育比较发达，学生高中毕业以后可以选择学习技术或者进入大学学习。只有一部分学生进入大学，国家负担这一部分学生的学费没有问题。但是如果大部分人都上大学，这就不太现实了，会给国家带来巨大的财政负担，对没有上大学的人也不公平。<br>Wǒ juéde zhè zhǒng zuòfǎ bù yídìng shìyòng měi yí ge guójiā. Zài Ōuzhōu děng yìxiē guójiā, zhíyè jìshù jiàoyù bǐjiào fādá, xuésheng gāozhōng bìyè yǐhòu kěyǐ xuǎnzé xuéxí jìshù huòzhě jìnrù dàxué xuéxí. Zhǐyǒu yíbùfen xuésheng jìnrù dàxué, guójiā fùdān zhè yíbùfen xuésheng de xuéfèi méiyǒu wèntí. Dànshì rúguǒ dàbùfen rén dōu shàng dàxué, zhè jiù bútài xiànshí le, huì gěi guójiā dàilái jùdà de cáizhèng fùdān, duì méiyǒu shàng dàxué de rén yě bù gōngpíng. | 저는 이러한 방법을 모든 나라에 적용할 수 있다고 생각하지는 않습니다. 유럽 등의 일부 나라들은 직업 기술 교육이 비교적 발달되어 있어서, 학생들이 고등학교를 졸업한 후에 기술을 배울지 또는 대학에 진학해서 공부를 할지 선택할 수 있습니다. 일부분의 학생만 대학에 들어가고, 나라에서 이 일부분의 학생의 학비를 부담하는 것은 문제가 아니라고 생각합니다. 하지만 만약 대부분의 사람들이 다 대학을 가려고 한다면, 이것은 그다지 현실적이지 않습니다. 나라에 큰 재정적인 부담을 가져다주고, 대학을 가지 않는 사람에게는 불공평합니다. |

단어 1 学费 xuéfèi 명 학비 由 yóu 전 ~가(동작의 주체를 나타냄) 个人 gèrén 명 개인 负担 fùdān 동 부담하다 方法 fāngfǎ 명 방법 经济 jīngjì 명 경제 压力 yālì 명 압력, 압박 进入 jìnrù 동 들다, 진입하다

단어 2 适用 shìyòng 동 적용하다 欧洲 Ōuzhōu 명 유럽 职业 zhíyè 명 직업 技术 jìshù 명 기술 教育 jiàoyù 명 교육 发达 fādá 동 발달하다 高中 gāozhōng 명 고등학교 毕业 bìyè 동 졸업하다 选择 xuǎnzé 동 선택하다 一部分 yíbùfen 명 일부분 现实 xiànshí 형 현실적이다 带来 dàilái 동 가져오다 巨大 jùdà 형 거대하다 财政 cáizhèng 명 재정 公平 gōngpíng 형 공평하다

**문제 1**

## 你住酒店时房间空调坏了，请你给服务台打电话说明情况，并要求解决问题。

Nǐ zhù jiǔdiàn shí fángjiān kōngtiáo huài le, qǐng nǐ gěi fúwùtái dǎ diànhuà shuōmíng qíngkuàng, bìng yāoqiú jiějué wèntí.

당신이 호텔에 머무르는데, 방에 있는 에어컨이 망가졌습니다.
프런트 데스크에 전화를 걸어 상황을 설명하고, 문제 해결을 요구하세요.

| | | |
|---|---|---|
| Lv. 3~4 | 喂，你好，是服务台吧？这里是302房间。我房间的空调坏了，温度最低只能调到25度。请你们找人过来看一下。今天天气这么热，没有空调可不行。麻烦你们了，谢谢。<br>Wéi, nǐ hǎo, shì fúwùtái ba? Zhèli shì sān èr líng fángjiān. Wǒ fángjiān de kōngtiáo huài le, wēndù zuì dī zhǐ néng tiáodào èrshíwǔ dù. Qǐng nǐmen zhǎo rén guòlái kàn yíxià. Jīntiān tiānqì zhème rè, méiyǒu kōngtiáo kě bùxíng. Máfan nǐmen le, xièxie. | 여보세요, 안녕하세요. 프런트 데스크죠? 여기는 302호방입니다. 제 방의 에어컨이 망가져서 최저 온도를 25도로밖에 조절을 못합니다. 사람을 보내서 좀 봐주세요. 오늘 날씨가 이렇게 더운데 에어컨 없이는 안될 것 같습니다. 번거롭게 했네요. 감사합니다. |
| Lv. 5~6 | 喂，你好，是服务台吧？我是503号房的客人。我房间里的空调好像出了故障，开了都20分钟了，但还是没有凉风。这样吧，我现在正好要出去吃饭，请你们派师傅到我房间来修理一下。如果不能很快修好，给我换个房间也可以。<br>Wéi, nǐ hǎo, shì fúwùtái ba? Wǒ shì wǔ líng sān hào fáng de kèrén. Wǒ fángjiān lǐ de kōngtiáo hǎoxiàng chūle gùzhàng, kāile dōu èrshí fēnzhōng le, dàn háishi méiyǒu liángfēng. Zhèyàng ba, wǒ xiànzài zhènghǎo yào chūqù chīfàn, qǐng nǐmen pài shīfu dào wǒ fángjiān lái xiūlǐ yíxià. Rúguǒ búnéng hěn kuài xiū hǎo, gěi wǒ huàn ge fángjiān yě kěyǐ. | 여보세요, 안녕하세요. 프런트 데스크죠? 저는 503호 사람입니다. 제 방의 에어컨이 망가진 것 같습니다. 20분이나 틀었는데 시원한 바람이 안 나옵니다. 이렇게 합시다. 제가 마침 지금 밥을 먹으러 나가려고 하니까 기술자를 제 방으로 보내 수리 좀 해주세요. 만약에 수리가 빨리 안 끝나면 방을 바꿔주셔도 됩니다. |

**단어 1** **住** zhù 동 머무르다, 숙박하다 **酒店** jiǔdiàn 명 호텔 **房间** fángjiān 명 방 **空调** kōngtiáo 명 에어컨 **坏** huài 형 망가지다, 고장나다 **服务台** fúwùtái 명 프런트 데스크 **温度** wēndù 명 온도 **调** tiáo 동 조절하다 **热** rè 형 덥다 **麻烦** máfan 동 번거롭게 하다

**단어 2** **客人** kèrén 명 손님 **好像** hǎoxiàng 동 마치 ~과 같다 **故障** gùzhàng 명 고장 **凉风** liángfēng 명 시원한 바람 **派** pài 동 시키다 **师傅** shīfu 명 기술자, 기사 **修理** xiūlǐ 동 수리하다 **修** xiū 동 수리하다

**★ 고득점 비법**

어떤 분야에 기술을 가진 사람을 부를 때 '师傅'를 사용하기도 하지만, 모르는 사람을 부를 때 남녀에게 모두 '师傅'를 사용할 수 있다.

예 **司机师傅** sījī shīfu 운전 기사　　**修车师傅** xiū chē shīfu 자동차 수리 기사
**师傅，这衣服多少钱？** Shīfu, zhè yīfu duōshao qián? 여기요, 이 옷 얼마예요?

**문제 2**

## 你在面包店打工，但明天要参加妹妹的毕业典礼。请你向老板说明情况，并请求调整工作日程安排。

Nǐ zài miànbāodiàn dǎgōng, dàn míngtiān yào cānjiā mèimei de bìyè diǎnlǐ. Qǐng nǐ xiàng lǎobǎn shuōmíng qíngkuàng, bìng qǐngqiú tiáozhěng gōngzuò rìchéng ānpái.

당신이 빵집에서 아르바이트를 하는데, 내일 여동생의 졸업식에 참석해야 합니다. 사장님에게 상황을 설명하고, 근무 시간을 조절해 달라고 요청하세요.

| | | |
|---|---|---|
| Lv. 3~4 | 老板，我想跟您说一件事。明天是我妹妹高中的毕业典礼，我得去参加。我上午能不能请个假？我刚才问小李，他说他可以和我换一下。明天他上午上班，我下午上班可以吗？<br>Lǎobǎn, wǒ xiǎng gēn nín shuō yí jiàn shì. Míngtiān shì wǒ mèimei gāozhōng de bìyè diǎnlǐ, wǒ děi qù cānjiā. Wǒ shàngwǔ néng bu néng qǐng ge jià? Wǒ gāngcái wèn Xiǎo Lǐ, tā shuō tā kěyǐ hé wǒ huàn yíxià. Míngtiān tā shàngwǔ shàngbān, wǒ xiàwǔ shàngbān kěyǐ ma? | 사장님, 드릴 말씀이 있는데요. 내일 제 여동생의 고등학교 졸업식이라, 제가 참석하러 가야 해서요. 오전에 휴가를 신청해도 될까요? 제가 방금 샤오리에게 물어봤는데 저와 바꿔줄 수 있다고 합니다. 내일 오전에는 그가 근무를 하고, 제가 오후에 근무해도 될까요? |
| Lv. 5~6 | 老板，我想跟您请个假。明天上午十点有我妹妹的大学毕业典礼，我想去参加。您知道我就这么一个妹妹，我想您一定会同意吧。我明天参加完毕业典礼，下午2点能来，您看行吗？今天晚上我会把明天要做的工作提前准备好，请您放心。<br>Lǎobǎn, wǒ xiǎng gēn nín qǐng ge jià. Míngtiān shàngwǔ shí diǎn yǒu wǒ mèimei de dàxué bìyè diǎnlǐ, wǒ xiǎng qù cānjiā. Nín zhīdao wǒ jiù zhème yí ge mèimei, wǒ xiǎng nín yídìng huì tóngyì ba. Wǒ míngtiān cānjiāwán bìyè diǎnlǐ, xiàwǔ liǎng diǎn néng lái, nín kàn xíng ma? Jīntiān wǎnshang wǒ huì bǎ míngtiān yào zuò de gōngzuò tíqián zhǔnbèi hǎo, qǐng nín fàngxīn. | 사장님, 휴가 신청을 하고 싶은데요. 내일 오전 10시에 제 여동생의 대학교 졸업식이 있어서, 참석하고 싶어서요. 사장님도 아시겠지만, 저는 여동생 한 명뿐이라 꼭 동의해 주실 거라 생각합니다. 제가 내일 졸업식이 끝나면 2시에 올 수 있을 것 같아요. 가능할까요? 오늘 저녁에 내일 해야 할 일들을 미리 준비해 놓을 거라서 안심하셔도 됩니다. |

단어 1 **面包店** miànbāodiàn 명 빵집 **打工** dǎgōng 동 아르바이트하다 **毕业典礼** bìyè diǎnlǐ 명 졸업식 **老板** lǎobǎn 명 사장 **调整** tiáozhěng 동 조정하다 **日程** rìchéng 명 일정 **安排** ānpái 동 안배하다 **请假** qǐngjià 동 휴가를 신청하다 **换** huàn 동 바꾸다

단어 2 **同意** tóngyì 동 동의하다 **提前** tíqián 동 앞당기다 **准备** zhǔnbèi 동 준비하다 **放心** fàngxīn 동 안심하다

**문제 3**

## 上个月你在健身房办了一年的会员卡，但放假期间你打算去短期留学。请你给健身房打电话说明情况，并询问解决办法。

Shàng ge yuè nǐ zài jiànshēnfáng bànle yì nián de huìyuánkǎ, dàn fàngjià qījiān nǐ dǎsuan qù duǎnqī liúxué. Qǐng nǐ gěi jiànshēnfáng dǎ diànhuà shuōmíng qíngkuàng, bìng xúnwèn jiějué bànfǎ.

지난달에 당신은 헬스클럽에서 1년짜리 회원 카드를 만들었습니다. 하지만 방학 기간에 당신은 단기 유학을 갈 계획입니다. 헬스클럽에 전화를 걸어서 상황을 설명하고, 해결 방법을 물어보세요.

| | | |
|---|---|---|
| Lv. 3~4 | **喂，您好！是健身房吗？我上个月在您那儿办了一张一年的会员卡，但是这个假期我想去中国短期留学，时间大概是3个星期。我想办一下延期，3个星期以后再去。不知道行不行啊？**<br>Wéi, nín hǎo! Shì jiànshēnfáng ma? Wǒ shàng ge yuè zài nín nàr bànle yì zhāng yì nián de huìyuánkǎ, dànshì zhège jiàqī wǒ xiǎng qù Zhōngguó duǎnqī liúxué, shíjiān dàgài shì sān ge xīngqī. Wǒ xiǎng bàn yíxià yánqī, sān ge xīngqī yǐhòu zài qù. Bù zhīdào xíng bu xíng a? | 여보세요, 안녕하세요! 헬스클럽인가요? 제가 지난달에 거기에서 1년짜리 회원카드를 만들었는데 이번 방학에 중국으로 단기 유학을 가려고 하거든요. 기간은 대략 3주입니다. 연기 처리를 해서 3주 뒤에 다시 가려고 하는데, 가능한가요? |
| Lv. 5~6 | **喂，您好！是明天健身房吗？我叫明明，上个月办了一张一年的会员卡。今年暑假的时候，我想去日本短期留学，时间是一个月。所以我想咨询一下，请您告诉我有什么可以解决的办法。我去留学的时候可不可以暂停使用，或者可不可以延长使用期限？如果都不行的话，能不能送我两次私人教练指导？谢谢。**<br>Wéi, nín hǎo! Shì Míng Tiān jiànshēnfáng ma? Wǒ jiào Míngmíng, shàng ge yuè bànle yì zhāng yì nián de huìyuánkǎ. Jīnnián shǔjià de shíhou, wǒ xiǎng qù Rìběn duǎnqī liúxué, shíjiān shì yí ge yuè. Suǒyǐ wǒ xiǎng zīxún yíxià, qǐng nín gàosu wǒ yǒu shénme kěyǐ jiějué de bànfǎ. Wǒ qù liúxué de shíhou kě bu kěyǐ zàntíng shǐyòng, huòzhě kě bu kěyǐ yáncháng shǐyòng qīxiàn? Rúguǒ dōu bùxíng dehuà, néng bu néng sòng wǒ liǎng cì sīrén jiàoliàn zhǐdǎo? Xièxie. | 여보세요, 안녕하세요! 밍티엔 헬스클럽인가요? 저는 밍밍이라고 합니다. 지난달에 1년짜리 회원 카드를 한 장 만들었습니다. 올해 여름 방학 때 제가 일본으로 단기 유학을 가려고 하거든요. 기간은 한 달이고요. 그래서 문의를 좀 하려고 하는데 해결할 수 있는 방법이 어떤 것이 있는지 알려 주세요. 제가 유학을 갈 때 잠시 사용을 멈추거나 사용 기간을 연장할 수 있나요? 만약 다 안된다면, 개인 트레이너 지도를 2번 해주실 수 있나요? 감사합니다. |

단어 1 **健身房** jiànshēnfáng 명 헬스클럽 **会员卡** huìyuánkǎ 명 회원카드 **放假** fàngjià 동 방학하다 **期间** qījiān 명 기간 **打算** dǎsuan 동 ~할 계획이다 **短期** duǎnqī 명 단기 **留学** liúxué 동 유학하다 **询问** xúnwèn 동 알아보다, 문의하다 **解决** jiějué 동 해결하다 **大概** dàgài 부 대략 **延期** yánqī 동 연기하다

단어 2 **暑假** shǔjià 명 여름방학 **告诉** gàosu 동 알리다 **暂停** zàntíng 동 잠시 중지하다 **使用** shǐyòng 동 사용하다 **延长** yáncháng 동 연장하다 **期限** qīxiàn 명 기한 **私人教练** sīrénjiàoliàn 명 개인 트레이너 **指导** zhǐdǎo 동 지도하다

문제 1

①

②

③

④

Lv. 3~4

① 小美和小丽看到今天下午有BTS的演唱会，很想去看。

Xiǎo Měi hé Xiǎo Lì kàndào jīntiān xiàwǔ yǒu BTS de yǎnchànghuì, hěn xiǎng qù kàn.

① 샤오메이와 샤오리는 오늘 오후에 BTS 콘서트가 있다는 것을 보고 매우 가고 싶었습니다.

② 小美去找老师说她头疼，想回家休息。小丽也跟老师说她肚子疼，要去医院。

Xiǎo Měi qù zhǎo lǎoshī shuō tā tóuténg, xiǎng huíjiā xiūxi. Xiǎo Lì yě gēn lǎoshī shuō tā dùzi téng, yào qù yīyuàn.

② 샤오메이는 선생님을 찾아가서 머리가 아파서 집에 가서 쉬고 싶다고 말했습니다. 샤오리도 선생님에게 배가 아파서 병원에 가야 한다고 말했습니다.

③ 请了假以后，她们高高兴兴地背着书包跑出教室。小美的书包里掉出了一张演唱会票，被老师看到了。

Qǐngle jià yǐhòu, tāmen gāogāoxìngxìng de bēizhe shūbāo pǎochū jiàoshì. Xiǎo Měi de shūbāo lǐ diàochūle yì zhāng yǎnchànghuì piào, bèi lǎoshī kàndào le.

③ 조퇴를 한 후에 그녀들은 즐겁게 가방을 메고 교실에서 뛰어나왔습니다. 샤오메이의 가방 안에서 콘서트 티켓이 한 장 떨어져, 선생님이 보게 되었습니다.

④ 老师拿着票到了演唱会的现场，发现了小美和小丽。她们两个人看到老师后觉得很不好意思。

Lǎoshī názhe piào dàole yǎnchànghuì de xiànchǎng, fāxiànle Xiǎo Měi hé Xiǎo Lì. Tāmen liǎng ge rén kàndào lǎoshī hòu juéde hěn bù hǎoyìsi.

④ 선생님은 티켓을 들고 콘서트 현장에 도착했고, 샤오메이와 샤오리를 발견했습니다. 그녀들은 선생님을 보고 매우 죄송하다고 생각했습니다.

| Lv. 5~6 | ① 小美和小丽是BTS的歌迷，她们在上学的路上看到了BTS下午要开演唱会的海报，很想去看。<br>Xiǎo Měi hé Xiǎo Lì shì BTS de gēmí, tāmen zài shàngxué de lùshang kàndàole BTS xiàwǔ yào kāi yǎnchànghuì de hǎibào, hěn xiǎng qù kàn.<br><br>② 小美先来到班主任的办公室，说她头很疼，想回家休息。过了一会儿，小丽也去办公室对老师说她拉肚子，要去医院看病。老师相信了，同意她们请假。<br>Xiǎo Měi xiān láidào bānzhǔrèn de bàngōngshì, shuō tā tóu hěn téng, xiǎng huíjiā xiūxi. Guòle yíhuìr, Xiǎo Lì yě qù bàngōngshì duì lǎoshī shuō tā lā dùzi, yào qù yīyuàn kàn bìng. Lǎoshī xiāngxìn le, tóngyì tāmen qǐngjià.<br><br>③ 她们两个特别开心，背起书包就跑。老师觉得很奇怪，发现从小美的书包里掉出了一张演唱会的门票。<br>Tāmen liǎng ge tèbié kāixīn, bēiqǐ shūbāo jiù pǎo. Lǎoshī juéde hěn qíguài, fāxiàn cóng Xiǎo Měi de shūbāo lǐ diàochūle yì zhāng yǎnchànghuì de ménpiào.<br><br>④ 老师拿着门票来到了演唱会的现场，果然找到了她们两个。小美和小丽看到班主任大吃一惊，只好跟老师承认了错误。<br>Lǎoshī názhe ménpiào láidàole yǎnchànghuì de xiànchǎng, guǒrán zhǎodàole tāmen liǎng ge. Xiǎo Měi hé Xiǎo Lì kàndào bānzhǔrèn dàchīyìjīng, zhǐhǎo gēn lǎoshī chéngrènle cuòwù. | ① 샤오메이와 샤오리는 BTS의 팬인데, 그녀들은 학교에 가는 길에 BTS가 오후에 콘서트를 한다는 포스터를 봤고, 매우 보러 가고 싶었습니다.<br><br>② 샤오메이가 먼저 담임 선생님의 사무실에 가서 머리가 아파서 집에 가서 쉬고 싶다고 말했습니다. 잠시 뒤에 샤오리도 사무실에 가서 선생님에게 배탈이 나서 병원에 진찰을 받으러 가야 한다고 말했습니다. 선생님은 믿었고, 그녀들이 조퇴하는 것을 동의했습니다.<br><br>③ 그녀 둘은 매우 기뻤고, 가방을 메자마자 뛰었습니다. 선생님은 이상하다고 생각했고, 샤오메이의 가방 안에서 콘서트 티켓 한 장이 떨어진 것을 발견했습니다.<br><br>④ 선생님은 티켓을 들고 콘서트 현장에 도착했고, 생각한 대로 그녀 둘을 찾았습니다. 샤오메이와 샤오리는 담임 선생님을 보고 매우 놀라 어쩔 수 없이 선생님께 잘못을 시인했습니다. |
|---|---|---|

단어 1 **演唱会** yǎnchànghuì 명 콘서트 **头疼** tóuténg 동 머리가 아프다 **休息** xiūxi 명 동 휴식(하다) **肚子疼** dùzi téng 배가 아프다 **背** bēi 동 메다, 짊어지다 **书包** shūbāo 명 책가방 **跑** pǎo 동 뛰다 **教室** jiàoshì 명 교실 **掉** diào 동 떨어뜨리다 **拿** ná 동 잡다 **现场** xiànchǎng 명 현장 **发现** fāxiàn 동 발견하다 **不好意思** bù hǎoyìsi 미안해하다

단어 2 **歌迷** gēmí 명 노래 팬 **上学** shàngxué 동 등교하다 **海报** hǎibào 명 포스터 **班主任** bānzhǔrèn 명 학급 담임 **办公室** bàngōngshì 명 사무실 **拉肚子** lā dùzi 동 설사하다 **相信** xiāngxìn 동 믿다 **开心** kāixīn 형 즐겁다 **奇怪** qíguài 형 이상하다 **门票** ménpiào 명 티켓, 입장표 **果然** guǒrán 부 생각한대로, 과연 **找** zhǎo 동 찾다 **大吃一惊** dàchīyìjīng 몹시 놀라다 **只好** zhǐhǎo 부 어쩔 수 없이 **承认** chéngrèn 동 시인하다 **错误** cuòwù 명 잘못

**★ 고득점 비법** 아플 때 사용할 수 있는 단어와 표현

예
- 头晕 tóuyūn 머리가 어지럽다
- 胃疼 wèiténg 위가 아프다
- 牙疼 yáténg 이가 아프다
- 发烧 fāshāo 열이 나다
- 头疼 tóuténg 머리가 아프다
- 拉肚子 lā dùzi 설사를 하다
- 四肢无力 sìzhī wúlì 팔 다리에 힘이 없다
- 浑身发冷 húnshēn fālěng 온몸에 한기를 느끼다

## 출제기관이 직접 만든

# TSC기출 공식기본서

### TSC기출 공식기본서

- TSC 출제기관 채점위원 책임 감수
- TSC 출제기관의 기출문제 100% 제공
- 출제기관의 기출유형 분석 데이터 반영
- 전 영역 병음표기 + 친절한 첨삭해설
- 실력 또는 의견에 따라 선택할 수 있는 답변

YBM 중국어연구소 저 / 21,000원

**★ 특별 부록 제공 ★**

기출 모의고사 1세트

기출 패턴을 정리한 비법노트

실제 TSC 시험 성우 녹음

**약 110여개 기업이 채택한 자격증 TSC**

삼성 신입채용시 TSC 4레벨 이상 우대 / 국내 주요 대기업 서류전형 가산점 부여

YBM 구입문의 02-2000-0515 I 학습 자료 제공 ybmbooks.com I 카페 cafe.naver.com/ybmchina

# 기출 문제 01

TSC 기출 문제
01회

www.ybmbooks.com
온라인 영상 테스트 제공

回答
00:10

第1题　你叫什么名字?

第2题　请说出你的出生年月日。

第3题　你家有几口人?

第4题　你在什么地方工作？或者你在哪个学校上学?

| 思考 | 回答 |
|---|---|
| 00 : 03 | 00 : 06 |

第1题

（ 门前面有什么？）

第2题

（ 哪种东西最便宜？）

第3题

（ 他们在跑步吗？）

第4题

（ 手机在哪儿？）

# 第三部分：快速回答

思考 00:02　回答 00:15

第1题 

（从你家到公共汽车站很远吗？）

第2题 

（这是你新买的笔记本电脑吗？）

第3题 

（这家咖啡店没座位了，怎么办？）

第4题 

（我哥哥快要大学毕业了，
送他什么礼物好呢？）

第5题 

（这种裤子最近很流行，试一下吧。）

思考 00:15　回答 00:25

第1题　你喜欢画画儿吗？请简单谈谈看。

第2题　你常吃巧克力、饼干等甜的东西吗？请简单说说。

第3题　你做决定时容易受别人的影响吗？请简单说说看。

第4题　你遇到过有名的人吗？请简单说一说。

第5题　你是个比较有耐心的人吗？请简单谈谈。

思考 00:30
回答 00:50

第1题　很多大学生一边上学一边打工，对此你有什么看法?

第2题　你认为遵守时间很重要吗? 请说说你的看法。

第3题　你认为在学习上学生之间的竞争带来的好处多还是坏处多? 请谈谈你的想法。

第4题　最近有关健康的电视节目越来越多，
你认为这给人们带来了什么影响? 请谈谈你的想法。

## 第六部分：情景应对

| 思考 | 回答 |
| --- | --- |
| 00:30 | 00:40 |

第1题 

同屋邀你一起去公园散步，但你想休息，请你向他说明情况，并请求谅解。

第2题 

你有两张音乐会票。请你向对音乐感兴趣的朋友说明情况，并邀请她一起去。

第3题 

天冷了，你在网上买了一副手套，但过了送货期限还没收到。请你给商家打电话表示不满，并要求解决问题。

# 第七部分：看图说话

思考 00:30　回答 01:30

# 기출 문제 02

TSC 기출 문제
02회

www.ybmbooks.com
온라인 영상 테스트 제공

回答
00:10

第1题　你叫什么名字？

第2题　请说出你的出生年月日。

第3题　你家有几口人？

第4题　你在什么地方工作？或者你在哪个学校上学？

| 思考 | 回答 |
|---|---|
| 00 : 03 | 00 : 06 |

第1题

（ 男的在做什么？）

第2题

（ 谁比较快？）

第3题

（ 照相机多少钱？）

第4题

（ 他们在书店吗？）

## 第三部分：快速回答

思考 00:02　回答 00:15

第1题  （周末你一般做什么？）

第2题  （我这次英语考试成绩不太好。）

第3题  （您要换的这顶帽子是什么时候买的？）

第4题  （你一般多长时间去一次电影院？）

第5题  （剩下很多菜，怎么办？）

# 第四部分：简短回答

思考 00:15　回答 00:25

第1题　在你的家人中，你跟谁最像？请简单谈谈看。

第2题　你平时常喝可乐、汽水之类的饮料吗？请简单谈谈。

第3题　你跟朋友一起去旅行过吗？请简单说一说。

第4题　你家附近有银行、百货商店、电影院等生活服务设施吗？请简单谈一谈。

第5题　你喜欢管理个人网页或博客吗？请简单说说。

思考 00:30

回答 00:50

第1题　你认为压力会影响人们的健康吗？请说说你的想法。

第2题　很多大学生找工作时只想进大企业，对于这种现象你怎么看？

第3题　你认为网上购物的普遍化给人们的生活带来了什么变化？请谈谈你的看法。

第4题　你认为个人的性格和他选择什么方式度过业余生活有关系吗？请谈谈你的看法。

## 第六部分：情景应对

思考 00:30　回答 00:40

第1题

你跟朋友约好周六晚上见面，但突然得到了喜欢的歌手那天的演唱会门票，不能跟朋友见面了。请你给她打电话说明情况，并改约时间。

第2题

你的同屋是刚来留学不久的中国人，她向你打听超市在哪儿。请你给她推荐一个地方，并告诉她怎么走。

第3题

你把手套落在地铁上了。请你去地铁站的失物招领中心说明情况，并请求帮助。

| 思考 | 回答 |
| --- | --- |
| 00 : 30 | 01 : 30 |

TSC® 중국어 말하기 시험

est of Spo en Ch nese

# 기출 문제

# 03

TSC 기출 문제
03회

www.ybmbooks.com
온라인 영상 테스트 제공

回答
00:10

第1题　你叫什么名字?

第2题　请说出你的出生年月日。

第3题　你家有几口人?

第4题　你在什么地方工作? 或者你在哪个学校上学?

| 思考 | 回答 |
|---|---|
| 00:03 | 00:06 |

第1题

（ 报纸旁边有什么？）

第2题

（ 哪种东西比较便宜？）

第3题

（ 女的在画画吗？）

第4题

（ 这家商店几点开门？）

| 思考 | 回答 |
| --- | --- |
| 00 : 02 | 00 : 15 |

第1题  （我们今天晚上一起去超市吧。）

第2题  （没课时，你一般做什么？）

第3题  （周末同学聚会你能参加吗？）

第4题  （您要买什么样的书？）

第5题  （这家餐厅的服务怎么样？）

思考 00:15 回答 00:25

第1题　你喜欢用香水吗？请简单说一说。

第2题　你多长时间去一次美容院？请简单谈谈。

第3题　除了中国以外，你有没有特别想去的国家？
请简单谈一谈。

第4题　你在很多人面前说话时容易紧张吗？请简单说说看。

第5题　你现在所住的地方文化设施多吗？请简单谈谈看。

思考 00:30　回答 00:50

第1题　你认为在网上办理银行业务有哪些好处？
请说说你的看法。

第2题　有些学校要求学生必须参加社会志愿服务活动，
对此你有什么看法？

第3题　你觉得目前造成环境污染的主要原因有哪些？
请谈谈你的看法。

第4题　你认为教师的教学能力和人品中哪个更重要？
请谈谈你的想法。

## 第六部分：情景应对

思考 00:30　回答 00:40

第1题

有人送你两张电影票，但你没时间去看。请你向朋友说明情况，并把票转让给她。

第2题

你的中国朋友应聘了一家很想去的公司，但没被录取所以非常伤心。请你安慰并鼓励她。

第3题

你在商店买了全身镜，但过了送货日期还没收到。请你给商家打电话说明情况，并要求解决问题。

# 第七部分：看图说话

思考 00 : 30
回答 01 : 30

TSC® 중국어 말하기 시험
Test of Spoken Chinese

# 기출 문제

# 04

TSC 기출 문제
04회

www.ybmbooks.com
온라인 영상 테스트 제공

回答
00:10

第1题　你叫什么名字？

第2题　请说出你的出生年月日。

第3题　你家有几口人？

第4题　你在什么地方工作？或者你在哪个学校上学？

| 思考 | 回答 |
|---|---|
| 00 : 03 | 00 : 06 |

第1题

（ 圆珠笔的旁边有什么？）

第2题

（ 男人在运动吗？）

第3题

（ 谁的雨伞比较短？）

第4题

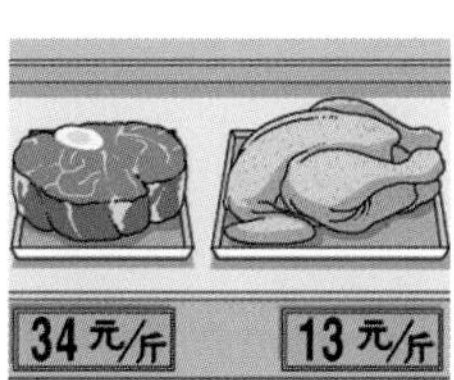


（ 牛肉多少钱一斤？）

| 思考 | 回答 |
| --- | --- |
| 00:02 | 00:15 |

第1题

（你养过狗吗？）

第2题

（最近感冒的人很多，你也小心点吧。）

第3题

（明天是我妹妹的生日，
准备什么礼物好呢？）

第4题

（这种包怎么样？）

第5题

（你知道学校附近哪儿有邮局吗？）

# 第四部分：简短回答

思考 00:15　回答 00:25

第1题　你平时常戴帽子吗？请简单谈谈看。

第2题　你觉得你的外貌中哪些地方像你父母？请简单说一说。

第3题　你喜欢在路边吃小吃吗？请简单谈一谈。

第4题　学习的时候，你对周围环境有什么要求吗？请简单说说。

第5题　如果可以选择，你愿意在家里工作还是去公司上班？请简单谈谈。

思考 00:30　回答 00:50

第1题　你认为经常笑有什么好处？请说说你的想法。

第2题　你觉得最近人们跟家人交流的时间比以前减少了吗？
请谈谈你的看法。

第3题　有不少孩子除了上学以外，还被父母送到各种各样的补习班学习。对此你有什么看法？

第4题　你认为科学技术的发展越快，对人们的生活越有利吗？
请谈谈你的想法。

## 第六部分：情景应对

思考 00:30　回答 00:40

第1题

朋友邀你这个周日一起做志愿活动，但那天你得参加亲戚的婚礼。请你给朋友打电话说明情况，并委婉地拒绝她。

第2题

这次休假你第一次打算坐船去中国旅行，请你向有经验的朋友说明情况，并请他给你些建议。

第3题

你在商店买了一副手套，回家看发票才发现店家多收了钱。请你去商店说明情况，并要求解决问题。

## 第七部分：看图说话

思考 00 : 30

回答 01 : 30

TSC® 중국어 말하기 시험
Test of Spoken Chinese

# 기출 문제 05

TSC 기출 문제
05회

www.ybmbooks.com
온라인 영상 테스트 제공

回答
00:10

第1题　你叫什么名字?

第2题　请说出你的出生年月日。

第3题　你家有几口人?

第4题　你在什么地方工作? 或者你在哪个学校上学?

思考 00 : 03　回答 00 : 06

第1题

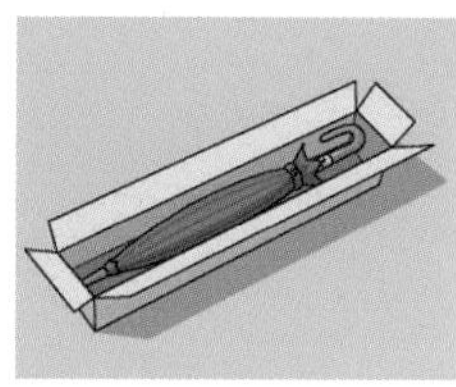

（箱子里面有什么？）

第2题

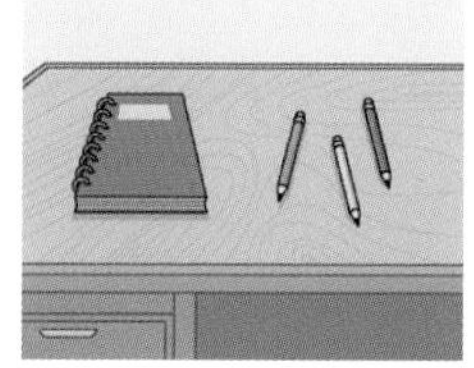

（哪种东西比较多？）

第3题

（房间是几号？）

第4题

（女的在看电视吗？）

| 思考 | 回答 |
| --- | --- |
| 00:02 | 00:15 |

第1题

（🔈 你喜欢吃面条吗？）

第2题

（🔈 你今天几点下课？）

第3题

（🔈 你常常玩儿电脑游戏吗？）

第4题

（🔈 这次放假我打算去中国旅游。）

第5题

（🔈 请问，离这儿最近的医院怎么走？）

思考 00:15 回答 00:25

第1题　最近你参加过别人的婚礼吗？请简单说说看。

第2题　如果有时间的话，你有想做的运动吗？请简单说说。

第3题　你一般怎么处理不用的手机？请简单谈谈。

第4题　你选择电影时，主要考虑哪些方面？请简单说一说。

第5题　你周围做与专业相关工作的人多吗？请简单谈谈看。

思考 00:30　回答 00:50

第1题　比起传统市场，有些人更喜欢去大型超市买东西。你认为理由是什么?

第2题　你认为大学生除了学习还应该多参加社团活动吗?请谈谈你的想法。

第3题　和在家做饭相比，在外面吃饭有哪些好处和坏处?请谈谈你的想法。

第4题　有些地方禁止在街道上吸烟，对此你有什么看法?请谈谈你的意见。

## 第六部分：情景应对

思考 00:30 回答 00:40

第1题 

你跟朋友约好周日一起去看演唱会。请你给朋友打电话约定见面的时间和地点。

第2题 

你的同屋常把宿舍弄得又脏又乱却不打扫卫生。请你表示不满，并要求他改掉这个坏习惯。

第3题 

你在书店买了几本书，但回家后才发现其中有一本买错了。请你去书店说明情况，并要求解决问题。

思考 00:30

回答 01:30

TSC® 중국어 말하기 시험

est of Spo en Ch nese

# 기출 문제

# 06

TSC 기출 문제
06회

www.ybmbooks.com
온라인 영상 테스트 제공

回答
00 : 10

第1题　你叫什么名字？

第2题　请说出你的出生年月日。

第3题　你家有几口人？

第4题　你在什么地方工作？或者你在哪个学校上学？

| 思考 | 回答 |
|---|---|
| 00 : 03 | 00 : 06 |

第1题  （哪种东西比较大？）

第2题  （花瓶的旁边有什么？）

第3题 

（水多少钱？）

第4题  （他们在散步吗？）

# 第三部分：快速回答

思考 00:02 回答 00:15

第1题  （你常看电视剧吗？）

第2题  （下课后跟我一起去美术馆怎么样？）

第3题  （你喜欢什么样的天气？）

第4题  （最近葡萄很甜，要不要买一点儿？）

第5题  （这件大衣看起来很适合你。）

思考 00:15 回答 00:25

第1题 你平时睡多长时间？请简单谈一谈。

第2题 教师节时，你给老师写过信或者送过礼物吗？请简单谈谈。

第3题 过节假日时，你一般在家休息还是出去玩儿？请简单谈谈看。

第4题 你有节约的习惯吗？请简单说一说。

第5题 你希望你家附近有什么公共设施？请简单说说看。

思考 00:30　回答 00:50

第1题　与个人旅行相比，你认为跟团旅行好处多还是坏处多？请谈谈你的想法。

第2题　你认为在你们国家公务员这种职业受欢迎吗？请谈谈你的看法。

第3题　跟过去相比，你认为在家做“全职爸爸”的男人变多了吗？请说说你的想法。

第4题　你认为学校在选择获得奖学金的学生时，首先应该考虑哪些因素？请谈谈你的看法。

## 第六部分：情景应对

思考 00:30 回答 00:40

第1题

你跟朋友约好下周一起去动物园，你的表妹说她也想去。请你向朋友说明情况，并询问是否可以带她一起去。

第2题

你的同屋是刚来留学不久的中国人，她向你打听哪儿有书店。请你告诉她最近的书店怎么走。

第3题

你收到了在网上订购的雨伞，却发现不是你要的那款。请你给商家打电话表示不满，并要求解决问题。

# 第七部分：看图说话

思考 00 : 30

回答 01 : 30

TSC® 중국어 말하기 시험

est of Spo en Ch nese

# 기출 문제

# 07

TSC 기출 문제
07회

www.ybmbooks.com
온라인 영상 테스트 제공

回答
00:10

第1题　你叫什么名字？

第2题　请说出你的出生年月日。

第3题　你家有几口人？

第4题　你在什么地方工作？或者你在哪个学校上学？

思考 00:03 回答 00:06

第1题  （女的在做什么？）

第2题  （哪种动物比较多？）

第3题 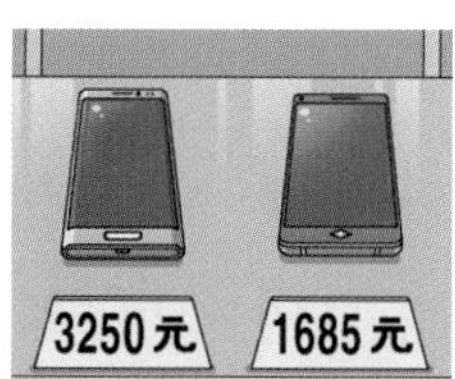

（便宜的手机多少钱？）

第4题  （书店在餐厅的旁边吗？）

| 思考 | 回答 |
|---|---|
| 00:02 | 00:15 |

第1题

（你家附近有地铁站吗？）

第2题

（一周中，你星期几最忙？）

第3题

（您想买什么颜色的鞋子？）

第4题

（对面新开了一家咖啡店，你知道吗？）

第5题

（吃完午饭，我肚子有点儿疼。）

思考 00:15　回答 00:25

第1题　你常在网上买衣服吗？请简单谈一谈。

第2题　你一般在业余时间做什么？请简单说说。

第3题　你平时跟外国人交流多不多？请简单谈谈。

第4题　在你送给朋友的生日礼物中，给你留下印象最深刻的是什么？请简单说说看。

第5题　你周围通过个人网页和博客等公开自己生活的人多吗？请简单谈谈看。

思考 00:30
回答 00:50

第1题　你觉得有兄弟姐妹的话有哪些好处？请谈谈你的想法。

第2题　你觉得健康跟睡眠有关系吗？请说说你的想法。

第3题　你认为年纪大的人更适合在城市生活还是在农村生活？为什么？

第4题　你认为看历史电视剧对了解历史有帮助吗？请谈谈你的想法。

## 第六部分：情景应对

思考 00:30 回答 00:40

第1题

你的同学邀你一起加入电影社团，但你对别的社团更感兴趣。请你向她说明情况，并委婉地拒绝她。

第2题

你最近想学游泳，正好你的同屋游得很好。请你向他说明情况，并拜托他教你。

第3题

你打算去中国旅行的时候顺便拜访住在那里的朋友。请你给他打电话说明你的计划，并约好如何见面。

思考 00:30

回答 01:30

TSC® 중국어 말하기 시험
Test of Spoken Chinese

# 기출 문제 08

TSC 기출 문제
08회

www.ybmbooks.com
온라인 영상 테스트 제공

回答
00:10

第1题　你叫什么名字?

第2题　请说出你的出生年月日。

第3题　你家有几口人?

第4题　你在什么地方工作? 或者你在哪个学校上学?

思考 00:03　回答 00:06

第1题

（小狗在哪儿？）

第2题

（男人送给女孩子什么？）

第3题

（大杯的咖啡多少钱？）

第4题

（女的在做菜吗？）

| 思考 | 回答 |
| --- | --- |
| 00 : 02 | 00 : 15 |

第1题

（ 你常常看书吗？）

第2题

（ 跟我一起参加网球队，怎么样？）

第3题

（ 你去过图书馆附近的公园吗？）

第4题

（ 下个月，我要去补习班学英语!）

第5题

（ 这台照相机是什么时候买的？）

思考 00:15 回答 00:25

第1题 你平时睡得怎么样？请简单谈谈。

第2题 天气很热的时候，你一般做什么？请简单说一说。

第3题 如果你有很想得到的东西，你一定会买吗？
请简单说说。

第4题 你的人生观是什么？请简单谈一谈。

第5题 如果你是父母的话，你会对子女严格还是宽容？
请简单谈谈看。

思考 00:30 回答 00:50

第1题　你觉得你们国家上大学的人多吗？请谈谈你的想法。

第2题　在饮食方面，你更注重食物的味道、营养还是外观呢？为什么？

第3题　你认为参加团体或者社团活动有什么好处？请谈谈你的看法。

第4题　有人说在公共场所禁烟侵犯了吸烟者的权利，你同意这样的意见吗？请说说你的看法。

# 第六部分：情景应对

思考 00:30 回答 00:40

第1题

朋友邀你周六一起去看电影，但你得参加奶奶的生日宴会。请你对朋友说明情况，并改约时间。

第2题

你的同屋正为假期是去国外短期留学还是找一家公司实习而烦恼。请你给他提出适当的建议。

第3题

你在网上买了礼物送给要结婚的朋友，但过了送货日期朋友还没收到。请你给商家打电话说明情况，并要求解决问题。

思考 00:30

回答 01:30

TSC® 중국어 말하기 시험
est of Spo en Ch nese

# 기출 문제

# 09

TSC 기출 문제
09회

www.ybmbooks.com
온라인 영상 테스트 제공

回答
00:10

第1题　你叫什么名字？

第2题　请说出你的出生年月日。

第3题　你家有几口人？

第4题　你在什么地方工作？或者你在哪个学校上学？

| 思考 | 回答 |
|---|---|
| 00 : 03 | 00 : 06 |

第1题

（眼镜的旁边有什么？）

第2题

（他们在教室吗？）

第3题

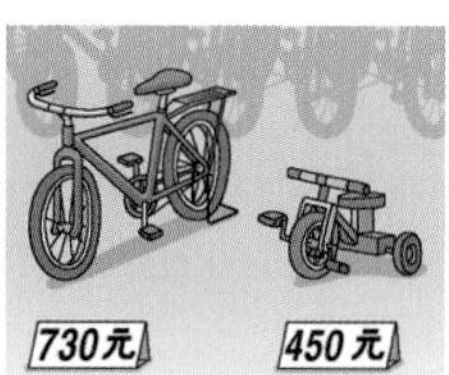


（大的自行车多少钱？）

第4题

（男的在做什么？）

思考 00:02 回答 00:15

第1题  （🔈 你明天几点有课？）

第2题  （🔈 我要去水果店，你想吃什么？）

第3题  （🔈 我今天第一次来这儿，你呢？）

第4题  （🔈 我很担心这次考试考不好。）

第5题  （🔈 您提前预约了吗？）

思考 00:15 回答 00:25

第1题　你喜欢一个人看电影吗？请简单谈谈看。

第2题　你们国家有父母节吗？请简单说说。

第3题　为了健康你平时调整饮食吗？请简单谈谈。

第4题　你会比较早开始使用最新电子产品吗？请简单说说看。

第5题　旅行时，在景点、美食和住宿等方面，
你最重视的是什么？请简单谈一谈。

思考 00:30

回答 00:50

第1题　你认为在学习上花的时间和成绩有关吗？
请谈谈你的想法。

第2题　和在公司工作相比，你认为自己做生意有哪些好处和坏处？请谈谈你的看法。

第3题　有人说第一印象很难改变，你同意这种说法吗？
请说说你的意见。

第4题　成年人和孩子们之间总是会有一些矛盾。
你认为造成这些矛盾的原因是什么？

思考 00:30 回答 00:40

第1题

你的同屋常常不打招呼就使用你的东西，你对此很不高兴。请你向他表示不满，并要求他改掉这个坏习惯。

第2题

最近你想组一个小组学习英语。请你对有兴趣的朋友说明情况，并提出你的建议。

第3题

你收到了在网上订购的鞋子，却发现不是你要的那款。请你给商家打电话说明情况，并要求解决问题。

# 第七部分：看图说话

思考 00:30 | 回答 01:30

TSC® 중국어 말하기 시험
est of Spo en Ch nese

# 기출 문제

# 10

TSC 기출 문제
10회

www.ybmbooks.com
온라인 영상 테스트 제공

回答
00 : 10

第1题　你叫什么名字?

第2题　请说出你的出生年月日。

第3题　你家有几口人?

第4题　你在什么地方工作? 或者你在哪个学校上学?

| 思考 | 回答 |
| --- | --- |
| 00 : 03 | 00 : 06 |

第1题 

（哪种东西比较贵？）

第2题 

（他们在哪儿？）

第3题 

（狗有多重？）

第4题 

（他在游泳吗？）

| 思考 | 回答 |
| --- | --- |
| 00:02 | 00:15 |

第1题

（🔈 这本书很有意思。）

第2题

（🔈 这次旅游你准备得怎么样了？）

第3题

（🔈 请问，这附近哪儿有花店？）

第4题

（🔈 你知道班长的手机号码吗？）

第5题

（🔈 我们坐什么去电影院好呢？）

思考 00 : 15 回答 00 : 25

第1题　你常吃水果吗？请简单说一说。

第2题　你平时用香水吗？请简单说说看。

第3题　在做选择学校或工作等重大决定时，
谁的意见对你影响最大？请简单谈谈看。

第4题　如果有机会的话，你想尝试新的兴趣爱好吗？
请简单谈一谈。

第5题　在市中心和郊区中，你更希望住在哪个地方？
请简单说说。

| 思考 | 回答 |
| --- | --- |
| 00:30 | 00:50 |

第1题　你认为你们国家的人喜欢用国产品吗？请说说你的想法。

第2题　你认为跟别人组成小组一起学习的好处多还是坏处多？
请谈谈你的看法。

第3题　最近越来越多的人跟外国人结婚。
你觉得出现这种现象的原因是什么？

第4题　有些国家大学学费不是由个人负担而是由国家负担，
对此你有什么看法？

## 第六部分：情景应对

思考 00:30 回答 00:40

第1题

你住酒店时房间空调坏了，请你给服务台打电话说明情况，并要求解决问题。

第2题

你在面包店打工，但明天要参加妹妹的毕业典礼。请你向老板说明情况，并请求调整工作日程安排。

第3题

上个月你在健身房办了一年的会员卡，但放假期间你打算去短期留学。请你给健身房打电话说明情况，并询问解决办法。

思考 00:30

回答 01:30